Bleu comme l'enfer

PHILIPPE DJIAN

37°2 le matin	*J'ai lu* 1951/**4**
Bleu comme l'enfer	*J'ai lu* 1971/**4**
Zone érogène	*J'ai lu* 2062/**4**
Maudit manège	*J'ai lu* 2167/**5**
50 contre 1	*J'ai lu* 2363/**2**
Échine	*J'ai lu* 2658/**5**
Crocodiles	*J'ai lu* 2785/**2**
Lent dehors	
Sotos	
Assassins	

Philippe Djian

Bleu comme l'enfer

Éditions J'ai lu

Pour Année.

Au commencement était l'Émotion
L.F. CÉLINE

On ne voit ni le ciel ni la terre
Mais la neige continue à tomber.
HASHIN

LIVRE I

1

En fait, c'était sa troisième bière, il se demandait s'il allait pouvoir la finir. Il était onze heures du matin et le soleil harponnait les bagnoles qui glissaient sur l'autoroute. Il avait mal dormi, il avait vu un coupé rouge vif grimper sur les glissières, juste devant eux, et les morceaux de ferraille qui s'envolaient, et l'explosion, ils étaient passés à travers les flammes.

– Ah, dis donc... merde! avait grogné le chauffeur.

En se penchant vers le rétro, Henri avait vu la lune qui commençait à prendre feu. Ils avaient roulé toute la nuit et l'autre avait parlé toute la nuit, c'était un gros type avec une voix aiguë, désagréable, pas moyen de fermer l'œil, les filles placardées dans la cabine le faisaient bâiller. Et maintenant, il y avait cette bière à finir, il regardait son verre avec un air idiot, les petites bulles qui éclataient sous son nez. Il y avait juste un couple au bar, une blonde qui rigolait très fort quand le type la touchait, il essayait de lui glisser une main entre les jambes, elle voulait bien mais elle gesticulait sur son tabouret, Henri les regardait en souriant et le barman lui lançait des clins d'œil, c'était une heure creuse, ça comptait pas.

Dehors, il y avait un chouette soleil qui attendait, la fille du bar avait une petite robe d'été, ça la rendait presque belle et même formidable, tout le monde pensait la même chose. Il but une longue gorgée, baissa la tête et se mit à rire tout seul, il tenait pas trop le coup à la bière. Il savait pas bien où il était, le chauffeur l'avait débarqué pour prendre deux Italiennes avec des bermudas bariolés et des lèvres comme des patinoires de sucre. Il se mit à penser à Lucie qui l'attendait, enfin il lui avait écrit qu'il arrivait, elle était pas si belle mais il connaissait ses limites à lui et elle le laissait écouter de la musique pendant des heures entières, elle récitait des mantras, elle était maigre, il pouvait faire le tour de la maison avec les écouteurs sur la tête, un kilomètre de fil et personne pour l'emmerder, personne pour le ramener à la vie.

C'était possible aussi que Lucie l'attende pas du tout, c'était une éventualité qu'il n'avait pas le courage d'envisager, son cerveau était mou comme un petit bloc de guimauve oublié dans un incendie.

Il fouilla dans son sac et siffla deux comprimés de Captagon, il y avait encore du chemin à faire, et il n'avait pas de muscles, parfois des nerfs, oui, un jour il avait cassé la jambe d'un type avec ses seules mains, au cours d'une bagarre, il s'était réveillé avec les poignets foulés et la jaunisse, tout son corps avait déconné, il n'aimait pas son corps, il n'aimait pas non plus le corps de Lucie, il aimait la musique et changer d'endroit.

La blonde quitta son tabouret pendant que son copain dégringolait du sien et laissait une poignée de pièces sur le comptoir. Henri se retrouva tout seul avec l'autre crétin qui rangeait les verres, c'était un coin désert avec des petits paquets d'arbustes, pas beaucoup, et des tables sur la terrasse avec des parasols en fausse paille et rien ne bougeait, le ciel était bleu, complètement bleu, on pouvait voir la chaleur onduler au ras du sol, on avait envie de fermer les yeux, pas forcément de les rouvrir.

Henri les ouvrit juste au moment où une grosse Buick décapotable arrivait sur le parking, une magnifique saloperie arrogante et vicieuse, dégoulinante de sueur. Un type est sorti de là-dedans avec une chemise hawaïenne et une casquette à visière transparente, dans les rouges, il a fait le tour des pompes avec les mains enfoncées dans les poches, en se tortillant, il tournait la tête dans tous les sens, puis il est revenu vers son fauve et il a envoyé un grand coup de klaxon. Le barman a lâché son torchon en grognant j'arrive connard, juste assez fort pour qu'Henri puisse l'entendre et Henri l'accompagna d'un sourire entendu pendant que l'autre traversait la salle et ouvrait la porte du four et cavalait jusqu'aux pompes comme un damné.

Henri en profita pour piquer un cendrier en plastique qu'il glissa en douceur dans son sac. Lucie aimait bien ces trucs, c'était un cadeau facile pour une dévoreuse de mantras. Il louchait déjà sur celui de la table voisine quand le propriétaire de la Buick fit son entrée. Il jeta un coup d'œil sur la salle, fit un demi-tour sur lui-même, salua Henri d'un petit geste de la main et fonça vers les toilettes à moitié plié en deux.

Henri avait les coudes sur la table et se tenait le menton dans les mains, il souriait, la bière l'avait mis de bonne humeur. Il tourna les yeux lorsque le barman entra et alors son coude dérapa, BONK, il se renversa la bière sur les genoux. Merde de merde bon Dieu, il fit un bond de sa chaise en se donnant de grandes claques sur les cuisses, cette putain de bière POISSAIT, il en avait même sur sa chemise, il y avait une petite flaque sous ses pieds et l'autre regardait ça d'un air songeur.

Les toilettes se trouvaient au fond d'un couloir vaguement éclairé. Henri se dirigea vers le lavabo, le pantalon collé aux cuisses, et il commençait à faire les grimaces d'usage devant la glace lorsqu'il sentit la fumée. Il pensa au feu. Instinctivement, il ouvrit les robinets. Quelqu'un toussait dans les chiottes et crachait, une belle fumée blanche et épaisse se faufilait par l'encadrement de la porte. Henri avait complètement oublié son pantalon, il bondit sur la porte, essaya maladroitement de retenir la fumée, il glissa son petit doigt dans la serrure et se mit à brailler :

— Hé, hé!!!... merde, la chasse! Tirez sur la chasse, oh mon Dieu, oh merde...

La porte s'écrasa sur son nez et il s'effondra sur le carrelage. Le type à la Buick l'agrippa par son blouson d'aviateur, arrachant vingt centimètres de fermeture Eclair et le plaqua debout contre le mur. Henri tenait son nez à deux mains et, par-dessus l'épaule de l'autre, il vit les chiottes en feu. Il fit des yeux ronds, il essaya de mordre la main suspendue à son revers, ne rencontra que la toile de son blouson, poussa un cri aigu et récolta une claque sur l'oreille. Son oreille se mit à siffler comme la sirène de l'usine où il avait laissé un doigt, CLOP, sa phalange avait coulé au fond d'une bouteille d'eau gazeuse et il s'était senti fatigué, longtemps il avait gardé la bouteille, bien capsulée et même avec une place spéciale dans le frigo, mais à la fin le bout du doigt avait pourri et, une nuit où il se sentait très fort, il avait balancé tout ça par la fenêtre, oh ce boucan, et il avait eu mal, on est pas toujours aussi fort qu'on voudrait et c'était son doigt d'enfant, celui qu'il avait tant sucé, celui qui lui avait tout appris.

L'autre le secouait, son blouson était foutu.

– Hé, écoute... ce type est un marchand de merde, hein ? Dis, tu saignes du nez, hein, ce mec fait du racket, il est placé pour te vendre de la merde. C'est un con, ce con j'en ai rien à foutre, hein ? Arrête de pleurer...

– C'est la fumée.

– C'est rien, je vais l'avoir, ce connard. Tu me laisses faire. Ce satané bouffeur de merde. Laisse tomber. Tiens, voilà un mouchoir, lève la tête.

– Non, c'est mauvais.

– C'est des cons. Fais comme je te dis.

La fumée commençait à avancer dans le couloir en roulant sur le ventre. Ils sortirent. Juste avant d'entrer dans la salle, Henri voulait retourner pour refermer les robinets. Il était un peu largué.

– Merde, les robinets !

– Hein ?

– J'ai oublié la flotte ! il dit.

Il s'arrêta mais l'autre le poussa en avant et ils débouchèrent en se tenant bizarrement, comme s'ils s'écroulaient l'un sur l'autre. Le barman les regarda s'approcher d'un air dégoûté, la journée commençait bien. Henri avait les yeux rivés au plafond pendant que l'autre l'aidait à grimper sur un tabouret, c'était marrant, il était même en train de rigoler quand l'autre lança :

– Hé, votre machin est en feu, là-bas.

– ...

Henri clignait de l'œil au lustre. L'autre insista.

– HÉ, TES CHIOTTES SONT EN TRAIN DE CRAMER, MON VIEUX !

Le barman fracassa son torchon sur le comptoir et fonça vers le couloir. L'autre était déjà passé derrière le bar, il cognait sur le tiroir-caisse. Henri était hilare, la bière ou quoi, et son nez lui faisait pas mal du tout, il était juste un peu chaud. Il se pencha un peu en avant pour voir ce mec attraper un paquet de billets, il se sentait plein d'admiration pour la pureté de l'instant et, quand l'autre détala vers la sortie, Henri était encore sous le coup de son sourire magique, il descendit de son siège. Il passa de l'autre côté, c'était comme dans un rêve, il y avait encore tout un tas de pièces et le barman qui revenait toujours pas, sacré bon Dieu, il y en avait des poignées, c'était fantastique, la salle baignait dans un brouillard doré, Henri attrapa son sac au passage, direction la sortie, en fait on voyait rien dehors, c'était tout blanc et il arracha la porte. Il s'arrêta juste un poil de seconde pour gueuler SACRÉ BOUFFEUR DE MERDE et la trouille l'excitait à un tel point qu'il arrivait plus à lâcher la poignée de la porte SACRÉ TROU DU CUL la panique le clouait sur place AAAAAAHHHHHHhhhhh.

La Buick s'arrêta juste à sa hauteur.

– Arrive, petit !

– AAHHhhh...

Le moteur de la grosse décapotable ronronnait,

Henri cligna des yeux dans la lumière, il fallait que son cerveau se remette en marche pour de bon.

– Merde... LÂCHE CETTE FOUTUE PORTE !!!

Il poussa un cri comme si la poignée venait de lui brûler les doigts et le truc dégringola par terre. Il balança son sac à l'arrière et sauta par-dessus la portière. La Buick balaya les graviers sur toute la terrasse, renversa le parasol et poussa un long hurlement de plaisir.

Ils ne se retournèrent même pas, d'ailleurs Henri était plié en deux à force de rire et l'autre pleurait pour les mêmes raisons, il disait ooouuuuuu, j'y vois plus rien, arrête, et Henri remontait à la surface pour une toute petite gorgée d'air, c'était nerveux et douloureux, il continuait à vider ses poches sur la banquette en cuir, à 160 à l'heure, le soleil éclaboussait tout, leur explosait dans le ventre, cisaillait le pare-brise et, pour finir, Henri alla jusqu'au bout de ses forces, il plongea dans son sac, attrapa le cendrier et le tendit à bout de bras. Il respira un bon coup, il lâcha :

– OOouuuu et ÇA !!! A ce foutu salaud, oouuuuuu...

La Buick tituba un instant mais les trois voies étaient libres, il était midi, ça allait bien pour eux. Au même moment, une Mercedes bariolée quittait le parking, écrabouillait le parasol et débouchait sur l'autoroute. Le visage du Christ était peint sur le capot, il y avait trois hommes à bord et des armes cachées sous une couverture péruvienne. A environ trois cents kilomètres de là, Lucie était affalée sur un tas de coussins romantiques, les yeux grands ouverts. Il était midi et la pauvre perdait tout son sang. Henri se mit à vomir.

2

Ned était un gars plutôt facile à vivre, mais il y avait deux choses au monde qu'il pouvait pas supporter : voir quelqu'un vomir et surtout qu'on lui dégueulasse sa bagnole, la Buick était pas à lui mais c'était exactement la même chose, c'était lui qui conduisait. Quand il soulevait une fille saoule, il se démerdait toujours pour trouver un taxi et, quand la catastrophe arrivait, il ouvrait la fenêtre et guettait les réactions du chauffeur dans le rétroviseur, il allumait une cigarette le temps que ça se passe, mais, dans ces cas-là, son plaisir était gâché.

Douze minutes. Douze. Il dut supporter ça douze putains de minutes avant de pouvoir s'engager sur une aire de repos. Il gara la Buick juste derrière le bâtiment abritant les toilettes. Il descendit sans regarder Henri, fit semblant de s'intéresser aux herbes cuites et desséchées qui traînaient par terre. Comme l'autre ne bougeait toujours pas, il fit le tour de la décapotable et vint s'appuyer contre la portière en tournant le dos à Henri.

– Hé, essaye de nettoyer un peu ça, fit Ned. Ça me rend malade.

Henri était blanc comme un mort, avec du sang séché plein la figure, il se bougea lentement et Ned s'écarta, il fit quelques pas en suivant des yeux une Mercedes qui filait à toute allure. Il faisait chaud, il souleva sa visière et passa une main sur son front. Il était en sueur, quand même, il avait bien rigolé avec ce con, le coup du cendrier et tout ce tas de pièces éparpillées sur les sièges, ça faisait partie des bons moments. Il avait trente-huit ans, il pouvait les compter sur les doigts de la main.

Quand il revint à la Buick, Henri était retourné à sa place. Ned se glissa derrière le volant. Du coin de l'œil, il vérifia que le ménage avait été fait. Ouais, et en plus Henri s'était nettoyé la figure.

Ned caressait le volant, se tortillait sur son siège.

– Tu vois ça, tu vois cette merveille ? il dit.

– Han han.

– C'est un V6 transversal, je suis sûr qu'il est gonflé. Ecoute, écoute ça.

Il mit le moteur en marche et il resta silencieux en regardant droit devant lui. Henri entendait rien du tout, les bagnoles, c'était pas son truc, parfois il aimait bien les regarder, il était surtout sensible aux couleurs.

Ned démarra et enfonça une bande dans le lecteur. C'était un morceau de Talking Heads qu'Henri adorait : *Listening Wind,* il était fou de ce machin. Il renversa la tête en arrière et se laissa aller. Maintenant, il ressentait bien les effets du Captagon, c'était comme une redescente d'acide. Il réprima une soudaine envie de fermer les yeux, réfléchit un instant et les ferma. Ned chantonnait à côté de lui. Ils appréciaient tous les deux la température du vent, la vitesse, en fait, ils avaient pas mal de points communs, ils étaient

VIVANTS
ACCROCHÉS
et SEULS.

En général, quand ces trois conditions étaient remplies, les malheurs ne tardaient pas à arriver.

Au bout d'un moment, ils finirent par rattraper la Mercedes.

– Celle-là, je vais la bouffer, ricana Ned.

3

Putain, mais où est-ce qu'ils avaient bien pu passer? Ils venaient de s'engager sur une furieuse descente et on pouvait voir l'autoroute sur des kilomètres, pas une seule sortie, rien qu'un trait noir qui s'étirait dans la vallée. Franck savait qu'ils auraient dû apercevoir la Buick sur cette distance. Le Gros avait roulé le pied au plancher et les deux connards pouvaient pas avoir beaucoup d'avance. MERDE, GROUILLEZ-VOUS, ILS VIENNENT JUSTE DE FOUTRE LE CAMP ! Cet abruti de Georges s'était fait avoir en beauté, c'était une chance pour lui qu'ils arrivent au bon moment et Franck pouvait pas lui refuser ce petit service. Il avait perdu gros trois nuits de suite, Georges avait eu des mains éblouissantes, mon vieux, si je rattrape tes deux mecs, on repart à zéro. Ça je te jure et j'irai craquer un peu de fric avec Lili, peut-être un petit voyage, s'il y avait une chose qu'il pouvait vraiment faire, c'était bien de lui offrir ça, ou est-ce qu'il allait devenir fou, est-ce qu'il perdrait les pédales ?

Franck était fatigué, il clignait des yeux derrière ses lunettes de soleil, il se sentait nerveux. Il y avait ces dessins sur la bagnole, il préférait ne pas y penser, mais surtout il y avait Willy à l'arrière, quelle poisse, il faudrait l'avoir à l'œil, sinon les emmerdes allaient tomber à tous les coups.

Profitant de la descente, le Gros avait bloqué l'aiguille dans un coin du compteur. La Mercedes tenait le choc et puait le patchouli, merde, il y avait des mecs qui arrivaient à bander et à s'envoyer sa fille dans ce machin, ils s'envoyaient ces filles pleines de fric alors que lui, Franck, cavalait sans arrêt pour quelques billets et un peu d'amour, UN PEU D'AMOUR, Lili, personne aurait pu s'imaginer à quel point il était amoureux de sa deuxième femme et ça regardait personne. Elle avait fait sa valise depuis six jours et le Gros avait pensé qu'une petite partie de chasse lui changerait les idées, naturellement c'était raté, il pensait à elle toutes les trois secondes environ, quelquefois plus.

– Et merde, il grogna.

– Ça se peut pas, fit le Gros. Tu vois ça, sur une autoroute, on devrait déjà leur coller au cul, j'suis à deux cents.

Willy s'agita sur la banquette arrière.

– A ta place, Gros, je ralentirais...

Franck se retourna d'un seul coup. La Buick était à peine à trois cents mètres derrière eux, elle avait déjà déboîté sur la troisième voie, elle les rattrapait doucement. Le Gros leva un œil sur le rétro.

– Ce machin est gonflé, Franck. J'suis à fond.

– Ouais, t'inquiète pas, on va les coincer.

C'était du tout cuit. Le Gros était le chauffeur rêvé pour ce genre de cirque, il était tout simplement sublime. Au dernier moment, son cerveau s'arrêtait de fonctionner et c'était plus qu'une belle mécanique de précision, une horloge réglée pour vous foutre en l'air.

Franck récupéra les flingues sur la banquette arrière. Il croisa le regard de Willy et ce dingue souriait comme un enfant, il avait les mains enfoncées dans son blouson.

– Ne te fous pas dans nos pattes, lui lança Franck.

L'autre se pencha un peu en avant :

– Je ferai comme tu diras, vieux. Qu'est-ce qui va pas ?

Franck ne répondit pas. La Buick était tout près. Il se cala dans son siège et garda sa carabine sur les genoux, une « Original Mauser » chambrée en 458 Winchester, un cadeau de sa fille, comme si les éléphants, ça courait les rues, Dieu du ciel, il pouvait vraiment plus la sentir.

Juste au moment où la Buick allait doubler, le Gros se déporta sur la gauche et commença son petit numéro. En général, le mec partait à dame dans les glissières, debout sur le frein et le Gros s'écartait en douceur pour éviter les éclaboussures, c'était un peu monotone, du vite fait aussi. Au lieu de ça, la Buick donna un ultime coup de reins et se retrouva à la même hauteur que la Mercedes. Le Gros apprécia, il tourna suffisamment la tête pour voir les deux types s'agiter dans la Buick et il plissa les yeux. Il se serra un peu plus, jusqu'à ce qu'il entende le bruit de la ferraille froissée et il y eut une première embardée. Il s'écarta de quelques centimètres et replongea, mais, cette fois, la place était meilleure, il se trouvait plus en avant et un enjoliveur de phare traversa le ciel blanc devant ses yeux. Maintenant, il la tenait bien, c'était bon, il cogna encore et encore et sut exactement à quelle seconde l'autre abandonnait, il le sentit et il commença à ralentir, il prit seulement conscience du bruit, du boucan épouvantable et de Willy qui était cramponné dans son dos et s'excitait, il fallait encore faire gaffe, il y avait bien une ou deux possibilités pour la Buick de s'en tirer, lui il aurait su quoi faire et faisait gaffe, mais ses nerfs se relâchaient doucement et ses nerfs ne l'avaient jamais trompé, il serra une bonne fois, consciencieusement et, durant une fraction de seconde, le silence retomba.

Franck s'éjecta de la voiture et pointa la Mauser sur les deux hommes, par-dessus le capot de la Mercedes.

— Hop, les rigolos. Dehors, vite ! DEHORS !!

Ned fut le premier à bouger. Il lâcha le volant et mit ses mains derrière sa tête, fais-en toujours un peu plus que ce qu'on te demande dans ces cas-là, mon vieux, tu risques rien et ta peau vaut des milliards, n'oublie pas ça, oh non, ces mecs avaient pas l'air de plaisanter, ils puaient le pire et qu'est-ce que c'était que cette connerie, ce Christ barbouillé sur le capot, sur le coup, il avait oublié qu'il venait d'éponger un tiroir-caisse, son cerveau était incapable de faire le rapport, son cerveau hurlait ATTENTION ATTENTION, MON FRÈRE !!

Henri l'imita en vitesse.

– C'est des flics ? murmura-t-il.
– C'est n'importe quoi, répondit Ned.
– Hé, faut vous aider à sortir ? gueula Franck.

Willy était déjà dehors en compagnie du Gros qui tournait autour des voitures, qui hochait la tête en constatant les dégâts d'un air amusé. Henri et Ned sortirent de la Buick et Ned donna l'exemple, il plaqua ses mains sur la carrosserie, écarta les jambes, il se préparait gentiment pour la fouille, mon vieux, fais-en toujours un peu plus... la chaleur les clouait sur place. Henri était parcouru de frissons. Willy vint se planter à côté de lui et le regarda sous le nez en riant. Il prit Henri par le cou et se colla contre lui, il lui caressait la nuque.

– Fils de pute, il dit doucement.
– NOM DE DIEU, FOUS-MOI LE CAMP ! hurla Franck.

Willy serra très fort le cou d'Henri avant de s'écarter et Henri se mit à respirer un peu plus vite. Le Gros s'approcha et fouilla Henri.

– Il a plein de pièces dans les poches, Franck. Des tonnes, il a.
– Ouais, et l'autre abruti ?

Le Gros avait des gestes lents mais il savait ce qu'il faisait, il avait fait ça des milliers de fois. Il revint vers Franck avec le paquet de billets qu'il avait trouvé sur Ned. Franck fourra tout ça dans sa poche.

– Y a combien, tu crois ? demanda le Gros.
– Dégagez-moi les bagnoles, lança Franck.

Il s'approcha des autres et leur fit signe de traverser pendant que Willy et le Gros grimpaient dans les bagnoles.

Ned baissa les bras.

– Hé, les gars, c'est une blague... ?
– T'as deviné, répondit Franck. Je suis en train de m'amuser. J'aime pas beaucoup ta gueule, lève les mains.

La Mercedes se rangea sur le bas-côté et Willy gara la Buick juste devant, un bon morceau de calandre traînait par terre, comme une jambe brisée. C'était le grand désert, depuis le début ils avaient vu personne, ni dans un sens ni dans l'autre, Franck était en train de se dire qu'il avait pas pensé à Lili depuis un petit moment, c'était bon signe.

Il se laissa aller un instant et ce fut une erreur, c'est-à-dire qu'il vit Willy s'approcher des deux autres et Willy tenait un flingue par le canon, à bout de bras, mais son cerveau refusa d'enregistrer la scène. Henri s'attendait pas non plus à ça, il avait croisé ses mains derrière la tête une bonne fois pour toutes, si bien que la crosse du fusil le faucha en travers du ventre et il se plia en deux comme une crêpe avant de glisser sur le côté.

Franck attrapa Willy par un bras et lui arracha l'arme des mains.

– T'es vraiment con, il lui dit.

– Hé Franck, t'as pas vu comment il me regardait...

– Ouais, retourne à la bagnole.

Willy avait les cheveux dorés et les yeux bleus, il avait un sourire magnifique, mais malgré ça il sortait tout droit de l'enfer et Franck le savait. Il le regarda s'éloigner pendant que le Gros arrivait en soufflant.

– Bah, c'est pas grave, tu te fais de la bile...

– Non, j'en ai rien à foutre, mais je le veux plus dans les jambes. Il est dingue.

– Non, il est jeune, il est encore nerveux, Franck.

– Il m'emmerde. C'est ton neveu, c'est pas mes oignons, j'veux plus de lui et toi, tu le laisses avec un flingue, t'es givré.

Ned écoutait ça et il y avait Henri à ses pieds qui gémissait doucement, il y pouvait pas grand-chose, il pouvait pas grand-chose pour personne, en fait, pourtant il aurait bien fait un geste, il l'aurait bien aidé mais il était pas fou, il avait toujours été seul et c'était assez difficile comme ça. La voix de Franck l'arracha à des pensées idiotes.

– Où t'as volé cette bagnole, abruti ?

– Je l'ai pas volée.

Franck se tourna en soupirant vers le Gros :

– C'est celui-là qu'il aurait dû cogner, tu sais...

Le Gros s'avança vers Ned sans se presser. Sous le soleil, le Gros devenait toujours avare de ses gestes, il marchait au ralenti. Il attrapa Ned par les cheveux, tira un bon coup vers le bas. Il y avait une manière pour faire ça, il fallait prendre appui avec les phalanges sur les os du crâne, exercer une première traction de manière à décoller le cuir chevelu et, ensuite seulement, on pouvait faire voler la tête dans tous les sens. C'était une bonne entrée en matière, doublée d'un impact psychologique évident. C'était un bon vieux coup.

Ned resta plié en deux, sous le poing du Gros. Malgré la sensation d'avoir une plaque de feu posée sur le crâne, il ne bronchait pas, ses mains étaient soudées derrière sa tête, ses mains avaient compris, et pas seulement ses mains mais son corps tout entier avait compris, c'était une situation plutôt négative, la fureur, la folie, la violence, ces trois dingues inondés de soleil, il s'était fait coincer, il ferma les yeux une seconde pour essayer d'en sortir, mais la douleur zigzaguait dans sa tête comme un animal affolé. C'était bien réel.

– La Buick, c'est à ma sœur, lâcha-t-il.

– Ta sœur, murmura le Gros. Quelle pute pourrait se payer une bagnole pareille, mon gars, dis voir...

– Merde, les papiers sont dans la bagnole. Je suis pas en train de vous raconter des conneries...

Le Gros serra un peu plus fort, c'était ce qu'il avait trouvé à répondre, une manière de dire qu'il approuvait ces bonnes dispositions. Ned regarda le corps d'Henri, ce salaud avait dû s'évanouir, bien sûr, c'était une parade fabuleuse, un moyen de se faire oublier dans un moment délicat, mais comment faire, COMMENT S'Y PRENDRE, est-ce qu'il faut fermer les yeux et POUSSER ou simplement VOULOIR, est-ce qu'il fallait arrêter de respirer et se laisser glisser en douceur ou bien TOUT ÇA

À LA FOIS, oh Seigneur, j'ai juste les jambes un peu molles et j'ai peur de mourir, est-ce que ça va suffire ?

Franck se dirigea vers les voitures. Il rangea la Mauser dans la Mercedes, c'était inutile de se faire remarquer, les deux types ne posaient pas de problème, en général les gens ne posent pas de problème quand on sait les prendre, c'était écœurant, délicieusement écœurant. Il se pencha par-dessus la portière de la Buick et fouilla dans la boîte à gants. Willy était assis derrière le volant, il tripotait les boutons, tortillait son cul sur le cuir rouge des sièges, il était là à faire le con pendant que Franck attrapait un portefeuille.

– Hé, Franck, mince, t'as vu un peu cette bagnole... ooouuuu, rien que le cuir me fait bander.

– J'en étais sûr.

Franck trouva les papiers de la voiture. Il les fourra dans sa poche sans vraiment les regarder. Une chance pour que l'autre dise la vérité, une chance pour le mensonge, qu'est-ce que ça pouvait bien foutre, Franck n'avait pas d'attirance particulière pour l'un ou l'autre, ça ne l'intéressait pas. Sa vie à lui prenait toute la place, Lili, il était juste capable d'agir, pas de penser, Lili, qu'est-ce qu'il fallait faire maintenant, Lili, il avait récupéré le fric, il était dans sa poche. Lili, Lili, se débarrasser des deux zouaves et rentrer à la maison, où est-ce que tu peux bien être en ce moment, il eut un regard inexpressif pour Willy et retourna vers le Gros. Il venait de trouver le moyen d'être tranquille.

– Gros, tu prends la Buick, tu emmènes Willy et vous vous offrez une bonne partie de chasse, tous les deux. Je vais régler cette histoire, vous occupez pas de moi.

Le Gros parut hésiter un instant, mais on pouvait pas savoir si ça venait d'un éventuel désaccord, d'une compréhension trop lente ou d'un excès de chaleur. En règle générale, on savait pas trop ce qui se passait chez lui, ce qui le rendait à la fois dangereux et supportable. Pour Franck, c'était l'adjoint idéal et, d'une manière incompréhensible pour l'un comme pour l'autre, il y avait entre eux QUELQUE CHOSE et Franck aurait donné un bras pour lui et le Gros aurait donné sa vie, c'était comme ça, un jour vous vous retrouvez soudé au monde de la douleur et, à ce moment-là, tout est foutu.

D'une bourrade, le Gros envoya Ned par terre.

— Amène ton copain à la bagnole. Magne-toi.

Ned avait mal partout, mais c'était pas le moment. Le contact avec le sol avait été presque agréable, c'était bon de se recevoir sur du gravier quand un salaud capable de tout vous avait lâché, la vie, la vie, quoi d'autre ? Il attrapa Henri sous les épaules, Henri avait les yeux ouverts, mais il était tout blanc, presque bleu. Ned lui envoya un clin d'œil, Henri laissa traîner une grimace et se mit à gémir, une espèce de petit cri d'enfant pendant que Ned le tirait. Il tourna carrément de l'œil quand Ned l'installa sur le siège avant de la Mercedes. Willy regardait ça d'un air ravi, il contourna la voiture et s'enfonça sur le siège à côté d'Henri, une fois de plus il lui glissa sa main dans le cou.

— Hé, fils de pute, je crois que je t'ai bien arrangé, dis-moi...

Bien sûr, il n'attendait pas de réponse, il disait ça comme ça, comme il avait envie. Bien sûr.

Son nez éclata et le sang éclaboussa tout le pare-brise.

Son arcade gauche explosa, s'ouvrit comme une étoile de mer.

Il se mit à hurler. Pas tout de suite, mais quand il se vit dans le rétroviseur, il avait toujours pas compris ce qui lui était arrivé.

De son côté, Ned savait pas non plus ce qui lui avait pris. Simplement il avait plongé la tête la première et ça il commençait déjà à le regretter, son corps lui avait échappé. Il reconnut les mains du Gros. Elles venaient de se planter dans son dos et l'arrachaient de la voiture, Dieu du ciel, il pesait quatre-vingts kilos et l'autre l'avait soulevé comme une plume, il pensa ça y est, je vais m'évanouir et il rentra sa tête dans les épaules.

– Arrête ! cria Franck. Nom de Dieu, j'ai besoin de lui pour conduire !

Le Gros avait le poing en l'air, il avait dans l'idée de lui briser la clavicule, pour commencer, il était bien placé. Il regarda Franck.

– Ça va, reprit Franck, n'aie pas peur, on s'occupera de ça plus tard. Va t'occuper du môme.

Willy était sorti de la voiture comme un spaghetti trop cuit, il pleurait maintenant et tout ce sang qui lui coulait du nez, qui brillait, ça l'aidait pas à respirer, des fois il s'étranglait et il pleurait encore plus, c'était désagréable à entendre, ils étaient tous en train de le regarder, le Gros lui essuyait sa chemise avec une couverture.

Un peu plus tard, quand ils grimpèrent tous dans les bagnoles, personne n'était de bonne humeur. C'était pourtant une belle journée, mais ça voulait rien dire. C'était même ce jour-là que Lucie avait choisi pour se suicider, mais ça non plus ça voulait pas dire grand-chose.

4

Franck décida de rentrer directement chez lui, oui, avec les deux zouaves, avec tous les salopards du monde plutôt que de finir la journée derrière un bureau à taper toutes ces conneries, ces rapports de merde, il blairait plus ses collègues, plus personne, et maintenant il se sentait même plus la force d'ouvrir la bouche, tout ce qu'il voulait, oh mon Dieu, je veux simplement m'allonger un peu avec un verre et attendre, fermer les rideaux, je sais exactement ce que je vais lui dire, ça va s'arranger, j'ai toute la nuit, demain, demain je les fais boucler, j'irai chercher le Gros, je m'occuperai de tout ça, mais demain et à ce moment-là ils arrivèrent, Franck appuya un peu plus le canon de la Mauser dans la nuque de Ned.

– Arrête, il dit.

Ça ressemblait à un petit pavillon bien tranquille, à l'entrée de la ville, dans un quartier plutôt chic, avec des gens tranquilles, Lili les haïssait, elle se pendait à lui, elle lui disait mais regarde-les, REGARDE-TOI, je deviens folle ici, je vieillis à toute vitesse, tu ne vois pas ça et, pendant qu'il faisait signe à Ned d'ouvrir le portail, il commençait à comprendre, elle avait raison et même s'il ne comprenait pas vraiment, il savait qu'elle avait raison, la Mercedes s'engagea au milieu d'un gazon fraîchement taillé, d'une tristesse bouleversante, Lili.

Henri émergeait doucement. En respirant par petits coups, la douleur qui fouillait tout son corps devenait supportable, il pouvait y penser, les poignards glissés sous ses côtes ressemblaient à des os fracturés, il pensait aussi à Willy, il se demandait ce qui pouvait traverser la tête des gens, ce qui était vraiment arrivé, oh Seigneur. Quand il entendit Franck leur dire de descendre de voiture, une sueur glacée lui coula jusqu'en bas des reins, l'idée du moindre geste était déjà une folie. Il eut un regard implorant pour le rétroviseur mais Franck était déjà descendu et il se sentit très seul, presque perdu.

Malgré toutes les précautions de Ned, le chemin jusqu'à la porte ressembla à un calvaire, il braillait et transpirait comme un cochon. Franck fouraillait dans la serrure, il poussa la porte et leur fit signe d'entrer. Henri essaya d'accrocher son regard en passant devant lui.

– Je veux voir un docteur, il murmura.

– Ouais, bien sûr, répondit Franck.

Ils entrèrent et Franck décrocha une paire de menottes du portemanteau. Il les conduisit jusqu'à la salle de bains et les fit s'allonger sur le carrelage glacé et rouge. Il les enchaîna l'un à l'autre en faisant passer les menottes derrière les tuyaux du chauffage central. Il laissa la porte entrouverte de manière à pouvoir leur jeter un coup d'œil du salon, c'était parfait, il tira les rideaux et s'écroula de tout son long sur le divan.

Il resta comme ça cinq minutes, la tête complètement vide, il aurait été incapable de dire son nom, et ensuite il se leva, il empoigna une canette de bière à la cuisine au moment où la nuit commençait à piquer un vol plané et il lança ses chaussures à travers la pièce. Il vérifia au passage le fric dans sa poche, il avait espéré plus mais c'était plutôt ce qu'il pensait, peut-être même un peu moins, Georges était un petit connard vaniteux et bon Dieu il pouvait faire une croix sur ses billets, en se démerdant, ça pouvait faire ce foutu voyage, de quoi sauver sa vie, c'était vraiment trop con et tellement compliqué, trop compliqué, tellement con, ha, ha, il aurait voulu pouvoir réfléchir à tout ça mais il était incapable de maîtriser son esprit plus de quelques secondes, l'image de Lili lui revenait sans cesse puis disparaissait, cette passion lui faisait horreur, il y avait cette femme et il était furieux, elle n'était même pas responsable, ni l'un ni l'autre, il regarda ses pieds, il puait des pieds, il s'écœurait, comment avait-elle fait pour l'aimer, et maintenant il allait puer la bière et merde il avait cru qu'un peu de solitude mais c'était pire que tout, c'était pire que ce qu'il aurait pu imaginer.

La maison était silencieuse. Henri était endormi sur le carrelage, la moitié de sa vie se passait de l'autre côté, ça ne l'aurait pas gêné de se tenir debout. Ned avait soif, il essayait de se faire une idée de la situation et d'oublier son bras ankylosé, pourquoi ce flic abruti les avait amenés chez lui, il n'aimait pas ça. Maintenant, il regrettait d'avoir abîmé Willy, mais pas vraiment, non, il l'aurait sûrement tué s'il l'avait pu, simplement il avait une idée assez précise de ce qui l'attendait, il les avait vus avec l'œil allumé. Au-dessus de sa tête, le lavabo faisait ttiiiic tiiicccc toutes les deux secondes, c'était négligeable comme fuite, c'était très chiant comme bruit, ça donnait envie de boire, il fit :

— HÉ, HÉ !

Franck arriva. Il avait rien contre ces deux types, en fait il les avait plus ou moins OUBLIÉS dans la salle de bains. En les voyant, il se demanda même s'il ne ferait pas mieux de leur coller une bonne frousse et de les relâcher. Pour garder le fric, c'était la meilleure solution, il s'appuya contre le chambranle de la porte et leva un sourcil.

— Est-ce que je pourrais boire ? demanda Ned.

Franck les enjamba tous les deux sans répondre et s'installa devant le trou des WC, il urina abondamment, comme toujours après la bière. Il était pas très loin du visage de Ned. Ned regarda le sexe un moment et tourna la tête. Franck rigola, tira la chasse et sortit.

A la cuisine, il mit un petit moment avant de mettre la main sur un carton de canettes, il faudrait qu'il se décide à faire quelques courses avant de manquer d'à peu près tout, il y a des choses qu'un homme qui vit seul sait faire, des choses qui le dépassaient. Il décapsula deux bouteilles, laissa les petites soucoupes volantes rouler sur le sol et retourna à la salle de bains.

Il tendit une canette à Ned, vérifia qu'Henri était bien endormi en le poussant du pied et il s'offrit la seconde. Il se laissa glisser sur ses talons en tenant une bouteille droit devant lui.

— Je parie que tu pues des pieds, dit Franck. Tout le monde pue des pieds. Chacun doit y passer au moins une fois, pas vrai ?

Ned lui envoya un signe avec la bouteille, ça voulait dire qu'il appréciait la bière et qu'il était prêt à entendre toutes les conneries qu'on voulait.

— Tu vois, je crois qu'il te tuera pour ça, reprit Franck. Y a pas vraiment moyen de l'en empêcher, il est dingue.

– Qu'est-ce qu'on me propose ? fit Ned.

– Je t'ai proposé quelque chose ? Fais comme moi, t'es bien sur ton cul, tu peux tout juste attendre et fermer ta gueule. C'est un bon conseil, tu sais. T'as une toute petite chance, j'ai pas de fleur à faire à Willy. Mais à toi non plus, tu vois, c'est difficile, hein. Il faut que je pense à tout ça et j'ai d'autres choses en tête. Tiens, on va faire un truc, si elle vient, je fais quelque chose pour toi, si elle vient pas, je fais le bonheur de Willy, tu vois ça ?

– J'espère qu'elle sera pas en retard.

– Elle a toute la nuit, mon vieux.

– Je sens que je vais pas pouvoir dormir.

– Moi non plus. C'est une grande nuit pour nous, c'est comme un jeu. Imagine, je mets mon tapis et tu es obligé de suivre, tu piges ?

– C'est quoi, comme jeu ?

Franck termina sa bière, il était content de les avoir mis dans le bain, c'était plus facile pour lui, si Lili venait pas, tout le monde serait dans la merde. Maintenant, ils étaient trois à espérer qu'elle vienne et il avait l'impression que c'était une bonne chose, sans savoir vraiment pourquoi mais il sentait ça et il avait, bon Dieu, il avait foutrement raison.

Il tira une cigarette et envoya le paquet à Ned. Il se redressa d'un bloc.

– En général, tu serais plutôt veinard, toi ? il demanda.

Ned tira une bonne bouffée, il dit :

– Bien sûr. Ça se voit pas ?

Juste à ce moment-là, on sonna à la porte et Franck eut du mal à décrocher son regard de Ned.

– Ouais, il dit, peut-être que j'aimerais pas jouer avec toi, mon salaud.

Son cœur se mit à cogner et ce fut tout un bordel pour enfiler ses chaussures et marcher tranquillement vers la porte, compter bêtement jusqu'à trois ou quatre avant d'ouvrir en priant pour avoir la gueule qu'il fallait. Mais c'était quoi, au juste?

5

Lili? Lili? Non, c'était pas Lili, mon Dieu, pourquoi m'avez-vous fait ça, songea-t-il, et, pendant que Carol le bousculait pour entrer, il fouilla désespérément la nuit, comme un chien, il resta planté devant la porte avec les pupilles dilatées, le corps raide.

– Hé, qu'est-ce que tu fabriques? elle dit. Ferme la porte. Quel est le connard qui a esquinté ma voiture, c'est toi?

Carol était sa fille. Un premier mariage. Il avait tout oublié de cette époque, sauf les moments de cul. Durant leur unique année de vie commune, s'il n'avait pas adressé plus de cent fois la parole à sa femme, il l'avait bien baisée mille fois. Elle ne disait jamais non et se laissait prendre plusieurs fois par jour, n'importe où, elle avait l'air de s'en ficher, elle riait la plupart du temps et ça le rendait fou, il avait essayé de s'enfoncer jusqu'à son âme, mais en vain, et c'est dur de rester seul quand on a vingt ans et qu'on se cherche, c'est dur de toute manière. Il ne restait de tout ça qu'une ou deux images érotiques, mais il lui suffisait d'y penser et de fermer les yeux pour bander, c'était ses images préférées. La famille avait attendu que le divorce soit prononcé pour lâcher le fric et, de ce côté-là, il y avait aucun problème, Carol disait ça pour sa voiture, mais c'était pour l'emmerder, elle pouvait en changer du jour au lendemain sans que son banquier lève un sourcil.

Il referma la porte et rejoignit Carol dans le salon. Elle était belle. Elle le dévisagea pendant une minute sans qu'il fût capable de dire un seul mot parce qu'une bonne partie de son esprit était restée en arrière, dans la nuit, dans ce désert épouvantable.

– Qu'est-ce que tu fous dans le noir ? elle demanda.

– Rien. Tu peux allumer...

Elle portait une petite robe courte en lamé et elle tourna sur elle-même dans la pénombre pour atteindre l'interrupteur, l'éclair d'un barracuda qui fait volte-face dans un rayon de soleil englouti, elle avait vingt-quatre ans, elle en avait rien à foutre de l'obscurité et des états d'âme. Elle se tourna vers son père, un visage parfait, une beauté glaciale et impitoyable, les candidats au suicide trouvaient ce qu'ils cherchaient.

– Qu'est-ce que tu as fait avec la Mercedes ? elle demanda. On a mis une semaine à la peindre, tu as une idée du boulot que c'est, non, ça m'a coûté deux mois de ton salaire, tu m'emmerdes.

– D'accord, mais on a dû prendre une voiture en chasse sur l'autoroute, et...

– Je me fous de savoir à quel genre de conneries tu t'amuses, MAIS PAS AVEC MA VOITURE, TU M'ENTENDS ? ? ! ! !

Je pourrais la gifler, il se dit, mais elle était trop forte, elle le démolirait d'un mot, avec elle il se sentait toujours en position d'infériorité, il était son père mais la seule chose qui restait de tout ça, c'est qu'il pouvait la regarder sans avoir envie de la baiser. C'était pas beaucoup, c'était la seule défense qu'il avait.

– Tu as des nouvelles de Lili ? il demanda doucement.

Elle lui glissa un sourire féroce, elle lui ferait tout payer, elle aimait sa mère, elle adorait Lili, il avait blessé les seules personnes qu'elle eût jamais aimées et il était toujours debout, mal en point mais debout, c'était le seul homme pour qui elle éprouvait quelque chose, à vingt-quatre ans, elle pensait qu'elle le haïssait. Bien sûr, elle pensait de travers, mais dans ce monde, dans cette vie, qui a besoin d'un peu de lumière, qui est prêt à reculer d'un pas, qui est assez con pour ça ? Elle dit :

— Il est question de ma voiture. Je t'ai prêté ma voiture.

Il soupira. La bière l'engourdissait. Pas assez.

— D'accord. Fais ce qu'il faut, je paierai. Tu pourras peindre la Vierge sur ton aile neuve.

Elle resta un moment à se demander si elle allait lui sauter dessus ou filer et le laisser dans sa merde mais il baissa les yeux et, en fait, elle aimait pas plus que lui se balader avec ÇA, ce vieux machin hippie, elle s'en foutait, ça leur avait fait plaisir, en vérité ils avaient mis que trois jours pour la peindre, au bord d'une rivière, elle avait baisé six fois, elle avait passé un bon moment, c'était juste une peinture amusante, un beau visage, elle en connaissait plein.

— Je veux pas de bière. Trouve-moi quelque chose à boire.

Il posa sa bouteille, il était vidé, il flotta jusqu'à la cuisine. Elle l'entendit remuer des verres et pensa à Lili qui attendait dans la voiture, cet imbécile qui n'avait rien senti, qui buvait des tonnes de bière. Elle traversa le salon et se dirigea vers la salle de bains.

Elle tomba sur Ned qui allumait une deuxième cigarette à l'aide de la première. Ce vieux Henri roupillait toujours. Ned la remarqua juste au moment où elle l'enjambait et ça le fit tousser. Elle fit glisser son slip et posa son derrière sur la lunette, puis elle regarda Ned dans les yeux en pissant bruyamment.

— HÉ, QUI C'EST CES DEUX TYPES DANS LA SALLE DE BAINS ? elle brailla.

Franck était en train de remplir un verre, le vermouth déborda, nom de Dieu, il les avait encore oubliés, ces deux-là.

— ON LES A PIQUÉS SUR L'AUTOROUTE. RIEN DE GRAVE.

— ET TU ATTACHES LES GENS DANS TA SALLE DE BAINS, MAINTENANT ?

Il répondit pas, il fit un effort pour ne pas s'énerver.

Ned en perdait pas une miette, cette beauté à côté de lui avec des jambes longues, vivantes et le petit morceau d'étoffe noire roulé au-dessus des genoux, oh Seigneur, elle s'est levée juste assez lentement pour que je puisse voir ses poils blonds, oh Seigneur, elle a remonté son slip avec un petit coup de hanches et sa robe retombe, OH SEIGNEUR, tu as trouvé ça, les culottes noires et les petites robes en lamé, alors qu'est-ce que tu espères de nous, j'ai seulement trente-huit ans, TRENTE-HUIT ANS !

– Hé, ça va ? Ça te plaît ? elle demanda.

Elle avait pris une voix dure. Ned connaissait ce genre de fille, ce genre de visage, y avait pas grand-chose à gagner. Il avait rien à perdre.

– Bien sûr. Reviens quand tu veux, il dit.

Ned était pas beau mais il avait une espèce de gueule et il regardait toujours les gens dans les yeux, il aimait ça, il faisait chier un maximum de monde à ce petit jeu, il avait les yeux presque noirs et il savait s'en servir, il avait du pot. Il empoigna Carol avec ses yeux, attendit trente secondes, juste le temps qu'elle se laisse un peu aller et, ensuite, il lui balança un sourire idiot, vraiment idiot.

Quand elle se jeta sur lui et lui attrapa une bonne touffe de cheveux, il n'essaya pas de se dégager et se mit à hurler comme un dingue, il voulait rien entendre, pour s'en tirer gagnant il devait pas lui en laisser placer une.

Franck arriva et trouva Carol penchée sur Ned, elle lui tournait le dos et sa robe était suffisamment remontée, il avait suffisamment bu pour jouer avec les images, il voyait Lili et Lili était penchée au-dessus du lavabo et se dessinait les yeux, toute nue, il s'était avancé sans bruit, il s'était collé contre elle, son parfum, il y avait du soleil, il fermait les yeux, il y avait l'eau qui coulait et il lui tripotait le bout des seins en se demandant pourquoi elle laissait couler l'eau, elle avait appuyé ses mains sur le lavabo, elle tenait sa tête penchée en arrière, il referma ses bras autour d'elle, il bandait et son jean lui écrabouillait tout, maman, il lui caressa les cuisses et, comme elle s'ouvrait, il lui enfonça un doigt et la souleva sans arrêter de la caresser, juste avec un bras, c'était rien, c'était facile, bon Dieu, je m'en souviens, c'était facile, une rigolade, il l'avait portée jusqu'au lit, il l'avait regardée un moment s'étirer dans les draps en se demandant par quoi commencer, il voulait TOUT.

Il avança d'un pas et attrapa Carol par un bras, elle était rouge de colère.

– Merde, pour qui il se prend ? elle dit.

– Qu'est-ce qu'il y a ? demanda Franck.

Il envoya un coup de pied à Ned, sans trop de conviction, c'était pour faire plaisir à Carol, il se foutait pas mal de ce qui avait bien pu se passer, c'était une emmerdeuse de première. Elle prit le vermouth qu'il tenait encore à la main, l'avala d'un trait. Elle lui rendit le verre.

– Qu'est-ce qu'il a l'autre ? elle demanda.

– Il dort. Willy l'a cogné.

– C'est forcé.

– L'autre a cogné Willy.

Elle se tourna vers Ned, ce type commençait à l'intéresser. Il était allongé par terre, enchaîné à la tuyauterie, mais il s'en tirait bien. Rares étaient ceux qui s'en tiraient bien. Comme elle pouvait pratiquement tous les avoir, elle pouvait se payer le luxe de choisir. Comme elle était pas con, elle cherchait quelque chose, pas toujours mais ça arrivait. Elle pensait le plus souvent à son cul mais tous les machins sont bons pour arriver à la paix de l'âme, il suffit d'y aller à fond. Vingt-quatre ans, elle aurait soulevé des montagnes, merde, elle avait raison.

Elle s'adressa à Franck :

– Bon, j'ai quelque chose à te dire.

Franck lança un regard vitreux à Ned.

– Toi, c'est pas gagné, il dit. Nous fais pas chier.

Henri choisit ce moment-là pour se réveiller. Il tira

mollement sur son bras enchaîné et Ned donna quelques centimètres de mou.

— Qu'est-ce qui se passe ? il demanda.

Il sortait tout droit d'un rêve, personne pouvait comprendre, personne. Il arrivait un peu tard dans le jeu. Il y avait cette douleur aussi, c'était comme s'ils étaient deux, il fallait lui faire une place, il fallait la protéger, faire doucement pour ne pas la réveiller, la douleur rend con, il dit :

— Oh mon Dieu...

Il se recroquevilla sur le carrelage, ça glissait bien.

Carol entraîna Franck dans le salon.

— Ecoute-moi, elle dit.

Ned se tourna vers Henri.

— Ça va ? Ça fait mal ? il demanda.

— Putain, j'ai vachement mal. Quand je respire.

— Lili. Elle est dehors. Attends.

— Où elle est ? demanda Franck.

— Où on est ? demanda Henri.

— Elle veut pas rester seule avec toi, t'es d'accord ?

— OÙ ELLE EST ?

— Fais un effort, dit Ned. Merde.

— Calme-toi. J'irai la chercher.

— Pourquoi elle vient pas ?

— Qu'est-ce qu'on attend ?

— Il est flippé. On a une chance.

— Qu'est-ce qu'elle veut ? Je veux la voir.

— Tu es saoul.

— Mon vieux, j'ai la trouille.

— Ça change rien. Y a un marché, faut qu'elle vienne.

— Qui ça ?

— Je suis pas encore saoul. Vas-y, je suis fatigué.

— Je repartirai avec elle. Elle veut seulement te parler.

— J'en sais rien, mais si elle vient il nous laisse. Vaudrait mieux qu'elle vienne.

— On est là comme des cons.

– D'accord, murmura Franck.
– Ouais, soupira Ned.

6

Carol traversa le jardin il y a pas
trente-six manières
pour une femme
de faire ça
Il y en a qui
ne savent pas encore
qu'on peut rouler des hanches
Il y en a qui
vous cassent les bras
en deux.

Lili sursauta quand Carol se pencha vers elle, elle écoutait la radio, *Prélude et Enchantement du Vendredi saint*, elle connaissait pas mais elle avait ouvert ses oreilles et elle était complètement barrée là-dedans, il faisait tout noir autour d'elle, c'était facile, le son était super et elle était raide.

Carol le vit à ses yeux, elle dit :

– Ma vieille, t'es folle. Il est à cran, on va pas rigoler.

Lili s'étira sur le siège, la tête lui tournait un peu. Elle avait fumé avant de venir et elle en avait roulé un autre dans la bagnole, le premier dans son bain avec de l'eau jusqu'au menton, elle regardait son corps, trente-trois ans et des seins de jeune fille, blonde, elle pensait qu'ils étaient trop gros, elle s'amusait à faire durcir les pointes, elle se trouvait pas maigre, mais c'est ce qu'elle était en réalité, elle était maigre, c'était la limite, mais ça l'empêchait pas d'être bandante, surtout elle avait une peau très blanche et se maquillait comme une folle, elle se composait des gueules fantastiques, ça allait de Faye Dunaway à Nina Hagen, selon l'humeur.

– Moi, ça m'assomme, reprit Carol. Ça me va pas. Bon, on y va ?

Elles marchèrent en silence jusqu'à la porte, Lili prenait de profondes inspirations. Elle avait un peu forcé la dose, vacherie, je suis con, elle se mit à rigoler doucement et se tint un petit moment appuyée dans l'encadrement, des moucherons se cognaient sur l'ampoule, pauvres moucherons, Carol la regardait, pauvre Carol, elle entendait Franck tousser dans le salon, c'était pas très agréable.

Il y avait pas beaucoup de lumière dans le salon. Franck s'était empressé de régler les éclairages, il avait juste gardé une petite lampe avec un abat-jour rose, posée sur une table basse, il avait pas pensé à virer les canettes qui l'encombraient, il se traita de tous les noms, il était crevé, il avait pas mal bu, de tous les noms possibles.

Elle portait une espèce de pantalon ample, en soie noire, avec des poches profondes, elle tenait ses mains enfoncées là-dedans, les épaules levées, elle paraissait encore plus maigre, un tee-shirt blanc SUZUKI, deux tailles de trop, c'était exprès, on voyait quand même bien ses nichons, et des petites sandalettes en cuir rouge, complètement démodées, elle les mettait simplement pour avoir le plaisir de se peindre les ongles en violet. Elle se payait vraiment une drôle de dégaine depuis qu'elle avait quitté Franck, elle cherchait surtout à rigoler.

– Franck, elle dit. C'est moi. J'ai ramené la voiture, aussi.

Franck releva tout doucement la tête, il se préparait au choc, avec son éclairage bidon, il rendait tout plus difficile encore. Lili semblait irréelle, loin, trop loin, bon Dieu, qu'est-ce qu'elle attendait pour approcher, il évita ses yeux, c'était trop tôt.

– Hé, tu veux boire quelque chose ? Carol, toi aussi ?

— Franck, on va divorcer.

Elle pensait que ce serait plus dur à sortir. Elle avait essayé de réfléchir à ça dans la voiture mais il y avait eu l'*Enchantement du Vendredi saint* et encore un joint, c'était râpé, elle avait cherché comment amener ça en douceur, comment s'y prendre et elle venait de lui lâcher ça comme ça, sans prévenir, ça avait un rapport avec les feuilles qui tombent en automne, en fait c'était pas très compliqué.

Il répondit pas, il dit en souriant :

— J'en ai pour une minute, les filles.

Il disparut dans la cuisine. C'était ce qu'il avait craint le plus au monde mais il s'était pas étalé, ce bon vieux Franck avait pas titubé sous le coup, il avait pas bronché. Tout de suite, il avait pensé tu crois ça, tu crois vraiment ça, bon Dieu laisse-moi le temps de remplir ces verres, on va parler, j'ai toute la nuit, ça fait que commencer, merde tu crois ça.

Carol prit Lili sous le bras et l'entraîna vers le canapé.

— Mince, tu l'as scié, elle dit. T'es formidable.

— J'aimerais bien être ailleurs, ça n'a pas de sens, pour moi. Peut-être que je lui dois ça, non, je déconne, oouuu quel bordel, j'ai pas envie de parler, j'écouterais bien de la musique.

Carol lui caressa la joue.

— Qu'est-ce que tu veux ? elle demanda.

— Je sais pas, y a pas grand-chose ici.

Carol fouilla dans la pile de disques. Franck, avec son goût dégueulasse, il achetait des disques en faisant les courses, en même temps que la bouffe, il avait sa con de chaîne, comme tout le monde, alors il se payait des disques, il les écoutait jamais, la musique le faisait chier, il choisissait simplement la pochette avec une préférence pour les nanas et les couchers de soleil, les bouquins c'était pareil et tout un tas de choses, il y en avait plein comme lui dans les rues. Elle finit par tomber sur un vieux disque de Lennon soldé, elle posa le truc sur l'appareil en pensant mon vieux Lennon, tout ce qu'il avait embarqué dans la tombe, mais le disque était pas fameux.

Elle glissa aux pieds de Lili, posa sa tête sur ses genoux, le monstre était pas encore revenu de sa putain de cuisine, peut-être qu'il allait les empoisonner ou bien ouvrir le gaz, elle demanda :

– Dis, tu veux que je reste? Tu veux rester seule avec lui?

Lili lui caressa la tête. Elle savait pas trop ce qu'elle voulait ou si elle voulait quelque chose, parfois le shit vous rend léger, il vous coupe de tout et bon, elle arrivait pas à se secouer.

– Bah, j'en sais rien. Sûrement qu'il voudra baiser, je sais pas quoi lui dire. C'est fini, maintenant, j'aimerais mieux que tu sois pas trop loin.

– O.K., j'irai dans la chambre. Tu m'appelles.

Juste à ce moment-là, Franck arriva avec les verres. Il s'était jeté de l'eau sur le visage, il avait encore des mèches collées sur le front. Il traversa le salon en rentrant son estomac, l'air de rien, comme si tout était parfait, un mec qui mesure un mètre quatre-vingts et que les femmes continuent à regarder peut pas couler à pic, à moins de se tirer une balle dans la bouche. Il en était pas là, la vie lui avait appris à foncer, à cogner, il y avait lui et les autres. Il y avait Lili aussi. Il la regarda pendant qu'il se penchait pour poser les verres, qu'il poussait les canettes, et l'autre emmerdeuse, est-ce qu'elle allait rester dans leurs pattes?

Il était pas loin d'une heure du matin, il embraya sur un bourbon, lui c'était l'alcool, dans ces soirées à la con où un joint lui passait sous le nez, il faisait bien gaffe de pas avaler, il sentait le goût âcre, il en était encore aux vieilles conneries qu'on voit dans les journaux, il pensait à la folie, aux seringues, en fait il avait une sacrée trouille de ce machin et ça le rendait nerveux de voir Lili lui prendre le truc des mains en souriant et tirer là-dessus pour de bon. Pour avoir l'air à la coule, il fermait sa gueule, mais il l'avait jamais vue fumer en dehors de ça, il l'avait jamais vue vraiment défoncée, alors il mit cet air bizarre qu'il lui trouvait sur le compte de la fatigue, de l'émotion, il savait pas vraiment et, tout à coup, il se mit à penser à toutes ces nuits qu'elle avait passées seule et il se raidit, peut-être qu'elle s'était fait tringler du matin au soir par un abruti quelconque, il savait qu'il déconnait, elle était pas comme ça, il la connaissait bien, mais il lui en voulait pour ces nuits de liberté, il avait une boule dans l'estomac et il pouvait rien y faire.

Carol se leva, elle attrapa son verre.

– Bon, je vous gêne, elle dit. Je vais dans la chambre.

Franck pensa merci mon Dieu et il attendit qu'elle ait disparu pour prendre place à côté de Lili, pas trop près, il chercha des mots et il dit oh attends, il se releva, fonça jusqu'à la salle de bains, il ferma la porte sans les regarder et retourna à sa place, il s'intéressa un moment à son verre et, comme elle restait silencieuse, les mains serrées entre les cuisses, il dit en parlant au tapis :

– J'ai du fric. On a besoin de faire un petit voyage, tous les deux. Ça te dirait ?

– Ça prend plus, Franck.

Elle le regardait intensément, avec ses grands yeux de camée, elle était ouverte à tout ce qui pouvait venir de bon, elle faisait pas un caprice, mais elle sentait plus rien, elle éprouvait vraiment plus rien du tout pour cet homme, si elle avait ressenti le moindre truc, elle aurait peut-être encore essayé, elle réfléchissait pas, elle se laissait toujours aller pour ce genre de choses, elle pouvait pas se forcer, c'était ce genre de femme fantastique, capable de tout vous donner et qui pouvait vous claquer entre les doigts comme une bulle de savon, sans bruit.

Et lui, il voulait surtout pas se laisser entraîner dans le mauvais sens, il fermait son cerveau et les mots de

Lili rebondissaient sur son front comme des balles de ping-pong.

– C'est juré. Regarde, j'ai le fric.

Il sortit le paquet de billets de sa poche, il trouvait que c'était une idée lumineuse.

– On fera ce que tu voudras. Tu avais raison.

Elle soupira, il était buté comme trente-six cochons, c'était pas marrant mais elle se mit à rire, c'était du shit rigolo, elle aurait pu grimper au plafond pendant qu'il s'ouvrait les veines.

– Nom de Dieu, LILI ! il dit.

Merde, c'était tellement théâtral, il avait dit LILI avec sa grosse voix et là c'était vraiment trop, elle lui dit :

– Franck, j'ai pas peur. J'ai plus peur maintenant.

– D'où tu sors ça ? Je te fais peur ?

– Non, c'est pas toi.

– Merde, on va boire un coup, on déconne.

– J'avais peur de moi. De ce que j'allais devenir.

– Ecoute, j'y comprends rien. On va se tirer tous les deux. Laisse-moi faire, ça va aller maintenant.

Il arriva à tendre la main, à lui donner deux petites tapes sur les cuisses et à ce moment-là la musique s'arrêta, il trouva ça insupportable, c'était comme de couler avec une bagnole, toutes les saloperies de fermetures coincées, juste avant la panique. C'était un silence plutôt liquide. Il se leva, remit la même face et remplit doucement les verres. Il était pas à son aise, il savait pas parler et c'était des trucs de femme, des idées à la con, il trouvait ça écœurant, trop doux, il aurait voulu qu'elle lui raconte pas de conneries, qu'elle lui donne une raison précise, un truc qu'il aurait pu comprendre, il aurait pu lutter, il sentait tous ses muscles et cette partie de lui-même qui avait compris, il l'aurait arrachée comme un bras, il refusa tout ce bordel en bloc, il voulait pas jouer sa vie sur les demi-teintes. Il lui tendit un verre, elle en profita pour dire, sans lui laisser la moindre chance pour se défiler :

– C'est VRAIMENT fini, tu sais ?

– Hein ?

Il voulut la frapper au visage et très fort, mais il avait plus tellement la notion des distances et elle, elle avait eu le réflexe de lever un bras, il avait balancé sa main ouverte et au passage il faucha le verre qu'elle tenait, elle reçut le bourbon dans les yeux et il s'entailla profondément la main. Il grogna à la vue du sang et ferma son poing, c'était tout chaud et ça coulait.

Lili s'était levée en vitesse, ça lui piquait les yeux. Elle y voyait plus rien. Elle remonta son tee-shirt et commença à s'essuyer. Franck resta un moment figé à regarder ses nichons, à penser au reste. Elle contourna le canapé, c'était direction la salle de bains, il se dit, et il lui barra le passage. Elle bifurqua vers la cuisine.

Elle était penchée au-dessus de l'évier et toute la cuisine lançait des poignards lumineux, rien que des angles et des surfaces lisses, de quoi hurler, bordel, et un néon qui clignotait, un sur deux, qui grésillait. Sans se retourner, elle dit :

– Refais jamais ça, tu entends ?!

Il s'avança jusqu'à la table. Il attrapa une serviette qui traînait là-dessus et l'enroula autour de sa main. L'alcool et la rage, mélangés. La lumière le gênait, il savait qu'il avait le visage en sueur et ça le faisait chier. Elle se tourna, posa ses mains en arrière, sur le bord de l'évier, elle sentait le truc froid lui barrer les reins, elle dit :

– Tu n'auras rien comme ça.

– Merde, j'en ai rien à foutre. Qu'est-ce que tu crois ?

Il s'avança et s'arrêta juste devant elle avec son cœur qui battait dans sa main. Elle se mit à respirer plus vite, elle glissa un œil vers la serviette pleine de sang et quelque chose se brisa en elle, elle sentait plus ses jambes.

Il calcula bien son coup, cette fois, et il la frappa sur la tête, juste au-dessus de l'oreille. Il y avait été de bon cœur, mais avec la paume de la main, il voulait pas la tuer et elle perdit l'équilibre, elle tomba en cognant la table. Y avait de la gelée de cerise là-dessus, il avait horreur de tous ces machins sucrés, mais, pour la gelée de cerise, il faisait une exception, il aimait pas qu'on vienne le charrier à ce sujet, c'était un pot d'un kilo, à peine entamé, et elle avait trouvé le moyen de faire basculer le machin, elle avait pas crié, il y avait simplement eu ce bruit ridicule, POOOKK, le pot avait explosé juste à côté d'elle.

Elle bougeait, peut-être qu'elle allait se relever et il prit à peine conscience de ce qu'il faisait, il semblait guidé. Il se pencha sur elle et l'attrapa par les cheveux, il la retourna, la renversa sur le dos, merde, c'était un jeu d'enfant, c'était pas tout à fait lui, ça c'était chouette et c'était bien elle, ça c'était merveilleux. Il chercha des yeux le plus gros paquet, il poursuivait son idée loufoque, il y avait aucune raison à ça mais c'était plus fort que lui, il pouvait pas voir plus loin que l'instant présent, c'était limpide. Même, il se retrouva à califourchon sur elle, sans problème, il était parfait.

Il repéra un gros bloc de gelée, tout près, et il referma sa main valide dessus. Lili avait les yeux grands ouverts mais elle se débattait pas, elle était sonnée. Elle aurait pu être morte, il y avait pas de différence pour lui, à ce moment-là. Il lui écrasa la gelée sur la figure, elle suffoqua mais ça l'empêcha pas de la barbouiller méthodiquement, il lui en foutait plein les cheveux et le truc se liquéfiait, commençait à couler le long du cou et elle agita la tête dans tous les sens et toussa et il se mit à bander, il commençait à sentir ce corps qui bougeait sous lui. Il la frappa encore, il la gifla et il s'éclaboussa, il gigotait sur elle comme un damné, et ce machin qui coulait n'était pas du SANG, non, il se mit à rire très fort et lui empoigna les seins à travers le tee-shirt et elle gémissait, il reconnaissait ça, les trucs qu'elle faisait quand ils baisaient, ces bruits fabuleux qui grimpaient jusqu'au plafond et tout, comme elle se pliait, nom de Dieu, il respira un bon coup, remonta le tee-shirt et lui suça le bout des seins, il frotta son visage sur son ventre en disant Lili Lili Lili comme un con Lili, il lui lâcha un bras pour voir et, comme elle se débattait pas, non, même elle replia un bras sur ses yeux, il fit passer sa main derrière lui, il voyait plus rien du tout, il avait chaud, il entendait rien non plus et peut-être que ses oreilles sifflaient, peut-être qu'il pensait à la mort, il grogna quand sa main se referma sur le sexe de Lili, le fin tissu noir lui entrait dans la fente, bien sûr, BIEN SÛR, à ce moment-là toutes les choses étaient de son côté à lui, rien n'est plus doux qu'un sexe de femme roulé dans la soie, oh mon vieux, les choses se mettaient à carburer pour lui, l'harmonie dans sa main, il sentait ça, il se disait c'est bon, c'est bon, elle est tellement belle mais secoue-toi, tu peux pas rester comme ça, il faisait glisser le tranchant de sa main entre les cuisses de Lili, la merde c'était cette sensation de force sans limite, et la fragilité, la merde c'était qu'il arrivait en haut de la vague et qu'il le sentait.

Il se releva en grimaçant, son sexe était tellement tendu qu'il lui faisait mal et il regarda ses mains, c'était ses mains à lui, ROUGES et Lili qui n'avait pas bougé d'un poil, il l'attrapa sans douceur, merde elle tenait pas sur ses jambes, elle le faisait exprès il se dit mais il en était pas très sûr, il regarda autour de lui, il prit Lili sous un bras et, de l'autre, il vira tout ce qui se trouvait sur la table.

Il coucha Lili là-dessus, il la plia en deux, sur le ventre, ils étaient juste en dessous des néons et il tira sur le truc en soie, il lui caressa l'intérieur des cuisses en louchant sur le slip, elle avait un beau cul et il y avait si longtemps, et quand il décida de l'enculer, il était deux heures du matin, sa main continuait à saigner, son cœur battait et son âme était pleine de merde.

– Nom de Dieu, Lili, il dit. Lili.

Il dégrafa son jean en gémissant, il jetait des coups d'œil autour de lui, tout ce bordel par terre, il se sentit malheureux, il baissa son froc, il respirait très fort, il savait même pas s'il riait ou s'il pleurait, il y avait des petits bruits qui lui remontaient dans la gorge, il pouvait pas arrêter ça, il descendit le slip de Lili et fit couler un paquet de salive dans sa main, il lui colla le truc tiède entre les fesses. Il fit glisser son sexe là-dedans, une fois. Rien qu'une fois et Lili se redressa d'un bond.

Elle se tourna vers lui. Elle avait tous ses trucs baissés au ras des genoux et malgré tout elle avait l'air d'une reine. Elle était magnifique, elle avait le visage barbouillé, les cheveux collés par le sucre, elle était sale mais bon Dieu, elle vous aurait cloué sur place une armée au pas de course, elle aurait dévié la trajectoire de la navette spatiale d'un seul regard. Franck resta figé avec la queue raide, il serait tombé en poussière si elle lui avait dit un seul mot. A ce moment-là, il avait complètement perdu les pédales, il aurait voulu que CE MACHIN ENTRE SES JAMBES DISPARAISSE ou qu'un cinglé passe la cuisine au lance-flammes, ça s'était déjà vu, il murmura tu sais je vais ranger tout ça parce que le silence devenait insupportable, une dalle en béton armé avec des fers de quarante, mais en fait il était incapable de faire le moindre geste, il se rappela qu'il l'avait frappée, il avait fait ça et la gelée de cerise aussi, sa lèvre inférieure se mit à trembler, c'était la première fois, impossible d'arrêter ça et ça le dégoûtait, il avait vu des mecs se laisser vraiment aller.

Il attendait le pire, au lieu de ça, Lili replia une jambe et fit glisser son pantalon. Elle le quittait pas des yeux mais il y avait rien dans son regard, rien qu'il pouvait comprendre, elle cherchait pas non plus. Elle fit passer son autre jambe et posa le truc derrière elle, sur la table, avec son slip enroulé là-dedans comme un spaghetti argenté. Elle appuya ses fesses dessus, c'était une table en Formica blanc, tout à fait le genre de chose qui lui faisait horreur, elle posa ses mains à côté d'elle et écarta un peu les jambes. Ça venait tout doucement, elle commençait à avoir envie et Franck bougeait toujours pas. Elle baissa la tête, elle dit :

– Merde, qu'est-ce qu'il te faut ?

Il s'approcha. Elle sentit la queue raide cogner contre sa cuisse et rien d'autre.

– Tu peux pas comprendre, il dit.

– Quel baratin. Baise-moi.

– Pas comme ça.

– Ouais ? Et comment, alors ?

Elle lui attrapa son engin et le dirigea entre ses cuisses. Elle était prête, il s'enfonça facilement et jusqu'au fond, tout de suite il pensa c'est gagné maintenant, c'est ce qu'on pense toujours, il se retira lentement et s'enfonça un bon coup, la table dérapa derrière eux. Lili poussa un cri, il trouvait ça super, en plus il savait que quand il avait bu il pouvait tenir plus longtemps et cette certitude lui faisait du bien.

Ils traversèrent la cuisine, trébuchèrent sur un tas de trucs. Lili était accrochée à lui, les yeux fermés, elle se sentait partir et se cramponnait à la vague. Elle était complètement refermée sur son plaisir à elle, c'était du shit égoïste, du shit de solitaire. Ils s'arrêtèrent contre la porte du congélateur. Il entendit les fesses de Lili faire un drôle de bruit en frottant là-dessus, il sourit et fléchit légèrement les jambes pour se trouver plus bas qu'elle, il aurait presque pu la soulever simplement avec sa queue, bon Dieu, elle était vraiment à lui maintenant, elle lui fondait dans les bras, il pensait qu'aucune femme pourrait se tirer après ça, c'était tout simplement impossible, il dit :

– Qu'est-ce que tu penses de ça ?

Elle répondit pas. Il essaya de lui relever la tête pour voir quel genre de mine elle se payait, mais elle résista.

– Hé, il dit, tu voulais faire une croix là-dessus, hein ?

Elle répondit toujours pas, il comprenait pas pourquoi elle lui disait rien. Il accéléra le mouvement. Il était comme un dingue et elle se mit à jouir, il s'en rendit compte alors il se mit à lui enfoncer le bout de sa langue dans l'oreille, il savait les trucs qu'elle aimait, les trucs qu'il avait appris à connaître avec le temps, qu'il avait cherchés. Il faisait jamais ça, mais cette fois-là il ferma les yeux, il rêva avec un petit goût de cérumen amer dans la bouche.

7

Franck respirait comme un phoque, il s'était pas retiré de Lili et il avait pris appui avec ses mains sur le congélateur, il essayait de refaire surface. Et maintenant, il se dit, maintenant, qu'est-ce qu'il faut faire, toute cette force qui l'avait traversé, ce truc qui l'avait grimpé tout en haut, qu'est-ce qu'il en restait ? Il remarqua les empreintes poisseuses qu'il laissait sur la surface blanche, il se sentit encore plus déprimé. Elle le regardait toujours pas, elle dit :

– Bon, retire-toi.

– Je peux encore, si tu veux.

C'était mou mais il avait une chance, il sentait encore son sexe dans la tiédeur, il commença à bouger des hanches.

– J'ai plus envie. Je veux me laver.

Sans s'arrêter, il dit :

– Essayons encore.

– Ça ne viendra pas.

– Je veux dire... toi et moi.

– J'y peux rien. Même si je voulais. Je ne suis pas triste.

– Merde, pourquoi tu dis ça, tu t'amuses ?

– J'essaye d'y voir clair. Tu peux faire ça aussi.

Il s'arrêta de gesticuler entre ses jambes, de toute manière, il bandait même pas, il pouvait pas se concentrer. Il était déjà en train de la baiser, qu'est-ce qu'il pouvait lui prendre de plus ? Ce qui lui échappait n'avait jamais été aussi loin. Maintenant qu'il avait fini de faire le con, il pouvait regarder ça en face. Mais il pouvait pas abandonner non plus, quelque chose était bloqué en lui.

Il se retira, remonta ses frocs en vitesse en lui tournant le dos. Il était pas fatigué, il était vidé, complètement.

– Si tu veux te laver, fais-le ici, il dit.

Comme elle répondait pas, il ajouta :

– Il y a deux types dans la salle de bains. Je les ai arrêtés. Tu comprends ?

– Je dois pisser dans l'évier ? C'est bien ça ?

– C'est ça. Il y a une serviette sur la chaise.

Elle s'installa devant l'évier et commença par se laver la figure. C'était pas facile, ses cheveux étaient tout collés, mais c'était bon, l'eau était fraîche, rassurante, elle savait pas pourquoi, tout pouvait arriver mais elle se sentait bien à présent. Elle s'essuya et grimpa dans l'évier, ça commençait à lui couler entre les jambes. Elle pissa et se lava avec ses mains, elle se contorsionnait pour trouver un bon angle sous le robinet. Il la regardait d'un œil tout en ramassant ce qu'il trouvait par terre, des pensées traversaient son crâne, des pensées savonneuses, insaisissables, des machins tordus comme des bretzels. Il fallait faire vite, trouver quelque chose.

– Franck, on va faire ça rapidement. J'ai déjà vu un avocat, ça ne sera pas compliqué si tu ne fais pas d'embrouilles. On ne peut pas recoller les morceaux. Fais un effort, si je restais, ce serait pire pour nous deux.

– Tu vas rester. Il me faut du temps.

– Tu ne comprends pas. Ça ne fait rien.

Elle commençait à se rhabiller, il pouvait rien faire, toute l'histoire lui glissait entre les doigts comme les cheveux d'une sorcière. La seule chose qui lui passa par la tête, c'était pas quelque chose de très fort, de très malin, il se dit je vais l'enfermer, je peux pas réfléchir comme ça, l'enfermer pour gagner du temps. Il fonça vers la porte d'entrée, verrouilla, enfonça la clé dans sa poche. Sur le meuble, il vit les clés de la voiture, il les glissa derrière. Il retourna dans la cuisine, se versa un verre de bourbon en silence. Elle se tenait derrière lui, elle dit calmement :

– Qu'est-ce que tu crois ?

– Hein ? Tu veux un verre ?

– Tu penses qu'il suffit de fermer une porte ?

– Je me tâte, je sais pas si je vais avaler la clé.

– Très drôle. Qu'est-ce qui va arriver, maintenant ?

– J'en sais rien. Il va rien arriver, on reste là.

– Est-ce que tu te fous de ma gueule ?

Il se tourna lentement vers elle et se mit à gueuler :

– EST-CE QUE TU TE FOUS DE MA GUEULE ? ? ? TU TE FOUS DE MA GUEULE ? ? ! ! ! Je peux faire ça toute la nuit, tu sais, je peux sortir le même genre de connerie. Ne le prends pas comme ça, s'il te plaît. S'il te plaît.

– Franck, tu n'es plus un gosse.

– Non, j'ai quarante-quatre ans. Je rigole plus.

– Tu as tort. Laisse-moi sortir.

– Qu'est-ce que tu veux ? Qu'est-ce qui s'est passé ?

– Rien. Donne-moi cette foutue clé, donne-la-moi.

– Il te baise bien ? Il a du fric ?

Elle entra dans le salon, ramassa son sac. Il y avait la grande fenêtre, elle écarta les rideaux d'un seul coup. Avant qu'elle ait posé la main sur la poignée, Franck l'attrapa par un bras, il tira de toutes ses forces et Lili valdingua à travers la pièce. Il y eut un boucan épouvantable, du verre brisé, des craquements et Lili poussa un hurlement avant de basculer par-dessus le canapé. Ça faisait deux fois qu'il la sonnait dans la soirée, ça faisait beaucoup, et là elle avait plus rien pour le calmer, elle osa pas se relever tout de suite. Elle avait mal partout.

– Aucune chance de cette manière, il dit. Et j'ai planqué les clés de la voiture.

Elle voyait juste son visage, le reste était caché par le

canapé, il avait dit ça en SOURIANT, impossible de se tromper sur ce genre de sourire. Elle avait bien pensé que ce ne serait pas facile, mais elle n'avait pas imaginé que ce serait SI DUR, qu'il déconnerait à ce point-là. Elle était prête à accepter tout ce qu'il voulait, maintenant, on verrait bien plus tard, tout ce qu'il voulait pourvu qu'il se calme. Sans y avoir jamais trop réfléchi, elle savait de quoi il était capable, il avait pas grand-chose à perdre et il y avait des lois à la con et il était flic et merde, je vais me retrouver à l'hôpital pour des prunes, qu'il aille se faire foutre, je vais écouter son truc et je me laisserai peloter jusqu'au petit jour si c'est ça qu'il veut, jusqu'à ce qu'il oublie cette sacrée porte, c'était du shit de résigné, avec une rondelle d'espoir et un zeste d'amertume.

Elle était là à réfléchir, à mesurer la fragilité de son corps, lorsque Carol apparut derrière elle, mon Dieu, Carol, et elle poussa un petit gémissement de plaisir.

Carol dévisagea Franck avec des yeux ronds.

– Mince, mais tu es COMPLÈTEMENT fou ! elle dit.

Franck repéra tout de suite le 38 spécial dirigé vers lui, le petit canon de cinquante millimètres comme un index coupé et carbonisé. Ensuite seulement, il réalisa que c'était Carol qui le tenait à bout de bras et que quelqu'un était complètement fou, il dit :

– Tu rigoles, non ?

Elle avait dû trouver l'engin dans sa chambre, c'était l'arme préférée de Franck, un Smith et Wesson modèle 60, dans les mains de Carol, le revolver avait l'air d'un jouet et c'était son arme à lui et sa fille, il pouvait pas prendre ça au sérieux. Il avait de nouveau retrouvé son calme.

– Ne te mêle pas de ça. Remonte dans la chambre.

Sans quitter Franck des yeux, elle aida Lili à se relever. Elle dit doucement ça va ? Elles étaient pâles toutes les deux et Lili lui fit signe que oui, elle lui serra le bras très fort et dit allons-nous-en, sans oser lever un œil sur Franck, elle aurait voulu sortir et courir dans la nuit, elle avait une envie folle de courir, de sentir ses jambes l'emporter, elle avait besoin de s'en sortir par un effort physique, sans savoir pourquoi. Les larmes lui coulèrent des yeux mais elle pleurait pas, c'était nerveux, y avait-il une raison pour vivre ça ?

Franck fit un pas vers les deux femmes. Carol sursauta, tous ses muscles se tendirent et elle recula d'un pas en faisant non de la tête :

– Oh, bon Dieu, ne fais pas ça, je te jure ne fais pas ça, n'essaye pas d'approcher, je te jure, je te tuerais, J'EN AI MARRE DE TOI, LAISSE-NOUS SORTIR !!!

– Carol, tu es une petite conne. Je voulais te le dire. Maintenant, disparais.

– Donne-moi cette clé, Lili vient avec moi.

Il lui lança la clé.

– Ne t'occupe pas de Lili. Pose ce truc et va-t'en.

Lili regardait ses pieds, d'un seul coup, son esprit s'était vidé et elle regardait ses pieds, portant tout le poids de son corps de l'un à l'autre, elle se balançait doucement, il y aurait certainement une Lili qui sortirait avec Carol et une Lili qui resterait avec Franck, ils allaient la couper en deux, c'était une sensation désagréable, elle pouvait rien y faire.

Carol ramassa la clé mais elle continua à braquer l'arme sur Franck.

– Si tu bouges, je te fais sauter un genou, elle dit.

Franck enfonça ses mains dans ses poches arrière, il sourit :

– Je crois ça. Je crois bien que tu le ferais. Tu es formidable.

Elle tendit la clé à Lili.

– Vas-y. Ne t'inquiète pas.

Lili leva les yeux. Le contact avec la clé fut magique. Elle se précipita vers la porte et enfonça le truc miraculeux dans la serrure. Un tour suffisait. Rien qu'un léger mouvement du poignet et la nuit viendrait l'aspirer et engloutirait cette foutue baraque et plus de Franck, plus lui, elle s'énervait, plus lui, plus ça, oh oohhhh c'était juste derrière cette porte, juste là, elle pleurait tout à fait maintenant parce que le loquet refusait de bouger d'un poil, oh non, oh NNOONNNN, elle frappa de toutes ses forces sur le panneau, elle essaya encore et se laissa glisser à genoux en sanglotant.

– Lili ? LILI ?!!

C'était Carol, elle s'inquiétait. Il fallait répondre quelque chose et, malgré ses putains de nerfs qui lâchaient, elle dit :

– Je ne peux pas. J'Y ARRIVE PAS, j'y arrive pas...

Carol jeta un dernier regard à Franck, elle aurait pu blesser n'importe qui avec un tel regard mais il vivait le moment de sa vie le plus chargé, nerveusement, il se donnait à fond et il pouvait encaisser ça facilement, il fit un tout petit effort et lui envoya un sourire. Il ouvrit la bouche, il dit :

– Merde, vous me prenez pour un con ?

Mais Carol avait déjà tourné les talons, elle avait rien entendu. Comme il avait trouvé le son de sa voix pas trop moche, plutôt bien assuré même, il s'enhardit :

– Hé, c'est marrant, j'ai dû me gourer de clé, hein ?

Il les entendait déconner avec la serrure. Sans prévenir, un truc chaud explosa dans son crâne et descendit dans son corps, il sentit la colère l'envahir. A ce moment-là, il arrêta de penser et fonça.

Elles le virent arriver. Il avait le visage déformé par une grimace si épouvantable que Lili poussa un cri et replia un bras devant ses yeux. Il y avait pas trente-six manières pour l'arrêter, rien n'aurait pu l'arrêter et Carol visa ce putain de genou et tira, mais il ne fit que trébucher et, avec l'élan qu'il avait, il réussit à les atteindre, il s'effondra en grognant sur Lili. Bon Dieu, elle l'avait touché, Carol voyait la jambe qui pissait le sang, elle pouvait pas détacher son regard de la tache qui grandissait, qui devenait immense et, malgré ça, Franck avait pas trop l'air de s'en soucier, il était plutôt en train d'étrangler Lili, il cherchait à le faire et il avait des mains fantastiques, longues et nerveuses, des mains exprès.

Franck, avec son goût dégueulasse. Il avait déniché ce buste de Marilyn en plâtre blanc, il lui avait peint juste le bout des seins avec du vernis à ongles rose, il trouvait ça très drôle, il avait mis le truc bien en évidence, dans l'entrée, pour que tout le monde profite de son esprit et de son humour, c'était la seule chose qu'elle avait sous la main. Elle empoigna Marilyn par la tête et BOONG, le machin se cassa en deux, la tête d'un côté, les seins de l'autre, le corps et l'esprit séparés pour toujours, ça la poursuivait, Franck résista pas à ça et il s'écroula pour de bon avec une belle entaille sur le crâne et des petits fragments de plâtre plein les cheveux.

Elle eut un mal de chien à dégager Lili parce que Lili restait sans bouger, simplement elle regardait Carol avec un air de petite fille perdue dans un grand magasin, près du rayon des couteaux, elle soufflait, elle dit :

– Bon Dieu, Lili, remue-toi. Il est lourd.

8

Dans la poche de Franck, Carol trouva la fameuse clé. Elle la glissa dans la serrure et respira. Elle trouva celle des menottes, aussi, elle la garda un moment enfermée dans sa main, d'un air songeur. Il saignait vraiment beaucoup, elle avait du mal à regarder maintenant, elle se sentait moins forte mais l'instant était mal choisi pour se laisser aller, Lili était complètement larguée, Lili était dans la cuisine et buvait des grands verres d'eau, merde, elle pouvait même plus s'arrêter.

Elle essaya de réfléchir, de ne pas craquer, mais c'était pas facile de faire les deux à la fois. Elle se retrouva devant la salle de bains, elle ouvrit la porte et il était là, il dit :

– Coucou !

– On a entendu un coup de feu, dit Henri.

– Bien sûr qu'on a entendu un coup de feu, on est chez les dingues ! dit Ned.

– Je vais vous détacher. Vous savez faire un pansement ?

– J'ai vu ça à la télé. Détache-moi.

– Je m'y connais un peu, fit Henri.

Elle chercha les yeux de Ned pour essayer de lui faire comprendre qu'elle avait besoin de quelque chose, peut-être bien de lui, mais il faisait le con pour se calmer les nerfs et elle, elle avait besoin de SENTIR quelqu'un, elle avait besoin qu'on l'aide, le sang lui parlait comme à une petite fille.

Elle fit sauter les menottes et Ned se releva d'un bond pendant qu'Henri se cramponnait au lavabo, il fit signe à Ned que ça pourrait aller mais il resta une bonne minute à chercher ses jambes, à se regarder grimacer dans la glace. Ensuite, ils portèrent Franck sur le canapé et Henri s'occupa du pansement. Ned regarda la pièce en sifflant.

– Ils se sont battus, dit Carol.

– Ouais, je veux bien croire ça. Alors elle est venue.

– Elle est dans la cuisine.

– Hé, appela Henri, viens m'aider. Mets ta main là, appuie fort.

Ned écrasa le tampon sur la plaie et Henri s'appliqua pour faire un beau nœud.

– Il est abîmé de partout, dit Ned. Qu'est-ce qu'elles ont foutu ?

– Je crois que c'est pas grave. Même sa jambe, c'est passé au-dessus du genou. Mais on en a rien à foutre.

– J'aime pas ça, la manière dont ça se goupille. Ce flic esquinté.

Il se tourna pour voir si Carol écoutait, mais elle était plus là. Il les entendait discuter dans la cuisine.

– Je vais te dire, on est là en train de déconner. Il va faire bientôt jour. On cherche la merde. Tu crois qu'on doit faire la vaisselle, pour le compte ? Merde, moi je suis déjà dehors.

Il fit un pas mais il se ravisa, il fit un clin d'œil à Henri et se pencha sur Franck, il lui fouilla les poches. Il lui rafla le paquet de billets et le trésor disparut dans son froc.

– Il appréciera pas, fit Henri.

– Il aimera pas de toute manière. Je l'emmerde, ce mec.

Ils traversèrent le salon, ils virent les deux femmes dans la cuisine qui s'étreignaient, mais ils n'étaient pas censés être les meilleurs du monde, ils sortirent sans un mot en évitant soigneusement la tache de sang sur la moquette, sans aucune raison, mais qui aurait aimé mettre un pied là-dedans ?

Il y avait déjà une lueur verdâtre sur l'horizon, le serpent qui attache le jour à la nuit, et le ciel était dégagé, il allait faire chaud. Ils grimpèrent dans la Mercedes et les portières claquèrent en même temps. Henri couina nerveusement.

– T'as toujours mal ? demanda Ned.

– Putain, ça m'a coupé le souffle. Les mouvements trop brusques, j'ai pas fait gaffe.

Ned mit le contact, alluma les phares.

– Où on va ? demanda Henri.

– On se tire d'ici en vitesse.

– Dans cette bagnole ?

– Celle-là ou une autre... il aurait fallu en piquer une de toute manière. On va la larguer dès qu'on pourra. Je sais pas ce qu'ils ont foutu avec la Buick, ça m'emmerde.

La Mercedes était garée face à la maison et les phares inondaient la baraque. Dans le petit trou noir de la porte, ils virent les deux femmes, Carol tenait Lili par la taille, elles clignaient des yeux dans la lumière, elles semblaient figées. Comme tableau, c'était d'une tristesse effarante, peut-être parce qu'elles étaient belles toutes les deux et que le pathétique leur allait bien, la beauté est une fleur vicieuse qui truque les cartes et vous coupe le souffle, ils respiraient plus beaucoup dans la voiture, la vie est comme ça.

Ned lâcha le volant et frotta ses mains sur son Levis.

– Oh non, merde, il dit.

– Mince, elles sont formidables, dit Henri.

– Ouais... on aurait dû se tirer tout de suite.

Il attendit une petite poignée de secondes et il baissa son carreau. Il était de mauvais poil.

– BON DIEU, JE VOUS JURE QU'ON VA PAS VOUS ATTENDRE PENDANT UNE HEURE!!!

Comme ça, ils se retrouvèrent ensemble, le plus simplement du monde, comme dans un feu de brousse où tout ce qui est vivant cavale du même côté, sans regarder derrière. Ils roulèrent un petit moment sans dire un mot et ce silence leur faisait du bien à tous. Tous les carrefours étaient déserts mais Ned ralentissait à chaque fois, même au vert, et il s'arrêtait carrément à l'orange, il roulait pas en plein milieu comme d'habitude, il faisait comme si les trottoirs étaient noirs de flics, comme s'il espérait mourir dans son lit.

Tout doucement, il se sentit un peu mieux, il se mit à siffler entre ses dents *Sweet Virginia* pendant que le soleil grimpait sous son nez et balançait des poignées d'or fin dans la bagnole, il aimait la nuit, il avait une attirance particulière pour les heures sombres, mais il pouvait pas résister à ça, l'aube, ce con de soleil qui giclait dans le petit matin comme du sirop de grenadine dans le cerveau d'une limonade, il sentait ça dans son ventre, ça lui plaisait.

C'était une ville tout en longueur, merde, comme un machin vautré, et ils se payaient la Grande Traversée, ils roulaient vers l'est, vers le jour, et il n'y en avait pas un pour l'ouvrir, pour dire où on va, hé, j'espère que tu sais ce que TU FAIS, il n'y en avait pas un pour rompre le charme parce qu'ils étaient tous vivants et qu'ils le savaient.

Ils y faisaient pas trop attention, mais à un moment ils se retrouvèrent entourés de voitures, vraiment encerclés, et les gens là-dedans avaient des têtes ensommeillées et merdeuses, elles étaient toutes pleines, ces bagnoles et les gens y étaient habillés d'une drôle de façon.

– Hé, qu'est-ce que ça veut dire ? demanda Ned.

– Ça veut dire DIMANCHE, répondit Carol.

– Ouais, Ballon, Foot, Pique-nique, Conneries, Embouteillages, Bordel, c'est ça que ça veut dire, dit Henri.

– MAMAN !

A un feu, il freina un peu brusquement et les pneus hurlèrent, il s'arrêta à quelques millimètres d'un vieux break des années soixante, hyperchromé et lourd, bleu acier, fou. Dans le break, deux mômes se précipitèrent à l'arrière et ils commencèrent leurs grimaces.

Le plus vieux des deux était vraiment balèze pour ce genre de choses. Sept ou huit ans et il était pire qu'un singe, un beau singe. Henri rigolait et Ned commençait à gesticuler dans la bagnole, à devenir monstrueux, il arrivait à s'enfoncer un pouce entier dans la narine, à loucher de manière effrayante et le plus jeune se marrait plus du tout, il ouvrait des yeux ronds.

– L'autre, attends, il va craquer aussi, tu vas voir, dit Ned. Il va chier dans ses frocs.

Il fit alors un truc tellement épouvantable qu'Henri piqua du nez dans la boîte à gants, secoué par un rire profond et les filles derrière, elles se firent pas prier, ça venait du fin fond du ventre, c'était un rire tout rond, chaud et doux, qui tenait du miracle, Henri disait arrête, arrête, merde, ça fait mal et Ned en rajoutait, oh le con et les cris qu'il poussait.

Dans le break, il y eut une avalanche de claques, une espèce de blonde au visage dur, une secrétaire cinglée, empoignée par un ulcère ou quelque chose comme ça et qui avait la main leste et la cervelle désintégrée.

– Merde, tu as vu ça ? demanda Ned.

Il était scié en deux. Au feu suivant, il se glissa à la hauteur du break, du côté de la bonne femme. Le mec derrière le volant avait enfilé son pull UCLA et tout ce qu'il portait et tout ce qu'elle avait sur le dos vous aurait donné envie de dégueuler, c'était le duo à la coule, deux machins faits de chair et de sang, secoués par la mode, abrutis par le fric, bien moulés, et Ned avait cette gueule de fou, hirsute, avec une foutue barbe de deux jours. Il descendit son carreau à toute vitesse. La blonde essaya de se rappeler les derniers tests qu'elle avait faits sur « Etes-vous toujours à la hauteur de la situation ? » ou « Etes-vous réellement BRANCHÉ ? » et elle se décida à ouvrir le sien.

– Oui ? elle dit.

– Hé, qu'est-ce qui vous prend ? fit Ned.

– Hein ?

– Qu'est-ce qui va pas ?

Elle cherchait quelque chose à répondre, elle faisait un tel effort que ses yeux clignotaient sans arrêt, très vite, sa peau devenait rose indien.

– Qu'est-ce qu'il veut ? demanda le type.

– Il y a des fouteurs de claques, dans ce monde, des tarés, dit Ned.

– Qu'est-ce qu'il a dit ? fit l'autre.

Ned lança un clin d'œil aux mômes, sans les voir, puis il regarda la femme, il dit :

– J'espère qu'un jour, ils te boufferont. J'aimerais pas te baiser.

– J'AI DÛ MAL ENTENDRE ! brailla le machin UCLA.

Ned sortit son bras et pointa son majeur en l'air. Le feu passa au vert et il démarra doucement, il resta un petit moment comme ça avec le bras dehors et son doigt pointé vers le ciel, sur les trottoirs, les gens s'arrêtaient et le regardaient passer, c'était dimanche, ils avaient rien d'autre à foutre, le break avait tourné tout de suite dans une rue plus tranquille.

Ils sortirent de la ville et glissèrent sous un ciel bleu comme un éclat de lapis-lazuli. Ils s'envoyaient un vrai petit désert, sans un arbre, sans relief, rien qu'une espèce de papier mâché jaune et rouge, Ned avait pris tous les embranchements loufoques, ceux que les autres évitaient et maintenant il pigeait bien pourquoi, c'était le paradis des lézards et du Coca-Cola.

Il était presque dix heures du matin, il dit :

– J'espère qu'on va trouver une bière vite fait.

Henri sourit juste à ce moment-là parce qu'il venait de mettre une main dans la poche de son blouson et que sa main s'était refermée sur une boîte de Captagon, ça c'était son truc, ça lui allait bien. Il s'envoya deux comprimés les yeux fermés, en priant pour que les effets arrivent en vitesse, il avait besoin de se secouer, de claquer comme la corde d'un arc. Ned le regardait d'un œil, il hocha la tête en soupirant et, comme Lili venait d'allumer un stick et crachait une longue bouffée au-dessus de sa tête, il grogna :

– Voilà, c'est parfait. C'est la bonne équipe, c'est bien choisi comme moment, nom de Dieu, je veux juste trouver une bière bien fraîche.

Il vit le truc de loin et il accéléra, c'était encore un de ces snacks modernes et sans vie, comme une station spatiale et qui ondulait dans la chaleur. Il y avait aussi cette musique à la con, désincarnée, et ils choisirent une table dans le fond, loin des baies vitrées, loin du soleil, le plus loin possible de tout.

Le garçon arriva, il regarda les deux filles et les lâcha plus des yeux, il se faisait pas chier, mais il faisait pas ça d'une manière arrogante, simplement elles étaient formidables et c'était une bonne façon de commencer la journée, il avait l'air tout réjoui.

– Hé, mec, est-ce que tu as été touché par la grâce ? demanda Ned.

– J'en sais rien. Ça fait comment ?

– Merde, en plus, il fait le malin.
– On a VRAIMENT très soif, dit Lili.
Elle lui sourit gentiment et le type flotta à travers la salle sur un air des Beach Boys ou une de ces conneries inévitables.
Ned se leva, il demanda le téléphone et s'enferma dans la cabine du sous-sol.
– Ouais... ?
– Allô, Sonia... ?
– Ned ? Salut, oui, lâche-moi, c'est Ned.
– Oui, c'est moi.
– Je sais que c'est toi, Ned. Je disais à Marjorie que c'était toi. Tu veux lui dire bonjour ? Elle veut te dire bonjour, hein, bon allez, fais vite.
– Salut, Ned.
– Salut, Marjorie, attends, passe-moi ta mère, je suis pressé.
– Il dit qu'il est pressé, maman.
– Bon Dieu, Marjorie, je t'embrasse mais passe-moi ta mère. Sonia ?
– Oui. Ça va, Ned ?
– Passe-moi ton mec, il est là ?
– Il doit être à côté, je l'appelle, ça va, toi ?
– La vie est formidable.
Il entendit crier JJIIMMYYYYY, C'EST NED !! et Jimmy arriva avant même qu'il ait eu le temps de vider ses poches à la recherche d'une cigarette.
– Oui, mec, c' qu'y a ?
– Ho, je peux te parler, t'es pas trop raide ?
– Mec, je suis raide, mais tu peux parler. J'entends super, t'es à côté de moi, ouais.
– Bon, je me suis fait piquer la Buick.
– Ouais, tu t'es fait piquer la Buick et moi je chie de l'héroïne pure ooouuoouuuaaaaaaaaaaaaa...
Ned écarta l'écouteur de son oreille, même comme ça le rire de Jimmy gardait un bon volume. Quand il se calma, il dit :
– Ooouuu, je me suis pissé dessus. Terrible.

— Jimmy, je déconne pas.
— Hein ?
— C'est les flics.
— ...
— Hey, t'es toujours là ?
— Iiiiiiiiiiiiiiiiiiiiiii...
— Je sais, calme-toi.
— ...iiiiiiiiiiii...
— Bon, écoute, je serai là dans la nuit. Je t'expliquerai...
— OH... OH... OUI MON SALAUD... ARRIVE, OOHHH... JE SUIS MORT.
— Tu n'es pas mort, tu me parles.
— JE SUIS MORT, JE TE DIS !
— Bon, j'aime mieux ça.
— JE T'AVAIS DIT DE FAIRE GAFFE !
— D'accord, tu l'avais dit. Ça change rien.
— TU AS FAIT LE CON, J'EN SUIS SÛR ! OH DOUX JÉSUS !
— J'arrive. Va t'allonger.
— OH BON DIEU, MON CRÂNE VA EXPLOSER ET IL CROIT QUE JE VAIS POUVOIR M'ALLONGER... IL EST DINGUE !
— Ouais, il voulait voir ça, ta cervelle collée dans les draps.

Quand il retourna à la table, il les trouva en train de rigoler, de plaisanter un verre à la main, il pensa nom de Dieu ils ont un sacré moral, c'est pas vrai, ils se croient en balade mais au fond il trouvait ça fantastique, un peu de chaleur, ils sortaient tous les quatre d'un merdier épouvantable, d'une histoire tordue, mais ça avait l'air de bien coller entre eux, ce que la vie vous arrache d'un côté, elle vous le redonne de l'autre et ils en voulaient et ils aimaient ça, le présent qui n'en finissait jamais. Sa bière était devant sa place, un truc lumineux et blond qui l'attendait, il s'affala sur le siège et vida son verre, complètement absorbé par son plaisir. Il le reposa lentement, il dit :
— Bon, maintenant, qu'est-ce qui se passe ?

Ils le regardèrent tous les trois comme s'il venait de leur annoncer l'effondrement de la Bourse.

– Hé, il demanda, ça va ? Vous êtes fêlés ?

Lili essaya de glisser une mèche derrière son oreille mais elle retomba, elle croisa ses mains autour de ses genoux.

– Il me lâchera pas, elle dit. Je le sais. Il va faire rechercher la voiture, pour commencer...

– Tu veux dire les barrages, tout le cirque ? demanda Ned.

– Ouais, il le fera, dit Carol. C'est facile pour lui, il peut raconter n'importe quoi.

– Il sera content de nous avoir du même coup, dit Henri.

– La Mercedes est en règle, ajouta Carol. On est tranquilles jusqu'à ce qu'il se réveille. Il faut qu'on puisse respirer un peu, réfléchir à tout ça.

Ned s'étira en arrière, il regarda dehors, dans ce paysage de solitude où l'air vibrait et tendait des filaments lumineux, il se demanda ce qu'il pouvait faire d'autre, ce qu'il avait ENVIE de faire et il dit :

– Je crois que je connais un endroit. Pour un petit moment.

Ils regrimpèrent dans la voiture et Ned se mit à bomber dans la lumière et la température fonça vers les sommets. Après une bonne centaine de kilomètres, il s'arrêta pour faire de l'essence, pour respirer un peu. Il tapa dans la liasse de billets et cogna sur le distributeur automatique de boissons. C'était un vieux mec avec une station toute déglinguée et, tout en versant l'essence, le vieux regardait du coin de l'œil ce dingue qui essayait de lui démolir son engin, il cracha dans le super qui débordait et raccrocha tranquillement la pompe. Il s'approcha de Ned.

– Mon gars, tu devrais me laisser faire.

– Ce truc est flingué.

– Ouais, pousse-toi voir...

Il attrapa la pièce des mains de Ned, l'envoya en l'air

et la glissa dans la fente. Il frappa un coup sec sur le côté de la machine et il y eut le petit déclic, la vie est fabuleuse, il ouvrit un tiroir et brandit une bouteille de Coca dans le soleil, il regardait Ned en souriant.

– OH NON ! dit Ned.

– Qu'est-ce qu'y a, mon gars ?

– Je peux pas boire cette merde. Tu t'es gouré.

Le vieux se pencha sur l'appareil pour examiner l'intérieur des tiroirs et Ned pointa un doigt par-dessus son épaule, sur le casier PEPPERMINT. Ils transpiraient tous les deux.

– C'est ça que je veux.

Le vieux se releva et dévisagea Ned, il avait les yeux bleus et les cils collés, il était maigre, presque beau.

– Hé, tu te fous de moi ? C'est la même chose, toutes ces saloperies !

Les autres étaient sortis de la Mercedes. Henri s'en foutait, il attrapa la bouteille de Coca et s'installa à l'ombre pour boire tranquillement pendant que Ned discutait avec le vieux de la différence entre le caramel et la menthe, il ferma les yeux, il entendait merde, tu y connais rien, est-ce que tu as déjà bu ça au moins UNE FOIS dans ta vie, vieillard, mon gars tu étais pas encore né que je m'empoisonnais avec ces trucs et j'aimerais mieux mourir de soif. Henri s'étira lentement, il fit craquer ses doigts, les amphés commençaient à lui chatouiller les membres, il renversa la tête en arrière et fit jouer les muscles de son cou. Puis il regarda Lili qui venait vers lui, il n'était pas très sûr que ses pieds touchaient le sol, elle semblait tellement légère et lui, il lui en fallait tellement peu pour s'émerveiller. Il se sentait bien, il avait cherché un endroit où le courant était très fort et il avait plongé tout entier là-dedans, il se servait de la mort pour rester en vie, c'était tout ce qu'il avait trouvé, Lucie pensait que c'était ridicule et lui il s'endormait pendant les séances de méditation, ils étaient pas d'accord sur les moyens.

Lili s'installa à côté de lui, elle secoua le bas de son tee-shirt pour se donner un peu d'air, elle dit :

– Hou, ce truc est dégueulasse, il me colle partout.

Elle le regarda en riant et ajouta :

– C'est de la confiture de cerises.

– C'est la meilleure, répondit Henri.

Elle se tressa une grosse natte vite fait, sur le côté, ils me tiennent trop chaud, elle soupira et Henri cligna des yeux pour la suivre dans la lumière, il y avait un gros robinet dehors. Elle retira son tee-shirt et l'eau lui éclaboussa les pieds pendant qu'elle s'aspergeait le visage, elle s'écarta un peu pour laisser Carol se mouiller les cheveux, bon Dieu, Carol avec son machin en lamé sous le soleil, c'était comme au cinéma, et ensuite elle passa le tee-shirt sous l'eau et elles s'y mirent toutes les deux pour le tordre et Henri frissonna et le vieux se gratta la nuque sans en perdre une miette :

– Ben dis donc, ils sont beaux, hein ?

– Elles sont belles, c'est ça que tu veux dire, grand-père. Ne t'écroule pas.

– Je vois ces deux nichons et sûrement que j'en verrai pas avant un bon moment. C'est une bonne journée. J'ai plus besoin de grand-chose, tu vois, elle est un peu maigre mais elle a ces deux machins qui me dansent sous les yeux et c'est une journée formidable, je crois pas que je vais m'écrouler.

Ils restèrent plantés en silence jusqu'au moment où Lili enfila son tee-shirt et la terre continuait à s'ouvrir et à craquer autour d'eux, les petits lézards zigzaguaient et les guettaient dans l'ombre, il faisait au moins quarante, c'était pas si facile que ça de respirer, y avait rien de particulièrement aisé.

Le vieux enfonça ses mains dans les poches de sa salopette et regarda Ned par en dessous, l'autre le dépassait d'une bonne tête, il dit :

– MAINTENANT tu peux m'offrir une bière. Elle est fraîche.

– Tu as dit UNE BIÈRE ???

– Merde, est-ce que tu comprends ce qu'on te dit, mon gars ? J'ai un frigo là-dedans et tu pourrais même pas y fourrer un œuf parce que le truc est BOURRÉ de canettes et, bon Dieu, pour une petite pièce, on va s'envoyer les meilleures bières du pays, alors qu'est-ce que tu dis de ça ou peut-être que tu es complètement BOUCHÉ ?

– OH JÉSUS !

Ils pénétrèrent dans la baraque et Ned resta un moment sur le seuil, le temps que ses yeux s'habituent à la pénombre, il faisait frais là-dedans.

– Ferme ça, ou on va bientôt crever.

Ned ferma la porte. Il y avait juste un peu de lumière qui dégoulinait autour des volets tirés et qui rampait sous la porte, mais c'était suffisant, le frigo faisait une grosse tache blanche dans le fond, et, à gauche, il y avait une montagne de canettes empilées et la même chose à droite, le plus marrant c'était que les deux piles se rejoignaient et passaient par-dessus le frigo, ça grimpait jusqu'au plafond et Ned restait là à se demander s'il y avait UN MUR derrière et si le toit reposait là-dessus, il avait vraiment soif, maintenant.

Le vieux le regardait, il dit ne t'écroule pas, mon gars, il ouvrit la porte du frigo et s'écarta, l'intérieur s'illumina et la lumière se faufila entre les bouteilles. Le moteur se mit en marche et tout ce bordel commença à vibrer, au moins deux cents canettes qui se réveillaient doucement cliclicliclicliclicliclicliclicli.

– Oh DOUX Jésus !

Ils burent tranquillement et Ned se crispa un peu vers la fin quand il vit cette espèce de gros serpent dégringoler du lit, ne t'inquiète pas, il est vieux, il a plus une seule dent expliqua l'autre et il poussa le machin du pied jusqu'au fond de la pièce, doucement, et, quand ils se remirent à discuter, quand Ned se fit expliquer où ils se trouvaient exactement et les routes les plus tranquilles et même quand ils regrimpèrent tous les quatre dans la Mercedes, une partie de son esprit resta figée près du vieux serpent enroulé dans le noir et ce con n'avait plus une seule dent mais il s'était trouvé un lit en plein désert et un coin à l'ombre.

9

Il faisait chaud chaud et à un moment Ned dit j'ai faim ils venaient de dépasser un de ces grands magasins dans une toute petite ville et les autres aussi oh oui quelque chose et Ned fit une longue marche arrière il n'y avait personne dans les rues il devait être deux ou trois heures de l'après-midi ils en savaient rien exactement la journée s'étirait il n'y avait pas de repère tant que le soleil restait suspendu tout là-haut même Henri était perdu d'abord il avait dit deux et ensuite trois heures et puis il en était plus sûr du tout c'était seulement un moyen de passer le temps Lili avait dormi un peu et ils avaient changé merde c'est chacun son tour et Carol avait pris le volant ils s'étaient arrêtés pour pisser et Ned avait conduit à nouveau il disait ça mais en fait ça le faisait pas chier de conduire et maintenant Carol se retrouvait à l'avant à côté de lui elle l'observait de temps en temps il le savait et il s'en foutait mais c'était quand même agréable il recula comme ça sur deux cents mètres il se gara juste devant le machin et il se tourna il dit qui est-ce qui y va et Henri disparut dans le drugstore on arrivera à la nuit je crois oouuuuuu Lili s'étira son tee-shirt était presque sec sauf sous les bras tout va bien pour le moment il y a personne sur la route je crois qu'on a une chance plus on fait de chemin plus on s'éloigne et Henri rappliqua les bras chargés de noix raisins secs pruneaux amandes merde mais tu es dingue tu appelles ça bouffer et les filles éclatèrent de rire Henri restait sans comprendre ben quoi tu aimes pas ça c'est plein de vitamines d'accord c'est plein de vitamines mais je ferai pas tout ce chemin avec une poignée de raisins secs dans le ventre ça non et il disparut à son tour dans le magasin et revint avec des sandwichs et de la bière tu te tueras avec ça ouais ouais peut-être bien garde-moi quelques amandes pour plus tard les amandes ça lui rappelait son enfance un gâteau aux amandes sa mère était la seule à savoir faire ça c'est marrant Lili essayait de casser des noix avec son pied elle y arrivait pas et Henri lui en cassa quelques-unes elle lui sourit alors il en cassa d'autres et elle lui sourit encore Carol avait mangé un demi-sandwich avec les carreaux ouverts elle était tout le temps obligée d'enlever les cheveux qui lui cinglaient le visage elle avait le coup pour faire ça elle faisait du charme pendant que Ned balançait les papiers dehors il avait incliné le siège et conduisait comme dans un fauteuil Lili lui avait prêté ses lunettes des montures roses transparentes avec des verres fumés il était fantastique cent cent vingt ils voyaient pratiquement personne mais il voulait pas rouler trop vite ce serait vraiment trop con malgré les vitres baissées ils transpiraient tous les quatre et chaque minute comptait et s'étirait comme une guimauve ils s'arrêtaient juste pour l'essence ou ils trouvaient des coins déserts pour se dégourdir les jambes un moment ils virent deux flics passer en moto deux martiens et ils furent incapables de dire un mot pendant au moins cinq minutes ils avaient tous des trucs à dire mais la conversation tournait court à chaque fois ils étaient fatigués ils étaient tous un peu sur leurs gardes et préoccupés par des choses différentes mais ils étaient bien ensemble pour le moment ça dura des heures et des heures et le paysage commença à changer au moment où le soleil glissa sur le côté de la voiture la route se mit à tourner et à monter Ned avait attrapé une poignée de raisins et les grignotait un par un Lili s'était endormie une fois de plus elle avait glissé sur l'épaule d'Henri pendant son sommeil et lui osait pas bouger d'un pouce malgré son bras ankylosé il pouvait même respirer l'odeur de ses cheveux à la fin il s'endormit lui aussi je crois bien qu'ils dorment tous les deux dit Carol le soleil avait disparu Ned alluma les phares les salauds il dit ils s'en font pas et il demanda à Carol si elle était fatiguée non la nuit noire tomba d'un seul coup le silence entre eux avait changé depuis que les autres dormaient le silence les collait l'un à l'autre et les voix aussi les voix avaient changé c'était comme s'ils parlaient plus fort tous les deux et pourtant ils essayaient de pas faire trop de bruit à un moment elle lui dit quelque chose il faisait pas attention au sens de la phrase mais rien qu'au timbre de la voix il se mit à bander il aurait pu la regarder mais il prit du plaisir avec simplement cette voix à côté de lui avec les virages il se mit à rouler un peu plus vite il sentait plus le danger d'ailleurs il avait complètement oublié tout ce merdier tu vas vite oh tu as peur non c'est loin encore non pas trop et à nouveau le désert ils voyaient rien mais ils le sentaient les phares plongeaient tout droit simplement sur les côtés la terre les cailloux les arbustes et elle lui prit le bras et posa sa tête contre lui sans un mot il ne dit rien il leva juste un peu le pied de l'accélérateur pour reprendre une allure normale il était plus pressé il se sentait en pleine forme il était parfaitement lucide la nuit avait apporté un peu de fraîcheur il ne s'aperçut même pas à quel moment elle s'endormit simplement elle ne lui répondit pas quand il dit essaye de me trouver une cigarette elle était cramponnée à son bras il avait répété ça et elle avait pas bougé il avait attendu ça faisait rien maintenant il était tout seul tout seul il pensait plus à rien il faisait bon et cette fille suspendue à son bras les deux autres qui dormaient derrière il tenait leurs vies entre ses mains nom de Dieu ça fait longtemps que je me suis pas senti aussi bien et quand il s'arrêta devant la maison de sa sœur deux heures plus tard c'était comme si cette pensée s'était étirée tout le long du chemin nomdedieujenemesuisjamaissentiaussibien il éteignit les phares et la réveilla tout doucement réveille-toi réveille-toi on est arrivés ouioooohhhhhh elle lui sourit mais il décida de pas se laisser prendre oui on est arrivés réveille les autres je descends elle avait transpiré contre son bras et dehors la fraîcheur tomba là-dessus et il frotta son bras en marchant vers la maison c'était glacé c'était un truc fou il tenait son bras contre lui comme s'il était cassé peut-être qu'il était cassé.

10

Il y avait de la lumière et, avant que Ned ait cogné à la porte, elle s'ouvrit à toute volée. C'était Jimmy, un peu plus pâle et plus nerveux que d'habitude, mais c'était Jimmy, accroché dans l'encadrement.

– Sacré vieux Jimmy ! dit Ned.

– NOM DE DIEU ENTRE RACONTE-MOI OÙ EST LA BAGNOLE ??!!

Comme il trouvait que Ned allait pas assez vite, il sortit, jeta un regard méfiant sur la Mercedes, il passa un bras par-dessus l'épaule de Ned et le poussa à l'intérieur.

– Merde, j'ai bien réfléchi, tu me joues un tour de con, tu as voulu me faire peur vieux ça ne peut pas nous arriver j'ai fait le Yi king Sonia m'a tiré les tarots je ne sens rien de mauvais il n'y a pas de signe vieux j'ai passé les heures les plus dures de ma vie je ne t'en veux pas mais arrête peut-être que tu as eu un petit problème ça peut arriver mais pas les flics hein pas les flics tiens j'en ai encore des frissons bon allez dis-moi où est cette putain de bagnole j'ai pris vingt ans.

Ils avaient passé l'entrée, traversé le couloir et maintenant ils venaient de buter sur un pouf marocain planté au milieu de la grande pièce. Sonia était allongée sur un tas de coussins avec Marjorie endormie dans les bras, elle cligna un œil, elle dit :

– Hey, Ned, ça va ?

– Ouais, lui il va bien, ça se voit, oh je t'en prie Sonia, je t'en prie, nous avons à parler de choses EXTRÊMEMENT importantes, il n'a pas le temps de discuter, plus tard, plus tard, Ned on sera plus tranquilles à côté.

Il l'avait déjà attrapé par un bras, mais Ned se dégagea.

– Merde, qu'est-ce qu'il y a ? Qu'est-ce qu'il a ton bras, il est cassé ? Pourquoi tu cramponnes ce bras ?

Ned réalisa qu'il tenait toujours son bras, il le lâcha aussitôt, il dit :

– Attends, je suis pas tout seul. J'ai des amis.

– Bien sûr, moi aussi. On a tous des amis.

– Ouais, mais ils sont dehors, ils attendent.

– Ah. Bon. Eh bien c'est parfait, Sonia va s'occuper d'eux, Sonia, sois gentille, il faut ABSOLUMENT que je reste seul avec Ned et ne me demande pas pourquoi ni pour combien de temps parce que nous en avons déjà assez perdu comme ça.

Il se tourna vers Ned et grimaça :

– Bon Dieu, arrive, regarde dans quel état je suis.

Il emmena Ned jusque dans cette pièce qu'il appelait « son bureau », c'était son coin à lui, c'était le seul endroit qu'il gardait fermé à clé, le reste de la baraque il en avait rien à foutre, mais dans cette pièce il avait toutes ses petites affaires personnelles, ses bouquins, ses outils, sa réserve de shit et tout le bazar, il y avait aussi un petit frigo et une télé, un jour qu'il s'était engueulé avec Sonia, il avait pu tenir quinze jours enfermé là-dedans, sans sortir, elle lui glissait des mots sous la porte et il répondait pas, il voulait pas les lire, il savait même plus pourquoi ils s'étaient engueulés mais il avait sa fierté, à la fin Sonia avait pris un polaroïd, elle avait pris une photo d'elle à poil sur le lit, derrière elle avait écrit ÇA SERA TOI OU UN AUTRE. J'AIMERAIS MIEUX TOI et elle avait glissé le petit carton sous la porte. Il était sorti deux minutes plus tard, tout congestionné, en hurlant SONIA MON BÉBÉ QU'EST-CE QUI NOUS A PRIS??!!! il courait et se cognait dans les murs.

Il referma lentement la porte derrière Ned et resta le dos collé dessus, les mains bien à plat sur le panneau, coincées par ses fesses. Ned choisit le plus gros coussin et se laissa aller sur des tonnes de plumes, il commençait à se sentir fatigué.

– Alors, alors, ACCOUCHE, grogna Jimmy. Cesse de faire le con.

Ned soupira et lui raconta toute l'histoire, depuis le début. De temps en temps, Jimmy poussait des petits cris, il glissait le long de la porte. A la fin, il y eut un long silence.

– Ne reste pas assis par terre, dit Ned. Je vais te rouler un joint, on va réfléchir.

Jimmy laissa échapper un petit rire idiot, nerveux.

– Iiiiiiiii, on va réfléchir, qu'il dit.

Ned se leva et farfouilla dans les tiroirs du bureau, il y avait tout un tas de revues porno dessus, avec des pages détachées et un malade avait découpé les photos en couleurs, les parties intéressantes.

– Hé, c'est ta nouvelle manie? demanda Ned.

Jimmy se contenta de relever la tête et indiqua un endroit sur le mur, avec son menton, puis il reposa sa tête sur ses genoux. Ned s'approcha, c'était un montage, un collage impressionnant de culs et de sexes de toutes les dimensions, peints de couleurs différentes, une espèce de spirale baroque. Jimmy se racla la gorge :

– C'est un projet pour une revue homo. Ils se décident pas.

Ned regarda encore une bonne fois, il dit ouais et retourna vers le bureau. Il trouva un bon paquet d'herbe dans une boîte de cigares et du papier à rouler, il colla trois feuilles et roula un joint, pas trop serré, pur, il l'alluma, c'était de la bonne herbe et il était fatigué, ça serait bon.

– Bon, écoute, ces mecs tu as qu'à leur dire que le coup a foiré. On peut s'arranger pour leur trouver du fric et les dédommager. On va se démerder.

– Ils marcheront pas.

Ned lui tendit le joint, il se sentait déjà bien. Il entendait de la musique, ça venait de la grande pièce, ça paraissait loin, une petite musique sans importance pour une heure bien enfoncée dans la nuit.

– Merde, il dit. Ils en trouveront d'autres, des bagnoles.

– Je sais pas.

– Comment ça, tu sais pas ? Jimmy, qu'est-ce que c'est que ces conneries ?

– Je sais pas.

– Bon Dieu, c'est juste un petit trafic de bagnoles merdeux. Il y en a des centaines comme ça. Bon, d'accord, j'ai pris livraison de la voiture mais le truc a merdé en chemin, ils peuvent piger ça, non, elle était pas en or, merde, ça a foiré. On a pas touché à leur fric.

– Oooooooooooohhhhhhhh...

– Qu'est-ce que tu as ?

– Ooooohhhhhhh...

– Merde.

Ned se leva et lui attrapa le truc des mains. Il tira quelques bouffées en silence.

– On avait dit qu'on y toucherait pas avant la fin. Tu te rappelles ?

– Ouais, c'est facile pour toi, mais il y a Marjorie, il y a Sonia, la baraque et je ne sais plus moi, ce truc pouvait pas déconner, c'était simple, merde, je m'en suis même pas rendu compte.

– Combien ?

– Presque toute ma part.

– TOUTE TA PART ???

– Presque.

– Oh nom de Dieu.

Ned se mit à tourner en rond dans la pièce, il s'arrêta un moment devant le collage, il commençait à se sentir raide, à prendre du recul.

– Bon, on va se remuer, on va trouver ce fric et on va leur rendre. On va faire ça.

– Ils marcheront pas.

– C'est comme ça. Qu'ils aillent se faire foutre.

– Ned, écoute, je crois qu'on est vraiment dans la merde. Je crois qu'ils tiennent vraiment à cette bagnole, VRAIMENT. C'était un coup bien payé. Si tu veux mon avis, c'était vachement bien payé.

– Si tu veux mon avis, ils auraient pu nous proposer encore plus, j'aurais rien trouvé à redire.

– Ned, je crois qu'il y avait quelque chose dans la bagnole.

– Comment ça QUELQUE CHOSE et tu me dis ça MAINTENANT??!

– Merde, il y avait pas de risques. C'était juste une impression, mais j'en suis sûr maintenant. Et il a fallu que tu fasses le con à dévaliser ce machin.

– Bon, c'était pour déconner. J'en avais rien à foutre de ce fric, j'ai même pas compté. Je voulais voir. Qu'est-ce qu'ils ont planqué, tu crois?

– Qu'est-ce que ça fout? N'importe quoi. Tout peut se trafiquer. Ils le prendront aussi mal que ce soit de l'héro, de l'or, un morceau de la Croix ou une autre connerie. C'est mal barré.

– Bon Dieu!! On s'est laissé enculer à fond!

Il tapa des deux mains à plat sur le bureau et des photos dégringolèrent sur le sol, Jimmy se précipita pour les ramasser et les remit en ordre. Ned respira un bon coup et se laissa aller en arrière, puis il entreprit de rouler un autre joint.

– Je sens que je m'énerve, il dit. Et ce papier qui colle de la merde.

Il envoya tout promener.

– JIMMY, ON S'EST FAIT BAISER!!

Il sortit trois nouvelles feuilles et les colla. Jimmy

était à genoux par terre, les deux coudes posés sur le bureau, il se tenait la tête et le regardait faire.

– Mais je vais te dire, on en a rien à foutre de ces mecs.

Il s'arrêta de rouler pour jeter un coup d'œil sur Jimmy, il dit :

– Mon pote, tu as les yeux ROUGES. C'est de la bonne.

– Tes yeux à toi sont comme des fentes de tirelires, tu es raide, mon salaud.

Il termina le joint et l'alluma. Il envoya la fumée sous le nez de Jimmy et ensuite il fit deux ronds absolument impeccables et les lâcha en l'air. Il y avait juste une petite lampe, montée sur une vessie de dromadaire, une lumière parfaite, dorée.

– Pour bien faire, il faudrait récupérer cette putain de Buick, il dit.

– Ce serait l'idéal.

– La dernière fois, il y avait un gros flic dedans.

– Oui.

– Et une espèce de sadique.

– Eh oui.

– Ce qui fait qu'il est totalement impossible de remettre la main dessus.

– On est coincés.

– Les autres ne tarderont pas à radiner. Il faut réfléchir.

– Je sens que je vais flipper.

– Ne me laisse pas tout seul, Jimmy.

– Je flippe, mais je reste avec toi.

– Il n'y a rien de plus dur que de se sentir seul, mon vieux.

– C'est comme ça, il faut l'accepter. C'est pas dur.

– Je vais me lever et sortir, si tu es parti pour déconner.

– Ecoute, j'ai passé des jours entiers, assis sur cette chaise, à penser à ça. C'était fantastique, tout était clair dans mon cerveau et à ce moment-là j'avais reçu tout un lot de trips vraiment balèzes et j'ai pas voulu en prendre un seul, c'était pas la peine, tu comprends, j'étais déjà collé au plafond, j'avais un MUSCLE à la place du cerveau, merde, je mangeais plus et, plus ça allait, plus tout devenait LIMPIDE, bon Dieu, c'est quelque chose qu'on peut ADMETTRE mais moi je l'ai VÉCU, ici, sur cette même chaise où tu as seulement posé ton cul.

Ils restèrent silencieux un moment, Ned bâilla.

– Ouais, il dit, tu es toujours aussi chiant. Tu as rien à boire ?

– Il y a TOUT ce que tu veux.

Du bout du pied, Ned ouvrit la porte du frigo. Il était vide, il le referma.

– TOUT ce que je veux, hein ? il murmura.

– C'est une façon de parler.

– Nom de Dieu, vas-tu me donner à boire oui ou merde ?

Jimmy se leva, il titubait un peu mais il arriva jusqu'à une pile de bouquins et commença à fouiller là-dedans. Puis il dit AH et brandit une bouteille de vin. Il la lança à Ned et resta debout devant le tas qu'il avait défait, il semblait réfléchir.

– Bon Dieu, maintenant j'ai TOUT CE BORDEL à ranger !

Ned s'envoya une bonne rasade et c'était pas facile parce qu'il avait envie de tousser.

– Quel bordel ? il dit. Tout est parfait. C'est dans ta tête, le bordel.

Jimmy paraissait préoccupé, tout ce qu'il faisait, c'était de ramasser un livre, jeter un coup d'œil sur la tranche et le remettre dans le tas.

– C'est tout petit, ici, tu comprends, je ne peux pas me laisser déborder. ET MAINTENANT LA PORTE EST COINCÉE !!

– On va en balancer par la fenêtre, je vais t'aider.

– Je devrais peut-être en profiter pour les classer, non ?

— Laisse-moi faire. Je finis cette bouteille et j'arrive.

— Tiens, *Le Livre* de Watts. J'ai cru mourir. A l'époque, j'en avais acheté une caisse et je les envoyais à des amis, tout mon fric y passait, mais ça en valait la peine. Je voyais ces putains de guerres à la télé, je flippais avec ça, le soir je m'enfermais pour les informations et je restais cramponné à mon siège, c'était fou. Un matin, j'ai fait un beau paquet et j'ai envoyé ça au Président, je lui disais : « Monsieur, si je puis me permettre, je crois que ce livre pourra nous aider. Nous vivons comme des DINGUES ! »

— Ça, c'était un bon coup.

— J'avais écrit ça en ROUGE, sur la première page, j'avais signé, même. Merde, quand j'y pense, j'avais un cœur gros comme ça.

— Bon Dieu, t'es vraiment barjo. Tu crois pas qu'il allait lire ton bouquin ?

— ET COMMENT ! BIEN SÛR QU'IL L'A LU !! IL A MÊME RÉPONDU !

— Non... ?

— Ce taré, tu sais pas ce qu'il m'a écrit, cet abominable connard ?

— Hé... doucement.

— Ces mecs qui nous gouvernent, il m'a dit textuellement : « Cher Monsieur, vous avez mille fois raison, notre monde est fou. Mais je ne vois pas où est le problème, NOUS SOMMES TOUS DINGUES !!! » Tu te rends compte ?

— Ce vin est parfait. Je trouve qu'il ne manquait pas d'humour.

— Je vais te dire, je chie sur ce genre d'humour.

— Si tu veux en rouler un autre, j'ai plus la force.

— Si je m'assois, je me relève plus.

— Hé, dis donc...

— Hein ?

— Je crois que je commence à avoir faim. J'ai envie de sucré.

— J'ai des loukoums. J'en ai vingt-cinq kilos, j'ai fait

une affaire. Maintenant, ça m'écœure. Sonia est folle de ça.

– Les mecs seront ravis de savoir où est passé leur pognon.

– OH QUELLE CHIERIE ! POURQUOI FAUT-IL QUE DES MERDES PAREILLES NOUS ARRIVENT ? ? ?

– Bon, ça va, ne crie pas. On verra ça demain. Dis-moi où tu planques ces merveilles.

– Si tu veux bien, on va aller à côté. Tu as remarqué que je n'avais plus mon tapis ?

– Ouais, tu t'es débarrassé de cette horreur ?

– C'était pas une horreur. C'était un tapis chinois, un tapis d'époque, en fait, c'était la seule chose à laquelle je tenais vraiment dans cette baraque. La dernière fois que tu es venu ici, tu as bu du vin, tu as mangé des loukoums et tu t'es saoulé.

– Peut-être, je me rappelle plus.

– Bien sûr que tu ne te rappelles plus, évidemment que tu te rappelles plus, tu étais tellement bourré et allumé, tu nous as fait chier toute la nuit avec cette danse de cinglé.

– Moi, j'ai dansé ?

– Bon Dieu, je sais pas ce que tu as fait au juste, mais le lendemain j'ai trouvé ces trois loukoums écrabouillés sur mon tapis, ils étaient complètement FONDUS et je sais pas encore si je pourrai le ravoir, alors tu vois, je préfère qu'on aille manger ces foutues saloperies AILLEURS. Il y a encore deux ou trois choses que j'aimerais sauver ici.

– Oups, désolé.

– Ouais, prends l'herbe, on va tâcher d'ouvrir cette porte.

Ils se cramponnèrent tous les deux à la porte et l'ouvrirent de vingt bons centimètres, les bouquins coinçaient derrière, mais bon Dieu poouuuusse, je poouuussse, hé faut quand même faire gaffe à mes livres, mais non ça les abîme pas tes machins, ça les range, je te dis de FAIRE GAFFE, MERDE, il y en a un gros qui gêne, un gros ça doit être ULYSSE, impossible tu as le pied dessus, oh excuse c'est DUNE, je le sens, hein, je le sens, regarde, non c'est le truc de TOLKIEN, ne fais pas le con avec ça, j'y tiens, on va bientôt y arriver, encore deux ou trois on pourra sortir, bon Dieu quel bordel ici, je suis FATIGUÉ FATIGUÉ FATIGUÉ.

Quand ils arrivèrent dans la grande pièce, les autres étaient affalés dans les coussins et buvaient du thé. Ned se laissa tomber près de la table basse et posa l'herbe dessus. Il allait en faire un quand il leva les yeux sur Lili. Elle le regardait en souriant.

– Tu veux ? il demanda.

Elle se leva et prit place en face de lui. Il poussa tout le bazar devant elle. Elle ouvrit la boîte et respira.

– C'est de la colombienne, elle dit. Elle sent bon, je vais en faire un gros.

– Ouais, vas-y, fais-en un énorme. On va bien dormir. Ça s'est bien passé, hein ?

– Oui.

– On a fait toutes ces bornes en douceur, pas de pépins et voilà, tu bois du thé, tu es relax et tu nous prépares ce joint de malheur, qu'est-ce que tu dis de ça ?

– Je te dirai ça APRÈS.

– D'accord, il dit.

Il la regarda vraiment pour la première fois, elle avait les yeux baissés sur ses mains, elle avait l'air calme et lui, cette pensée lui traversa le crâne, il se demanda est-ce que je vieillis et ensuite il essaya de comprendre pourquoi il avait pensé ça, il ne voyait pas d'associations, il resta un moment étonné jusqu'à ce que Jimmy se pointe avec les loukoums. Jimmy lui tendit la boîte en lui jetant un œil glacé.

– Je te jure que cette fois je vais les MANGER, dit Ned.

Lili leva les yeux sur Jimmy, elle lui piqua un loukoum. Il posa la boîte à côté d'elle, il lui dit :

– Ne le laisse pas faire le con avec ça.

Elle rigola, il avait ce jean trop grand et cette position un peu ridicule, penché en arrière et surtout sa gueule, c'était Zappa tout craché, il avait des cheveux noirs et longs, attachés dans le dos et il avait dit ça en roulant des yeux, il était grand, peut-être un mètre quatre-vingt-dix et il était fin comme une allumette, elle lui passa le joint gentiment.

– Tu veux l'allumer ? elle demanda.

Il se plia en deux vers elle et s'approcha de la flamme en tenant ses cheveux d'une main, il avait des mauvais souvenirs avec ça et c'était pareil pour sa moustache.

Il fuma en faisant le tour de la pièce, puis il tendit le machin à Lili sans un mot parce qu'il avait les poumons encore pleins et Lili tira dessus consciencieusement, Ned regardait le bout incandescent qui clignotait entre ses lèvres, elle aimait vraiment ça, il y a des gens qui aiment vraiment ça et il y a ceux qui soignent leur image, qui se demandent si le look du moment est côté fumeur ou non-fumeur, les gens les plus chiants du monde, Ned pensait pas du tout à ça mais il était capable de sentir un de ces connards approcher à des kilomètres, il y avait ce coup merdeux qui lui revenait sans cesse, ce flic étalé avec une balle dans la jambe et CETTE BUICK, ces types qui attendaient la livraison, mais il se forçait à chasser ces images et dès qu'il sentait qu'il se laissait aller, il balayait son cerveau, il pensait à son balcon fleuri ou à des poissons-lunes.

Il s'aperçut qu'il y avait de la musique lorsqu'elle s'arrêta. Carol était endormie dans les coussins, il se pencha un peu pour jeter un coup d'œil entre ses cuisses, mais il trouva rien d'intéressant à voir, pas même un bout de culotte, et il se redressa, il commença à fouiller dans la pile de disques mais il avait envie de rien, parfois c'est carrément impossible de trouver le genre de musique qui va coller, c'est quelque chose d'EXTRÊMEMENT délicat, il arriva à la fin de la pile sans avoir senti le déclic, et comme Henri se tenait debout à côté de lui avec le joint à la main et qu'il lui tendait, il le prit, il dit :

– Je sais pas quoi mettre, vas-y.

– Ben, j'irais plutôt me coucher. Comment on fait ?

– Il y a un grand lit dans la chambre du fond. Il y a tous ces coussins, fais comme tu veux.

Machinalement, il se caressa l'entrejambe et il décida d'aller pisser. Il sortit dehors, il fit quelques pas dans la nuit et s'arrêta, les pieds écartés. Il attendit un moment et frissonna, puis il détacha tous les boutons de son jean, il l'ouvrit et tira sur son slip. Il prit son truc dans les mains, il ne bandait pas vraiment mais il le pressa une ou deux fois, la fatigue vous amène souvent à ce genre de choses, vers la tiédeur, mais il voulait pas s'emmerder, quelqu'un pouvait arriver, alors il se décida pour le plus simple, il entendit le jet s'écraser sur le sol et l'odeur de l'urine lui monta jusqu'au nez.

Il se reboutonna lentement, le nez levé vers les étoiles, il sourit et se mit à gueuler C'EST BEAU QUE C'EST BEAU PUTAIN JE POURRAIS RESTER COMME ÇA DIX MILLE ANS À VOUS REGARDER MES SALOPES, il croisa ses mains derrière la nuque, il avait son compte, il tendit tous ses muscles et il fit revenir exprès ces images foireuses dans sa tête, la bagnole, le flic, les enculés, il pensa je vais pas me laisser emmerder avec ça et il répéta tout haut je ne vais pas me laisser emmerder avec ça, puis il retourna vers la baraque, tout content.

Dans la pièce, il ne trouva plus que Lili qui fumait un peu, quelqu'un avait tiré une couverture sur Carol, elle avait sa robe en lamé posée à côté d'elle et dormait sur le ventre, un bras replié sur la tête.

– Où ils sont passés ? il demanda.

– Ils sont couchés, elle dit.

Il s'assit pas trop loin d'elle, pas trop près, il sentait de drôles de trucs avec cette fille et il était raide comme trente-six cochons, il resta songeur pendant un instant puis il se leva d'un bond, il venait de trouver. Il fonça sur les disques, il posa le bordel sur la platine et visa un trait noir sur le disque, pile sur *Stairway to Heaven,* la fin du morceau le foutait toujours en l'air, il revint s'asseoir en faisant craquer ses doigts. Il trouvait rien à dire, en fait causer l'intéressait pas spécialement, il se sentait bêtement bien.

– Bon, je crois que je vais en faire autant, elle dit.

– Oui.

– Pas fatigué ?

– Je vais en faire un dernier, tu veux ?

C'était juste pour rester un peu avec elle et faire quelque chose de ses mains, sinon il avait sa dose, il aurait pu fumer des joints comme ça pendant trois jours et cent nuits sans se sentir plus raide. Il s'installa.

D'abord, il commença par merder avec les feuilles, à se tromper de côté et il recommença, ça dura un petit moment. Ensuite, il posa le truc sur la table, le temps de trouver un carton pour le filtre et il serra les dents quand il s'aperçut qu'il avait posé le joint dans une petite mare de thé renversé sur la table. Il tordit ses lèvres et recommença. Lili enleva son tee-shirt et son pantalon et à ce moment-là la batterie cognait très fort et remplissait toute la pièce et il se retrouva avec cette femme debout, près de lui, dans un slip argenté et ses deux seins, un vrai délire et il sut pas très bien ce qui était arrivé, ce qu'il avait fabriqué avec tous ses doigts mais il se retrouva les mains vides et il dut recommencer une troisième fois.

Quand la musique s'arrêta, il était presque en nage. Lili s'allongea dans les coussins et tira une couverture sur elle.

– J'aime bien fumer au lit, elle dit. Ça te dérange pas ?

– Non, c'est parfait comme ça.

Il l'alluma et s'avança à genoux pour lui donner. Il retourna vite fait à sa place et il la regarda. Il aurait bien voulu qu'elle dorme, comme l'autre, il serait resté là avec ces deux filles endormies, à délirer, à sucer des loukoums, de temps en temps, il aurait jeté un coup d'œil sur elles, il aurait trouvé que la nuit n'en finissait pas, qu'il y avait rien de plus important au monde, il aurait vraiment pris du plaisir à ça, rester éveillé sans raison, juste comme ça, immobile dans le grand silence bleuté.

Elle l'interrogea du regard, gentiment et elle dit :

– Tu as envie de parler ?

– Non, pas spécialement.

Ils restèrent silencieux. Elle lui tendit le joint et se rallongea, elle mit ses mains derrière la tête et regarda le plafond. Il aimait mieux ça, il voulait rester tranquille, l'herbe avait presque rien à voir là-dedans.

– Peut-être que tu as SPÉCIALEMENT envie d'autre chose ? elle dit. Je suis raide, je ne pourrai pas penser à toi.

Il ne répondit pas, il pensait à ce qu'elle venait de lui dire et il comprenait ça, il venait de tomber sur une fille VIVANTE, ça faisait si longtemps, il se rappelait même plus. Il se pencha, referma la boîte d'herbe et se leva.

– Bonne nuit, il dit.

Elle le regarda traverser la pièce, il essayait de marcher droit.

Il trouva Henri entortillé dans les draps, il dormait, tourné de l'autre côté. Ned s'étendit tout habillé. Au bout d'un moment, il trouva la force d'enlever ses chaussures, avec les pieds. Ça tournait un peu, c'était pas désagréable. Il n'avait pas dormi depuis deux jours, mais quand même il s'amusa un moment avec les taches sur le plafond, il trouva pas grand-chose, peut-être un visage de vieille femme avec un regard atroce mais ça le dérangeait pas, il en voyait tous les jours, il essaya de réfléchir à ce qui leur arrivait, impossible, son esprit glissait toujours à côté. Il s'endormit en cherchant à le ramener à lui comme une couverture, son corps avait été découpé en petits morceaux.

11

Ned trouva personne en se réveillant. La cuisine était vide. Il se fit réchauffer un reste de café, il se sentait pas très bien, il devait être dix ou onze heures et toujours ce soleil de dingue. Il grimpa sur un tabouret, se massa le visage et coinça ses cheveux derrière ses oreilles, cette putain de journée qui commençait.

Il sortit dehors avec son café à la main, il cligna des yeux et aperçut Jimmy dans la cour, penché sur le moteur d'une bagnole, c'était un machin rouge sang avec des roues, c'était sûrement une bagnole. Ned s'approcha.

– Qu'est-ce que tu essayes de faire ? il demanda.

Jimmy se releva d'un seul coup, il avait les bras luisants de cambouis.

– HA ! Hé, te voilà. Salut.

– Qu'est-ce que c'est que cet engin ?

– Cet ENGIN ?! Ha ha, mon vieux, c'est une merveille. Je l'ai depuis deux jours, je fais juste un dernier réglage, tu vas voir ça.

– Ne me dis pas qu'elle marche encore.

– SI ELLE MARCHE ? Malheureux, on ne fait plus de trucs comme ça, elle a trente ans, elle est comme neuve. Les sièges sont en cuir, tu as vu les sièges ?

– Non... il va falloir se remuer, tu crois pas ?

Jimmy fit la grimace. Il referma le capot qui pesait deux tonnes.

– Ouais. Ouais, on va téléphoner à ces mecs pour voir.

– Tu vas leur dire quoi ?

– Ils attendent depuis hier matin. Vaudrait mieux trouver quelque chose pour leur calmer les nerfs. Bon Dieu, j'ai vraiment la trouille que ces tarés débarquent ici et ils vont se ramener si on ne fait rien. Ned, c'est trop con.

– Bon, O.K., on va les appeler.

Jimmy ramassa le jet d'eau qui était à ses pieds et commença à se laver les mains avec une espèce de gelée orange. Ned s'accroupit un peu plus loin et termina son café. C'était un coin terrible, très beau, très sauvage, avec de la terre ocre, avec de la terre jaune et rouge, la baraque était construite sur une sorte de plateau et, cent mètres à peine derrière, ce plateau finissait en pente très forte, il y avait plein d'arbres jusqu'en bas, jusqu'au ruisseau, des gros blocs avaient dévalé et l'unique chemin qui menait à la maison surgissait d'une forêt de sapins, c'était la seule baraque du coin, l'endroit idéal pour que des mecs viennent tranquillement semer la merde. L'agence s'était frotté les mains quand cet idiot de Jimmy avait signé, la maison avait appartenu à un couple plein aux as qui voulait un coin perdu, ils avaient un fils de vingt ans, malade, et une nuit le jeune type avait mis la main sur une hache et avait fait un carnage, c'était le genre d'histoire qui rendait cette maison impossible à fourguer à moins de trouver un autre dingue et ils l'avaient trouvé. Le couple avait dépensé une fortune pour amener l'eau et l'électricité et Jimmy avait loué ça pour des cacahuètes, à la cave il avait trouvé les matelas et le lit pratiquement fendus en deux, c'est par là qu'il terminait les visites, il restait en arrière et quand il avait la forme il poussait ce hurlement horrible, ceux qui avaient résisté à ça, il les comptait sur les doigts d'une main, il avait réussi deux évanouissements et évité une manchette de karaté.

Au moment où il se relevait, Ned vit Henri et les deux filles qui débouchaient de la forêt. Il ne répondit pas à leurs signes parce qu'il était à peine réveillé et qu'il en avait déjà par-dessus la tête de cette journée.

Il rentra avec Jimmy et Jimmy attrapa le téléphone, il y avait deux cent cinquante mètres de fil, ce machin pouvait le suivre partout, il y avait un coin en particulier où il adorait donner ses coups de fil longue distance et où on pouvait pas le déranger. Il s'installa sur la table basse à côté de Ned et referma la boîte d'herbe.

– Ta copine, il dit, c'est le premier truc qu'elle a fait en se levant.

– Tu fais autrement, toi ?

– Je bois mon café D'ABORD, et je M'HABILLE avant !

– Te plains pas, tu as vu sa culotte en argent.

– Oh mon Dieu. Sonia est ta sœur.

– Oui, mon pote.

– L'autre, elle est très belle. J'ai connu une fille qui lui ressemblait exactement et...

– Bon, tu donnes ce coup de fil de merde ?

– Hein ? Oui.

Il sortit un carnet de sa poche. Entre deux pages de dessins, il y avait un nom, ZAC, et un numéro de téléphone, Jimmy garda son index dessus et appela. Ned avait pris l'écouteur, il jouait avec une petite cuillère.

– Allô ?

– Ouais.

– On peut parler à Zac ?

– Ouais. ZAC !!

Jimmy mit la main sur l'écouteur, c'est un bar, il dit, il est toujours fourré là-dedans. Puis il y eut cette voix à la con à l'autre bout :

– Ouais, qui c'est ?

– Hé, salut, Zac, mon vieux, c'est Jimmy.

– Hein, tu n'es pas encore mort ?

– Hé, Zac, arrête tes conneries, qu'est-ce que tu racontes ?

– Après le coup que tu viens de faire, il va y avoir des problèmes pour toi.

– Tu veux rire ?

– Bien sûr. Mes copains sont pliés. Je les ai vus hier soir, ils ont jamais tant rigolé.

– Ecoute, il y a eu un petit problème mais ça va s'arranger. Ne vous énervez pas. Dis-leur que ça va s'arranger, il n'y a pas de coup fourré. Donne-moi un peu de temps.

– Hé, tu déconnes, c'est pas moi qui décide.

– ALORS MERDE, TROUVE-LES, DÉMERDE-TOI, FAIS QUELQUE CHOSE !!!

– Hé, connard, tu me cries dans les oreilles. J'aime pas ce ton que tu prends avec moi. Pourquoi je me casserais les couilles pour un raté comme toi ? Allez, salut pauvre...

– Hé héééééééééhé attends, attends, Zac, excuse-moi, je déconne, c'est pas toi, Zac...

– Tu perds les pédales, c'est bien moi.

– Non, mais oui, je sais, je voulais dire, c'est pas après toi que j'en ai, excuse-moi, Zac, il m'arrive cette merde mais rien de grave, je t'assure, il me faut juste un peu de temps.

– Combien ? Une heure, dix ans ?

– Eh bien...

Jimmy lança des signes éperdus vers Ned, mais Ned fit non de la tête en agrandissant les yeux, ça voulait dire qu'il en avait pas la moindre idée, s'il avait parlé, il aurait dit merde où tu veux en venir et Jimmy regarda Ned dans les yeux.

– Ecoute, je crois qu'il me faut vingt-quatre heures...

L'autre siffla entre ses dents :

– Merde, je sais pas s'ils vont encaisser ça.

– Bon Dieu, Zac, essaye, ESSAYE de leur faire comprendre, tu vas essayer ?

– Peut-être, demande-le-moi gentiment.

– Je te le demande gentiment.

– Dis-moi s'il te plaît.

– S'il te plaît. Je te le demande gentiment s'il te plaît à genoux.

– Bon, je te rappelle.

Jimmy raccrocha lentement, il avait pas lâché Ned du regard.

– Ce foutu petit enculé de merde, il dit. Il m'a mis en sueur.

– Ouais, il a l'air bien, ton copain.

– C'est pas mon copain. C'est un petit dealer foireux que je connais comme ça, il m'a branché sur ce coup, je sais plus, de l'héro je crois, il voulait que je lui donne une adresse.

– Et tu veux essayer de récupérer la Buick, c'est ce que tu as dans le crâne ?

– Tu vois autre chose, tu as vu le genre des mecs ?

– Bon Dieu, je sens que ça va être une merde. Il y a un paquet de flics sur cette bagnole, tu te souviens ?

– Les flics sont des cons, des pères de famille, des types avec un week-end et des putains de loisirs et j'aime mieux me farcir ces mecs-là que les cinglés de l'autre bord, ces cons-là ils te casseraient un bras pour te piquer ta place au ciné. Ned, je veux pas te forcer, mais je vais essayer ce truc-là.

Sans attendre de réponse, il se leva. Ned le suivit des yeux et son regard tomba sur Henri qui se tenait debout dans un coin, les mains enfoncées dans les poches et rien qu'à la façon dont il se tortillait sur place, les yeux grands ouverts, on voyait qu'il s'était envoyé quelque chose.

– J'ai un peu entendu, dit Henri. J'espère que ça va s'arranger.

– A mon avis, ça va empirer.

– C'est à cause de la Buick...

– Oui, dans un sens. Mais toute ma vie est comme ça, je suis habitué. C'est un coup foireux parmi tant d'autres, je ne sais pas pourquoi je te dis ça, je ne me plains pas.

– Je peux te raconter des boulots que j'ai faits en usine, ça c'était des coups vraiment foireux. Maintenant il peut rien m'arriver de pire, j'y retournerai jamais. J'irai avec vous, si tu veux.

Ned se leva sans dire un mot, il trouvait ça marrant qu'Henri lui propose son aide, parce que depuis qu'il remuait cette histoire dans tous les sens pour trouver une solution, quand il cherchait à évaluer leurs forces, à mesurer leurs chances, l'idée ne l'avait pas effleuré qu'Henri pouvait se tenir en dehors du coup, qu'il allait se tirer de son côté et ça, il pensait pas qu'Henri lui doive quelque chose, personne lui devait rien, mais c'était marrant.

Dans le frigo, il trouva deux bières bien fraîches et il se ramena près d'Henri en souriant.

– T'es comme l'autre dingue, il dit, tu crois qu'on va se payer une partie de rigolade, hein ?

– Pas forcément.

– Tu l'as dit, pas forcément.

Il allait lui raconter ça sous un jour plus sombre que l'irruption du Perbuatan à Krakatoa quand le téléphone sonna. Il décrocha, c'était Zac.

– Jimmy ?

– Oui, répondit Ned.

– Ils sont d'accord, tu as vingt-quatre heures pour amener la bagnole. C'est grâce à moi, il faudra t'en rappeler...

– Ne t'inquiète pas.

– Hé, Jimmy...

– Oui ?

– Je crois pas qu'ils te donneront une minute de plus.

– Bien sûr.

Ned raccrocha et Jimmy apparut dans la pièce, tout essoufflé. Il s'arrêta même de respirer et interrogea Ned du regard.

– Ça marche, dit Ned. Il faut pas traîner.

Jimmy se mit à faire des bonds à travers la pièce.

– Bon Dieu de bon Dieu, on a du pot et ça va aller, la chance va plus nous quitter maintenant, ça va aller, c'est dans la poche !!!

Ned leva les yeux au ciel.

12

Jimmy conduisait et Ned était avachi dans son siège, à l'avant, les deux pieds coincés dans la boîte à gants, il avait trouvé une paire de lunettes noires, très con, qu'il avait posée sur le bout de son nez, c'était parfait, ça ne pouvait pas être plus foireux.

– Hé, dit Jimmy, tu vas pas faire la gueule jusqu'au bout, elle roule, non ?

– J'essaye de dormir.

– Qu'est-ce qu'elle t'a fait cette bagnole ?

– Elle est ROUGE.

– Tu es introverti.

– Ne me fais pas chier. On veut pas se faire remarquer, hein, c'est important pour ce qu'on veut faire, quelle chierie, tu nous trimbales sur une autoroute dans ce débris plus voyant que n'importe quelle merde imaginable et ce truc se traîne à 80 et tourne-toi, RETOURNE-TOI, tu as vu cette fumée qu'elle dégage, tu sais ce qui va nous arriver si on croise des flics, TU CROIS QUE C'EST LE MOMENT ? ? ! !

Jimmy se renfrogna et il se payait une telle gueule que d'un seul coup la colère de Ned tomba. Il s'adressa à Henri :

– Regarde ce con, il dit.

Un peu plus tôt, ils avaient jeté un coup d'œil sur la carte, ils s'étaient payé un sacré détour avec la Mercedes, par l'autoroute ils arriveraient dans la soirée, si tout se passait bien et bien sûr il faisait une chaleur épouvantable, le paysage tremblait derrière une gelée transparente, difficile de savoir s'ils avançaient, c'était toujours la même chose, un de ces coins sur terre où il n'y a rien, juste deux ou trois cailloux jaunes et des piquants.

En fin de compte, Ned arriva à s'endormir pour de bon. Henri et Jimmy discutèrent un petit moment,

Jimmy surtout et ça tombait bien parce qu'Henri adorait écouter les gens :

– ... alors je lui ai dit espèce de con, tu veux lancer une revue homo ou un machin de l'Armée du Salut ? et mon pote, ce pédé est parti en arrière dans son fauteuil en poussant un cri aigu, j'ai cru qu'il s'était fait mal, tu comprends, je me suis levé mais il s'est redressé en disant aaaaaahhhhh tu exagères, merde je me suis rassis, je l'ai regardé dans les yeux et je lui ai dit mon vieux, c'est ÇA ou l'Armée du Salut, quoi MERDE ! et j'ai foutu le camp avant qu'il commence à m'attraper les mains. Ce mec, dans une soirée, il avait réussi à m'enculer, oui, j'étais tellement raide et maintenant, à chaque fois, il cherche à me tripoter les mains et ça, tu vois, JE NE LE SUPPORTE PAS, ce truc m'écœure, pas seulement parce que c'est un mec, d'ailleurs, je ne serre jamais la main, hé, qu'est-ce que c'est encore que ce bordel ?

– Hein ?

– Ce truc orange qui s'allume, là. Bon Dieu, je ne sais pas à quoi servent la moitié des boutons dans cet engin. Cette bagnole est VIEILLE !

Henri se pencha par-dessus son épaule.

– L'essence ? il dit.

– Ooooooohhhhhh...

– Tu crois ?

– C'est bien POSSIBLE !

Ils continuèrent avec la peur collée aux fesses et Jimmy savait plus très bien s'il fallait ralentir ou couper le contact et recommencer, est-ce que PRIER pouvait servir à quelque chose, ou croiser les doigts ?

La station apparut avec sa grosse bulle de plexiglas suspendue dans les airs. Jimmy s'enfonça dans son siège, les bras tendus sur le volant, il glissa en douceur vers les pompes.

– Merci mon Dieu ! il dit.

Ils descendirent tous les deux et, pendant que Jimmy faisait le tour de la bagnole, les poings enfoncés dans les reins, Henri fonça vers le bar, enroulé dans une langue de feu.

Il cogna au carreau et Ned ouvrit les yeux. Henri fit sauter le couvercle et la mousse lui coula le long des doigts. Ned se pencha en avant pour boire, elle n'était pas très fraîche mais c'était de la bonne, l'un rattrapait l'autre, parfois la vie a ce goût-là, amer et tiède, il faut aimer.

Ils arrivèrent dans une lumière jaunâtre, il faisait pas tout à fait nuit mais le périphérique était déjà noyé par les saloperies de lampes à vapeur de sodium, ils avaient les lèvres violettes, ils disaient plus un mot, ils étaient tous les trois assez tendus et la balade était terminée, ils avaient rien préparé, ils avaient même pas réfléchi et ça, c'était vraiment le seul moyen pour pas filer en vitesse. Ned croisa ses mains sur sa tête.

– Bon, il dit, on va pas tourner pendant des heures. Je vois qu'un truc. Ils ont foutu la Buick à la fourrière et il doit pas y en avoir trente-six. Sinon, je sais pas ce qu'on peut faire...

Ils tournèrent dans un axe important, bourré d'enseignes lumineuses et un éclair traversa le ciel au-dessus des néons emmêlés. Une minute plus tard, des grosses gouttes explosaient sur le pare-brise, il y avait des dingues qui cavalaient sur les trottoirs, des dingues qui s'étaient arrêtés. De l'intérieur de la voiture, la rue commença à dégouliner comme un maquillage au-dessus d'un volcan.

– Tes essuie-glaces, dit Ned.

Jimmy lui lança un coup d'œil en coin. Il tripota quelques boutons et tomba enfin dessus mais le balai qui était devant Ned restait coincé. Jimmy actionna plusieurs fois le système, en vain. Ned soupira.

– Ça ne fait rien, il dit. Gare-toi. On va essayer de se rencarder.

Ils trouvèrent une place juste devant un bar et traversèrent rapidement le trottoir, bon Dieu, cette pluie était CHAUDE et la rue entière fumait. Toutes les tables étaient occupées mais le comptoir était vide, ils grimpèrent sur des tabourets en skaï et Ned demanda un bourbon.

– Ah non, pas d'alcool, dit Jimmy. C'est pas le moment.

– Merde, qu'il est con, dit Ned.

Le barman était un mec à moitié chauve avec une petite moustache et visiblement son boulot le faisait chier, les clients le faisaient chier, d'une manière générale le monde entier semblait l'emmerder profondément. Il remplit le verre de Ned sans un mot, sans un regard, son petit torchon triste et humide en travers de l'épaule, il avait ce paquet de poils qui pointait par le col de sa chemise et qui hurlait.

– Ho, dit Ned, dites-moi, mon copain, là, on vient de lui embarquer sa voiture. Vous savez où se trouve la fourrière ?

L'autre leva un tout petit peu les yeux.

– Pourquoi je saurais ça, moi ? J'ai pas de voiture. Je trouve qu'ils en enlèvent pas assez.

Il reboucha la bouteille et s'éloigna. Ned claqua ses mains sur ses cuisses et regarda les deux autres.

– Bon Dieu, vous avez entendu ça ? Je lui demande gentiment un truc et il me sort ses conneries...

Henri, pendant ce temps-là, faisait signe au type qu'il voulait la même chose. Le barman se pointa de nouveau avec la bouteille. Il servit Henri et, toujours sans les regarder, il désigna Jimmy de la tête.

– Si votre copain se décidait tout de suite, il dit, ça m'éviterait de revenir.

Il se perdit une seconde dans la contemplation du verre qui débordait et reprit :

– Si j'étais à votre place, je prendrais la sortie sud, celle qui longe la voie ferrée. C'est au bout de la ville et ça vous coûtera un maximum pour récupérer votre engin, c'est normal.

Ned se pencha en avant et attrapa le type par une manche.

– Tu cherches à nous faire chier, hein ?

L'autre n'essaya pas de se dégager, simplement il glissa une main sous le comptoir et la ramena discrètement devant Ned, ornée d'un magnifique poing américain.

Comme il souriait, Ned sourit aussi et le lâcha doucement.

– On croit rêver, il dit.

Henri posa un billet à côté des verres et entraîna Ned vers la sortie. Personne regardait dans leur direction, tu fais rien que demander ton chemin à un mec, disait Ned, il y a que des dingues et, quand ils se retrouvèrent tous les trois dehors, les deux autres grimpèrent en vitesse dans la voiture, il pleuvait toujours autant. Ned avait la poignée de la portière dans la main, il se retourna et regarda la devanture du bar. Il voyait pas grand-chose, juste un truc éclairé et l'eau lui ruisselait sur la figure, il resta sans bouger comme ça pendant au moins cinq minutes, il savait pas ce qu'il foutait là, il se sentait pas bien, les deux autres cognaient au carreau et le regardaient par en dessous, il ferma les yeux au moment où cette vague de chaleur le submergea et ensuite il eut du mal à déplier ses doigts noués autour de la poignée, mais ce truc était passé, il s'arracha enfin à la contemplation morbide de ce point lumineux.

13

Toute la ville penchait vers le sud, elle basculait et sans le vouloir ils suivirent les fleuves qui filaient dans les caniveaux, ils se faisaient doubler par des papiers gras et des bouteilles de plastique qui brûlaient tous les feux, il y avait des filles avec des tee-shirts transparents soudés aux nichons et des types qui s'éclataient la tête contre les lampadaires et des éclairs comme des bombes atomiques, à chaque fois, la terre s'ouvrait en deux.

Ils pouvaient pas se tromper, c'était tout droit et ils longèrent une voie ferrée et ces baraques mortelles comme il y a toujours à la sortie des villes, avec des CHIENS MÉCHANTS et des gens enfermés là-dedans, c'était une grande rue mal éclairée où il n'y avait rien à voir.

Ils dépassèrent une gare de triage plongée dans le noir. Juste à ce moment-là, la pluie s'arrêta. Il y eut deux grands virages et ils tombèrent en plein dessus. Ned posa une main sur le bras de Jimmy et celui-ci ralentit. A l'entrée, il y avait une espèce de petit bâtiment éclairé mais ce qu'ils regardèrent avec des yeux ronds, c'était cette barrière en travers, rouge et blanche, et ce truc avait plutôt l'air d'un rail de chemin de fer maquillé que d'un tuyau en plastique.

Ils firent trois cents mètres de plus et tournèrent dans un terrain vague. Jimmy éteignit les feux, il grimpa sur le bas-côté et longea le grillage qui entourait le parc de voitures, il se payait toutes les bosses et des trucs frottaient sous la caisse.

Il coupa le contact et ils restèrent un long moment sans bouger avec la lune qui scintillait sur le capot mouillé. Au milieu du parc, il y avait une sorte de pylône avec des projecteurs, comme dans les stades, et une lumière orange dégringolait de là-haut, ricochait sur les chromes et s'enfonçait dans la terre.

– Putain, toutes ces bagnoles, on va jamais y arriver ! dit Jimmy.

– Qu'est-ce que tu croyais ? répondit Ned. Et il va falloir entrer là-dedans pour la repérer.

– Si elle est là, dit Henri.

– Tout juste, dit Ned. SI ELLE EST LÀ et ensuite il faudra la sortir de ce bordel. Si tout va bien, on nous ouvrira gentiment la barrière et les flics nous feront des excuses.

– Il faut découper ce putain de grillage, dit Jimmy.

– Tu as des pinces, TU AS QUELQUE CHOSE???

– J'ai des pinces.

Jimmy se pencha en avant et glissa une main sous son siège. Il ramena un chiffon noir de graisse, il le déroula sur ses genoux : trois clés, un tournevis et une paire de pinces ridicules, très petites.

– Qu'est-ce que tu veux faire avec ÇA? demanda Ned.

– Ça va aller, ça coupe bien. Tu vas voir.

Ned le regarda en hochant la tête et ils descendirent de la voiture, ils étaient juste en plein milieu d'un tas de digitales pourpres. Ils suivirent le grillage jusqu'au point le plus éloigné de l'entrée, les voitures étaient garées sur une dizaine de files, juste dans l'axe de la sortie, et d'où ils étaient ils pouvaient voir ces deux silhouettes dans le bâtiment des gardiens, ils entendaient de la musique étouffée et des petits craquements secs, tout près.

– Arrête de faire ça avec tes doigts, ça m'énerve, dit Ned.

Jimmy fourra ses mains dans ses poches. Ned examina le grillage, c'était du gros, soutenu par des piquets de fer tous les cinq mètres, trois mètres de hauteur, avec le pied, il essaya de dégager l'herbe pour voir si le grillage était enterré, non, mais ça l'avançait pas beaucoup.

Jimmy s'approcha avec ses pinces, la première maille sauta aussi facilement qu'une allumette, tchac.

– Ah, tu vois, il dit.

Il continua d'éventrer le grillage sur environ un mètre cinquante et ils replièrent les morceaux sur les côtés. Ils se glissèrent à l'intérieur.

– Bon, on prend trois rangées chacun, dit Ned.

– Impossible, fit Jimmy. Il y en a dix.

— D'accord, tu en prends quatre. On y va.

Ils se faufilèrent entre les pare-chocs, pliés en deux et, de temps en temps, Ned relevait la tête pour suivre la progression des deux autres mais il les voyait pas, le sol était une vraie patinoire boueuse, à un moment il glissa et se cogna la hanche sur l'aile d'une BMW accidentée, la tôle froissée lui entailla légèrement la peau, il jura et se remit en marche au milieu des flaques d'eau, il transpirait. Il entendit un frôlement derrière lui, il se retourna.

— Hé, hé, ho souffla Jimmy, c'est quoi le numéro de la Buick ?

— HEIN ?

— La plaque. Y en a une blanche, là-bas. Comment je peux savoir ?

— Je te suis.

Ils zigzaguèrent dans les rangées, au pas de course et courbés, Jimmy avait les mains qui traînaient presque par terre. Ned la reconnut tout de suite, il se laissa glisser contre elle, sur les talons, et Jimmy l'imita. Ned se redressa un peu et jeta un coup d'œil à l'intérieur.

— Maman, je rêve, il y a les clés dessus.

— Tout se goupille, mon vieux. C'est bon pour nous.

— Va chercher Henri, on va pas traîner.

Pendant que Jimmy disparaissait, Ned ouvrit doucement la portière de la Buick et grimpa à l'intérieur. Il essaya le contact. Parfait. Il se trouvait à peu près à mi-hauteur du parc, mais tourné du mauvais côté. Il attendit deux longues minutes, les mains posées sur le volant, puis les deux autres arrivèrent.

— Bon, il faut m'ouvrir le grillage droit devant. Je vais foncer, ils auront pas le temps de comprendre.

Il avait pas fini sa phrase qu'ils entendirent des éclats de voix, ça venait de la baraque des gardiens, ils virent la porte s'ouvrir violemment et un type en uniforme sortit en braillant :

— JE SAIS QUE TU AS TRICHÉ ! MERDE, C'EST PLEIN DE BOUE, JE RENTRE !!!

— JE M'EN FOUS, JE BOUGERAI PAS D'ICI !

— NOM DE DIEU DE NOM DE DIEU, C'EST LA DERNIÈRE FOIS !!!

Le type tourna en rond devant la porte en regardant ses chaussures, il se parla un moment tout seul puis il avança dans le parc en ronchonnant. Il s'était enfilé dans la bonne rangée, la meilleure, la Buick était qu'à une cinquantaine de mètres de lui.

— Putain, le grillage. Il va voir LE GRILLAGE ! grogna Jimmy.

— Il arrive. Cogne-le, souffla Ned.

— COMMENT ÇA ???

Ned se glissa sous le volant. Jimmy était accroupi entre la Buick et une camionnette publicitaire BUITONI, Henri était juste derrière lui et le type passa devant leur nez en bâillant, un transistor collé à l'oreille.

Jimmy se redressa silencieusement, il se sentait tout drôle, comme s'il avait pris une bonne dose. Il savait pas bien ce qu'il faisait mais il rattrapa l'autre en deux pas et le frappa dans la nuque, les deux poings serrés et il faillit crier parce qu'il s'était écrasé les doigts, il avait les mâchoires tellement serrées, impossible d'ouvrir la bouche, le type glissa doucement sur les genoux, j'espère que c'est fini parce que je ne pourrai pas recommencer, il s'avança et le cogna de nouveau, merde ça se trouve, je tape pas où il faut et l'autre continua sa glissade, il met un temps fou ce salaud, il s'affala enfin de tout son long dans les flaques et son nez s'enfonça tout entier dans la boue, il avait plus de nez et de la terre dans les yeux, dans la bouche, qu'est-ce que je fais maintenant, il écarta les bras et regarda en direction de la Buick, la lune était posée dessus, magne-toi, magne-toi, ARRIVE, gueulait Ned.

Jimmy grimpa dans la bagnole, il avait les jambes molles, les oreilles brûlantes, il lâcha d'une voix nasillarde, comme s'il avait respiré de l'hélium :

— Hé... vous avez vu comment j'ai fait ?

Un qui avait tout vu, qui en avait pas perdu une miette, c'était l'autre, celui qui trichait aux cartes, celui qui à six mois de la retraite en avait plus rien à foutre des rondes, de la fourrière, rien que de poser un œil dessus, il en avait des sueurs froides, toutes ces nuits, pendant dix ans, rien que des sandwichs et des mots croisés et cette putain de colonne vertébrale qui s'affaissait. Lorsqu'il vit ce type sauter sur ce taré de Charlie et lui en coller un bon, il sortit ce flingue qui avait jamais servi et fit glisser doucement la fenêtre. Il se baissa, retira sa casquette et ne laissa dépasser qu'un œil et une poignée de cheveux gris, collée sur son front. Il repéra un autre type entre les voitures et un autre assis dans cette bagnole blanche qu'on avait amenée ce matin, il changea de position parce que son dos lui faisait mal, il avait soixante ans, il avait encore jamais tiré sur personne et il avait pas l'intention de finir sa carrière sur un coup d'éclat, tu fréquentes des flics toute ta vie et ensuite tu comprends plus rien du tout, les enfoirés sont pas toujours du même côté et Charlie était un sacré putain d'enfoiré, peut-être que ça lui était venu avec la vieillesse, ça, plus pouvoir supporter ces nuits entières avec ce genre d'abruti, avant il était comme eux, raconter des conneries, rire pour des conneries, maintenant les résultats sportifs l'intéressaient plus et les histoires de cul l'emmerdaient, ce flingue dans sa main, il trouvait pas ça spécialement agréable, Charlie jouait avec le sien toutes les nuits, il visait quelque chose par la fenêtre, il prenait appui avec son coude sur la table et il faisait PAF PAF, pour déconner, du sang coulait entre les roues des bagnoles, des rivières de sang, et la plupart du temps ce salaud ronflait et pétait bruyamment, il l'aurait tué. La bagnole de Charlie était garée juste à côté, SA VOITURE NEUVE, il tira et le pare-brise de Charlie vola en l'air, oh bon Dieu, c'était tellement bon. Aussitôt après, il vit la Buick sortir de la rangée en marche arrière, comme une fusée, il visa tranquillement, tira et ce coup-là il descendit les vitres du camion de la fourrière, il y avait longtemps qu'il s'était pas amusé. La Buick fonça tout droit dans le grillage et le truc se coucha à moitié dans un boucan d'enfer, mais pas suffisamment pour lui laisser le passage. Pendant qu'elle reculait, il essaya de se payer un projecteur, mais il le manqua, la Buick patina un moment dans la boue et repartit à l'assaut du grillage comme une baleine folle. Il la regarda passer par-dessus et disparaître dans le terrain vague. Alors seulement il se redressa et sortit.

Quand il arriva près de Charlie, l'autre était toujours dans le cirage, noir de merde, son transistor continuait à marcher à côté de lui, les dernières mesures de TUNNEL OF LOVE, ce foutu transistor, il le poussa du pied, dans la flotte et il écrasa le truc à coups de talon jusqu'à ce qu'il soit recouvert de boue, il dansa un moment là-dessus jusqu'à ce qu'il soit complètement épuisé. Ensuite, seulement, il s'occupa de Charlie, il le secoua par un bras, réveille-toi, réveille-toi, MON PAUVRE VIEUX !!!

14

Lorsqu'il se réveilla, il se retrouva allongé à poil sur le canapé, avec un drap rose sur les jambes, le truc avait à moitié glissé par terre. Il entendit cette voix qui venait de la cuisine, cette voix cassée qui fredonnait *It's a heartache, nnoooothing but a heeeaaaaartache,* il se dit merde, elle s'y croit vraiment, putain, qu'est-ce qu'elle fout ici, il vit son sexe mou posé sur sa cuisse et il tira le drap dessus. Tous les rideaux étaient ouverts, il y avait de la lumière partout et la pièce était tranquille, parfaitement rangée, tiède. Il avait un pansement tout propre à la main, un autre à la tête, il souleva le drap et le laissa retomber, il avait toujours son genou, il bougea la jambe, Carol avait tiré un tout petit peu trop haut, il n'essaya pas de se lever, il cria HELEN ! un bruit de verres, l'eau s'arrêta de couler dans la cuisine, HELEN ! il attendit deux siècles avant de la voir arriver, il n'y avait pas de miroir dans la cuisine, elle devait être emmerdée.

Elle était grande, elle avait pas quarante ans mais elle faisait beaucoup plus vieille, d'abord elle se maquillait d'une façon dégueulasse à cause des rides, elle essayait de planquer ces putains de marques et d'effacer les poches qu'elle avait sous les yeux, cette vie l'avait complètement déglinguée et elle buvait, elle tenait le plus grand magasin de bouffe du quartier, deux rues plus loin, ce truc lui avait pris dix ans, DIX ANS, son mec avait mis chaque sou à gauche, ils s'étaient privés de tout durant leurs plus belles années et le type était mort en arrivant au bout, maintenant elle était la veuve la plus riche du coin et elle se saoulait régulièrement, elle avait plus personne au monde, elle habitait cette villa prétentieuse, la maison juste à côté, un jour elle avait montré à Franck comment tailler des rosiers et un peu plus tard, dans l'après-midi, il l'avait coincée derrière un magnolia, d'un œil il surveillait Lili qui prenait un bain de soleil sur la pelouse, il s'était dégonflé, il lui avait simplement glissé un doigt, il savait même pas si elle avait joui ou non, il regardait Lili, il trouvait ça assez rigolo, il faisait aller et venir son doigt, à chaque instant il s'attendait à voir Lili faire un bond ou se laisser aller les jambes ouvertes, ensuite ils avaient pris un verre tous les trois assis sur la terrasse, il clignait des yeux dans le soleil, il était content, il n'avait jamais reparlé de ça avec Helen, ils n'avaient jamais recommencé. Elle était un peu grasse, aussi, pas trop, pour Franck les filles un peu fortes étaient des salopes, dans le même ordre d'idée, il pensait qu'il valait mieux avoir une longue queue et des poils sur la poitrine, il y a des vies qui sont bâties autour de ça.

Elle se planta devant lui dans une vieille chemise d'homme à carreaux jaunes et noirs qui tombait sur son jean délavé, elle retira en soufflant le bandeau qui lui tenait les cheveux.

– Merde, Franck, je viendrais pas faire ton ménage tous les jours.

Elle s'assit à côté de lui et effleura le pansement qu'il avait autour de la tête.

– Il est déjà de travers, elle dit.

– On est dimanche, hein ?

– Oui, il est deux heures, presque deux heures. Tu as faim ?

– Il y a longtemps que tu es là ?

– Oh, je sais pas, il devait être neuf heures, ta porte était grande ouverte, je suis entrée.

Franck lui montra sa main bandée et tous les putains de pansements.

– Je te remercie pour ça, il dit, et pour le rangement.

– Ta jambe... je crois que c'est pas grave. Ça saigne presque plus. Tu avais déjà un pansement.

– Ah ? il dit.

Elle se leva.

– Bon, j'ai encore deux ou trois trucs à faire dans la cuisine. Ne te sens pas obligé de me raconter ce qui s'est passé.

– Ouais, mais tu en meurs d'envie.

– C'est ce genre de choses qui pourrait te décider ?

Elle n'attendit pas de réponse et fila dans la cuisine. Il fit valser le drap et essaya de poser sa jambe blessée par terre. Il était pas douillet mais ça faisait comme s'il avait pris un coup de bâton dessus, c'était pas marrant. Sa main aussi l'emmerdait, le pansement le gênait et, dès qu'il bougeait les doigts, il sentait la blessure se rouvrir, il tenait un paquet poisseux dans sa paume.

Il fonça à poil vers la salle de bains, en boitillant, il

s'installa au-dessus de la lunette pour pisser, évidemment il s'attendait pas à les trouver là, ces deux cons, il aurait même pas su quoi en foutre, il dirigea le jet contre l'émail pour étouffer le bruit et puis cette idée lui plaisait de les savoir ensemble, ça l'arrangeait aussi pour des raisons pratiques, le flic se collait après ces deux tarés et en prime Lili lui tombait sous la main, et Carol, il trouverait bien quelque chose pour Carol, il se sentait détendu, la chasse allait commencer, il arracha une feuille de papier bleu à la lavande et épongea la dernière goutte, il faisait jamais ça en général et ses slips tachés, il les roulait en boule et les balançait dans la machine, il préférait pas que Lili voie ça, mais là, il tenait pas à ce que le truc lui coule le long de la jambe, il recula et son pied cogna dans les menottes, bien sûr, c'était possible qu'ils se soient séparés, c'était le genre de supposition merdeuse qu'on pouvait envisager, mais il SAVAIT qu'ils étaient ensemble, bon Dieu, il se sentait tout excité. Il pensa à Helen dans la cuisine, mais après ce serait trop insupportable, tout ce maquillage tiède endormi sur sa poitrine, c'était payer trop cher pour une petite envie, mais peut-être qu'en se démerdant il pourrait se faire sucer ou rien que s'approcher d'elle dans la cuisine et lui coller tout de suite, ensuite elle devrait filer à la salle de bains et il aurait le temps de se rhabiller, on sonna à la porte, il frissonna, il traversa le couloir en s'appuyant sur le mur et se laissa tomber sur le canapé, tira le drap sur lui, il ferma les yeux et sourit quand le Gros demanda :

– Franck, tu dors ? Qu'est-ce qui t'est arrivé ?

Il ouvrit un œil, le Gros portait une chemise à manches courtes trempée sous les bras et un jean kaki avec son ceinturon de malheur, la boucle était grosse comme une plaque de bagnole, de la nacre et des turquoises, une imitation des bijoux navajos qu'il avait trouvée dans une revue, ils expliquaient comment faire, comment jouer l'Indien, en plus il avait collé une pièce en or au milieu, ça c'était son idée personnelle, il y avait pas un seul type au monde qui s'était moqué de cette merveille, un type avec des bras et des jambes et des oreilles et des dents. Ses cheveux roux étaient collés par la sueur au-dessus des oreilles et sur le front il était couvert de taches de rousseur, il avait des petits yeux aussi, des yeux ronds, tout jaunes et ce truc étrange, il les clignait jamais. Franck se redressa :

– Devine, il dit.

Helen arriva avec un plateau qu'elle posa sur les genoux de Franck, il y avait des œufs frits et du fromage, elle avait réussi à trouver une serviette propre qu'elle avait posée soigneusement à côté de l'assiette, Helen, ça c'était elle tout craché et Franck avait décidé une fois pour toutes de ne pas prendre ce genre de choses pour de la gentillesse mais comme les marques d'un tempérament maniaque, en fait il y avait des deux, les œufs étaient cuits à la perfection, il planta sa fourchette dans le jaune pour la faire chier, parce qu'elle le regardait, cette fille aurait fait n'importe quoi pour lui, il le savait.

Le Gros tira une chaise près du canapé et s'écroula dessus, deviner quoi, il n'aimait pas faire marcher son esprit, il ne trouvait pas de plaisir à ça, il se pencha en avant, les bras croisés sur les cuisses et il attendit, il était même pas vraiment curieux, les choses arrivaient ou n'arrivaient pas, rien ne le bottait vraiment, parfois il se sentait bien, sans savoir pourquoi, il trouvait pas la vie spécialement désagréable, pour l'instant, il aurait bien bu une bière.

– Helen, peut-être que tu pourrais nous trouver des bières ? demanda Franck.

Elle sortit de la pièce sans un mot, Franck croisa ses mains derrière la tête, il s'étira.

– C'est le dimanche le plus foireux de toute ma vie, il dit. Hein, c'est ce que tu penses ?

– Ça se pourrait. C'est Lili ?

– Oui, mais il y avait Carol aussi et les deux mecs.

Helen arriva avec les bières, elle avait trouvé quelque

chose de plus raide pour elle, dans un grand verre, elle se trouva une place au bout du canapé.

— Tes œufs vont être froids, elle dit.

Il avala la moitié d'un œuf d'un seul coup et, pendant que le Gros décapsulait sa bière, il leur raconta deux trois conneries, Lili était venue avec Carol, ça ne s'était pas trop bien passé à cause de Carol qui venait sans cesse lui casser les couilles, il l'avait giflée et elle était montée dans la chambre, alors seulement ils avaient pu discuter avec Lili et lui parler vraiment calmement, merde l'autre je l'avais complètement oubliée là-haut, on buvait un verre quand je les ai vus arriver tous les trois, je sais pas comment elle s'est démerdée, je les avais bien attachés, hein ? Helen, non, c'est des types qu'on avait arrêtés sur l'autoroute, ils venaient de faire la caisse chez Georges, tu connais Georges, mais si, bon alors en plus ils avaient trouvé mon revolver et il y avait Lili à côté de moi, je me suis levé et ils m'ont fait signe de me tourner contre le mur, merde ils ont dû trouver que j'allais pas assez vite, celui qui a cogné Willy m'a tiré une balle dans la jambe, je suis tombé presque à ses pieds et alors il m'a sonné pour de bon, ces deux-là, Gros, je te garantis qu'on va les retrouver, il termina son assiette en vitesse, les œufs froids étaient dégueulasses, il se demanda pourquoi ça s'était pas passé comme ça, ça lui plaisait bien.

— Et Lili ? demanda Helen.

— Lili ? J'en sais rien, peut-être qu'elle a pas voulu laisser Carol, peut-être qu'ils l'ont emmenée de force, j'en sais rien, j'en sais rien du tout.

— Et ta main ? demanda Helen.

Elle le regardait d'une drôle de façon, d'un air amusé, bon sûrement qu'elle avait décidé de le faire chier, il voulait pas répondre mais le mensonge continua à couler de sa bouche sans qu'il puisse rien y faire, le mensonge est comme un sucre d'orge bariolé, à la fois brûlant et doux.

– Oh, il dit, oui et tu veux parler de la cuisine... tout ce bordel invraisemblable ?

Il s'envoya une longue rasade de bière.

– Figure-toi, tu sais cette espèce de gros chat, t'as jamais vu ce gros chat noir dans le coin, il est à moitié sauvage, t'as dû le voir eh bien il était fourré dans la cuisine, il était en train de foutre sa merde, alors j'ai voulu le mettre dehors mais ce chat est complètement dingue, il sautait partout, je me suis coupé avec ses conneries, t'aurais dû voir ce cirque !

– Si j'ai bien compris, tu as eu toutes les veines, elle dit.

Il sourit bêtement et il jeta un coup d'œil au Gros mais l'autre avait déjà l'esprit ailleurs, il avait pas fait gaffe à cette histoire de chat, il avait rien trouvé de bizarre dans l'histoire de Franck, ce que Franck avait raconté, ça lui suffisait, c'était comme ça que ça s'était passé, le soleil avait défoncé la fenêtre et lui cognait dans le dos, il bougeait pas.

– Demain, on va s'y mettre, Gros. Avant de venir, mets la Buick à la fourrière, jette un coup d'œil dedans. Et Willy ?

– Le nez cassé, il est tout bleu.

Helen se leva et lui enleva le plateau des genoux, elle ramassa en soupirant la bouteille de bière vide que le Gros avait abandonnée par terre et disparut dans la cuisine. Franck s'allongea et resta silencieux, avec le Gros, ça leur était souvent arrivé de passer des nuits entières sans se dire un seul mot, planqués dans une bagnole ou dans une chambre vide à guetter quelque chose, juste avec le bruit de leurs respirations mêlées et le grésillement des cigarettes. Au bout d'un moment, il ferma les yeux, il essaya d'imaginer Lili, mais ça lui disait pas trop en fin de compte, il entendit la chaise craquer et le Gros lui toucha le bras, O.K. il dit, il y eut deux ou trois mots échangés dans la cuisine et la porte d'entrée se referma, il s'enfonça tout doucement dans le sommeil, il y avait l'eau qui coulait dans la cuisine et cette femme, il écoutait l'eau, c'était bon, il avait encore jamais fait attention à ça.

15

Il se réveilla brusquement et en sueur, la nuit tombait. Il ramenait encore un morceau de rêve avec lui, il le connaissait, il allait traverser une rue, il attendait tout seul que le feu se mette au rouge et, juste au moment où il allait faire un pas, le trottoir s'était effondré sous lui, merde, c'était son cauchemar préféré, il le connaissait très bien, ce truc était complètement con. Il se leva, ses couilles pendaient parce qu'il était pas vraiment dans son assiette, il attrapa son slip, l'enfila et se dirigea vers la cuisine. Helen avait tout rangé, tout nettoyé, heureusement parce qu'il aurait pas eu la force ni le courage. Sa jambe lui faisait un peu mal, il ouvrit le frigo sans savoir vraiment s'il avait envie de quelque chose, il y avait encore une bière, il la promena avec lui en faisant le tour de la cuisine et enfin il s'effondra sur la chaise, c'était là qu'il l'avait baisée et maintenant la table était nickel et elle s'était tirée pour de bon et il était là, est-ce qu'il avait fait ce qu'il fallait, putain, qu'est-ce que je pouvais faire d'autre, elle m'a laissé aucune chance, il essaya de prendre du recul, de voir si ça pourrait aller sans elle mais au fond il en savait rien, il chassa cette pensée de son esprit parce qu'elle l'emmerdait, sans elle qu'est-ce que ça voulait dire, elle faisait partie de sa vie, il pouvait pas comprendre autre chose, les emmerdes qu'il avait avec elle il en voulait bien, ça faisait partie du jeu, il était O.K. pour ça mais il était incapable d'envisager la rupture complète et définitive, ça ressemblait un peu à la mort et il avait pas envie de mourir, il n'était même pas question d'amour là-dedans. Il posa la capsule sur le rebord de la table et tapa un bon coup dessus pour la faire sauter. Il fit éclater un bout de Formica en faisant ça, il passa un doigt dessus, ça lui faisait ni chaud ni froid, il aurait balancé cette foutue table par la fenêtre, il était en train de boire, un filet lui coula le long du menton, il s'écarta brusquement pour ne pas recevoir de bière sur les jambes et, emporté par son élan, il bascula en arrière, la bouteille lui échappa des mains et explosa sur le mur, derrière lui, bordel de bordel, il se releva en se massant le coude, il était nerveux, le néon faisait un boucan épouvantable, il le regarda un instant, il s'appuya sur le mur, près du bouton, cette saloperie de baraque avait jamais été aussi chiante, bon Dieu, il aurait pu prendre ces trucs un par un et en faire des miettes, il éteignit.

Il tira les rideaux dans le salon et alluma juste la petite lampe. Il attrapa un magazine et s'allongea, il tournait les pages sans regarder, rien que de la pub, de temps en temps il tombait sur un truc de sous-vêtements, il reluquait ces petits culs soignés, on voyait les poils au travers, c'est dingue ces nanas, c'est incroyable, je pourrais sûrement baiser ces deux-là il se disait et les deux filles le regardaient droit dans les yeux, il troua la photo avec son doigt, dans le ventre, d'un coup sec il déchira la page en deux et balança le journal à travers la pièce, merde j'ai plus sommeil, qu'est-ce que je vais faire de toute cette nuit, il ramena ses genoux sur sa poitrine et les serra très fort jusqu'à ce que son dos lui fasse mal et se balança un peu. Il se leva, se planta devant la télé. Il passa toutes les chaînes, clac clac clac clac, très vite, peut-être qu'un film aurait fait l'affaire, même un mauvais, mais bon, tout allait de travers, la seule chose encore faisable, c'était de s'offrir un bain, il laisserait sa jambe dehors, avec une cigarette, Lili avait abandonné une collection complète de bains moussants, il s'y traîna mollement, peut-être qu'il allait tous les essayer, merde pourquoi pas ?

Elle était dans la baignoire, les yeux fermés, l'eau

fumait encore. Elle était bien barrée, elle chantonnait doucement, une espèce de note grave qu'elle modulait, elle avait une main derrière la tête et de l'autre elle caressait la mousse, avec cette merde blanche, il la voyait pas entièrement, la bouteille de bourbon était pratiquement vide, posée sur le tapis de bain mauve, il s'approcha, elle l'avait pas encore entendu arriver, il regarda cette femme à moitié endormie, sa peau était très blanche, elle avait les genoux qui pointaient hors de la mousse, légèrement écartés, il se demanda jusqu'où l'eau entrait là-dedans.

Il plongea une main dans l'eau et lui attrapa un nichon. Elle fit un bond. Tout de suite, il enleva sa main. Il s'assit sur le bord de la baignoire, il lui tournait presque le dos.

– Ah, elle dit. Tu es réveillé ? Tu veux la place ?

Elle avait les cheveux noirs, mi-longs, les pointes étaient trempées, et elle avait transpiré un peu sous son maquillage, le truc se barrait par endroits, elle avait vraiment un visage tragique, d'une tristesse épouvantable, surtout comme ça, c'était pas si facile qu'il l'aurait cru.

– Oui, il dit. Mais ça fait rien, tu peux rester. J'ai le temps.

Elle se redressa dans l'eau, elle glissa ses mains sous ses seins, elle avait la voix encore plus cassée que d'habitude, elle dit :

– Ils te plaisent pas ?

Il tourna la tête vers elle, ils tombaient un peu mais elle avait des tout petits bouts, très foncés, il était sensible à ça, l'eau lui arrivait jusqu'au nombril. Quand il surprenait Lili dans son bain, il faisait la même chose, il s'asseyait sur le bord en rigolant, il plongeait une main sous l'eau et la caressait, ou ce truc génial de la savonner, ça marchait à tous les coups, rien qu'en prenant le savon il se mettait à bander, cette putain de mousse le rendait tout à fait barjo. Helen lui faisait pas du tout cet effet-là, il pensait à quelque chose d'un peu plus compliqué, sans savoir pourquoi, il aurait bien éteint la lumière ou regardé la télé avec elle, oui, une connerie un peu prenante, ils resteraient silencieux avec simplement cette lumière fantastique de l'écran, il pourrait avancer une main tout doucement, une approche imperceptible et grimper sur la cuisse, bon Dieu, elle ferait comme si elle s'était aperçue de rien, tout son corps tiède, complètement détendu et ce truc avec des élastiques presque morts, il pouvait facilement y passer les doigts, il y eut ce remue-ménage dans l'eau quand elle se mit debout, il sursauta, elle posa un pied sur cet horrible machin mauve et s'enroula dans une serviette avant qu'il ait eu le temps de la regarder toute nue. Elle tenait pas bien debout, elle s'appuya contre le mur, devant la glace, et s'arrangea un peu les cheveux.

– Tu as raison, elle dit. J'ai pas le corps dont j'ai rêvé.

Il l'observa pendant qu'elle prenait une cigarette sur la tablette et l'allumait. Dans cette pièce laquée rouge, flippante, elle avait l'air d'une star oubliée sur le point de se trancher les veines, ça venait de cette façon qu'elle avait de se sourire dans la glace. Elle cramponnait la serviette d'une main, sur sa poitrine, ça lui arrivait juste à mi-cuisse, elle se pinça le bout du nez, regarda ses doigts.

– C'est un vrai massacre, elle soupira. Je ne peux pas t'en vouloir.

Il regarda ses pieds. Comme il avait pas envie d'elle, sur le moment, il trouvait pas une connerie à dire sur son corps, pour lui faire plaisir, il pouvait pas l'aider. Sans réfléchir, il lâcha :

– C'est bien que tu sois là. J'ai pas le moral.

Elle se tourna vers lui, l'enveloppa dans une boule de fumée blanche.

– Ecoute, elle dit, j'ai le cafard depuis des années. Parlons d'autre chose.

Elle ramassa la bouteille aux pieds de Franck, en but une longue gorgée et lui proposa le reste. Il refusa.

– Je prends un bain. Ensuite, on peut manger si tu veux.

– Il y a longtemps qu'un homme ne m'a pas invitée à manger chez lui, elle dit.

Il se pencha vers les robinets et fit couler l'eau pendant qu'elle se frictionnait. Elle ramassa ses affaires et sortit. Rien qu'un truc comme ça, l'imaginer en train d'enfiler son slip dans le salon, ça changeait tout. Il fit la grimace parce que l'eau était trop chaude.

Il mélangea la fraise et la cannelle, les couleurs lui plaisaient, quand il écartait la mousse, l'eau avait une drôle de couleur, il pataugea un bon moment là-dedans, c'était presque écœurant comme odeur, peut-être qu'il en avait mis de trop, il se demanda si le parfum allait s'incruster dans sa peau, il commença à regretter. Il vida la baignoire et ouvrit la douche, il grogna parce que cette saloperie avait déposé une pellicule visqueuse sur sa peau et il devait frotter fort pour l'enlever, ça lui rappelait ces parfums de tarés, le patchouli, l'opopanax, ces mecs il évitait de les toucher, il les balançait à l'arrière de la bagnole et roulait toutes les fenêtres ouvertes, sans desserrer les dents. Il sortit de sous la douche et s'épongea méthodiquement, il renifla son bras, il sentait surtout la fraise, en plus il avait mouillé le pansement de sa jambe, c'était bien joué.

Il enfila son slip. Il trouva des bandes dans le truc à pharmacie, à côté d'une boîte de tampons SUPER, il avait jamais eu la curiosité de regarder ces machins, c'était marqué avec applicateur biodégradable – hein? – la protection interne qui rassure le plus de femmes, il sortit un de ces tubes et le cassa en deux pour voir à l'intérieur, il écrasa le carton entre ses doigts, il passa le tampon sous l'eau pour se faire une idée, s'il avait été tout seul, il aurait ouvert toutes les boîtes, reniflé tous les tubes, il aurait déconné avec tout ce bordel, il balança le machin mou dans un coin et rangea la boîte. Il posa son pied sur le bord de la baignoire, il commença à dérouler la bande, juste un tour, puis il se leva et, en maintenant le pansement d'une main, il prit une nouvelle bande et se dirigea vers la cuisine.

Il s'appuya dans l'encadrement. Le néon avait sauté, tant mieux, combien de temps il restait pour l'autre, une vraie baraque de merde. Helen lui tournait le dos, elle avait juste remis sa chemise et un slip, ça lui venait un petit peu plus bas que les fesses les petits carreaux, elle était pieds nus sur le carrelage blanc, plusieurs fois il renversa la tête en arrière avant de se décider à parler :

– Tu voudrais pas m'aider... ?

– Oui, viens, c'est prêt.

Il s'écarta pour la laisser passer avec les plats, pas de surprise, le congélateur était uniquement rempli de steaks hachés et de haricots verts, elle emporta les douceurs dans le salon et posa tout ça sur la table basse, le couvert était déjà mis. Il s'assit sur le canapé, le cuir mou lui colla aux cuisses, il s'enfonça pas trop pour lui laisser faire le pansement, il se demanda s'il allait se mettre à bander dès qu'elle lui toucherait la cuisse ou si ça viendrait tout doucement mais, rien que d'y penser, les murs se rapprochaient et ses oreilles le coupaient du reste du monde, l'enfermaient dans un cocon insonorisé. Lorsqu'elle s'agenouilla près de lui, elle tenait une cigarette entre ses lèvres et elle clignait des yeux à cause de la fumée, il dit :

– C'est super. J'adore les haricots verts.

Elle leva pas les yeux vers lui, elle finissait de lui enlever la bande et enroulait l'autre tant bien que mal, elle avait presque sa dose.

– Et les steaks, elle dit. Je suppose que tu adores ça aussi.

– Ben oui, pourquoi tu dis ça ?

– Pour rien. J'espère que tu as encore à boire, ça serait plus facile pour moi.

– Ça va, tu t'en tires bien. Ne serre pas trop.

– Je ne parle pas de ça. Franck, cesse un peu de faire l'imbécile, tu veux?

– Merde, qu'est-ce que j'ai encore fait?

– Rien. Tu n'as rien fait, pas encore, mais je peux t'expliquer, si tu veux. Je suis là, à tes genoux, on est presque à poil tous les deux, je sais à quoi tu penses en ce moment. Ecoute, je ne suis pas tout à fait saoule, pas encore, il y a une chose qu'il faut que tu saches, écoute-moi bien, j'aurais aimé que ça ne se passe pas comme ça, j'ai vraiment pas de chance avec toi. Il y a six mois que je n'ai pas touché un homme, alors ça va être facile, mais ça ne me plaît pas, tu comprends, c'est foutu d'avance de cette manière. Il n'y a jamais eu d'homme dans ma vie, tu crois que je m'y prends mal?

– Sûrement que tu t'y prends mal, on s'y prend tous mal, bon mais j'en sais rien. Je t'aime bien, Helen, j'espère que tu trouveras.

– Franck, tu m'as pas fait jouir, cette fois-là.

Il n'y avait pas de reproche dans sa voix, c'était une constatation, elle s'était arrêtée de lui faire son pansement et baissait les yeux pour ne pas le mettre mal à l'aise, elle s'y prenait encore mal, ce qu'elle essayait de lui faire comprendre, c'est qu'il n'y avait rien eu de raté entre eux, il n'y avait RIEN EU et ça lui donnait un peu d'espoir, mais aussi elle se sentait barrée et ivre, ils allaient tout gâcher, son corps en avait rien à foutre du lendemain, c'était cette vie entre le rire et les larmes, n'empêche qu'elle aurait voulu y croire.

Sur le coup, il l'aurait prise et serrée dans ses bras, pendant une fraction de seconde, il trouva ça d'une tristesse épouvantable, ensuite il se rappela qu'il y était pour quelque chose, mais sa virilité était pas blessée, c'était juste avec son doigt, merde elle va pas ramener ce truc sur le tapis, il termina son pansement lui-même, silencieusement, et il se leva.

– Tu vas être contente, il dit.

Il se pencha au-dessus des disques et ramena une

bouteille de bourbon toute neuve. Il remplit deux verres.

– Tu as une bonne avance, il dit.

Elle glissa sur ses fesses et s'adossa sur le canapé. Elle but son verre lentement, les yeux mi-clos, des petites gouttelettes de sueur s'étaient formées au-dessus de sa lèvre.

– J'ai pas très faim mais ça va être froid, elle dit.

Il s'excusa de ne pas avoir de vin mais ils tombèrent d'accord pour continuer au bourbon, ils mangèrent en silence et il se saoula proprement, c'était la seule solution, ils le sentaient bien tous les deux, parfois l'alcool balaye tout, parfois il vous enferme dans une cuirasse de béton et le résultat est le même. Quand il se sentit à point, il se coucha sur le tapis et commença à rigoler, il croisa ses mains derrière la tête. Elle le regarda par-dessus la table en riant :

– Qu'est-ce que tu as ?

Il lui montra ses pansements et se dressa sur un coude :

– Je trouve que je m'y prends pas mal non plus.

Comme elle comprenait pas, elle fit la moue et il rigola de plus belle. Elle roula sa serviette en boule et lui lança à la figure cette bombe molle. Il lui renvoya.

Ils commencèrent comme ça, une espèce de jeu violent et sensuel à la fois, ils se remuaient, chaque fois qu'elle levait un bras, chaque fois qu'elle faisait un mouvement brusque, il voyait un morceau du slip d'Helen, une tranche de prairie blanche et mystérieuse, et ça se précisait, son cœur battait plus vite, il avait envie de la respirer, de la toucher, de l'avaler, il roula sur le côté et lui attrapa un bras. Elle se raidit, il la tira contre lui et elle se laissa faire.

– Pas tout de suite, elle dit.

Il glissa une main sous sa chemise. Comme elle faisait cette gueule d'enfant battu et qu'il se sentait plutôt joyeux, il lâcha :

– Bon Dieu, celui-là pèse au moins trois kilos !

Elle le repoussa mais elle souriait de nouveau.

– Idiot.

Elle se leva, il essaya de la prendre par une jambe mais elle se dégagea. Sa chemise ne tenait plus que par un bouton. Elle vit que c'était ça qu'il regardait avec des yeux ronds, elle se démerdait pour ne pas rester en place parce qu'elle avait du mal à garder son équilibre, c'était un truc qu'elle avait mis au point. A ce moment-là, elle bascula de l'autre côté, elle se laissa aller, elle passa du côté de son corps et un rire profond jaillit de sa gorge, même Franck sentit qu'il s'était passé quelque chose. Elle retira sa chemise, peut-être qu'elle avait des hanches un peu fortes, peut-être qu'elle avait ces quelques kilos de malheur en trop, mais, ce soir-là, Franck la trouva vraiment parfaite, c'est une connerie de croire qu'on est toujours sensible au même genre de beauté, c'est une connerie épouvantable de se croire toujours le même, il se demanda même comment il avait fait pour ne pas avoir recommencé plus tôt. Elle fit un tour sur elle-même, il s'allongea à plat ventre et il put admirer son cul, il la regarda faire son petit numéro, elle était vraiment au poil, elle tournait et il vit son sexe à travers, ça c'était vraiment chouette, il se tenait la tête entre les mains et souriait bêtement, puis ce truc DINGUE lui traversa l'esprit, il se leva d'un bond, il la prit contre lui et glissa une main dans sa culotte, Seigneur, c'était pas possible, la peau était douce, c'était vraiment comme un abricot bien mûr.

– NOM DE DIEU, il dit, C'EST FOU !!

– Ça te plaît ?

– Merde, c'est bon. Depuis quand ?

– L'été dernier. J'en avais à l'intérieur des cuisses, j'en ai eu marre.

Il s'écarta un peu d'elle et tira sur le slip pour regarder. Elle se serra contre lui, elle lui dit à l'oreille :

– Attends, je vais pisser.

Elle le laissa mais il attendit pas, il remplit deux

verres et fila à la salle de bains. Elle se relevait juste quand il arriva. Il lui tendit un verre et, pendant qu'elle buvait, il posa le sien sur le lavabo. Il lui fit glisser son slip, elle leva une jambe l'une après l'autre en s'appuyant sur lui, il lui caressa une cuisse, fit glisser un doigt dans la fente et joua avec son nombril. Elle recula et colla ses fesses sur le lavabo.

– Hou, c'est froid, elle dit.

– Tu déconnes, c'est pas froid.

– Merde, tu veux voir ?

Il bandait, il commençait à plus très bien savoir ce qu'il disait. Il l'embrassa dans le cou pour réfléchir, il voulait faire durer le plaisir, pas la baiser tout de suite, mais ce sexe épilé le rendait fou, il y avait cette crème de beauté sur l'étagère, un truc gélatineux et orange, il savait pas ce que c'était, cette saloperie avait sûrement un usage TRÈS précis, mais la consistance était bonne, il trempa deux doigts dedans et lui étala le truc sur un sein, il le massa en rond.

– Hé, qu'est-ce que tu fais ? elle dit.

– C'est marrant, non ?

– Oh oui, attends.

Elle le fit asseoir sur le bord de la baignoire et il fit l'inventaire des produits, elle en plaça tout un tas en équilibre sur le lavabo. Elle s'assit à califourchon sur lui, un tube de rouge à lèvres dans la main. Elle lui traça un long trait rouge en travers du visage, en passant sur le nez, elle fit oohhhh, il lui caressait les hanches à pleines mains, il y avait ce sexe grand ouvert, il le plaqua dans le creux de sa paume pendant qu'elle lui quadrillait le visage à grands coups de rimmel, elle se tortillait sur ses genoux, il se disait bon Dieu c'est trop et il avait la tête qui tournait, j'espère que je vais pas dégueuler, elle avait trouvé des couleurs aussi, sur tout un côté de la figure elle lui colla des losanges dorés et mauves, depuis un petit moment, elle jouissait sans arrêt, pas le grand truc mais une espèce d'état particulier, un mélange sexuel et nerveux, en plus elle était très contente de son œuvre, elle lui avait fait un œil tout noir, comme ça il était vraiment à elle, elle lui redessina la bouche, ça lui donnait un petit air triste, elle faillit perdre l'équilibre en se penchant en arrière pour attraper un tube de paillettes argentées, à part le visage de Franck le monde commençait à disparaître autour d'elle, elle se fixa là-dessus, ils se regardaient tous les deux, c'était facile, ils étaient tellement secoués par l'alcool que leur esprit avait tourné de l'œil, il pouvait lui enfoncer un doigt tout au fond, elle n'arrivait même plus à localiser son plaisir, il réussit à enlever son slip d'une main, pratiquement sans bouger, il fit la grimace parce qu'il avait eu du mal à dégager son sexe, ce putain d'élastique, son engin était tout gonflé et dur, il aimait pas ça, quand c'était trop il perdait la moitié du plaisir, il sentait plus grand-chose, en plus Helen était tellement mouillée, il avait chaud, elle glissa une main entre ses jambes, ça faisait si longtemps, elle se mit bien au-dessus, le truc fila dans son ventre tellement facilement, c'était pas des conneries, c'était vraiment bon, vers la fin elle se souvenait plus trop, baiser, elle savait ce que ça voulait dire, il y avait des images, mais le truc qu'elle sentait À CE MOMENT PRÉCIS, quel rapport, le cerveau simplifiait tout et ça rendait la vie plus compliquée, elle arrivait plus à se tenir droite, son dos faisait un rond, elle tenait Franck par les épaules, ils avaient trouvé un bon rythme, peut-être qu'il y en avait d'autres, elle se sentait venir tout doucement, c'était mélangé à son ivresse, qu'est-ce qui était le plus fort, elle essaya de l'embrasser mais il s'écarta presque aussitôt, ça le dispersait, elle lui avait barbouillé les lèvres, c'était ça ce drôle de goût dans sa bouche, il sortait presque entièrement d'elle et le replongeait tout au fond, ça prenait bien deux ou trois secondes, il avait l'impression de toucher quelque chose au bout, il avait envie de fermer les yeux mais c'était impossible, merde j'ai trop bu, par-dessus le parfum des cosmétiques il y avait leur transpiration et l'odeur du sexe, il pensa une fraction de seconde à Lili parce que s'il y avait un truc qu'il aimait bien, c'était son odeur quand ils baisaient, il trimbalait ça sur lui toute la journée, ça lui arrivait de sentir ses mains au bureau, en bagnole, partout, ça le prenait, les feux rouges, c'était l'idéal, avec les mains sur le volant, même quand il avait oublié, ça se pointait tout doucement jusqu'à ses narines, ça le mettait de bonne humeur, ils jouirent en même temps, sans s'apercevoir de ça, Helen s'enferma dans une sorte de plaisir brutal, ça le crevait de monter et descendre, Franck serrait les dents à cause de l'alcool, il avait toujours envie, je vais l'envoyer en l'air, il se disait putain je vais l'envoyer en l'air, il tirait presque tout son plaisir de la sentir jouir sur lui, de voir ses nichons et la manière dont elle renversait la tête en arrière, la bouche entrouverte, il grogna c'est bon hein, mais elle répondit pas, elle lui fit oui des yeux, elle resta accrochée à ce visage bariolé, très dur, mais elle faisait pas le rapprochement avec ce qui se passait dans son corps, c'était simplement une vision bizarre, elle y pensait pas, il y avait tout un tas d'images érotiques qui lui passaient par la tête, avec sa langue, elle lui chatouilla le creux de l'épaule, alors il lui enfonça un doigt dans le cul, il se sentait pas bien, elle lui enleva la main, elle avait pas envie de ça pour le moment, il la laissa faire, il accéléra pour en finir, il la caressa, il la prenait par les hanches, la soulevait et la laissait retomber sur lui, il se demandait s'il allait jouir une deuxième fois, il en savait rien, quand ça venait, ça tournait encore plus et le plaisir foutait le camp, il se retrouvait tout seul, à ce moment-là Helen se mit à jouir une bonne fois, elle tremblait, il attendit d'être sûr qu'elle avait fini pour s'arrêter et elle resta suspendue à lui en se mordant les lèvres. Il eut à peine le temps de se retirer et de l'écarter de lui. Elle glissa à genoux sur le sol pendant qu'il se tournait vers la baignoire et vomissait.

Jésus, c'était vraiment horrible, ça lui faisait mal dans le nez, il faisait des bruits épouvantables, il aurait donné le maximum pour qu'elle ne soit pas là, il avait honte de son corps quand il faisait ça, ce truc précisément ou laisser une odeur de merde dans les toilettes quand une femme entrait derrière lui, il éprouvait la même gêne, vomir, chier, délirer, il y avait des trucs verts dans le fond de la baignoire, il était vraiment malade, avec le jet il essaya de les faire disparaître, il vomit encore, c'était brûlant, il avait froid maintenant, il restait penché au-dessus de la baignoire violette, il laissait un filet de bave glisser de ses lèvres, il était largué. Sans le vouloir, il lâcha le jet, le truc resta sur le dos à cracher en l'air, pas la force de se pencher pour le ramasser, il devait bouger le moins possible, quand même il s'agrippa sur les bords et descendit son visage vers la source, il resta comme ça un bon moment, les yeux fermés, le picotement était pas agréable mais la fraîcheur lui faisait du bien, il savait qu'il n'allait pas mourir.

Quand il se redressa, la nuit n'avait pas bougé, Helen était étendue sur le carrelage, en chien de fusil, les deux bras glissés entre les jambes, ses seins avaient une drôle de forme, elle semblait dormir, il avait besoin de respirer. Il passa par-dessus elle, dans la glace il rencontra ce visage grotesque, il réalisa pas tout de suite, il soupira et attrapa un gant, ça ne partait pas si facilement, il balança le truc maculé dans le lavabo, en s'accrochant aux murs il arriva jusqu'à une fenêtre, il tira les rideaux, il s'y reprit à deux fois pour l'ouvrir. L'air était frais, il faisait encore très noir, il respira lentement et profondément, c'était fabuleux, la nuit était silencieuse, ça sentait l'herbe humide, il ramena la peau sur le bout de son sexe, il se sentait mieux physiquement, pour le reste c'était plutôt dans les bleus, pas vraiment la tristesse, on sait où on va avec la tristesse, il essaya d'y voir clair, qu'est-ce que tu as, c'est Lili, non, c'était trop facile, ni Helen, c'était rien de précis, c'était enterré plus profond que ça, il dit tout haut qu'est-ce que tu veux, tout ce qu'il trouva à faire c'est de se glisser une cigarette dans la bouche et de rester à poil devant la fenêtre, les mains sur les fesses, sans l'allumer. Il y avait un truc de sûr, cette baraque, il pouvait plus la supporter. Des yeux, il fit le tour du salon, en fait il en avait rien à foutre, ha ha quel con, il fit sortir son estomac au maximum, QUEL CON, c'était cette nuit étrange, tellement longue, ce dimanche de merde, demain il se mettrait au travail, c'était rassurant, c'était de cette façon que la plupart des gens ne perdaient pas la boule, il referma la fenêtre, son trou du cul de vague à l'âme, il y pensait déjà plus.

Merde, elle était vraiment endormie. Il réfléchit un instant et la prit dans ses bras, bon Dieu elle pèse un âne mort il se dit, tout un côté de son corps était glacé, il grimpa jusqu'à la chambre en soufflant et s'écroula sur le lit avec elle, tout juste si elle avait gémi un peu, elle s'était pas réveillée. Il s'assit sur le bord du lit pour reprendre son souffle, il alluma une toute petite lampe par terre, elle lui tournait le dos, elle avait repris la même position, il s'aperçut qu'il avait toujours la cigarette, il avait serré le filtre entre ses dents, il l'arracha, trouva des allumettes au pied du lit. Il s'installa de côté pour la regarder, il souffla la fumée sur elle, une partie fonça par-dessus la hanche, l'autre tourbillonna dans les reins. Il pensait à rien. Il regardait la naissance du sexe entre les cuisses serrées, il termina tranquillement son petit jeu par des ronds impeccables qu'il lui envoyait sur les fesses, un homme seul est toujours une machine monstrueuse et sublime. Il écrasa son mégot comme s'il voulait en finir avec un vampire. En la prenant par une épaule, il la fit rouler sur le dos, ensuite il lui écarta les jambes, c'était pas facile, elle les refermait dans son sommeil, mais il recommença autant de fois qu'il le fallait et, quand elle se trouva dans la bonne position, il cavala au pied du lit et la regarda, en fait c'était surtout ce sexe incroyable qu'il regardait, sans un poil, il était presque hypnotisé, il n'avait jamais ressenti autant d'attirance et de répulsion pour quelque chose, c'était à la fois un corps d'enfant atroce et une beauté absolue.

Il s'allongea sur elle en priant pour qu'elle ne se réveille pas, il préférait comme ça, il voulait pas s'emmerder, il voulait un truc de solitaire, simplement son plaisir à lui, il y alla tout doucement, quand il se sentit au fond, il pensa seulement à respirer, il se tenait en appui sur ses bras, les jambes tendues pour ne pas l'écraser, elle remua tout doucement, il s'arrêta, il attendit quatre ou cinq secondes, elle n'ouvrait pas les yeux, il recommença. De temps en temps, il jetait un coup d'œil sous lui, POUR VOIR, il avait chaud, ses bras devenaient douloureux, il guettait son plaisir mais ça venait pas, il essayait de penser aux pires trucs mais il était incapable de garder une image dans la tête, il regardait en grimaçant son sexe aller et venir, il regardait les nichons d'Helen, sa bouche, ça venait et ça repartait, toutes ces images de femmes qu'il avait dans la tête, ça lui servait à rien, toutes les séances fantastiques qu'il avait imaginées dans les moindres détails, tout ce paquet de merdes inutiles, il ferma les yeux et abandonna, tous les muscles noués, il se laissa choir sur le côté, les genoux remontés sur le ventre. Il resta un bon moment comme ça, son cœur se calma tout doucement, le lit était trempé de sueur sous lui.

Il descendit dans le salon, se laissa aller sur le canapé. Il tira un drap sur lui, les yeux rivés sur le plafond merdique, bien droit, sans tache ni rien, il replia un bras sur son front, jamais il ne s'était senti aussi seul, il y avait une telle intensité là-dedans que ça lui foutait la trouille. Il n'avait encore jamais flippé, pas comme ça. Il avait quarante-quatre ans, aucune expérience du grand vertige, c'était particulièrement dur pour lui. Il s'endormit raide comme un bout de bois, le drap serré sur la poitrine, il avait pas réussi à retrouver une respiration normale, oh Seigneur.

16

– Merde, on a tous les bols avec cette bagnole ! dit Ned.

Peut-être huit cents mètres après la fourrière, ils avaient trouvé une bretelle qui s'emmanchait sur le périphérique, il y avait du monde, ils allaient être peinards, les mecs tournaient en rond avant de plonger dans la douceur des draps fleuris. C'est au moment où il voulut allumer les phares qu'il se mit à râler. Il se gara sur le côté et descendit, il se planta devant la bagnole.

– Nom de Dieu de MERDE ! MAIS C'EST PAS VRAI !...

Les deux trucs avaient complètement explosé, il y avait encore des morceaux de verre à l'intérieur, juste à côté de lui les bagnoles filaient à fond la caisse, tombe en rade une nuit au bord de la route et tu n'existes plus, merde, de toute façon, y avait rien à faire, il réussit à ouvrir sa porte à moitié sans se la faire arracher, c'était déjà ça, il se remit en route avec les veilleuses, tant qu'il y avait ces lumières délirantes au-dessus de leur tête, ça allait, mais après, APRÈS ?

– Fallait s'y attendre, dit Jimmy. Avec ce coup qu'elle a pris dans la gueule...

– Hé, c'est la pleine lune, dit Henri.

Jimmy éclata de rire :

– Oooooouuuuu, il me tue, ce mec. Lui, c'est le paysage qui l'intéresse. TERRIBLE !

Henri se retourna vers Jimmy en souriant :

– Non, mais peut-être qu'en prenant les petites routes on y verra assez clair. En faisant bien gaffe... de toute manière les trucs sont fermés, maintenant, ce qu'on peut faire aussi, c'est de trouver la même et de piquer les phares, c'est pas évident.

– Ouais, non, ça c'est la merde, dit Ned. Tu sais,

cette route, on va essayer de la retrouver, ça va peut-être aller.

En disant ça, il se pencha en avant pour repérer la grosse boule blanche, elle était au-dessus d'eux, un peu sur la droite et des types avaient foutu un pied là-dessus, ça c'était quand même un sacré truc, un truc de fou, complètement inutile, rien que pour le plaisir, comme de s'enfiler le plus grand nombre d'œufs durs dans la bouche sans crever.

Il retrouva cette bon Dieu de route, il hésita pas une seule fois, le truc semblait gravé dans sa tête, à chaque embranchement Henri sautait sur son siège, oui OUI C'EST ÇA, merde, c'est le bon et ils se retrouvèrent sur cette petite route qui s'enfonçait dans le désert, Ned se remit à penser au vieux serpent.

– Peut-être qu'on va avoir un peu de bol, il dit.

Oui, ils avaient choisi le bon truc, il y voyait assez pour se payer des petits coups à cent dix cent vingt et la route était presque droite, il pouvait voir venir une bagnole de loin, s'ils tombaient pas sur des flics c'était même assez agréable, avec cette lumière, tout paraissait irréel, même leur coup ça ressemblait à un rêve, la lune, putain ils étaient sur la lune. Il faisait bon, Henri se pencha en avant pour fouiller dans les cassettes.

– Fais-moi penser à les reprendre, dit Ned.

– Oui. Parce qu'en fait ELLES SONT À MOI, brailla Jimmy. Je me souviens pas que tu me les aies demandées.

– Tout ce qui est à toi est à moi. Tu as tout oublié.

– Ha, ha, ça fait quinze ans, ne me fais pas marrer. Tout ce qui est à moi, je le garde.

Ned poussa Henri du coude :

– Ecoute un peu ça. Les vieux freaks sont d'une lucidité écœurante.

– Je t'emmerde, répondit Jimmy. C'était quand même les meilleurs moments de ma vie. Je te rappelle que t'avais plus de chance de te faire sauter le caisson avec deux ou trois acides qu'avec une cinquantaine de bières, le truc c'était pas de se démolir, c'était de trouver autre chose. Maintenant, c'est difficile de garder le sang chaud dans ce monde glacé.

– Mon vieux, il faut serrer les dents, dit Ned.

Jimmy se laissa aller en arrière.

– Ouais, et pas simplement les dents, il dit.

Il avait toute la banquette pour lui tout seul, rien que du cuir, il croisa ses mains derrière la tête, il souriait, il regardait rien de précis, il attendait rien de précis, O.K., il pleurait sur rien du tout, il en avait rien à foutre, quinze ans après lui aussi il avait changé, il s'était durci, il continuait à faire le con pour se faire plaisir, en fait les grands mots il s'en tapait le cul, les grands sentiments c'était pareil, c'était des monstres qui sortaient de la vase pour emmerder le monde, il en parlait plus mais il restait accroché par ça, il y a tellement peu de choses qui valent le coup dans la vie.

Henri enfonça une cassette dans le lecteur. A la troisième note, Jimmy fit un bond :

– Maman ! Ce truc-là, ce truc je connais que ça, OH MERDE ! c'est BON ! Ce machin est fait exprès pour rouler dans la nuit tous feux éteints, NON ? Hé, vous sentez ça, hé devant, vous sentez un peu ce moment fabuleux ? et j'ai rien à fumer, RIEN, oh que c'est bon et comme c'est BEAU dehors, oooohhhhh...

Ils se retournèrent pour voir Jimmy déconner sur la banquette arrière, il serrait ses bras autour de son corps, il se trémoussait sur la musique les yeux fermés, ils se regardèrent en riant, la bagnole était confortable et molle, la route c'était pas une route, la terre était éclairée par en dessous, ils avaient qu'à jeter un coup d'œil, ils pouvaient voir aussi loin qu'ils voulaient, derrière les machins épineux, sous les pierres, il y avait le tremblement lumineux des micas renversés sur le dos, le dérapage des étoiles filantes, rien que pour eux. Henri sortit un joint énorme de sa poche de chemise et tapa sur le crâne de Jimmy avec, AVEC. L'autre ouvrit les yeux et loucha une seconde dessus.

— Ne joue pas avec ça, il dit. Ou je rêve.

— Merde, prends-le, c'est lourd. Ça pèse au moins vingt grammes.

Jimmy lui arracha pratiquement le truc des mains et le balada sous son nez, il y avait une chose au monde qu'il reconnaissait à l'odeur, c'était ça.

— OH OUI... MON SALAUD ! il dit.

Henri lui donna du feu. Jimmy tourna le joint au-dessus de la flamme, il attendit que le bout tire-bouchonné tombe en poussière avant de glisser l'engin entre ses lèvres, il aspira profondément et, quand il faisait ça, sa gueule se transformait complètement, la même grimace qu'un plongeur en apnée.

— Sonia m'a dit comme ça il pensera à moi, souffla Henri.

Jimmy hocha la tête, les poumons pleins, puis il lança la fumée par la vitre ouverte, la moitié reflua vers l'intérieur.

— Ah, vacherie, je l'aime, il dit. Je l'aime. Vous vous rendez compte, elle pense à moi, bon Dieu vous pouvez pas comprendre, qu'est-ce que je deviendrais sans elle, je suis déjà pas grand-chose, laissez-moi ce joint encore cinq minutes, Henri, remets-moi le truc de tout à l'heure, hein, tu vois, impossible de me rappeler ce truc, ce mec avec sa strato, merde, merde, ah oui Knopfler, c'était lui, non ? Fous-le à fond.

Henri rembobina en se marrant, il répondit :

— Oui. Le truc c'est *Where do you think you're going ?* C'est bien.

Le morceau redémarra et Jimmy ferma une nouvelle fois les yeux. Henri s'enfonça bien au milieu de son siège, la nuque posée sur le bourrelet de cuir, lui aussi trouvait que c'était une bonne musique pour ce genre de situation, il faisait assez chaud mais ils avaient pas besoin de bouger, simplement les fringues qui collaient un petit peu et la respiration légèrement plus douloureuse. Henri tira sur le joint, il lui en fallait pas beaucoup, il était particulièrement sensible à ça, d'ailleurs ça lui arrivait des fois de refuser, il avait déjà été malade, son esprit se barrait comme une flèche, il arrivait pas à suivre, une fois il s'était payé une bonne syncope, il avait tourné en rond dans une chambre avec le cœur qui explosait, maintenant il faisait gaffe, il attendait d'en avoir vraiment envie et ce salaud de Jimmy leur avait pondu une bande vraiment relax, que de la bonne musique et là justement, un morceau de B. Springsteen qui le foutait proprement en l'air. Sans se retourner, il fit ce signe à l'adresse de Jimmy, les doigts dressés avec le pouce et l'index formant un rond.

Ned avait les yeux fixés sur la route.

– Si je déconne pas, il dit, on va boire frais dans pas longtemps...

– Il va dormir, dit Henri.

– Merde, je te parie qu'il dort plus depuis des siècles.

– Hé, qui ne dort plus ? Où est-ce qu'on va boire ? demanda Jimmy.

– Attends, mon vieux, tu vas voir ça. Tu peux commencer à sortir ton fric.

Un peu plus tard, Ned passa devant les pompes et gara la voiture derrière la baraque. Comme ça on ne pouvait pas la voir de la route, bien sûr c'était peut-être pas très prudent de s'arrêter, peut-être qu'ils auraient dû foncer, serrer les fesses et transpirer un peu plus, peut-être qu'ils connaissaient pas ça la prudence, peut-être qu'ils avaient pas envie de se faire chier avec ça ou que leur cervelle dérapait, peut-être que les chances étaient égales, marcher sur la queue du tigre ou le regarder dans les yeux, ils descendirent et avancèrent jusqu'à la porte, Jimmy écrasa le mégot du joint avec un petit pincement au cœur.

Il y avait pas de lumière, juste le ricanement des grillons mélangé au silence, la lune posée à côté d'eux dans une bassine d'huile de vidange et cette baraque en bois, la porte était noire et graisseuse autour de la poignée, des pneus transformés en pots de fleurs et un siège de bagnole défoncé sous la véranda, il y avait la marque de ses fesses dans le crin et celle de son dos, ce truc il aurait pu le foutre mille fois en l'air, il aurait pu, c'était pas ce qui manquait, et ce carreau cassé, avec un bonhomme Michelin cloué en travers avec la pression des roues AV et AR, Henri faillit s'embrocher sur l'énorme cactus qui trônait à l'entrée, pendant que Ned cognait à la porte, il remarqua la grosse fleur ouverte au milieu des piquants.

Ils entendirent du bruit à l'intérieur, comme un glissement et la porte s'entrouvrit, le vieux était en caleçons longs, un truc d'une seule pièce déboutonné sur la poitrine, avec les os qui saillaient de partout, il regarda Ned des pieds à la tête.

– Ah, c'est toi ? il dit.

Il lâcha la porte et retourna à l'intérieur de la pièce. Quand ils entrèrent, il leur tournait le dos, il avait glissé une main dans son machin jaunasse et se grattait soigneusement une fesse.

– On t'a réveillé ? demanda Ned.

Le vieux se tourna, des poils blancs lui creusaient les joues, il avait les cheveux en bataille mais ses yeux étaient bien ouverts, il y avait une petite lampe sur la table avec un journal posé sur l'abat-jour, juste une feuille, ça donnait cette lumière particulière et douce, au milieu des canettes vides, juste la place pour un gros bouquin ouvert et des lunettes.

– Non, il dit. T'aurais pu cogner pendant des heures. Je dors plus beaucoup, c'est comme chier, manger et tout un tas de choses, j'ai eu mon compte. C'est bien, ça me laisse du temps.

– On vient faire un sort à ta bière, dit Ned. On a eu chaud.

– Vas-y mon gars. Pose ton argent sur la table et sers-toi.

Ned ouvrit le frigo, distribua les bières, il surveillait Jimmy du coin de l'œil pour voir ses réactions, tout ce tas de canettes, quelle gueule il allait faire, mais l'autre réagissait pas, à la fin, il lui envoya son coude dans les côtes, il dit :

– Hé, t'as vu ça ? Tu te rends compte ?

– Quoi ?

– Merde, t'as vu cette montagne de bière, dans le désert, hé ça te fait rien, tu trouves pas ça dingue ?

– Non, j'en aurais fait autant. Il faudrait être galbé pour se laisser coincer ici sans un minimum. Toi ça m'étonnerait pas.

Ned se gratta la tête. Henri s'avança vers la table, le bouquin était ouvert sur un chapitre intitulé « Les bonzaïs », il y avait une photo et des dessins montrant la coupe des racines, le bas de la page était taché de traces de doigts, il regarda le vieux en train de faire un peu de place sur la table, il avait les bras chargés de canettes vides, il les serrait contre lui.

– Le cactus dehors, dit Henri, j'avais jamais vu un cactus faire des fleurs pareilles...

– EN FLEUR, TU DIS ? ? ? ? ?

– J'en ai vu une.

Le vieux fonça vers la porte et l'ouvrit à la volée, elle s'écrasa contre le mur et la lumière de la lampe vacilla, toute la baraque miaula, les trois autres le suivirent et ils se retrouvèrent autour du cactus, penchés au-dessus de la fleur, le vieux était tout excité.

– Regardez ça, REGARDEZ ÇA ! il dit. Ça ne fleurit qu'une seule fois, une seule nuit dans l'année, demain il n'y aura plus rien. J'ai failli la louper.

Les autres se taisaient, c'était une fleur compliquée, il fallait un moment pour en saisir toute la beauté, des couleurs très pures, très tendres, il y avait juste ce qu'il fallait comme lumière, ils avaient les yeux grands ouverts, ils restèrent un bon moment là-devant, à descendre leurs bières en silence, à figer ce bout de vie, c'était la même chose de presser un citron jusqu'à l'os ou d'attendre après la fin du film.

Quand ils rentrèrent, le vieux fila jusqu'au frigo, attrapa quatre bières et les posa sur la table.

– Je vous les offre, il dit. Normalement, je fais jamais ça. Ça me casse le cul, les mecs se croient au paradis et ensuite tout mon stock y passe. Mais là, je peux pas faire autrement, je fais ça pour elle, vous êtes tombés au bon moment, une seule nuit dans tout cet enfer, eh les gars, c'est même pas du bol, elle vous a appelés.

Jimmy et Henri s'étaient installés autour de la table, Ned leva sa canette et trouva un coin pour s'asseoir, une caisse renversée, il le cherchait discrètement des yeux mais il le voyait pas. Le vieux passait juste à côté de lui.

– Où est le serpent ? il demanda doucement.

– Lui il dort, il est dans mon lit.

Ned se leva et avança jusqu'au lit. Il tira sur le drap. Il était là, enroulé, il était gros comme le bras, Ned l'attrapa par la tête, le souleva et le balança sur les genoux de Jimmy.

– Et ça, ça t'étonne pas ? il demanda.

Jimmy poussa un cri et bascula en arrière avec sa chaise.

– AH, QUE TU ES CON ! il brailla.

Le serpent fila tranquillement dans un coin pendant qu'il se relevait, il avait pas lâché sa bière mais il s'était éclaboussé avec, il secouait son jean, les autres rigolaient.

– Ne fais jamais ça quand j'ai fumé, putain. Qu'est-ce qui te prend ?

– Tu t'endormais. Maintenant je sais que tu vas rester avec moi jusqu'au bout. Je peux pas me passer de toi.

Jimmy alla bouder dans un coin pendant que Ned demandait au vieux :

– Dis, si tu avais quelque chose à planquer dans une bagnole, où tu verrais ça ?

– Il faudrait que je sois con, toutes les planques

sont archiconnues. Tu ferais mieux de trouver autre chose.

– Tu y es pas. C'est moi qui cherche.

– Tu as regardé dans la boîte à gants ? sous les sièges ? Qu'est-ce que c'est ?

– J'en sais rien.

– Ça c'est un bon jeu. Si tu cherches la roue de secours, je peux t'aider.

Ned soupira, le vieux avait raison, en plus qu'est-ce que ça aurait changé, c'était une espèce de curiosité idiote, mais quand même, on peut pas toujours être au-dessus de ça, il faut pouvoir fonctionner et tremper ses doigts dans la merde, prendre du recul c'est bien mais la conclusion, quand tu as louché là-dessus pendant un petit moment, c'est que rien ne vaut vraiment la peine, tandis que faire quelque chose quand tu en as rien à branler du résultat, ça c'est encore meilleur, la liberté c'est ce qu'il y a de meilleur, même si on peut rien faire avec.

– Tout ce qu'il faut, c'est ramener cette bagnole, dit Jimmy. On va pas foutre notre nez là-dedans. Ils auront leur merde à midi et ensuite tu pourras nous faire ta danse des loukoums pendant une semaine parce que je m'enferme avec Sonia et je ne sors plus du lit jusqu'à dimanche, j'ai un bon stock, nom de Dieu je te jure que je vais le faire, on va s'organiser une fiesta à tout casser, je veux plus entendre parler de cette histoire, ça m'a gonflé. Ne va pas faire le con, on a déjà assez paumé d'énergie dans cet abominable merdier.

– Ça a l'air d'être la bonne solution, dit Henri.

– Cet enfoiré au téléphone, il nous aurait chié dessus, dit Ned.

– C'est rien, ça arrive tous les jours dans ce monde, dit Jimmy.

– C'est une impression, les gens sont plutôt constipés dans l'ensemble, dit le vieux.

Ned : n'empêche que ça me calmerait les nerfs si je me le payais, ce con, il est fortiche au téléphone.

Jimmy : bon d'accord, mais ensuite on les aurait tous sur le dos, tu vois le genre, ces types-là sont cinglés, ils pourraient pas se calmer avant de t'avoir découpé en rondelles, je te jure que ça leur ferait même plaisir.

Henri : je crois que Jimmy a raison, bouuu je commence a être bourré et le truc de Sonia, hé, dès que cette histoire est réglée, on va s'en payer, hein ?

Le vieux : je comprends ça, je comprends ce que tu ressens, j'ai connu ça quand un mec te met les nerfs à vif, j'aurais envoyé chier n'importe quel mec qui aurait voulu me retenir. J'y ai rien gagné, peut-être que j'y ai rien perdu, le truc le plus merdeux, je crois, la plus grosse connerie au poker, c'est de pas savoir passer la main au bon moment.

Jimmy : c'est ça, on va t'allonger à l'arrière avec une bonne provision, mon salaud on va se relayer avec Henri, tu ne t'occupes plus de rien, tu as été super, laisse-moi régler les derniers détails, c'est du beurre, on a gagné.

Ned : bon on va tirer un trait là-dessus, tu déconnes, en fait je cherche pas tant que ça les emmerdes, il y a des trucs qui passent mal, c'est tout, mais j'ai pas raison à chaque fois, on fera comme tu dis, je vais m'enrouler dans le fond de la bagnole et m'endormir comme ce foutu serpent.

Jimmy : il dort pas, il a les yeux GRANDS OUVERTS !

Le vieux : ça ne veut rien dire, ça m'arrive de faire ça moi aussi, écoute ton cœur, mon gars, si tu ne l'entends pas, ça ne veut pas dire que tu es déjà clamsé, et le mien, écoute, il cogne mais je suis déjà mort, tu te rends compte ?

Il se mit à rire comme un fou, plié en deux, la lune avait tourné, elle était collée au carreau, ils auraient presque pu éteindre dans la pièce, d'abord il y avait rien d'intéressant à voir et même c'était possible que le jour se lève d'un seul coup, qu'il arrache ces kilomètres de nuit d'un seul bloc, ils avaient aucune idée de l'heure et le silence leur tricotait des boules de coton dans la bouche, ils étaient claqués, c'était une ambiance étrange parce qu'ils arrivaient pas à se détendre complètement, juste leur cerveau pour les tenir debout et tout ce qu'ils avaient encore à faire.

Le vieux cavala une nouvelle fois dehors, pour la voir, et les autres arrivèrent derrière lui, en rangs serrés, cette bande de timbrés au clair de lune qui rotait et titubait et la fleur qui était déjà sur la fin, presque molle, comme si elle étouffait.

– Voilà, dit le vieux. Je crois que je vais aller me coucher maintenant.

– On devrait en profiter pour faire de l'essence, non ? demanda Jimmy.

Il partit au pas de course et se pointa avec la Buick. Le vieux mit les pompes en marche, l'aube se leva et un petit nuage rose se glissa dans son cou, il remua l'épaule parce que ça le chatouillait, je ne vais pas ouvrir aujourd'hui, il dit, j'en ai plein les bottes, des fois j'ouvre et il ne vient personne, il regardait devant lui, il paraissait pas fatigué, juste un peu trop vieux, les autres grimpèrent dans la Buick, Jimmy prit le volant et lui donna le fric par le carreau, il mit le contact.

– Attends, je vais nettoyer ton pare-brise, mon gars.

– Non, laisse, tu déconnes...

– JE VAIS LE FAIRE !

Il attrapa une éponge dans un arrosoir et se mit au boulot. Les autres le regardaient au travers, sans dire un mot. Il cracha sur une bouillie de papillon jaune, il gratta avec son ongle. Quand il eut fini, il s'écarta, donna une tape sur le capot. Il se tenait en arrière, les mains sur les hanches, il attendait qu'ils se tirent, il bougeait pas d'un poil.

Ils démarrèrent. Quand il fut bien certain qu'ils avaient disparu, il regarda la route, il y avait plus personne, il rentra les pompes. En passant devant le cactus, il fit tomber la fleur d'un doigt, il n'y avait aucune image là-dedans, il s'en tamponnait des images, c'était simplement qu'il pouvait pas encaisser ça, l'agonie et tout ce bordel mélodramatique. Ensuite il poussa ce con du pied, tout au fond du lit, il resta un moment allongé, les yeux ouverts, il tira même pas le drap sur lui, pendant qu'il dormirait, le soleil allait cogner, bon qu'il aille se faire foutre !

17

Ils arrivèrent dans la matinée, ils avaient fait les cons, toute une partie du trajet en plein jour, ça c'était des coups à se faire piquer, n'importe quel flic un peu réveillé aurait couiné en les voyant passer et ces putains de motos démarraient au quart de tour. Ned avait dormi, il avait continué à bâiller tout au long des derniers kilomètres, ils étaient tous les trois un peu tendus, dès qu'une bagnole se pointait devant eux, ils retenaient leur respiration, ils disaient pas un mot, les trucs trop cons sont toujours ceux qui arrivent, ils attendirent de déboucher dans la cour de la baraque pour souffler, il faisait déjà une chaleur épouvantable. Jimmy fonça directement dans la grange, il gara la Buick derrière la Mercedes et coupa le contact. Il fit sauter la clé dans sa main en faisant hoouuu, ils sortirent, refermèrent le portail de bois et traversèrent la cour silencieuse, le chat de Marjorie jouait avec un gros lézard vert, en passant Jimmy l'attrapa par la peau du cou et le souleva en l'air, le lézard se tira, le chat restait suspendu les pattes raides, Ned rigola, Jimmy avait toujours le chat dans ses bras quand ils entrèrent dans la maison, il voulut le mettre sur son épaule, c'était un petit chat gris et blanc avec des yeux bleus, mais l'autre dégringola le long de son dos, Jimmy brailla :

– AAAaahhh, le con, avec ses griffes !

– Qu'est-ce qu'elles foutent, elles dorment encore? dit Ned.

Il souleva le couvercle de la cafetière, elle était vide, il posa une casserole d'eau sur le feu, le chat vint se frotter dans ses jambes, il se pencha, hé toi, qu'est-ce que tu veux, il resta accroupi un moment, les doigts croisés pendant que le chat tournait en miaulant autour de lui. Henri s'effondra dans les coussins, il allongea les jambes et s'étira. Jimmy faisait l'inventaire du frigo en marmonnant. L'eau commençait à siffler dans la casserole quand Carol entra dans la pièce. Ils la regardèrent tous les trois, ça dura des heures avant qu'un seul puisse ouvrir la bouche ou tout simplement bouger, elle était tellement blanche, avec un regard effrayant, elle restait là, plantée avec ce truc en travers de la gorge, tout à fait impossible à dire, bien sûr ils avaient pigé que quelque chose de grave était arrivé, mais qu'est-ce qui pouvait être plus insupportable que ce visage défait et silencieux, l'eau déborda de la casserole en hurlant, c'était un signal, elle murmura :

– Ils ont emmené Marjorie.

– HEIN? QU'EST-CE QU'ELLE RACONTE???!!! cria Jimmy.

Ned prit le chat dans ses bras et se redressa, Henri replia rapidement ses jambes contre son ventre, Jimmy restait soudé à la porte du frigo.

– Ils l'ont emmenée.

Jimmy ouvrit la bouche comme s'il allait crier mais aucun son ne sortit. Ned lâcha le chat, son esprit fit un effort épouvantable pour lui faire tourner le bouton du gaz, il demanda :

– Où est Sonia?

– Elle dort, je crois.

– COMMENT ÇA, ELLE DORT???! MERDE!!! hurla Jimmy.

– Ils l'ont frappée.

Jimmy fit ooaarrrkkkktt comme s'il allait vomir puis il fonça et les autres le suivirent. En passant devant

Carol, Ned la regarda dans les yeux, il secoua la tête, nom de Dieu il dit, viens, il l'attrapa par un bras et ils cavalèrent jusqu'à la chambre.

Jimmy s'était arrêté à quelques pas du lit. Sonia était allongée dessus, il y avait un petit ventilateur allumé à côté d'elle, sur une chaise, Lili la tenait par la main et c'est vrai qu'elle paraissait endormie, le soleil qui passait à travers les rainures des volets découpait le fond de la chambre, des lignes d'ombre et de lumière et tout le monde y passait, Jimmy s'avança et souleva la serviette jaune qui lui recouvrait la moitié de la figure. La peau était tellement gonflée, comme si elle allait éclater et bleue et rouge, luisante, son œil avait à moitié disparu dans la boursouflure.

Jimmy reposa doucement la serviette, il tremblait.

— Avec quoi ils lui ont fait ça ? il demanda.

— Je ne sais pas, répondit Lili. On s'est baladées avec Carol, en rentrant on l'a trouvée comme ça. Elle était au milieu de la cour, à genoux, elle nous a juste dit pour Marjorie, elle répétait toujours la même chose. Elle a réussi à s'endormir, ça fait une demi-heure, j'ai trouvé du Mandrax dans la salle de bains. C'est pas beau à voir mais je crois pas que ce soit grave, l'œil n'a rien, il faut juste qu'elle se repose.

— Putain, ils auraient pu la tuer ! souffla Jimmy.

Il était presque plus pâle que Carol tout à l'heure, comme si c'était possible, il contractait ses doigts nerveusement, il lança un coup d'œil à Ned avant de sortir et l'autre le suivit.

— T'as vu cette bande d'enculés, il dit, j'ai mal partout.

Il avait attrapé son carnet, il s'y reprit à deux fois avant de faire le bon numéro, il transpirait à grosses gouttes, il secouait la tête quand une de ces saloperies salées s'accrochait dans ses cils.

Quand il entendit décrocher à l'autre bout, il tendit l'appareil à Ned et prit l'écouteur.

— Merde, vas-y, je vais pas y arriver, il dit.

Ned hocha la tête.

– Allô, il dit, je voudrais parler à Zac.

– Il est pas là. Qui c'est ?

– Je suis un copain. Jimmy.

– Ah ouais. Y a un truc pour toi. Il a dit que tu bouges pas, qu'il te rappelait.

– Quand ?

– Merde, je sais plus. Dans la soirée je crois qu'il a dit. J'aime pas faire les commissions, faut pas trop m'en demander. Bon, c'est tout ce qu'il y a pour toi.

Ned attendit que le bip bip devienne insupportable pour raccrocher, Jimmy avait encore l'écouteur dans la main.

– Qu'est-ce qui leur a pris ? murmura Jimmy. Ils étaient d'accord. Et Marjorie, mon vieux, j'ai une de ces trouilles, mais on a la bagnole, ça va bien se passer, non ? qu'est-ce que ça peut bien leur faire... ?

– Bien sûr. Ils ont voulu te démolir. On aurait dû se méfier mais ça va s'arranger.

– On était en train de déconner pendant qu'ils faisaient ça, peut-être que si on s'était pas arrêtés...

– Bon, arrête tes conneries, maintenant, calme-toi. Il va falloir attendre, ça va pas être facile, alors ne commence pas, ça sert à rien. Tu veux fumer ?

– Non. Je veux rien du tout.

Jimmy laissa tomber l'écouteur par terre et se dirigea vers la chambre de Sonia, leur chambre. Il s'arrêta devant la porte, les deux filles étaient toujours là et Henri se tenait debout au pied du lit, ils étaient silencieux. Lorsque Jimmy s'avança vers le lit, ils sortirent ensemble, Jimmy se retourna et ferma la porte derrière eux.

Il y avait une bassine d'eau par terre et une serviette dedans, il la tordit un peu et la plia en deux, il enleva doucement celle que Sonia avait sur le visage, elle dormait toujours, il échangea les serviettes, l'autre était brûlante, il la laissa glisser dans la bassine, il s'assit au bord du lit, je ne sais pas quoi te dire, il murmura, il fait beau dehors, je ne sais pas comment je fais mon compte pour te fourrer dans des trucs pareils et en plus je t'aime, je suis à moitié mort de te voir comme ça, je suis un satané con de penser ça mais je crois que j'ai encore plus mal que toi, ça m'étouffe, j'essaye de pas déconner, tu sais je me marre toujours avec toi, j'en ai jamais eu assez, j'aime bien te regarder, je suis même pas capable de t'expliquer un truc tout simple, c'est vrai, j'aime bien te regarder, t'aimer j'aime ça aussi.

Il s'arrêta de parler, tout d'un coup, ça ne lui parut plus nécessaire. Les mots c'était vraiment un écran merdique, mais ça avait son charme, une bonne musique d'ambiance si on faisait pas trop attention au sens, il aurait même été incapable de savoir ce qu'il avait bien pu lui raconter, ce qui comptait, c'était la musique, il avait parlé sur un ton très bas, sans à-coups et puis elle dormait, ce qu'il lui fallait, c'était un peu comme une caresse sonore, il avait senti ça, il se disait qu'il l'avait aidée dans son sommeil, il se trompait pas. Maintenant il regardait les lignes de lumière accrochées sur le mur, il n'y avait rien dans cette pièce, juste leur lit et des murs blancs, comme ils l'avaient voulu, il éteignit le petit ventilateur qui gâchait tout avec son petit ronflement de merde et le silence rendit les traits de lumière encore plus intenses, les trucs restaient imprimés sur sa rétine quand il fermait les yeux, de longues bandes verdâtres qui s'estompaient, il savait jusqu'où il pouvait aller comme ça, délirer avec les phosphènes, mais c'était pas le moment, déjà qu'il se sentait dans un état bizarre, mou et raide comme une poutrelle en béton précontraint, il avait beau essayer, il arrivait pas à respirer convenablement, pourtant il connaissait plusieurs méthodes, il se concentra pour trouver un rythme normal, il y arriva mais il se sentait pas mieux, c'était comme ça. Il changea une nouvelle fois la serviette de Sonia, il se demanda si ça avait encore enflé, il se rendait pas bien compte, Seigneur, il dit OH SEIGNEUR!! il s'allongea à côté d'elle, il lui prit la main pour se rassurer, qu'est-ce qu'il y avait de plus terrible, qu'est-ce qu'il faut faire pour ne pas tourner complètement dingue, il essaya de dormir, impossible, rester éveillé, impossible, il dériva comme ça pendant des heures ou rien qu'une seconde, Marjorie était une brûlure épouvantable, comme Sonia, quand il était pris entre les deux, que son esprit n'était plus qu'un nid de douleur, il gémissait doucement, il aurait jamais cru que c'était possible, qu'il était fait comme ça, quelle folie, quelle folie, il s'écœurait, en fait il se connaissait très bien, très très bien, c'est pour ça qu'il dégustait, d'une certaine manière il touchait vraiment au fond, ce putain de téléphone fonctionna au bon moment, il ouvrit les yeux, les bandes lumineuses sur le mur étaient moins violentes, le soleil avait dû passer par-dessus la maison, il faillit faire un bond mais il réussit à se retenir au dernier moment, il se leva doucement, ouvrit la porte sans bruit et la referma, il était revenu à la surface, il était toujours revenu à la surface, de ce côté-là il pouvait pas se plaindre, en plus c'était vraiment bon de les aimer toutes les deux, c'était tout ce qu'il y avait de concret dans son existence et ça peut aider parfois.

Ned allait décrocher quand Jimmy déboula dans la pièce, il le laissa saisir l'appareil, les autres étaient assis tout autour, la sonnerie les avait figés sur place, Ned plaça l'écouteur contre son oreille.

– Jimmy? fit Zac.

– Ouais, OUAIS, qu'est-ce qui vous a pris, où est Marjorie?

– Ecoute, tu as la bagnole?

– Bien sûr que je l'ai, c'est ce que je t'avais dit, OÙ ELLE EST?

– Te casse pas la tête, elle est là. Tu vois, on a été forcés de prendre des précautions.

– Elle est là, je veux lui parler.

– Tu feras ça tout à l'heure, mon vieux.

— Bon, écoute-moi bien, si je lui parle pas tout de suite, tu ne verras jamais ta foutue bagnole et toi je te jure que je te tuerai, je te jure que t'as aucune chance de t'en sortir, crois-moi.

Il y eut un long silence à l'autre bout, Jimmy avait dit ça lentement, l'autre pouvait pas se tromper, ça se passerait sûrement comme ça.

— D'accord, qu'est-ce que j'en ai à branler, c'est toi qui t'es mis dans la merde.

— Jimmy !

— Oh Marjorie, bon Dieu, ça va ?

— J'ai faim. Tu sais, j'ai ma dent qui bouge, je peux pas manger de pain.

— Oui, c'est normal. Je vais venir.

— J'ai un livre sur les lions et les hipotames.

— Les hiPPOpotames. Oui, je vais venir te chercher.

— Oui. Maman va m'acheter de la crème d'ipomée, j'aime ça. Elle l'a dit.

— Dis donc, où est-ce qu'elle va trouver ça ?

— Bon, tu vois, on l'a pas bouffée. Alors écoute, on va se filer rencard à dix heures, tu te...

— Pourquoi si tard, MERDE POURQUOI PAS TOUT DE SUITE !!??

— On a dit à dix heures, c'est comme ça, tu ferais mieux d'ouvrir tes oreilles, je recommencerai pas, bon quand tu arrives par le sud, sur la droite, il y a l'usine à chocolat, ça pue, tu peux pas te tromper, il y a une rue juste après, tu t'enfiles dedans et tu vas jusqu'au bout, tu verras il y a une cabine déglinguée, on y sera.

— Et Marjorie ?

— Eh papa, tu nous les brises. Ne nous fais pas attendre, surtout. C'est pas une heure pour les petites filles.

Jimmy ne répondit rien, il ferma les yeux pendant que Zac raccrochait. Quand il les rouvrit, Ned le regardait.

— Il est presque six heures, dit Ned. Tu veux manger quelque chose ?

– Oui, je sais pas. Ils sont complètement dingues.

– Elle va bien. Qu'est-ce qui pourrait foirer ?

– Oui, sûrement.

Jimmy s'accroupit sur les coussins, il y avait des trucs sur la table, il piqua un morceau de fromage au bout d'une fourchette et le grignota doucement. Lili était juste à côté de lui, elle lui demanda :

– Elle dort ? Tu veux que j'aille voir ?

– Hein, je sais pas. Oui elle dort, je crois. Il faut que Marjorie soit là quand elle va se réveiller.

– Ne t'inquiète pas, dit Ned.

– Bien sûr, ne t'inquiète pas, reste tranquille, MANGE !

– Bon, ça va, ne me fais pas chier, c'est comme ça. Qu'est-ce que tu veux que je te dise, tout ce que je te demande, c'est de pas te laisser aller, quand je dis ne t'inquiète pas, ça veut dire il n'y a plus que quatre heures à attendre, alors NE FAIS PAS LE CON, c'est ce que je veux dire.

Jimmy hocha la tête sans le regarder, il comprenait mais les autres pouvaient pas comprendre, toujours le même cirque, il se glissa une cigarette entre les lèvres, il leur envoya un sourire idiot avant de se lever et quitta la pièce.

Il traversa la cour, marcha directement vers la grange. Il entra, referma la porte derrière lui et s'installa sur une caisse, juste devant la Buick. Il alluma sa cigarette, tout ce merdier pour toi, il dit, je ne sais pas ce qu'ils ont pu te fourrer dans le cul pour qu'on en soit là, tu imagines ? Il se leva et ouvrit la portière avant, il fit jouer la glace électrique, en fait il avait pas encore d'idée très précise, il se baissa pour voir sous les sièges puis il fit le tour, il ouvrit le coffre aussi. Il s'arrêta pour réfléchir un instant, ça commençait à venir.

Dans le fond de la grange, il retrouva la fameuse boîte, il y avait le nombre marqué dessus, cent cinquante, peut-être qu'il en avait utilisé une dizaine, pas plus, ça devait suffire, il souleva la petite caisse et l'apporta près de la Buick.

Il se rendait pas compte, il y connaissait rien en dynamite. Quand il avait voulu planter des arbres dans la caillasse, il mettait deux charges, avec un copain ils trimbalaient une grosse plaque de fer dessus, elle devait faire cent dix, cent vingt kilos, au moment où les machins explosaient, la plaque s'envolait dans les airs comme un voile de mariée. Il imaginait mal ce que ça pouvait donner, cent quarante bâtons qui pétaient en même temps, c'était peut-être trop mais qu'est-ce que ça voulait dire, trop ? Il trouva aussi des mèches, des rubans de plastique adhésif, dans les histoires les mecs fabriquaient des petites bombes compliquées, des bordels très sophistiqués, mais Jimmy, lui, il avait aucune connaissance particulière de la chose, il savait juste que la dynamite ça sautait, il suffisait d'y foutre le feu, c'était facile.

Il mit tout ça en tas sur l'établi, rassembla les tournevis et tout ce qui pouvait lui servir. Ensuite il commença par défaire proprement la garniture de la porte, il trouva les fils. Il ferma le carreau jusqu'en haut et les coupa. Quand il essaya de baisser la vitre en appuyant sur le bouton, elle resta fermée, ça ne pouvait pas être plus simple, il se dit, il jeta un œil sur la sécurité de la porte, une espèce de clapet métallique pouvait bloquer l'ouverture, il força dessus, en fait il bousilla complètement le système, une fois fermée, cette porte se rouvrirait plus jamais, ha ha c'était parfait, parfait, quelle blague, il s'assit par terre et commença à attacher les bâtons de dynamite par paquets de dix, il prenait les mèches et les entortillait ensemble, c'était ça tuer, c'était juste ça, il se demandait s'il allait bientôt éprouver quelque chose de particulier, mais non, il y avait rien de sensationnel là-dedans, ça ressemblait à n'importe quoi d'autre, le monde était plat comme une assiette de mercure.

Il finissait son petit boulot quand on cogna au portail :

– OUVRE ! C'EST MOI !

– Va te faire foutre, Ned.

– OUVRE ! QU'EST-CE QUE TU FABRIQUES ?

– Rien. Je veux être tranquille.

– OUVRE ! TU CROIS QUE JE TE VOIS PAS ?

– Tu déconnes, tu vois rien du tout.

– OUVRE ! JE TE VOIS. TU ES ASSIS PAR TERRE !

– D'accord, je suis assis par terre.

– QU'EST-CE QUE TU BRANLES LÀ-DEDANS ? OUVRE !!!

Jimmy soupira, il décroisa ses jambes et se leva. Il ouvrit la porte. Ned le regarda et entra. Il s'approcha de la Buick, il resta un moment silencieux.

– Bon, il dit. Je ne peux pas te donner tort. Mais ça complique tout.

– Non, c'est très simple. Il y a rien de compliqué.

– Tu vas me battre sur ce terrain.

– Oui. Tu ferais la même chose.

– Moi je suis tout seul.

– On va pas recommencer.

– Non. Comment ça va se passer ?

– Les portes sont bloquées. Il y a cent quarante bâtons de dynamite sous les sièges et le coffre arrière est bourré de bidons d'essence. C'est beaucoup, tu trouves ?

– Je sais pas. Ça me paraît assez.

– Tu éloignes Marjorie et j'allume.

– Tu allumes.

– Ouais.

– Bon. Je vais t'aider.

– J'aurais ouvert de toute manière.

– Je sais.

18

Ils passèrent deux ou trois heures à bricoler sur la Buick. Très rapidement, ils avaient perdu de vue la finalité de tout ça, il s'agissait de mettre au point un truc simple et efficace, toute la discussion tournait autour de problèmes pratiques, ils étaient pas vicieux, Jimmy avait pensé à un trou dans la carrosserie pour la mèche et Ned avait rien trouvé d'autre, il voulait pas trop y penser, je vais le faire, il dit, il s'avança avec la perceuse et se paya le plus beau trou de sa vie. Ensuite il fixa les explosifs sous les sièges, les relia, il fit passer la mèche sous le tapis et la fit ressortir par le trou qu'il venait de faire dans le bas de la portière arrière, pas beaucoup, dix centimètres, tu crois que ça va, long comme ça, il demanda, Jimmy jeta un coup d'œil, ouais je crois bien, tu sais il faut juste pouvoir allumer, ouais ça ira, Ned pensa merde merde puis il s'occupa d'autre chose pendant que Jimmy continuait à démolir les systèmes de fermeture, il se faisait pas chier, il cassait tout, il éprouvait rien du tout, il y avait rien que ses doigts de vivants, toute sa fureur était passée dans ses doigts, il arrachait les fils, cognait sur le tournevis avec son poing, ces types, sûrement qu'il aurait pu se les faire comme ça, avec son corps déchaîné, il y avait pensé un moment mais l'idée d'un contact physique avec ces tarés l'avait rendu pratiquement malade, il savait pas pourquoi, une espèce de répulsion incompréhensible, il avait éprouvé quelque chose de semblable en voyant le visage de Sonia, ce truc qui l'avait défigurée, merde, il les aurait même pas pris avec des pincettes, merde, il cognait comme un dingue et il sentait rien, la ferraille était tordue depuis un petit moment, sa vie aussi.

Ned tira l'essence d'un bidon de deux cents litres que Jimmy maintenait toujours à moitié plein depuis cette putain de crise, il disait mon vieux, le jour où ils fermeront leurs pompes, il m'en restera toujours assez pour piquer une dernière pointe sur la route déserte et dévaliser le supermarché de mes rêves, merde il y aura encore pour un moment cette bagnole bourrée de vivres qui déboulera à fond la caisse dans leur foutu silence de mort, il disait ça en rigolant mais pas tant que ça, il ferait sûrement un truc du genre, s'en donner jusqu'au bout, autant qu'il pourrait. Il remplit tout ce qu'il put trouver en plus des trois jerrycans de plastique, des machins Tupperware, des bouteilles des tas de bouteilles et des gourdes de l'armée et un thermos et une bouteille de vin italien avec un grand col d'un mètre de long et des trucs incroyables jusqu'à la dernière goutte, Jimmy se chargeait de les ranger dans le coffre et, quand ils eurent fini, ils glissèrent un clou dans la serrure et le coupèrent à ras parce qu'on ne sait jamais, c'est ce qu'ils se dirent, ça, on ne sait jamais, ce qu'ils savaient sans avoir besoin de le dire, c'est qu'il y a toujours un moment où on ne peut plus revenir en arrière et ils en étaient là. Ensuite Jimmy glissa des chiffons dans les portières pour les empêcher de se refermer, ça serait le bouquet, il jeta un dernier coup d'œil à la Buick avant de sortir, un œil glacé.

Là où commençait le ciel, ça glissait doucement dans les rouge orangé avec des pop-corn qui plongeaient dans la piscine céleste, en traversant la cour, Ned leva le nez en l'air :

– Il faudra se pointer avant la nuit, avec les phares bousillés, il dit.

– Ouais, on va y aller. Je vais voir si Sonia est pas réveillée.

Ned rejoignit les autres pendant que Jimmy entrait dans la chambre. Elle dormait toujours. Il resta au pied du lit, les mains enfoncées dans les poches, il ne la regardait pas mais ça lui faisait du bien d'être près d'elle, il trouvait ce qu'il était venu chercher et plus encore parce qu'à un moment il se sentit vraiment très calme et il se mit à sourire, c'était bon, il baissa la tête et sortit doucement.

Quand il entra dans la pièce, les autres levèrent les yeux vers lui, il souriait toujours, il attrapa une orange sur la table, il avait pas faim mais il se sentait la bouche un peu sèche.

Il regarda Ned et Ned se leva, il fit un petit signe aux filles sans rien trouver à dire, Henri était dans la cuisine, il lui dit à tout à l'heure, il faillit buter dans le chat allongé à ses pieds, il était calme mais son corps était tendu, un peu raide, il traversa la pièce avec la démarche légère d'un zombie et Ned était sur ses talons.

En entrant dans la grange, il sentit ses jambes mollir mais il se força à avancer, son cerveau était dur comme un caillou, s'il l'avait fallu, son cerveau l'aurait traîné, même avec les muscles tétanisés il aurait fait bouger ce corps de merde, il s'installa derrière le volant, OH NOM DE DIEU, il faillit claquer sa porte, il se retrouva aussitôt en sueur, Ned se glissa à côté de lui.

— ATTENTION TA PORTE ! gueula Jimmy.

— Oui, je sais, je suis pas dingue...

— Putain, j'avais complètement oublié. Tu te rends compte du bordel ?

— Oui, bloque-la avec un chiffon.

Jimmy démarra. Quand ils arrivèrent sur la route goudronnée, il respira un peu, le chemin défoncé lui avait donné des angoisses de nitro. Ils avaient peut-être une vingtaine de bornes à faire, ils allaient être en avance, c'était une heure creuse et la lumière baissait, il resta tranquillement sur la file de droite, collé au cul d'un camion-citerne qui se traînait.

— Oh, double-le, dit Ned. Ça pue l'essence.

Jimmy resta deux bonnes minutes les yeux accrochés dans le rétro avant de déboîter, il attendait que la route soit parfaitement dégagée, il doubla mollement. A cause des portes légèrement entrouvertes, il y avait un courant d'air dans la bagnole, Jimmy frissonna :

– Merde, j'ai froid, il dit.

– Maintenant, on ne peut plus reculer, dit Ned.

– Qu'est-ce que tu chantes ? J'ai juste dit que j'avais froid, bon Dieu.

– Moi, je transpire, si tu veux savoir.

– Bon, mais c'est de la couille, ça va aller, c'est d'avoir passé toute cette journée à attendre, je suis à la fois sur les nerfs et lessivé. J'ai la trouille mais ça va pas m'arrêter.

– D'accord, tu as du feu ?

– Eh, avec les vapeurs, c'est pas prudent. Tu fumeras tout à l'heure...

– Je ne veux pas fumer. C'est pour toi, pour la mèche...

Jimmy s'arc-bouta sur son siège pour fouiller ses poches.

– Oh maman, oh merde, il dit.

– Bien sûr. Tiens.

Ned lui tendit une boîte d'allumettes.

– T'es quand même un foutu con, dit Ned.

Ils se regardèrent et rigolèrent.

– Bon, marre-toi, mais il faut que je pense à tout. Pour ta bagnole, j'ai téléphoné aux flics, j'ai dit qu'on te l'avait piquée hier matin, j'espère qu'ils iront pas fouiner, mais tu sais le flic, le mec de Lili, j'aime pas trop ça, oh merde, j'en sais rien, t'iras faire ta déposition, on verra bien, mais faudra réfléchir à ce truc-là, ça nous arrive de tous les côtés.

– On est dans le creux, ça va remonter.

– Au plus profond de la nuit, l'étincelle du jour. Je connais.

– C'est pas des conneries.

– Non, mais le problème est de savoir quand on touche vraiment au fond, si ça peut pas être encore pire...

– Ah ça, t'es formidable, tu sais redonner confiance aux gens. Tu es parfait.

Ils atteignirent l'entrée sud avec une bonne demi-heure d'avance, il y avait déjà des lumières, peu de voitures, l'usine de chocolat était un énorme bâtiment mauve entouré d'un grillage, ils tournèrent dans la rue que Zac leur avait indiquée, elle n'était pas éclairée mais on y voyait encore assez, c'était un coin désert. Il y avait plutôt des hangars et des cours avec des camions, du ciment dégueulasse, des portes en fer, tout ça était inondé de silence et de zones d'ombre mystérieuses, des papiers d'emballage, des cartons pourris, des cagettes éventrées, dans un moment la lune allait déconner là-dessus, envenimer tout ça.

Jimmy roula doucement jusqu'au bout, jusqu'à une petite place en cul-de-sac, il y avait juste la place pour manœuvrer une bagnole, il se rangea tout à côté de la cabine déglinguée, pas de téléphone là-dedans, seulement un paquet de fils de toutes les couleurs comme un bouquet rigolo, les carreaux avaient explosé, la structure d'aluminium était pliée en deux, comme si un ange avait cogné là-dessus avec son poing. Il coupa le contact, la montre sur le tableau de bord disait un quart d'heure, ENCORE un quart d'heure, il prit une cigarette, ouvrit la porte et posa ses pieds sur le trottoir. Il craqua une allumette, c'étaient de bonnes allumettes bien sèches, pour la millième fois, il essaya de laisser cramer le petit bout de bois en le retournant entre ses doigts mais il se brûla encore un coup, c'était un truc con, la douleur ne venait pas tout de suite, tout le plaisir venait de cette petite seconde d'attente, il tournait le dos à Ned et, quand cette pensée lui traversa l'esprit, il lâcha sa cigarette sans s'en rendre compte, il murmura :

– Bon Dieu, on a pas pensé à ça. Imagine qu'ils se pointent en bagnole, qu'ils montent pas tous dans la Buick, merde, c'est la catastrophe !

– C'est trop tard pour penser à ça. Ils peuvent venir aussi à six ou sept et nous envoyer en l'air, il peut arriver n'importe quoi. C'est maintenant qu'on va voir si on a touché le fond, peut-être qu'il viendra tout seul et nous conduira autre part, peut-être que ça ira comme on a dit. Encore cinq minutes. J'y crois.

A dix heures, Jimmy commença à dévorer tous les ongles de sa main droite, Ned alluma une cigarette. Cinq minutes plus tard, il arrivait au sang, alors il entama sa main gauche, il avait les ongles durs, parfois ses dents claquaient l'une contre l'autre et il fermait les yeux, la nuit tombait tout à fait et une petite lumière gicla d'une fenêtre d'un pavillon, plus loin, et une autre, c'était une nuit comme un gâteau italien, à plusieurs étages, du noir, du silence, de la chaleur, du noir, du silence, du chocolat, de la chaleur et des sucreries lumineuses, écœurantes.

Vingt minutes plus tard, Jimmy était sur le point de craquer, il arrivait à tenir une dizaine de secondes sans loucher sur la montre, il se disait il faut pas que je bouge, si jamais je me lève et que je commence à tourner en rond, je vais devenir dingue, le seul moyen d'attendre, c'est de rester immobile, il faisait craquer ses phalanges une par une, il savait aussi faire ça avec ses pieds.

Quand il les vit arriver, il ne réalisa pas tout de suite, il fallut qu'il attrape le bras de Ned et qu'il dise :

– Eh, les voilà.

– Ouais, j'ai vu. On était au fond.

Jimmy allait bondir de son siège mais Ned l'empoigna :

– Eh, calme-toi, CALME-TOI !

– HEIN ??!!

Il expira un grand coup, glissa ses deux mains à plat sur sa figure, les autres étaient à une cinquantaine de mètres, ils se ramenaient tranquillement à pied, ils étaient sortis de nulle part, il souffla encore et dit à toute vitesse :

– Bon, tu emmènes Marjorie, tire-toi aussi loin que tu peux, je vais me démerder, emmène-la.

– Tu es sûr que ça va aller ?

– Bon Dieu si je suis sûr !

Il s'éjecta de la voiture comme un fou. Ned eut juste le temps de se coucher en travers du siège pour retenir la porte, ils étaient deux, Zac tenait Marjorie par un bras et l'autre se trouvait un peu en avant, Jimmy passa à côté de lui sans le regarder, Marjorie était tout près, elle lui souriait, l'autre se retourna d'un bloc et frappa Jimmy avec une matraque en caoutchouc, très courte, qu'il sortit de sa manche. Jimmy hurla, le truc avait dérapé et lui avait cogné l'oreille, il se tourna en collant sa main sur le paquet de sang qui lui coulait du crâne. L'autre ne bougeait pas. Zac lâcha Marjorie ou peut-être qu'elle se libéra toute seule, elle vint s'enrouler entre ses jambes, il la serra contre lui sans quitter l'autre du regard, Zac s'approcha en rigolant :

– C'est mon pote, il dit. Je l'ai arraché à une partie, il était furieux. Tout ça, c'est de ta faute, c'est normal. Bon, je vois que tu as la bagnole...

A ce moment-là, Ned sortit de la Buick. Zac fit la grimace.

– Qui c'est, celui-là ? Qu'est-ce qu'il fout ici ?

Jimmy essayait d'écarter sa main pour voir si son oreille tenait toujours, il en était pas sûr, c'était brûlant, ses jambes le tenaient qu'à moitié et Marjorie qui se cramponnait à elles, oh Jésus, qu'est-ce qui s'était passé ? Il caressa les cheveux de sa fille, il lui dit :

– Va avec Ned, fais ce que je te dis.

– Tu saignes, là, elle dit.

– Oui. Dépêche-toi.

Il la décrocha de lui et la poussa doucement en avant, merde, elle lui sembla tellement petite en passant devant l'autre abruti et l'autre fit un pas vers elle, il était en train de le faire, Jimmy lâcha son oreille qui dégringola de deux ou trois centimètres et hurla :

– PUTAIN, NE LA TOUCHE PAS !!!!!!

Marjorie, elle était si mignonne, au lieu de s'arrêter, je t'en supplie, ne t'arrête pas, elle se mit à courir vers Ned et sauta dans ses bras, bon, ça va aller maintenant, il se dit, il se tourna vers Zac, replaça sa main sur son oreille, Zac souriait toujours, ce truc devait l'amuser et il voyait la Buick, pourquoi il aurait pleuré ? L'autre avait l'air nerveux, il devait pas peser bien lourd, il était petit et maigre mais il avait vraiment une sale gueule, il suçait sa lèvre inférieure, il regardait Jimmy par en dessous, son cri l'avait surpris et la môme lui avait échappé, il aimait pas ça, avec sa matraque, il pouvait se faire n'importe quel connard, il lui avait déjà mis une oreille en l'air, il pouvait continuer, il en avait même vachement envie. Jimmy sentit ça assez facilement, il recula vers Zac, maintenant, il s'agissait de les faire grimper dans cette foutue bagnole, pas de se faire démolir, il dit :

– Tu as la Buick, dis à ton copain que tout est correct, on a eu des emmerdes, mais tout est arrangé, maintenant, non ?

Zac avait les mains dans les poches, il riait aux anges, il avait la bagnole, rien ne l'empêchait de rigoler un peu :

– S'il te mettait une raclée, tu l'aurais pas volé, il dit. Tu nous as fait perdre du temps et ta môme me les a brisées, il a fallu que je lui achète une connerie, hé ducon, tu me dois du fric, tu sais...

Jimmy fouilla dans ses poches et lui donna tout ce qu'il avait trouvé, il savait pas combien au juste, il y avait des billets. Zac empocha l'argent sans le regarder.

– Merde, t'es loin du compte, mon frère...

– C'est tout ce que j'ai.

– Hé, je l'ai fait sauter sur mes genoux, elle a un petit cul et tout, dis-moi...

– Ouais, elle a une chatte, c'est une femme.

Zac s'esclaffa et tapa sur l'épaule de Jimmy.

– Ouais, ouais, exactement, mon pote. Elle se fera bientôt enfiler, c'est chouette, mais j'ai une trop grosse queue, j'ai pas pu lui mettre, tu comprends, il faut que j'attende, c'est ça hein ?

– Oui, c'est ça.

– Bon, bon, mon pote, tu m'as toujours pas dit qui c'est l'autre con là-bas.

Jimmy se tourna, Ned se tenait à une trentaine de mètres derrière la Buick avec Marjorie dans les bras, il les regardait, merde qu'est-ce qu'il fout, je lui avais dit de se tirer, merde.

– C'est rien. Te tracasse pas. J'avais les jambes sciées, il a conduit, c'est son oncle.

– Toi, mon salaud, tu avais pas confiance, tu voulais baiser ce vieux Zac, c'est pas vrai ?

– J'aurais pas essayé de faire le con, tu avais Marjorie.

L'autre s'était approché, il avait l'air d'attendre un signe de Zac.

– Bon, ne le prends pas mal, mais mon copain est énervé, tu nous as fait chier, tu as gâché sa soirée. Ça sera pas long, mon pote.

– Attends, réfléchis. Je peux encore te filer deux ou trois adresses quand tu en auras besoin. Dis-lui que je regrette...

Zac le regarda un moment, il réfléchissait, il se frotta le sexe en souriant, il avait un air féroce mais il dit doucement :

– Ça va, tu t'en tires bien, mon pote, tu t'en tires super...

Il laissa Jimmy planté là avec son oreille qui commençait à lui faire vraiment mal, mais c'était rien à côté de son cœur qui cognait comme un sparring-partner déchaîné et son esprit douloureux, figé comme un bloc d'encre gelée, bon Dieu et maintenant il fallait qu'il s'approche de la bagnole, il le fallait, c'était con mais il savait plus trop pourquoi il devait faire ça sur le moment, il comprenait plus.

Zac se dirigea avec l'autre vers la Buick. Ned s'éloigna un peu plus et Jimmy toucha les allumettes à travers sa poche, il s'avança. Zac était déjà installé sur son siège, il avait sorti une bouteille plate de sa poche et buvait, IL AVAIT CLAQUÉ SA PORTE, il regarda Jimmy derrière le pare-brise et rigola. L'autre allait s'asseoir derrière le volant, il tenait encore la portière par le montant du carreau, tous ses doigts alignés là-dessus comme des petites poupées blanches, c'était un peu le moment de régler des comptes, trois fois rien, alors Jimmy sauta à pieds joints sur la portière. Le petit gars eut pas le temps d'enlever sa main et le truc se referma dessus, Jimmy entendit les os craquer pendant que lui se ramassait par terre. L'autre se mit à gueuler comme si on l'égorgeait, ses doigts étaient toujours coincés mais la portière s'était refermée, tout le temps où Jimmy chercha ses allumettes, il continua à gueuler, Marjorie demanda pourquoi il crie comme ça et Ned ne répondit pas.

Jimmy craqua l'allumette, il les entendait s'agiter à l'intérieur, peut-être qu'ils commençaient à s'exciter avec les portes, il les voyait pas, il voulait pas regarder, la mèche s'enflamma en sifflant et disparut dans son trou, alors seulement Jimmy se releva, il vit la gueule tordue de Zac écrasée sur le carreau qui cherchait à voir ce qu'il fabriquait, il se mit à cavaler vers Marjorie, sans la rattraper parce que Ned fonçait lui aussi comme un fou, quand la bagnole explosa il se dit que sûrement la moitié de la ville avait été soufflée, il pensa au bruit après, il était toujours dans ses oreilles, trop gros pour pouvoir y passer tout entier.

Ils s'arrêtèrent à bout de souffle. Jimmy prit Marjorie dans ses bras et se retourna. Ça brûlait, on ne voyait pas bien, il y avait tous ces bâtiments autour, rouges, orange, ça bougeait, des trucs continuaient à exploser, les flammes faisaient un tel boucan, Marjorie regardait ça en se bouchant les oreilles, merde, il y avait de quoi couler un porte-avions dans la Buick, ils avaient dû partir en bouillie, la carcasse de la Buick se découpait au milieu de la rue, ce qu'il en restait, des morceaux de ferraille sombre, de la tôle tordue, étirée dans un œuf lumineux.

Avant de se remettre en marche, ils se passèrent

Marjorie, il fallait que Jimmy tienne son oreille. Ils tournèrent le dos aux flammes, Marjorie tendit un petit livre à Jimmy.

– C'est à moi. Il l'a acheté, elle dit. Les lions. Tu as vu les lions ?

– Oui, oui, fit Jimmy.

– Tu regardes pas.

– Oui, attends. Il fait nuit.

Ils ne marchaient pas trop vite mais ils respiraient très fort, il y avait leurs ombres juste devant eux, les vapeurs de chocolat, le ronflement du monstre, les murs rouges et personne, pas un chat dans ce coin maudit, heureusement, les pointeuses ronronnaient dans les bâtiments vides, les serrures s'enculaient.

– Tu as mis le feu à la voiture ? elle dit.

– Non.

– Qu'est-ce qu'on fait ? demanda Ned. On arrête une bagnole ?

– Ouais, je sais pas.

– Elle va brûler longtemps ? demanda Marjorie.

– Ouais, c'est pas près de s'arrêter, déclara Jimmy. On y peut rien.

Arrivés au bord de la route, ils se retournèrent, une fumée noire tournait autour des flammes, une voiture stoppa de l'autre côté, le type était penché sur le volant et la femme à côté de lui, une blonde avec des boucles d'oreilles comme des cerfs-volants, ils regardèrent un moment et le type en profita pour l'embrasser avant de redémarrer, Marjorie avait repris son pouce, ils se mirent à marcher sur le bas-côté, sans un mot, pas de sirène de police, pas de gyrophare, rien, ils avaient un sacré bout de chemin à faire, la première bagnole qui les dépassa ne ralentit même pas, elle est pas trop lourde, demanda Jimmy, Ned ne répondit pas, ils firent presque un kilomètre, des trottoirs, de l'herbe, des cailloux, ils trébuchaient dans l'obscurité, ils y croyaient plus, c'était une Camaro noire avec des jantes larges, elle freina et le clignotant jaune explosa dans la nuit, ils cavalèrent comme des tordus, Jimmy avait encore son pouce tendu dans la main, raide mort.

Sans attendre, Jimmy grimpa à l'arrière, il prit Marjorie sur ses genoux sans la réveiller et Ned monta à l'avant. C'était un jeune mec avec des cheveux noirs, très courts, un tee-shirt et un jean supercollants, il portait des lunettes de soleil, EN PLEINE NUIT, des tennis blanches et des gants de cuir, tout juste s'il tourna la tête vers eux, il avait des lèvres fines, il démarra pendant que Ned marmonnait un truc idiot sur la chance, dans ce coin paumé. Ned se tourna vers Jimmy :

— Ça va ? il dit.

Jimmy était penché sur Marjorie, il leva doucement les yeux vers lui, il avait l'air fatigué et malheureux, comme Van Gogh vers la fin.

— Je sens rien, il dit. Je te jure.

19

— Hé, viens, je vais te sucer, viens.

— Putain, qu'est-ce que tu racontes ? dit Ned.

Le type les avait arrêtés juste à l'embranchement du chemin qui menait à la baraque. Ils avaient encore toute la forêt à traverser, c'était l'affaire d'une demi-heure, c'était rien, Jimmy était déjà descendu avec Marjorie et, au moment où Ned avait claqué sa porte, l'autre s'était allongé sur la banquette, il avait baissé le carreau, il l'avait appelé.

— Il y a un billet pour toi, viens.

Vite fait, il avait glissé une main dans sa poche, il tendait le fric à Ned, c'était des lunettes à la con, des miroirs, impossible de voir ce qu'il y avait derrière ou dedans.

Ned tendit la main et attrapa le billet.

— Va te faire foutre, il dit.

L'autre se dégrafa et sortit sa queue, elle était longue et molle, il bandait à moitié.

– Je le fais bien, tu vas pas le regretter, il dit.

Ned s'écarta de la bagnole et marcha vers Jimmy qui l'attendait.

– Qu'est-ce qu'il voulait ?

– Il voulait me sucer pour du fric. J'ai pris le fric.

– Je suis mort.

Ils étaient à une vingtaine de mètres, l'autre sortit de la bagnole, s'appuya sur une aile avec son engin dehors, dans le miroitement de la lune, il le faisait glisser dans son gant, il gueula :

– Toi là-bas, PÉDÉ, tu as pris le fric, QU'EST-CE QUE TU CROIS ?

– Ça y est, il s'énerve, dit Ned. Si on fait rien, il va continuer à nous faire chier.

– JE PARIE QUE TU AS RIEN DANS LA QUEUE !

Comme il répondait pas, l'autre s'avança d'un pas :

– C'EST LA MÔME QUI VOUS INTÉRESSE, HEIN ?

Jimmy tendit Marjorie à Ned, il se baissa, ramassa un caillou et le balança de toutes ses forces sur la Camaro, TONK, il se paya la portière arrière, il en avait marre d'entendre ces conneries sur sa fille, elle dormait, elle était tranquille, il venait juste de penser que pour elle aussi ça avait été dur, il imaginait, et tous ces tarés qui déconnaient avec elle, il en avait marre de ça, il chercha une autre pierre pendant que l'autre grimpait d'un bond dans sa voiture et démarrait, les feux étaient tellement loin quand il se redressa, il la lança quand même, il sentit le sang lui coller au bout des doigts, le truc monta très haut en l'air, disparut entre les branches des arbres, il avait complètement foiré son coup.

Ils firent tout le trajet sans y penser, de temps en temps, ils se relayaient pour Marjorie, ils étaient plutôt fatigués mais cette balade c'était bon, un peu de silence et la lune qui dévorait des aiguilles de pin, ça ils en avaient rien à branler, ils se seraient même pas arrêtés pour lever les yeux au ciel si elle s'était cassée en deux, ils marchaient vite, tu as pas faim, toi, si ça commence, ils avaient trouvé un bon rythme, quelle connerie, qu'est-ce que t'as dit, je dis quelle connerie tu crois pas, je sais pas ça dépend pourquoi tu dis ça on va pas revenir là-dessus, non non, tiens tu veux pas la prendre, donne-la-moi, merde, son bouquin, on a perdu son bouquin, non je l'ai, ha, Jimmy avait trouvé un truc pour son oreille, il avait attaché un mouchoir autour de sa tête, ça ne saignait plus beaucoup mais le truc était tout rouge, mon héros, arrête tes conneries, mon héros, ils aperçurent les lumières de la baraque trois cents mètres plus loin, dans le bas, tu vas lui dire, je sais pas encore, sûrement, ils sortirent de la forêt et commencèrent à descendre doucement, fallait faire gaffe de pas rouler sur une pierre avec Marjorie dans les bras, oh nom de Dieu, j'ai failli y aller, ouais, méfie-toi, Ned heureusement que j'étais avec toi, ouais avance, merde on crève de chaud, ils traversèrent la cour, ils entendaient pas un bruit, rien du tout, maman, ils se collèrent une bonne frousse, c'est tout juste s'ils enfoncèrent pas la porte au pas de course, ils sortaient d'en prendre, est-ce qu'ils avaient vraiment touché le fond, merde, ils arrivèrent dans la grande pièce à fond de train, sans respirer.

– Tiens, les voilà ! dit Henri.

Seigneur, ils se payaient une de ces allures, il leur manquait juste le cigare au coin des lèvres, pas rasés, luisants de sueur, hirsutes et le regard fiévreux et l'enfant qui dormait dans leurs bras, toute blanche avec sa petite robe marrante et ce bouquin de môme qu'ils tenaient avec le gros lion en couverture.

– Oh nom de Dieu. Vous êtes là. Et Sonia, dit Jimmy.

Elle était encore sonnée mais ça allait mieux, elle s'avança vers lui et s'accrocha autour de sa taille, qu'est-ce qu'il pouvait faire avec Marjorie dans les bras, il se pencha au-dessus d'un coussin, il y avait un dragon brodé et elle dormait toujours.

En plus, il y avait des trucs sur la table, ils les attendaient, ils avaient préparé à manger, Carol savait rien foutre, elle avait aidé les autres, Sonia s'était réveillée juste après qu'ils étaient partis, elle avait voulu se lever, ils étaient pas trop d'accord mais elle avait dit je ne suis pas morte, juste un peu mal au crâne, bon vers dix heures elle était en train d'éplucher des oignons, elle pleurait au-dessus des rondelles, elle regardait ailleurs et les autres se démenaient doucement, elle jeta un coup d'œil sur l'heure, il va la ramener, je le sais, elle pensa, c'était une pizza aux oignons, il fallait qu'elle pleure encore un peu.

Ned se pencha et attrapa une petite saucisse rose, au passage il repéra les gros morceaux de gruyère dans la salade, du maïs merde ils ont foutu du maïs là-dedans, Lili le regardait, ça le chatouillait, hé, c'est bon, surtout que Carol était pendue à son bras et le tirait pour s'asseoir.

– Merde, je crève de faim, il dit.

Ils mangèrent, sans parler du sale moment qu'ils avaient passé, pas une putain d'allusion ni un souffle, ils rigolèrent, c'était facile, ils se sentaient plutôt bien, ils s'étaient foutu la trouille et ils en revenaient, surtout ils buvaient, Jimmy embrassait Sonia toutes les trente secondes et d'une drôle de façon, par petits bouts, en lui frôlant les nichons et à chaque fois les autres riaient jaune, sexuellement la trouille est un bon truc, comme les grandes émotions, se toucher à un enterrement, mouiller dans une manif un peu chaude, ça c'était des bonnes choses, ils les regardaient et ça leur coupait le souffle, merde merde, Ned s'était tourné vers le plus facile, Carol était surtout juste à côté, Lili était un truc plus rare, il se sentait pas prêt, on est jamais tout à fait prêt pour ce genre de chose.

Puis, à un moment, Jimmy regarda Sonia droit dans les yeux et il dit tout haut :

– Bon, je crois qu'on va aller se coucher.

Sonia emporta Marjorie parce que Jimmy avait assez de mal comme ça tout seul, il poussa la porte et s'écroula en travers du lit. Pendant qu'elle se déshabillait, il s'alluma le ventilateur sous le nez, sa tête se vida d'un seul coup, tu sais je les ai tués, il dit, elle répondit pas, elle était avec lui jusqu'au bout, il avait ramené Marjorie, son esprit refusait d'aller plus loin, même son esprit aurait pas fait le poids, il était là, couché, et il l'attendait, quelle connerie pouvait s'opposer à ça ? Il était sur le ventre, elle s'allongea près de lui et il la prit par la taille, il y avait des ressorts qui grinçaient, ils regardèrent le tapis ensemble, Jimmy commença à compter les franges, il demanda :

– Tu as entendu ce que j'ai dit ?

– Oui.

– Je me demande comment j'ai fait ça. Je pouvais pas faire autrement.

– On en parle pas si tu veux. Je veux pas penser à ça.

Il la caressa, maintenant il était sûr que ça irait, elle se mettait avec lui, il en avait rien à foutre du reste, il se tourna sur le côté et se glissa tout habillé entre ses jambes, elle avait gardé son slip, il dit :

– Oh merde, tu les as ?

– Depuis hier. On s'en fout.

Positivement, il lui dévora les nichons, il se pendit aux élastiques.

Vers deux heures du matin, ils avaient tellement bu, Ned glissa sur le côté, c'était un tapis qui descendait tout droit du paradis, il resta calé sur un coude et Lili lui proposa une tranche d'orange recouverte de sucre glace, il fit craquer la petite chose entre ses dents avec le sourire de M le Maudit.

Henri était au poil, il déconnait à fond, il s'occupait

de la musique, il mettait des trucs d'ambiance, des arcs-en-ciel sucrés, des cocotiers plantés dans les vagues, des cornes de gazelle bien swinguées frissonnant dans le petit matin, il dit merde je me suis fait chier à glacer ces oranges et les deux autres se sont couchés. Tout de suite après, il se prit la tête dans les mains et se mit à rire tout seul, sans raison, rien que pour la douceur du rire, ça lui montait du ventre, il savait pas boire, trop et à toute vitesse, n'importe quoi, n'importe comment, quand il changeait les disques il passait près des bouteilles, il en choisissait une à l'étiquette, l'alcool lui arriva sous le crâne d'un seul bloc, il plongea sous les coussins, se releva, il entreprit de sucer tranquillement une tranche de mandarine collée sur une rondelle de banane, tous les fruits de la baraque y étaient passés, lui il avait pris son pied avec les oranges, il les avait particulièrement soignées et pendant ce temps-là il avait pensé à rien. Quand il s'écroula sur le côté, personne songea à le remuer, il était tombé bien au milieu d'une mousse, de temps en temps, il ouvrait les yeux mais il voyait rien, des voix se promenaient dans ses rêves, suspendues comme des soucoupes volantes, mais jamais personne en descendait, les deux filles avaient commencé à débarrasser, Ned avait trouvé une position, la dernière, c'était la même mais planté sur un autre coude, le premier avait été cisaillé par les fourmis.

Il leur tournait le dos, quand il entendit l'eau couler, il se dit ça y est, elles font la vaisselle et quand il sentit qu'une des deux venait de se planter derrière lui, quand il se mit à sentir son souffle dans sa nuque, il chercha pas à savoir tout de suite, il s'envoya un plaisir incroyable avec ça, pour un peu il aurait fermé les yeux jusqu'au bout, il aurait éteint la lumière et il aurait prié tout le reste de la nuit pour qu'elle se tire avant le jour, c'était Carol, il reconnut sa voix quand elle dit on va ailleurs, l'autre était restée avec l'eau qui coulait sur les assiettes sales et la mousse qui grimpait le long des verres, c'était comme ça, ça aurait pu être autrement, il avait pas choisi, c'était déjà beaucoup.

Il se redressa tant bien que mal et elle vint se coller contre lui, sans faire semblant, elle plaqua son ventre contre sa hanche, il regarda Lili penchée au-dessus de l'évier, sinon il l'aurait baisée comme ça, debout, c'est ce qu'elle voulait aussi, Lili les voyait pas, il lui caressa les fesses, elle l'entraîna vers la chambre ou peut-être que c'était lui qui était devant, dans le couloir sa tête valdinguait d'un mur à l'autre.

Ils glissèrent doucement sur le lit, il fit une espèce de vrille et elle se retrouva sur lui, elle lui fourrait sa langue dans la bouche, toute sa langue, il aimait ça à moitié, ce qu'il aimait c'était se retrouver avec cette cathédrale miraculeuse sur le ventre et la pureté de ces deux nichons.

Lili s'essuyait les mains, elle avait fini, elle avait ce joint éteint entre les lèvres, c'était marrant ce mec, elle pensait à Ned, juste comme ça, c'était agréable, Carol s'était vraiment bien démerdée, elle voulait bien l'avouer, elle avait même fait très vite, la vache elle connaissait à fond les règles du jeu, elle chercha des allumettes pour finir tranquillement ce petit joint, en fait elle prenait ça plutôt bien, elle aimait tellement Carol et ça leur était arrivé de se payer le même mec, elles avaient trouvé ça super, ça les avait rapprochées, c'était bon, elle était complètement raide, elle avala quelques dattes appuyée sur le mur, le mur essayait de la pousser, elle était même plus très sûre d'avoir rincé la vaisselle, elle visa le cendrier avec les noyaux sans réussir une seule fois, n'empêche, merde, elle aurait bien fini la soirée autrement et l'autre qui s'était effondré dans les coussins, il lui déplaisait pas, toute la soirée il avait été gentil avec elle, elle y avait fait à peine attention parce que c'était Ned qui l'attirait, mais maintenant, il aurait très bien fait l'affaire, il était plus jeune, il devait être très doux, de toute façon, elle cherchait pas le grand amour.

Elle pivota sur le mur et s'engagea dans le couloir. Evidemment, ils avaient pas fermé la porte, Jimmy l'avait démontée quinze jours plus tôt pour récupérer les charnières, QUELQUE CHOSE DE PLUS URGENT, il avait accroché un rideau de perles à la place, ça ou rien c'était pareil, Carol était à cheval sur lui, elle transpirait, elle avait les épaules argentées, de temps en temps elle rejetait ses cheveux en arrière, Lili était pendue à une poignée de perles, elle regardait ça tranquillement, à un moment, Carol se souleva un peu trop et le machin dérapa entre ses cuisses, elle poussa un petit cri et pendant une toute petite seconde, elle s'énerva pour le remettre en place, Lili laissa retomber les perles, ticiticiticiiiiiit.

Dehors, il faisait pas chaud, elle s'appuya près de la porte, les bras serrés autour d'elle, elle se demandait si elle allait s'offrir une cigarette, d'un autre côté ça sentait tellement bon, une odeur de résine et de pierre, il y avait une brise qui vaporisait tout ça sur sa peau, merde des fois elle en avait vachement envie, elle se sentait vicieuse et coulée dans de l'acier. Elle resta plus d'une heure sans bouger, simplement elle frissonnait dans l'obscurité, c'était tout bleu autour d'elle, c'était pas une vraie nuit.

20

La journée du lundi fut une vraie catastrophe pour Franck. Abominable, le réveil fut abominable, les jambes molles et puis envie de dégueuler aussi, il sautilla jusqu'à la salle de bains, quelle gueule de con, une vieille pute restée douze heures sous la pluie à sangloter dans les dégoulinades de rimmel et les traînées de rouge à lèvres, il soupira devant la glace, la flotte merde il trempa juste ses doigts, le petit gobelet et la brosse bleue, en plastique, il y avait des auréoles de dentifrice dessus, c'était vraiment trop dur, un macaroni à la menthe, translucide, le tube était cabossé comme une maquette de guerre mondiale, il pissa pendant un long moment, les épaules fléchies.

Dans la cuisine, les tartines grillées giclèrent de l'appareil et la machine à café rota consciencieusement dans son coin, il avait disposé la tasse sur la table avec couteau cuillère beurre et soucoupe, il avait encore jamais fait ça, normalement il buvait toujours debout, il tenait pas en place le matin, il s'installa devant, le cul sur la chaise, les tartines étaient trop cuites, le café amer, putain j'ai fait comme ils disaient, j'ai mouillé le filtre et deux cuillères à café par tasse, ces types sont vraiment des cons. Il pensa seulement à Helen au moment de débarrasser, il s'arrêta au milieu de la pièce avec le bol à moitié vide dans les mains, qu'est-ce qu'il allait faire, s'il se grouillait, il avait peut-être une chance de l'éviter, il voulait pas la voir, pas pour les raisons qu'il avait imaginées, bon Dieu, il aurait été capable de parler avec personne, il tendit l'oreille pour voir si ça bougeait pas là-haut, il pouvait être dehors en moins de cinq minutes.

Il faisait beau, ça n'arrangeait rien, trop chaud, trop de lumière, il aperçut sa bagnole. Lili l'avait garée juste devant, cette saloperie de Ford noire qui avait dix ans. Il fit demi-tour et récupéra les clés, il remarqua que le buste de Marilyn avait disparu, ça le fit chier, il aimait bien ce truc, quand il rentrait et qu'il était en forme, il lui caressait un nichon.

La bagnole démarra normalement, encore heureux parce qu'en plus l'air climatisé était mort et elle suçait au maximum, il s'en tirait tout juste avec ses notes de frais, ses sorties personnelles c'était rare qu'elles ne soient pas de sa poche, rouler à l'œil c'était plus difficile que de coincer cent kilos d'héroïne.

Il sauta de bagnole à un feu rouge pour s'envoyer des croissants rassis, les mecs commençaient à s'énerver, à klaxonner, il les envoya aux chiottes d'un geste mou, il piqua ses lunettes de soleil dans la boîte à gants et démarra en ouvrant sa vitre, les nanas en tee-shirt rigolaient sur le trottoir, comme un fait exprès, elles étaient toutes belles avec leurs pantalons collés, elles puaient la vie, ce qui les intéressait, c'était de déglinguer un mec, Seigneur, SEIGNEUR, elles en avaient encore pour quelques années à rester invulnérables.

Il devait être neuf heures, un peu moins, il tapotait le volant d'une main, ses idées revenaient tout doucement en place, il se rappela qu'il avait demandé au Gros de passer, avec un peu de chance il serait encore chez lui, il commençait à se sentir mieux dans la bagnole, ça le faisait pas chier de rouler, il était bien assis, ça avançait pas vite, ils étaient comme une bande de chiens fous qui s'excitaient entre eux.

Il gara la voiture et traversa le jardin, il y en avait cent comme ça d'un côté, cent cinquante de l'autre, c'était les mêmes baraques à part la couleur des volets, les siens étaient verts, ça venait d'un lot soldé au supermarché du coin, QUE DU VERT, les radins et les fauchés avaient sauté là-dessus, huit baraques sur dix, il fallait pas s'étonner, Franck s'était toujours demandé dans quelle catégorie il fallait mettre le Gros, avec ces immondes parterres de fleurs, comme fouille-merde, le soleil se posait un peu là.

Dans le salon, affalé sur un divan à pois rouges, il trouva Willy perdu dans la contemplation d'un vagin grand ouvert, une double page couleurs, rien qu'un trou et des poils gros comme des troncs d'arbres, sans jambes, sans bras, sans nombril, c'était même pas une fille avec un sourire idiot, c'était même pas un truc pour rêver, c'était plutôt mortel. Willy leva les yeux sur lui, il était tout bleu avec de grands cernes violacés sous les paupières, il avait mis un pansement épais sur son nez. Il se dressa sur un coude.

– Salut, il dit.

– Tu t'intéresses à ça, maintenant? demanda Franck.

– T'as vu ça? Je pourrais foutre mon genou, là-dedans.

– C'est sûr, continue à réfléchir là-dessus. Il est là?

– Dans la cuisine, je crois. J'attends qu'il ait fini pour aller bouffer.

Le Gros mangeait tout seul, les yeux dans le vide, la cuisine ressemblait à un truc de poupée, avec des bibelots, des merdes accrochées au mur, des petits rideaux à carreaux rouges et blancs, des casseroles en cuivre, toutes les chieries qu'on récolte avec l'âge, il avait l'air d'un monstre, là-dedans, mais elle le laissait toucher à rien, elle avait changé trois fois de cuisinière sans qu'il s'en aperçoive, pour ses robes et ses coiffures, c'était la même chose, peut-être qu'ils s'aimaient, peut-être qu'ils savaient plus, elle entra juste derrière Franck et lui proposa un café, oui si tu veux, il s'installa devant lui en grimaçant, à cause de la vie.

Millie était la reine du café et de tout ce qui touchait la cuisine, elle s'éclatait en particulier sur les douceurs, elle était petite et rose, sans âge, elle vous sortait un truc con comme une tarte aux pommes et c'était à hurler, le Gros leva les yeux et elle le servit aussi.

– Pour la bagnole, t'as rien trouvé? demanda Franck.

– Non. Willy l'a amenée ce matin. L'autre con, il a dû la piquer, c'est sûr.

– Il faut s'occuper de la Mercedes.

– Elle est facilement repérable, on va les coincer.

– Bon. Mais y a un truc.

– Qu'est-ce qui va pas?

– Tu causes pas de ce bordel, ouais y a Lili, je veux voir comment ça tourne...

– T'as des nouvelles, Franck? demanda Millie.

– Non, pas vraiment. Il t'a pas raconté?

– Oui et non. Il faut lui arracher les mots un par un.

– Millie, laisse-le tranquille avec ça.

– Donc, on va faire ça discrètement, Gros, je veux pas avoir les petits copains dans les jambes quand on va les pincer, ou vraiment le minimum, on verra comment ça se goupille, je compte sur toi, écoute, j'ai pas envie de passer à la boîte aujourd'hui, trouve une connerie mais fais gaffe à ce que tu racontes. Tu te démerdes à trouver d'où vient la Buick, tu vois les papiers et toute la merde, ensuite vois comment tu peux faire pour repérer la Mercedes, à mon avis ils doivent pas être très loin à cause de la bagnole, elle est trop visible, il faut savoir s'ils l'ont larguée et où, mais vas-y mollo. Bon, O.K., tu passes ce soir pour me dire.

– Oui. T'inquiète pas. T'es certain que Lili est avec eux, et Carol ?

– Oui, sûrement, où veux-tu qu'elles soient... ?

– Je sais pas.

– Ecoute, fais comme je te dis.

– Bon.

– Je vais te dire une chose, Gros, elles sont AVEC ces deux tordus, je te le garantis.

Un moment, il se demanda s'il allait pas lui dire la vérité, ça aurait facilité les choses, ce qu'il avait raconté devant Helen tenait pas tellement debout, sur le coup il avait trouvé ça parce que les blessures étaient encore fraîches. Il était presque décidé quand Willy se pointa en roulant des hanches, il se dit bon, ça presse pas, je verrai, qu'elle se soit tirée ou qu'on l'ait enlevée, ça changeait pas grand-chose pour lui, il voulait la retrouver et la ramener, il se souciait pas du reste, bon elle s'était tirée, mais qu'est-ce qu'elle croyait ? Elles sont cons.

Ça le prit au milieu du jardin, peut-être que ça avait un rapport avec le bouquin que lisait Willy, il imagina que l'un des deux mecs l'avait baisée, pourquoi pas, qu'est-ce qu'ils avaient foutu cette nuit, Carol était une salope, il le savait, il en avait souffert pendant un moment mais il la voyait pas beaucoup, il essayait d'en savoir un minimum sur elle, mais Carol était dans le coup, tiens il suffisait que le truc lui passe par la tête, Lili devait être fatiguée, surtout s'ils avaient roulé comme des dingues, il voyait tout à fait le truc, la chaleur, la nuit poisseuse, le relâchement, l'odeur de sueur dans la voiture, il commença à gémir pendant que les deux filles se mettaient les seins à l'air, Lili tenait son tee-shirt par la fenêtre pour le rafraîchir, elle avait déjà fait ça avec lui, une nuit ils étaient rentrés bourrés tous les deux, ça l'avait excité, les deux autres devaient loucher là-dessus, Carol était en slip, elle avait balancé son truc en lamé comme une poignée de pépites dans le fond de la bagnole, le truc clignotait doucement, elle était prête à se faire bouffer la chatte, il voyait bien ça et il connaissait Lili, il savait qu'elle s'était retournée sur la banquette avant pour voir ça, elle était à genoux, ça l'intéressait de voir Carol s'envoyer en l'air, il avait senti ce truc, Lili avec les autres femmes, ça lui déplaisait pas, il avait même imaginé quelque chose d'un peu plus précis, quelque chose de bon pour lui, il grimpa dans la Ford au moment où l'autre attrapait Lili par un nichon et se garait en catastrophe.

Il démarra sans regarder, Lili faisait glisser son pantalon, il vit briller l'éclair de sa culotte et, quand l'autre avança une main vers ça, il y eut un fracas épouvantable, le corps de Franck fit un bond en avant et retomba sèchement sur le siège.

C'était la même Ford que lui, à peine plus récente, il l'avait prise en plein milieu et le type essayait de sortir, il donnait des coups d'épaule dans toute cette ferraille déglinguée, il réussit seulement à arracher toute la porte et le carreau explosa par terre. Franck ferma les yeux une seconde et se cramponna au volant, ensuite il sortit. Ses nerfs s'étaient mis en boule dans son ventre, un nid de crotales exaspérés, il contourna sa voiture, c'était pas grave pour lui, un phare et l'aile qui s'était enfoncée. L'autre était un type entre deux âges, en bras de chemise, il regarda Franck puis haussa les épaules, ensuite il se baissa pour ramasser sa porte. Ça devait peser lourd, il vira au vert quand il la souleva au-dessus de sa tête, il poussa un grognement et se tourna vers SA PROPRE voiture, alors il fracassa la porte sur le toit de sa Ford, le truc descendit d'une dizaine de centimètres, puis il se mit à cogner sur son capot en marmonnant, il faisait pas semblant.

– Hé, qu'est-ce qui vous prend ? demanda Franck.

– Rien, il y a un macaron de flic sur votre voiture.

Il tournait autour de sa bagnole en envoyant de grands coups de pied dans la carrosserie, il paraissait pas en colère, il faisait ça plutôt calmement, même, ensuite il désigna la baraque du Gros en soupirant :

– Vous sortiez de chez LUI, c'est bien ça ? J'ai déjà eu affaire à lui, je sais comment ça se passe.

Il ramassa une poignée de gravier et descendit sa vitre arrière :

– C'est bien comme ça, il dit. On fait pas de papiers, je suis dans mon tort. Vous avez débouché sans même jeter un œil, je vous demande de m'excuser. J'espère qu'il n'y a pas trop de dégâts pour vous.

Franck avait pas bougé d'un poil. L'autre était en train d'enfiler ce qui restait de sa porte dans son coffre.

– Vous voyez, il dit, en plus j'emmène mes saletés. Je vous fais mes excuses, est-ce que je peux partir, maintenant ?

Franck hocha la tête, le regard fixe. L'autre démarra en le saluant d'un petit signe de tête. Il y avait déjà trois ou quatre connards arrêtés sur le trottoir avec le sourire aux lèvres. Il grogna tas de cons entre ses dents, il contourna sa Ford, la rue était couverte de verre pilé, ça faisait un petit bruit ridicule quand il avançait là-dessus, vraiment con, il avait même oublié de couper le contact, il démarra en seconde, cette bagnole le faisait CHIER.

Lili, à un feu, elle laissa tomber son sac, d'où il était il laissa plonger son regard entre ses cuisses, petite robe de salope avec ta peau blanche, un autre con à côté de lui et qui avait suivi le manège cligna de l'œil dans sa direction, il se marrait.

Lili, il ralentit, Lili devant un magasin de sous-vêtements, les bouts dressés sous son tee-shirt, quand elle se remit en marche, la rue prenait feu et sa silhouette gravée au fond de sa rétine, il faisait chaud, il fondait là-dedans.

Lili, celle-là elle avait un jean tellement moulant qu'on lui voyait la chatte, la couture qui lui coupait le cul en deux, qu'est-ce qu'il fallait attendre de ça, d'une fille qui vous colle son cul sous le nez comme un coup de poing dans la gueule, qui vous blesse avec ça, elle était grimpée sur un camion de lait, assise sur les caisses, il imagina tout ce lait, ça l'écœurait, ce lait tiède.

Lili, une glace italienne à la fraise, elle était arrêtée à l'angle de la rue, en plein soleil, elle devait avoir les seins mous et un filet de sueur qui lui dégoulinait entre les fesses, elle devait aimer ça sinon qu'est-ce qu'elle foutait à se chauffer le cul sur le trottoir, toute seule, TOUTE SEULE, dans combien de temps elle commencerait à foutre ses fringues en l'air et puis son gros cul blanc ouvert sur le goudron ramolli.

Il s'enfonça dans une salle de cinéma au galop, bon Dieu c'était pour la fraîcheur et l'ombre, il regarda le film un moment sans comprendre, Paul Newman qui chialait, ça se passait dans une rivière, son copain était en train de mourir étouffé sous un tronc d'arbre, il lui disait d'arrêter de faire le con, l'autre sous l'eau, en train de se noyer, IL DÉCONNAIT, il remua sur son siège pour trouver une cigarette, Henry Fonda avait le bras esquinté, il riait jaune, Franck pouvait pas savoir ce qui lui était arrivé, son esprit perdait le fil de temps en temps, ses yeux restaient sagement collés sur l'écran, des circuits étaient ouverts, d'autres fermés.

Il sortit de là-dedans en plein soleil, il se traîna jusqu'au tabouret d'un snack, tout près des œufs durs et du sucre, il demanda une bière et un sandwich, tchac, il brisa une coquille sur le comptoir, HÉ! HÉ! LA PETITE PEAU EST COLLÉE, MERDE, mais le type leva même pas les yeux de sa caisse, parce qu'à ce moment-là DU FRIC RENTRAIT! Il redemanda une bière à cause de l'œuf et de la mie de pain, une fille posa son petit derrière sur le tabouret voisin, il se tourna carrément vers elle, elle ne lui avait encore rien fait mais il la haïssait.

Il hésita, il faillit entrer dans une salle porno mais le type à l'entrée, il le connaissait, à un moment ils avaient fait une série de descentes là-dedans, ils cherchaient un mec habitué à ce genre d'endroits, il tenait pas à ce que l'autre lui envoie un sourire à la con, il entra dans le premier magasin à côté et ressortit avec trois paires de chaussettes, il pourrait balancer les vieilles sans les laver, c'était surtout ça. Il jeta les trucs sur le siège à côté de lui et se glissa dans la circulation, la tristesse venait de ces paires de chaussettes avec leur étiquette dorée et le siège vide qui hurlait.

Faute de mieux, et comme il était juste à côté, il se décida pour passer à la boîte. C'était une heure creuse, le gardien le salua au passage, dans le hall toujours les mêmes putes, le taré du coin, les constipés, les gueulards, ses collègues en bras de chemise, c'était les mêmes que les autres sauf que c'était eux qui posaient les questions, son bureau c'était juste un petit coin d'enfer isolé par des vitres transparentes. Salut, hé Franck, tu sors de ton lit, mon salaud, salut, non, heeiiii Franckie, hello, ouais, ses oreilles sifflaient, il referma sa porte et s'effondra dans son fauteuil à roulettes, il entendait juste le cliquetis des machines à écrire, des kilomètres de conneries sur un rythme feutré.

Il y avait des affaires en cours, deux trucs captivants, un rigolo s'était proprement mutilé après avoir avalé cette saloperie, ce truc pour endormir les tigres et les éléphants, juste avant il avait balancé son mobilier par la fenêtre, du sixième étage, l'armoire avait arraché le bras d'un type qui descendait la rue en cognant aux portes pour des crayons et des porte-clés. Et puis il y avait ce type qui passait ses nuits à rôder autour des bagnoles, il faisait sauter les bouchons des réservoirs et pissait dedans, il devait se retenir parce qu'il arrivait à s'en payer une vingtaine toutes les nuits, ça durait depuis une semaine, ça faisait marrer tout le monde ici jusqu'au moment où le type s'était offert le réservoir d'une voiture de patrouille, il avait pas aggravé son cas, il l'avait complètement pourri. Ce mec, dès qu'il avancerait une main vers sa braguette, cinquante flics furieux lui tomberaient sur le dos, il paierait pour les scènes de ménage, les femmes boudeuses abandonnées sur le lit, le truc à la télé qui sautait, les envies qui finissaient, vers une heure du matin, dans le trou des chiottes, juste avant la fermeture, le café avait eu le temps de refroidir sur le comptoir, putain ce mec savait pas que la colère pouvait s'accumuler, qu'un flic qui a poireauté toute la nuit n'est plus tout à fait un homme, sa bagnole au petit matin commence à puer, un homme qui entretient sa colère finit toujours par puer.

Il fit rouler son fauteuil jusqu'à la fenêtre et regarda dehors en se demandant ce qu'il était venu foutre ici. Il voulait pas s'occuper directement des recherches, il avait pas la réputation d'un flic soucieux des détails, il s'occupait pratiquement jamais de ces merdes, il avait le Gros pour ça, ses chefs lui filaient des boulots tout mâchés, il suffisait d'épingler ce mec ou de le chercher, tout le travail de l'enquête ça l'emmerdait, il était pas plus bête qu'un autre, il le faisait des fois, il faisait marcher sa cervelle, mais en général il se défilait, il passait pour un bon élément ACTIF, la vérité c'est que les histoires des autres le faisaient chier, la psychologie du criminel il s'en tapait, il était pas du genre à se retrouver dans son lit avec un putain de mal au crâne, la veilleuse allumée toute la nuit dans la fumée des cigarettes en attendant LA SOLUTION, le cerveau douloureux, envie de rien, lui qu'est-ce qu'il en avait à branler de la solution, il avait pas le feu sacré, c'était son boulot, rien de plus, à part ça, il y avait sa vie, il en faisait pas grand-chose mais il voyait la différence. Qu'il se mette à fouiner autour de la Mercedes ou de la Buick et il y aurait toujours un connard pour trouver ça bizarre, pour la ramener.

Il trouva le moyen de se faire amener une bière en gesticulant derrière ses vitres, la mousse dégoulina sur son bureau, c'était pas grave, il y avait rien dessus, il y avait jamais rien que des paperasses, le Gros s'occupait de ça la plupart du temps, il était jamais au courant de rien, les chefs tiquaient mais ils avaient besoin de lui, ils pouvaient juste le coincer sur l'avancement.

Bon, il avait simplement du temps à tuer, il était capable de rien faire, journée merdique, il fallait attendre les nouvelles du Gros avant de pouvoir démarrer quelque chose, combien d'heures encore, c'était trop tôt pour rentrer, il allait tourner comme un dingue, merde, mais comme il tenait plus en place, il se souleva d'un bloc et gicla dans la rue, il tituba un peu sous le soleil avant de remonter dans la bagnole.

Un truc qui pouvait lui prendre du temps, il y pensait plus, c'était Georges, ouais en plus le trajet lui demanderait un petit moment, ça serait une bonne chose de faite, il se ferait payer un verre, il lui raconterait que le truc avait foiré.

Il bomba un peu sur l'autoroute, il fit trembler la vieille carcasse de la Ford, hé mais cette conne elle était capable de lui exploser dans les mains, il trouvait même la direction un peu molle, ha ha, la trouille commençait à lui chatouiller le ventre mais il était debout sur l'accélérateur, avec la température de la flotte qui déconnait gentiment. Il avait pas des idées de suicide, pas du tout simplement il avait l'impression de se calmer les nerfs, il prenait une petite revanche sur son corps, il avait merdé avec Lili, merdé avec Helen, il payait pour ça, il tremblait presque autant que la bagnole.

Il se gara devant le snack de Georges, il attendit une ou deux minutes avant de descendre, bon Dieu il se rappelait pas avoir connu un été aussi chaud, il se rappelait rien du tout, mais c'était brûlant.

Il trouva Georges planté derrière le bar, avant d'ouvrir la bouche il regrettait déjà d'être venu, certains jours il y a des gueules qu'on ne peut pas supporter, c'est trop, et l'autre se payait une gueule dans ce genre-là, un dégradé de gris et une haleine épouvantable, ÇA SE VOYAIT, son regard, normalement personne pouvait le trouver agréable, sauf lui, il essayait de s'envoyer des minettes et il y arrivait, doux Jésus, SEIGNEUR !

Franck demanda un double scotch pour le faire chier et il lui dit je suis désolé pour ton fric, mon vieux, on a fait ce qu'on a pu, on les retrouvera mais bon, ça devait pas aller chercher très loin.

– COMMENT ÇA ???

– Je veux dire le fric, il devait pas y en avoir des masses.

– HEIN ???

– Oh, tu écoutes ce que je te dis ?

– ÇA FAISAIT UN SACRÉ PAQUET, CROIS-MOI !

Il était gris plutôt foncé maintenant, il annonça un chiffre, un truc de dingo, peut-être dix fois la somme que Franck avait comptée, l'enculé, il avait pas peur, il tortillait son torchon entre ses doigts, il avait les ongles longs et sales, quand ils jouaient aux cartes ensemble, Franck ça le dégoûtait, il imaginait une main comme ça lui griffant le visage, cette image lui revenait à chaque fois, elle le déconcentrait.

– Dès que j'ai du nouveau, je te préviens. T'affole pas.

– MERDE, ET COMMENT QUE JE M'AFFOLE, TU PLAISANTES OU QUOI ???

– Il faut du temps, on les cherche.

– Ouais et fais un truc pour moi, charge-les au maximum, ces cons. Qu'ils en prennent pour vingt ans et je ferai un effort pour les orphelins de la police, c'est juré.

– C'est trop.

– Tu as ma parole.

– Non, je veux dire vingt ans, c'est trop, je crois pas qu'ils en prendront autant, tu vas faire des économies.

– C'ÉTAIT mes économies !

– Georges, tu as la santé, c'est le principal. Penses-y en attendant qu'on les retrouve.

– NON, JE ME SENS PAS BIEN DU TOUT QUAND J'Y PENSE !!!

Franck se perdit un instant dans la contemplation des oreilles de Georges, elles étaient rouges, presque translucides, on pouvait facilement imaginer qu'il y tenait, dans la lumière elles étaient presque trop belles.

Georges continua ses conneries, mais il l'écoutait plus, au bout d'un moment il lui sourit et se leva sans un mot. Il rentra tout doucement, collé au siège de sa voiture, un bras dehors, pas du tout à la conduite, pour la première fois de la journée, il pensait à rien.

Vers sept heures, il se gara devant chez lui. C'est la merde une baraque vide quand on est pas bien. Il téléphona, le Gros était pas encore rentré. Dans la cuisine, il trouva même pas le moyen de mettre la main sur une bière, plus rien dans le frigo, du beurre et des vieux yaourts, il fallait absolument qu'il fasse des courses, s'il le faisait pas maintenant, il le ferait plus jamais, il savait pas non plus s'il avait envie de voir Helen, il était déjà dehors qu'il continuait à se le demander.

Quand il arriva devant le magasin, il envoya un grand coup de poing dans le tableau de bord, il s'arracha toute la peau, c'était un putain de lundi, tout était fermé, IL AVAIT OUBLIÉ ÇA. Il était en train de sucer sa main quand il vit Helen derrière la vitre, elle lui faisait des signes. Il attendit devant la porte, l'esprit bloqué, elle était baissée, une main sur la poignée, elle farfouillait la serrure du bas, il la regardait pas, il respirait.

– Hé, tu as du pot, j'étais en train de faire mes comptes.
– Oui, il dit. J'avais oublié qu'on était lundi.
– Tu viens me voir, c'est gentil.
– Oui, en même temps je pensais pouvoir faire quelques courses. Il y a plus rien chez moi.
– Mince, j'avais remarqué, dis donc.
– Mais je sais pas. Si ça te dérange...
– Non, non, vas-y, j'ai deux ou trois trucs à finir.
Il bougeait pas, elle remarqua son poing qui saignait.
– Vas-y, je te dis, sers-toi. Les pansements, c'est tout de suite à gauche.
Il fonça comme un voleur entre les boîtes de conserves, plié en deux sur son chariot, au passage il faisait dégringoler des trucs dedans, même des trucs qu'il pourrait jamais avaler comme les branches de céleri, les pois chiches, il faisait pas très attention. C'était difficile de résister aux PRIX CHOCS PRIX COÛTANT PRIX PRIX PRIX SUPERPROMOTION FOU FOU FOU INCROYABLE SACRIFIÉ SACRIFIÉ SENSATIONNEL MIRACULEUR MIRACULÉ ENCULEUR MIRENCULÉ ENCULÉ ENCULÉ ZOB ZOBI COUILLE QUÉQUETTE TON CUL TON CUL DONNE TON CUL IL Y A PAS TRENTE-SIX FAÇONS POUR QUE JE TE BAISE TON CUL TON CUL ARRIVE APPROCHE TOUCHE TOUCHE PRENDS-MOI ENFOIRÉ TU DÉCONNES FAIS-LE. La grosse affaire, c'était les savonnettes, par paquet de cent, il y avait un voyage dans les îles à gagner, pour deux, ces cons-là croyaient que la vie se passait à deux, bon l'intérêt c'était les vingt gratuites, deux années de savonnage à la lavande, c'était une pile de boîtes jusqu'au plafond, il embarqua la sienne avec un petit frisson de contentement.
Elle le coinça au rayon charcuterie, il avait tout un tas de jambon sous plastique dans les bras.
– Tu veux que je vienne ce soir ? elle dit.
– Hein, je sais pas, le Gros doit venir...
– Ça veut dire quoi au juste ? Je dis ça pour TOI, idiot !
– Oui.

– Je ne suis pas complètement conne. Tu ne vas pas bien, je voulais juste t'aider, RIEN D'AUTRE, Franck.

– Je crois que j'ai fait une affaire avec les savonnettes.

– Formidable.

– Je suis perdu.

– Je sais.

– Je ne sais pas quoi acheter.

Elle lui lança un regard pour le tuer puis elle empoigna son chariot et la cavalcade commença. Il la suivait derrière, il se demandait s'il y avait une logique dans tout ça, elle enfilait les rayons un par un, elle avait six bras, deux têtes et ça fonctionnait, elle remplissait le chariot, il aimait pas trop qu'elle lui cabosse ses boîtes mais il disait rien, à un moment il ajouta trois pizzas, il commençait à prendre un pli, les mecs seuls finissent toujours par devenir des experts en pizzas.

A la caisse, elle lui envoya des sacs en papier et elle l'aida à les remplir, enfin elle foutait tout n'importe comment, ils se disaient pas un mot. Elle était énervée, à la fin elle dit :

– Voilà, tu es sauvé. Tu vois, c'était pas très difficile.

– Non.

Il attendait qu'une idée lui vienne en dansant d'un pied sur l'autre, il y avait ces paquets de bouffe entre eux et le papier kraft qui gémissait dans ses bras, il dit :

– Je vais te faire un chèque pour tout ça.

– Oh, elle dit, j'en ai rien à foutre de ton chèque. Je crois qu'il y a un truc que tu n'as pas compris, Franck, je n'essaye pas de prendre la place de Lili, je ne me jette pas sur toi. Pour la baise, je peux encore me débrouiller, tu n'es pas le meilleur mais il y a une chose, je te connais suffisamment et tu ne vas pas bien, je sais ce que tu ressens, merde c'est comme si j'étais à ta place, tous ces foutus moments, tu tournes en rond pendant des heures, complètement vidé, on a le même âge, Franck, ça veut dire qu'on est en train de vieillir proprement, on est comme des cons avec ça, pour moi tu es la seule personne un peu vivante en ce moment, la seule que je comprenne. Tu n'as pas à avoir peur de ça, je veux juste t'aider, je peux rester pendant des heures sans parler, je peux t'écouter si tu en as envie, ou faire n'importe quoi, on peut baiser ou rien mais c'est vraiment pas important, c'est juste que des fois la vie est dure et dégueulasse, on est seuls tous les deux, tu fais pas le rapprochement, regarde-moi, je n'attends plus grand-chose, j'essaye seulement de vivre, même une toute petite soirée ça vaut le coup, avec toi je me sens vivante parce qu'on a les mêmes merdes, la vie n'est pas un long machin continu qui dure soixante ans, c'est un collier de perles enfilées sur une ficelle merdeuse. Bon, si tu tiens à payer quelque chose, il y a tous les alcools que tu veux, si tu insistes pour m'offrir un verre, je dirai oui.

Il la regarda sans répondre. C'était plus facile de faire le con dans les bouteilles, il y avait vraiment tout ce qu'il fallait, il se demandait s'il allait jouer au radin ou claquer une petite fortune, ce qu'il aimait bien, c'était le bourbon-Coca, pour se sonner y avait rien de meilleur, il était sous pression, plus sa rage montait, plus ça devenait difficile de lever un petit doigt.

Il posa le fric près d'elle en regardant dehors, c'était une lumière douce, bleutée, le soleil déconnait dans la rue, il se tirait, c'était plutôt une ambiance très calme mais Franck fut incapable de sentir ça, il soupira doucement, le tiroir-caisse sonna dans le silence comme un jouet d'enfant, il sursauta, il dit :

– C'est comme si j'étais enterré vivant.

– Bien sûr. Et en plus on te saute sur le ventre. C'est un jeu.

– Je sais pas, peut-être que tu ferais mieux de venir.

– Evidemment.

Il entassa les paquets dans la bagnole, sur la banquette arrière, il jeta ses chaussettes dans la boîte à gants, ils roulèrent tout doucement, toutes les fenêtres ouvertes, sans un mot, chacun de leur côté.

Il gara la voiture, dansa sur un pied devant la porte avec les paquets dans les mains, chierie, il laissa la porte ouverte derrière lui et fonça jusqu'à la table de la cuisine, le téléphone sonna juste à ce moment-là, le Gros lui aboyait dans les oreilles :

– HHEEéééé, trois fois que j'appelle, Millie est sortie, je dois surveiller un truc sur le feu.

– Oui.

– C'est comme je te l'avais dit, la Buick est une bagnole volée, faux papiers et tout, je te l'avais dit. Pour la Mercedes, j'ai pris ça sur moi, j'ai raconté une connerie, quand elle sera repérée, je serai averti sans histoire.

– Bon, on peut rien faire d'autre que d'attendre, hein ?

– Ouais, mais peut-être que ce sera pas long.

– Ouais, un truc est en train de brûler.

Il raccrocha. Elle commençait à ranger les provisions dans la cuisine, il sortit deux verres, moitié-moitié pour démarrer, il se tira dans le salon avec le sien, il s'écroula devant la télé, ça valait même pas la peine qu'il se relève pour régler l'image, c'était un truc sur la navette spatiale, il en avait rien à branler, Lili trouvait ça formidable, une fois il était rentré et il l'avait trouvée installée devant le poste, le compte à rebours, elle avait l'air émerveillé, putain, elle dit, ça ressemble à une cathédrale, mais il était crevé, il avait rien répondu, le truc avait disparu dans une lumière dorée.

Elle se mit à découper des petits carrés dans des lanières de poivrons rouges, debout devant la table, le sexe appuyé sur le rebord, elle se branlait pas vraiment, c'était une habitude de petite fille, elle faisait ça inconsciemment, elle était partie sur une salade mexicaine, elle savait pas trop comment s'y prendre avec lui, tout ce qu'elle lui avait dit était vrai, simplement elle espérait un peu plus. Elle se servit un deuxième verre, il se présentait une chance énorme pour elle, elle jouait à être amoureuse, même si ça devait la briser en deux, elle trouvait ça tellement bon, il était à côté, il pensait sûrement pas à elle, elle s'en foutait, il y avait rien de pire que la solitude, elle pouvait mettre son tapis, elle avait une petite jupe en jean boutonnée sur le devant et des rides précoces, une âme sensible et des gros nichons, il fallait faire avec ça, elle s'essuya le front d'un revers de la main, il devait faire au moins trente, le bourbon arrangeait rien.

Il étira ses jambes, croisa ses mains derrière la tête, sur un magazine jeté à l'envers il déchiffra BOB MARLEY EST MORT, il savait pas qui c'était, il rigola, il dit tout haut BOB MARLEY EST MORT, JE SUIS VIVANT, il se leva avec son verre vide, qu'est-ce qu'elle foutait avec les poivrons, il passa derrière elle pour remplir son verre, il y avait un sacré silence, ça faisait TCHIC TCHIC TCHIC à chaque petit morceau qu'elle découpait et quand il arrosa son bourbon de Coca-Cola PPCCHHHSSSIIIIIIIITTT, l'envie de lui lécher le cul, d'écraser ses seins, de la déculotter, une envie douloureuse, il la prit dans ses bras et l'embrassa comme un con, le grand jeu, il était comme fou, il lui enfonçait sa langue dans la bouche, c'était comme un duel à l'épée, il la tenait de façon théâtrale, légèrement penchée en arrière, il l'écrasait contre lui sans la peloter, les yeux fermés, au bout d'un petit moment il essaya de se concentrer sur le baiser, c'était un drôle de truc, désagréable en lui-même, mais on pouvait s'y faire, c'était marrant.

Plus tard, elle posa la salade par terre, à côté de lui, il avait l'air absorbé par la télé. Elle s'assit en tailleur et se pencha en arrière sur ses coudes. Elle attendit. Jusqu'au moment où les fourmis arrivèrent, elle aurait préféré ne pas bouger, elle était bien, des fils se tendaient entre eux. Mon Dieu, comme il m'a embrassée, c'était trop.

Il mangea du bout des lèvres. Il avait envie de chier, il se crut obligé de faire une remarque sur le bulletin météo, hausse de la température, quelle bande de cons, comment il pourrait faire plus chaud, hein ? Il se leva et un gargouillis ridicule lui monta du ventre.

L'Irlande. Ça chiait en Irlande. C'était où l'Irlande, elle se pencha un peu et se gratta la fesse, ils montraient des images terribles, voir ça vautré sur une moquette avec un verre à la main, c'était comme *La Guerre des Etoiles,* impossible d'y croire tout à fait. En plus elle était bouillante. Elle avait toute sa vie avec elle, c'était plus lourd que la queue d'un dragon. Quand même, elle se mit à chanter tout bas et il faisait nuit.

Il se redressa, les bras pliés sur les cuisses, ça lui avait coupé la circulation dans les jambes, il se dit que la meilleure solution c'était de la baiser, il se dit ça pour voir s'il en avait envie, jamais il s'était senti aussi furieux contre lui-même, il bâilla, la terre entière bâillait, c'était des conneries, il était pas furieux du tout, il était court-circuité.

Elle prépara ce truc, café-bourbon-crème fraîche, c'était une gentillesse qu'elle lui faisait. Il but en la regardant dans les yeux, c'était tout ce qu'elle voulait. Quand il lui toucha la jambe, elle s'ouvrit tout de suite, quand il se mit à lui raconter des trucs dans le creux de l'oreille, elle avait déjà joui deux fois, mais c'était juste son corps, son esprit regardait ailleurs, elle s'en aperçut seulement parce qu'il dit où tu es, bon Dieu ?

Il avait jamais fait ça, jamais il avait osé, en fait c'était TRÈS facile, il faisait sombre, pas trop et l'air était doux, tiède, il traversa tout le jardin à poil, son verre à la main, un peu de lune accrochée sur le fil des brins d'herbe et dans les poils de sa poitrine, merde, il dit MERDE AMÈNE-TOI, mais elle restait dans l'encadrement de la porte, les cuisses serrées, comme elle bougeait pas, il rigola très fort.

Elle le regardait. Il dormait sur le côté et son estomac était ressorti. Elle trouvait pas ça moche, ce qui l'amusait, c'était de voir les couilles danser dans leurs poches, la peau était détendue, dans sa main les trucs continuèrent à remuer, pour rire elle en serra une dans le creux de sa paume, tout doucement. Elle s'étira sur le drap. Pour le réveiller, elle le fit dégringoler du lit.

Vers trois heures du matin, il descendit boire un verre d'eau dans la cuisine. Quand il remonta, elle avait les yeux grands ouverts.

– Tu sais, il dit, il vaudrait mieux dormir.

– J'étais en train de me demander si Lili revenait pas.

– Demain, ils auront peut-être mis la main sur la Mercedes.

– Je trouve que ça va pas trop mal, nous deux.

– Tu comprends, je suis certain qu'il y aura du nouveau.

– Tu vas pas me croire, mais je le sentais. Je suis bien.

– Il suffit qu'ils fassent une connerie, même pas, et on les tient.

– Ça faisait si longtemps.

– Tu rigoles, je leur donne pas encore un jour.

– Oui, il va faire jour.

– Oui, on ferait mieux de dormir.

LIVRE II

1

– Ça fait rien, j'en ai rien à branler. Dis-lui que je suis d'accord.

Ned l'attrapa par un bras et l'entraîna à l'écart. C'était de la terre battue, avec une bonne couche d'huile de vidange, ça brillait sous le soleil et des vapeurs écœurantes s'élevaient par couches comme des méduses gonflées de merde, il fallait pas qu'elle se mêle de ça, doux Jésus, le mec était intéressé, il était plongé sous le capot de la Mercedes, ils se retrouvèrent une cinquantaine de mètres plus loin, il s'arrêta, il essaya de lui dire ça gentiment, mis à part les séances de baise, ils se connaissaient pas beaucoup.

– Carol, écoute. On va en tirer beaucoup plus. Ecoute. Il veut nous baiser, c'est son boulot, si, il faut que tu me laisses faire, merde j'ai l'habitude de ces mecs, on va avoir ce bus ET du fric, la Mercedes est formidable.

– Mais il y a les peintures dessus, oh Ned, et il fait tellement chaud, on crève ici, on fait cet échange avec la Ford, on s'en va tout de suite...

Il la prit par les épaules, ils faisaient ça dans les films.

– Bon, O.K., d'accord, mais laisse-moi seulement CINQ PETITES MINUTES !

Il retourna vite fait auprès du casseur, il plaqua ses deux mains sur l'aile, l'autre avait la plus sale gueule qu'on puisse imaginer, on est tous comme ça à l'intérieur mais lui il se trimbalait ça en pleine lumière, Ned regarda la peau luisante du mec, il dit :

– Elle en a marre. Il faut que tu fasses un effort ou tu vas louper l'affaire de ta vie. Je t'ai filé un prix raisonnable, tu es trop gourmand.

L'autre plissa des yeux, à peine, ça tourna tout de suite à la grimace, il était gros, il devait en chier sous le ciel blanc, il puait la sueur, SA SUEUR puait, ces mecs-là connaissaient le fric. Ned avait lâché suffisamment de lest. Il fit signe à Carol et grimpa dans la voiture. L'autre se redressa doucement, il s'enfonça les poings dans les reins et s'approcha de Ned. Il siffla entre ses dents et sortit un portefeuille de sa poche arrière, les billets craquèrent dans ses doigts comme des grillons amoureux. Ned hocha la tête, il lui montra Carol du doigt.

Ils firent quelques courses avant de rentrer, Ned embarqua tout un stock de glaces à l'eau, depuis trois jours qu'ils étaient partis, il était devenu dingue de ça, il se foutait du parfum du moment que les trucs avaient une jolie couleur, ça arrive des fois, des choses qui n'ont VRAIMENT aucune importance, vanille cassis fraise, il commença par un violet profond avec les bords qui fumaient.

Il gara le bus derrière le bungalow, sous l'arbre, chaque baraque avait droit à un arbre, le même, il embarqua sa boîte de sorbets sous un bras, au passage il en envoya quelques-uns à Henri, affalé dans la pièce principale, Lili était toujours pas sortie du bain, il se dit c'est pas vrai, il ouvrit le frigo et balança les glaces dans le fond, il tourna le bouton au MAXIMUM.

Il y avait une main hors de l'eau, avec une cigarette. Quand elle sortit de là-dessous en éclaboussant tout autour, il se trouva un petit sourire de malin, il enfonça ses mains dans ses poches arrière, il était plutôt content de lui, il dit :

– On se retrouve avec un bus jaune, maintenant. On sera plus tranquilles.

– Je serai jamais tranquille, elle dit.

Elle était assise dans l'eau, elle bougeait pas et des

gouttes d'eau continuaient à rouler sur sa peau, des petites colonnes transparentes qui dégringolaient de ses cheveux, elle plaisantait pas.

– Bon, tu dis ça. Il est comment, ton bain ?

Ça prit des heures avant qu'elle se glisse un sourire entre les lèvres. Il aimait bien la regarder, surtout à poil c'était bien, il sortit juste au moment où elle disparaissait une fois de plus sous l'eau tiède.

Dans la soirée, ils pouvaient rien avaler à cause de la chaleur, ils se retrouvèrent assis sur le tapis, merde ils avaient posé la boîte devant eux et ils suçaient des glaces, Henri leur raconta deux ou trois histoires de ses amours, ils se marrèrent un bon coup. Lili roula son dernier joint, soigneusement. Carol rafla pratiquement tout au poker, elle attrapa un fou rire qui dura au moins cinq minutes. Ça ressemblait à rien, ces soirées, ils étaient bien mais ça paraissait irréel, en fait ils étaient pas si bien que ça, ils en avaient rien à branler de Franck, ils étaient pas plus trouillards que d'autres, peut-être que ce qu'il y avait, c'était de bouger tout le temps avec rien sous les mains pour se cramponner, c'était de cavaler avec quelque chose au cul et autant de chances pour que le truc soit devant, ou à côté, ou DEDANS. Une suite de fulls servis, trois fois la couleur et un culot d'enfer, elle aurait étendu Edward G. Robinson dans la foulée.

Bon, vers trois heures du matin, Ned se leva pour pisser, il faisait trop chaud, ça aurait pu ressembler à une petite balade, en fait il tomba sur Henri et Lili enroulés dans les coussins, bon il avait imaginé de lui faire ça au moins cent fois, ça devait être bon, il resta dans l'ombre du couloir, c'est bien l'ombre, qu'est-ce que ça te fait de voir ça, je sais pas, QU'EST-CE QUE ÇA TE FAIT, elle a un cul formidable, dehors un con s'était endormi avec son transistor à fond la caisse, un petit air de reggae, bien sûr il avait pas envie de danser mais il dérapa un petit moment sur la musique, elle avait des cheveux collés sur la figure, c'était obligé, il avait oublié ce qu'il faisait là, nom de Dieu il se payait une de ces soifs maintenant, PUTAIN ET LA CUISINE À L'AUTRE BOUT AÏE AÏE AÏE AÏE AÏE !!! il traversa la pièce comme un fantôme, il passa tout près d'eux, un fantôme qui serrait les fesses, il remua à peine l'air autour de lui et les deux autres continuaient de plus belle, bon au début il laissa juste un petit filet d'eau mitrailler l'inox, il se démerda avec ça pour boire un coup, tordu à l'envers, quand il entendit du bruit à côté, alors MERDE, il ouvrit le machin tout en grand et s'enfonça la tête dessous. Et plus rien. Le transistor avait fondu. L'eau était presque chaude. De l'eau morte.

2

Lucie, c'était sa copine. C'était sa SEULE copine, il en avait jamais eu d'autre, ils débarquèrent tôt le matin, ils s'étaient tirés du bungalow en pleine nuit, sans payer, c'était comme ça, merde rien de plus mortel que d'aller payer une note d'hôtel, rien de plus marrant que de passer devant la réception, tous feux éteints, dans le grand sourire de la nuit.

C'était une baraque dans le haut de la ville, une grande maison avec des baies fabuleuses, le père de Lucie était une machine à faire du fric, quand il avait compris que sa fille pouvait plus lui apporter autre chose que des problèmes ou des aigreurs d'estomac, il s'était fendu d'un bon paquet pour la baraque et ensuite il lui envoyait son chèque tous les mois, chaque fois qu'il le signait il se répétait qu'il avait fait une bonne affaire, il se sentait presque plus jamais ballonné.

A six heures, quand ils sonnèrent, elle s'était fait bricoler un petit système avec trois clochettes tibétaines, Ned voulut essayer lui aussi, il avait encore le doigt enfoncé sur le bouton, un grand type chauve ouvrit la porte en bâillant, sans les regarder, il était à poil, la bite à moitié gonflée, il tourna les talons et disparut dans une porte au fond du couloir.

Henri passa devant tout le monde, il grimpa à l'étage et entra sans frapper. Elle était assise sur son lit, d'un seul coup il se retrouvait dans une chambre d'hôpital, avec toutes les merdes, d'abord il se mit à parler tout bas :

– Lucie...

– Je suis contente que tu sois là.

Elle avait de grands cernes bleus sous les yeux, il avait repéré tout de suite les gros pansements aux poignets, il vit pas qu'elle lui souriait, il dit :

– Lucie, mais qu'est-ce qui t'est arrivé??

Elle rigola :

– Eh, on peut parler normalement, je ne suis pas morte. Un moment de cafard, c'est passé. Ça va? Je m'attendais à te voir plus tôt.

– Oui, oui. Ah oui, tu as reçu ma lettre?

– Ne fais pas cette tête, en plus c'était complètement foiré, les mecs m'ont dit que j'avais aucune chance en m'ouvrant L'INTÉRIEUR des poignets, j'ai simplement passé des heures à tout nettoyer, je suis con.

Elle se leva et passa dans un rayon de soleil. Elle était encore plus maigre que la dernière fois qu'ils s'étaient vus, si c'était possible, à travers le kimono blanc, encore plus maigre. Comme il l'aimait bien, il était plutôt content qu'elle se soit ratée mais il aimait pas penser à la mort, il soupira, elle avait dû nettoyer son propre sang!

Ils prirent le petit déjeuner tous ensemble, dans la grande pièce du bas, le type chauve leur servit des œufs et de la confiture de rose, sans dire un mot et toujours à poil, Carol regarda tranquillement son engin quand il se pencha vers elle pour la servir et Ned se pencha vers Lucie, il demanda :

– Hé, il se balade toujours comme ça?

– Oui, c'est Yan, il a fait un vœu. Mais c'est bien, il s'occupe de tout ici.

– Merde, c'est formidable. Peut-être qu'il connaît une copine dans son genre... ?

Ensuite Henri raconta un peu ce qui s'était passé et Lucie insista pour qu'ils restent aussi longtemps qu'ils le voudraient, là ou ailleurs, c'est ce qu'ils pensèrent et puis aucun d'eux n'était attendu quelque part, ils étaient pas pressés et ils en avaient marre de rouler, c'était une ville et l'autre con aurait plus de mal à les retrouver dans une ville, c'était l'avis de Ned et Henri était d'accord là-dessus, mais d'après les filles c'était mal le connaître, Franck se laisserait pas baiser aussi facilement, d'accord, peut-être bien répondit Ned mais on peut rien y faire, alors je propose de rester ici un petit moment, peut-être que je finirai par m'habituer à ses trente-deux centimètres s'il me les glisse pas dans le cou en débarrassant la table.

Le défilé commença vers dix heures du matin et se prolongea tard dans la nuit. Lucie connaissait tout le monde et son frigo avait une fabuleuse réputation dans tout le coin, mais il y avait pas que ça, Lucie avait le don pour attirer les gens, les choses vraiment importantes se passaient chez elle, d'ailleurs l'annonce de son suicide avait secoué une bonne partie de la ville, dans sa chambre d'hôpital, le téléphone avait chauffé à blanc, bon Dieu, Lucie, tu n'allais pas nous faire ÇA ? elle répondait juste merci d'avoir appelé, elle savait pratiquement jamais qui c'était et elle cherchait pas à savoir, elle raccrochait avec le sentiment de les avoir tous trahis.

Le premier cogna à la porte comme un dératé, les poètes sont toujours ceux qui arrivent en premier, à cause des nuits blanches, au passage il tira un coup sur l'engin de Yan, ça va toi, il demanda, il embrassa Lucie et fonça vers la cuisine,

– Comme poète, il est très fort, déclara Lucie.

— Même sans ça, il a l'air très fort, dit Ned.

L'autre avait déjà vidé le frigo sur la table de la cuisine, il faisait un boucan plutôt effroyable mais Lucie le couvait d'un regard particulièrement doux. A ce moment-là, un nouveau type entra, il avait l'air en colère, il soufflait.

— QUEL EST LE CON QUI A FOUTU CE BUS JAUNE DEHORS ? il aboya.

Ils se regardèrent tous les quatre sans dire un mot, l'autre avait les mains qui tremblaient, il semblait au bord des larmes.

— Mais André, qu'est-ce qui se passe ? demanda Lucie.

André fit un effort pour avaler sa salive, il planqua ses mains sous ses bras :

— IL Y A QUE CE TAS DE MERDE EST GARÉ EN PLEIN SUR MON MANDALA ET JE CROIS BIEN QU'IL PISSE L'HUILE, NON MERDE, J'EN SUIS CERTAIN !!!

Le poète rappliqua de la cuisine avec une crêpe froide dans la main.

— André, tu as des ennuis, je te conseille de venir faire un tour dans la cuisine, c'est le seul coin encore vivable dans ce monde de douleur. Tes crêpes sont tout simplement délicieuses, ma belle.

— Je suis désolé, commença Henri. On est arrivés en pleine nuit...

— MAIS LE PLASTIQUE, IL Y AVAIT UN PLASTIQUE DESSUS, AVEC DES PIERRES !

Le poète se gratta la tête en souriant mollement :

— André, ne cherche pas, J'AI enlevé ce plastique. Je me suis bricolé un cerf-volant avec. Il est à toi si tu veux, il a le cul un peu lourd. Tu sais, il n'y a pas d'entreprise humaine qui résiste au Temps.

— QUAND MÊME !!!

— Regarde, il m'arrive d'écrire sur les murs.

— OUI, JE SAIS, MAIS PAS N'IMPORTE QUEL MUR, MON SALAUD !!!

— Tiens, je me demande pourquoi je discute avec

toi, tu es trop mesquin. Je ne m'en sors pas et en plus j'essaye d'aider les autres, c'est comme ça, je ne peux m'en prendre qu'à moi et pourtant je n'aime pas souffrir.

– BON, MAIS TU N'ES PAS À MA PLACE.

– Ne me fais pas rire, tu es bronzé comme un salaud, tu es en pleine forme, les filles adorent quand tu n'es pas rasé depuis trois jours, TU AS DIX ANS DE MOINS, petit, EST-CE QUE TU VEUX VRAIMENT QU'ON CHANGE, TU VEUX??? Je connais juste deux ou trois salopes qui veulent bien de temps en temps, SEULEMENT de temps en temps, je ne sais jamais où coucher, j'ai les veines du cul grosses comme mon petit doigt, j'ai mauvaise haleine et je dois me torturer le citron pendant des heures pour pisser une toute petite phrase et encore, c'est le plus souvent des gouttes, tu vois je suis loyal avec toi mais, si tu es toujours décidé, on change quand tu veux, j'aimerais bien que ça soit tout de suite.

André marmonna quelque chose, il dansa un petit moment sur son pied droit pendant que l'autre finissait tranquillement sa crêpe, puis il tourna les talons d'un seul coup et sortit. Henri lui courut après, il pouvait pas faire moins, c'était lui qui avait les clés du Ford.

L'autre retourna dans la cuisine, il s'arrêta juste dans l'encadrement :

– Ces jeunes mecs, il dit, plus ils sont beaux, plus ils sont fragiles. Il y a une justice. Le monde reste vivable.

Plus tard, il y eut des gouines, des pédés, des artistes, des dingues, ça faisait beaucoup quand on était pas habitué, quelques durs, plein de mous, dans l'après-midi, Ned s'éclipsa avec Carol dans une chambre, une grande chambre toute blanche avec un matelas posé par terre, sur un tapis, ça avait démarré bêtement, Carol était à genoux par terre et il la regardait, il y avait du monde dans la pièce, c'est un peu comme s'ils avaient été seuls, la chaleur, la fatigue, le bruit des conversations, il se leva et lui passa discrètement la main sur les fesses, elle se tortilla en souriant, il se pencha et l'attrapa par un bras, ils grimpèrent les escaliers quatre à quatre, c'était juste une envie physique, à la limite du supportable. Il eut de la chance car elle se mit à jouir très vite, ça lui laissait un peu de marge, il s'amusa un peu avec ce corps branché sur le sien, elle était tout simplement assise sur lui, les yeux rivés au plafond, merde il se dit, si au moins elle avait une âme, quand il sentit que ça venait il se redressa sur ses coudes pour voir tout le bazar, son sexe rentrer là-dedans jusqu'à la hauteur du nombril, peut-être plus, il délira sur le plaisir de Carol jusqu'à ce que son truc soit complètement ramolli. Elle se coucha sur lui et il s'endormit, il essaya même pas de se retirer.

Quand il se réveilla, il était tout seul. Il trouva une salle de bains juste à côté de la chambre avec deux filles dedans. Une était assise sur le couvercle des chiottes avec une serviette sur les épaules, tous ses cheveux étaient par terre, de longs cheveux blonds, elle faisait une drôle de gueule, et l'autre avec les ciseaux lui disait mais si, chérie, JE TE JURE que tu es splendide et je T'ASSURE que le rouge sera mieux, elles se tournèrent vers lui avec une moue dégoûtée et il sourit en faisant glisser son pantalon et le reste, il dit excusez-moi et fonça sous la douche, c'était le roi des sourires idiots quand il le voulait. La fille aux ciseaux tira rageusement sur le rideau de la douche qu'il avait laissé ouvert.

– Il y en a qui se font pas chier, elle dit.

– Oh ça va, laisse tomber, fit l'autre.

– J'y peux rien si ce genre de taré m'énerve. ON VA ATTENDRE QU'IL SOIT SORTI POUR ÊTRE TRANQUILLES !

– Jane, je n'arrive pas à me décider pour le rouge. On en voit trop.

– Ecoute, c'est sensationnel les cheveux rouges, je sais que je vais adorer ça, tu me fais pas confiance ?

– Si, si, mais quand même, tu crois pas...

– JE VAIS ATTENDRE QUE CET ABRUTI SOIT SORTI.

Ned écarta le rideau et sortit ruisselant sur le tapis de bain. Il y avait pas beaucoup de place pour trois, là-dedans, c'était parfait, il s'essuya tranquillement et laissa tomber la serviette. Ensuite, il attrapa la peau qui était restée enroulée sur son sexe, il tira dessus un bon coup, puis il secoua l'engin dans tous les sens, elles le regardaient, il le pressa doucement pour qu'il gonfle un peu, long et mou, il trouva un peigne sur la tablette et entreprit de se démêler les poils.

La fille aux ciseaux avait les yeux exorbités.

La fille aux cheveux courts paraissait intéressée.

Il commença à enfiler une jambe dans son slip, il fit mine de perdre l'équilibre et s'approcha en sautillant de la première, en fait, il lui effleura la cuisse avec son machin.

— AAAAAHHHHHH, NE ME TOUCHE PAS AVEC ÇA, FUMIER !

Il recula et termina de s'habiller rapidement. La fille aux cheveux courts le regardait d'un air amusé. Au moment de sortir, il s'appuya dans l'encadrement et se mit à râler en tordant sa bouche :

— OOOHHH AAHHH. Je ne me sens pas bien AAHHH OOOHHH...

— Hey, qu'est-ce qui te prend, qu'est-ce qui t'arrive ? demanda la fille aux ciseaux.

— OOOUUUUU...

Elle s'approcha, il se laissa aller dans ses bras, vraiment aller, de tout son poids, elle se retrouva coincée contre le mur, il enfouit son nez entre ses nichons en continuant à gémir doucement iinnn iiinnnnn, il passa ses bras autour d'elle et glissa le long de son ventre, la fille comprenait plus trop ce qui se passait. Sa jupe tenait que par un élastique, il l'entraîna dans sa glissade, elle avait pas de culotte, il lui attrapa les poils et pleurnicha MAMAN, MAMAN, il ne la lâcha que quand les coups commencèrent à pleuvoir sur sa tête, il réussit à lui maintenir les bras, elle n'avait plus ses ciseaux, tant mieux, il lui plaqua un gros baiser sur les lèvres.

– Toi et moi, il lui dit, c'est pour toujours. Je suis dingue de toi.

Il profita du moment où elle courait après sa jupe pour lancer un clin d'œil à l'autre qui souriait :

– Elle déconne avec le rouge, il dit. C'est du bleu qu'il faut.

Il traversa le couloir en trombe. Trop de monde en bas, il sortit dehors. Il s'approcha d'André, accroupi par terre, l'autre essayait de sauver son mandala avec un chiffon, ça fait quatre heures que je suis dessus, il expliqua, il pouvait rien arriver de pire que l'huile de vidange, c'était une catastrophe, Ned s'éloigna tout doucement en hochant la tête, il repéra le coin d'un coup d'œil en tournant sur lui-même, la ville était tout en bas, noyée dans un brouillard de chaleur, il se sentait attiré, il enfonça ses mains dans ses poches et commença à descendre, des mômes dévalaient la rue dans des voitures à pédales, les genoux remontés sous le menton.

Il lui fallut un bon moment pour se retrouver en bas, dans des rues avec du monde, des gros, des blancs, des noirs, des grands, des blanches, des moches, des rues avec du bruit, des bagnoles, des portes, des sirènes, des cris, des rues avec des odeurs de gaufres, d'égouts, de parfums, de saucisses, de journaux, des bonnes vieilles rues.

Il entra dans un truc de machines à sous, les conneries électroniques l'intéressaient pas, il cherchait un bon vieux flipper pour se mettre en sueur, pas de ceux qui couinaient et dont le score tournait à un milliard et des poussières, non, non, une bonne partie à deux mille et le moins de couloirs possible, les nouveaux trucs étaient à l'image de l'époque, plus compliqués, plus cons et plus c'était con, plus c'était compliqué, qui est-ce qui aurait pu AIMER vivre là-dedans, qui est-ce qui pouvait croire à ÇA??? Il dépensa quand même une petite fortune dans un de ces machins supersoniques, il mit un moment avant de comprendre que les petits trucs qui explosaient sur l'écran étaient des avions ennemis, c'était LUI qui les dégringolait et les autres cherchaient à l'avoir, ils voulaient sa peau, à la fin, il lâcha la partie en plein milieu et les Japs continuaient à tirer pour de bon.

Il s'approcha du type qui gardait l'entrée, celui qui coursait les mineurs, il dit :

– Hé, y a plus de ces flippers, les vieux, avec des parties faisables... ?

L'autre mâchonnait un bout de réglisse, il plissa des yeux, sans le regarder, il semblait intéressé par ce qui se passait dans la rue.

– Hein, qu'est-ce que j'entends... ? il dit. T'es pas dans un musée, mon vieux. Les parties gratuites, c'était des trucs à chier, c'était une perte de temps pour tout le monde. Maintenant les trucs te pleurent sous les doigts, ils te font des petits bruits et tout un tas de bordels s'allument, c'est comme si tu te faisais sucer, mon vieux, et tu viens me faire chier avec tes parties gratuites, t'es cinglé ou quoi ? On joue plus pour gagner, vieux, y a rien à gagner, c'est juste pour t'enculer qu'on a pondu ces nouveaux trucs, y a rarement du plaisir.

– Hé, tu veux pas me faire un peu de monnaie ?

– Ben mon vieux, je suis là pour ça.

Quand la nuit commença à tomber, il entra dans un self. Il y avait du monde mais il trouva quand même une petite table pour lui tout seul, côté rue, il appréciait de se retrouver tout seul après toutes ces journées. Il mangea doucement, sonné par le bruit des conversations autour de lui, il écoutait pas vraiment, il était bien dans ce putain d'air climatisé, il se mit à penser à Franck, impossible de savoir pourquoi l'image du flic s'imposa à son esprit, mais il laissa faire, au bout d'un moment il sut exactement ce que l'autre était en train de foutre, FRANCK ÉTAIT EN TRAIN DE PENSER À LUI ! voilà ce qu'il faisait. Ned enfonça sa petite cuillère dans la chantilly, traversa une couche de glace et dérapa sur une pêche, à travers la coupe, il avait repéré le sirop rouge dans le fond, quand Franck commença à s'exciter à l'autre bout, il brouilla l'image, rien de plus facile, remonter le sirop était une opération délicate qui demandait toute son attention.

Un type trouva le moyen de venir se planter devant lui, un type maigre avec un tee-shirt VIVA ROXY MUSIC, à peine la place pour deux plateaux mais Ned avait fini, il se balança en arrière sur sa chaise pendant que l'autre arrosait son steak de ketchup, la bouteille entière. Ned regardait dehors, l'autre s'adressa à lui, sans lever les yeux :

– Hey, on se connaît, non ?

Ned resta un petit moment silencieux, à essayer de voir la gueule du type, mais l'autre avait le nez dans son assiette, il portait des lunettes de vue avec des verres épais.

– Ça veut dire quoi, on se connaît ?

– On s'est vus quelque part, dans une soirée.

Il releva la tête avec un demi-sourire, il avait des petites boules de sauce tomate aux coins des lèvres, des cheveux noirs peignés en brosse, un visage pas particulièrement agréable à cause des verres déformants.

– C'est possible. J'ai vu des millions de gens dans des soirées, ça peut pas compter. Qu'est-ce que tu veux me fourguer ?

L'autre repiqua du nez dans son assiette, il dit tout bas :

– Tout ce que tu veux. Acide, héro, poppers, de l'op, ce que tu veux, du shit, j'ai de la coke super. Y a pas d'embrouilles, je sers que les mecs que je connais.

Ned tendit une main par-dessus la table et lui tapa l'épaule :

– SACRÉ VIEUX ! Ça fait une paye, dis donc !

L'autre se recroquevilla sur sa chaise, il attrapa une serviette en papier pour s'essuyer les lèvres. Ned le laissa un moment au ras de la table, ensuite il dit :

– Fais voir ton shit mais surtout JE SUIS TELLEMENT CONTENT DE TE REVOIR, VIEUX !

Trente secondes après, un bloc de papier argenté glissait entre les deux plateaux, le mec manœuvrait avec son index. Ned écarta les bords et tripota le truc rêveusement, c'était un petit marocain tout bête, il repoussa le paquet devant l'autre.

– Merde, tu as rien de meilleur pour un copain ? il soupira.

Le type à lunettes commençait à transpirer, il se cambrait sur sa chaise pour pouvoir enfoncer ses mains dans ses poches. Le deuxième convoi passa le défilé sans encombre, c'était cher mais Ned discuta pas sur le prix, pour la coke il préférait ne pas y penser, n'empêche qu'il aurait bien aimé, ça faisait un moment qu'il en avait pas pris.

L'autre se leva presque aussitôt et si vite qu'il fit tomber tous les couverts, les gens se retournèrent, les gens se contentent d'une petite catastrophe quand ils mangent, en partant Ned renversa sa chaise, il pouvait pas faire moins.

Quand il rentra, presque tous les tarés étaient partis, c'était quand même pour la plupart des gens qui rentraient chez eux. Il se pointa par une baie ouverte sur le jardin, la pièce était sombre mais il y avait beaucoup de lune, ça devait être suffisant, ils étaient plutôt affalés sur les tapis et dans les coussins, c'était ouvert à cause de la chaleur. C'était vraiment à chier comme ambiance, chacun attendant son tour pour la ramener, il faisait la même chose quand il était en forme mais là il se sentait crevé et il avait envie de rester seul. Il traversa la pièce, personne aurait pu l'arrêter, ils levèrent simplement les yeux vers lui, ha ha, il les voyait pas, en passant il lança son petit cadeau à Lili, elle attrapa au vol le paquet argenté.

Il trouva une chambre vide. Il se réveilla trois fois dans la nuit, deux fois seul, une fois avec Carol enroulée autour de lui. Il avait trop chaud, il la repoussa doucement, il tenait pas à la réveiller. Dans son sommeil, elle se raccrocha à lui, il commença à transpirer, là où leurs peaux se touchaient c'était vraiment des rivières de sueur mais il valait mieux qu'il reste tranquille, ça lui arrivait des fois, il aurait pas été foutu de dire un mot à quelqu'un, il savait pas pourquoi mais ses lèvres étaient soudées, ça devenait de plus en plus fréquent, c'est vrai qu'à partir de trente ans on commence à être aspiré vers le fond.

3

Ils savaient rigoler aussi.

Les filles avaient besoin de deux ou trois trucs et pour le fric ils roulaient pas sur l'or, sinon c'était toute une merde, il fallait que Carol en demande à sa mère, c'était compliqué. Ils roulèrent un moment et repérèrent le magasin.

Le type était tout seul, une heure creuse, en bras de chemise, et il les regarda entrer avec son fameux sourire, les deux filles étaient vraiment super, c'était toujours ça de pris.

Elles foncèrent dans les rayons pendant que Ned s'avançait tout doucement vers le comptoir, il était à contre-jour et le type portait de grosses lunettes, il avait la peau très blanche, ils avaient annoncé trente-neuf degrés ou peut-être plus, elles raflaient tout un stock de fringues, elles se marraient, parfois elles s'appelaient d'un rayon à l'autre.

Ned se pencha en avant, il dit au type :

– Ne bouge surtout pas.

– Pardon ?

– Ne va pas risquer ta vie pour ça. Elles n'ont plus rien à se mettre.

L'autre ricana un bon coup et ses mains plongèrent

sous le comptoir. C'était prévu. A ce moment-là, Henri devait sortir sa grenade et lui agiter sous le nez. Au lieu de ça, il voulut corser un peu son rôle, il essaya de sauter par-dessus le comptoir, merde, il fallait qu'il ait l'air prêt à tout, il fallait que l'autre se prenne une bonne trouille, son pied droit accrocha au passage un présentoir de chaussettes et il se péta la gueule de l'autre côté, la grenade en plastique fit pchouic dans sa main et il se cogna dans un placard.

Tout le monde s'arrêta de bouger pendant au moins trente secondes et de respirer aussi, Henri se réveilla le premier, il sauta sur ses pieds, la grenade au bout de son bras tendu, il y croyait et l'autre y croyait aussi, il ramena ses mains près de la caisse, Henri avait poussé un cri terrible, un hurlement animal qui le glaça lui-même. Et ses yeux, surtout, un œil méchant, un œil fou, Ned attrapa l'autre par la manche :

– Toi, donne-moi les clés de ton truc, il dit.

Le type s'était tout dégonflé d'un coup, il montra son tiroir-caisse :

– Y a pas. Y en a pas. Ça ne ferme même pas à clé.

– Non, les clés du magasin, LA PORTE D'ENTRÉE, ABRUTI !

L'autre lui donna la clé tout de suite, il dit :

– Mais qu'est-ce qu'il fait avec sa grenade ? Il est fou ? Il veut sauter avec ou quoi ?

– J'en sais rien, même moi il me fait peur.

Henri hocha la tête entre deux tics nerveux, il le faisait pas vraiment exprès, c'était un rôle magnifique, tout en nuances, Carol émergea entre les rayons, elle tournait une poignée de tee-shirts dans sa main, elle lui fit un petit signe en lui montrant les fringues, il roula des yeux vers elle, il changea sa grenade de main, il dit :

– Non, NON, PAS DES ROUGES !

Il regarda le type dans les yeux mais l'autre ne bronchait pas, tant qu'il pourrait le tenir comme ça, sous le choc, c'était bon mais il pourrait faire ça encore combien de temps, il entendait les filles rigoler dans le fond du magasin, merde qu'est-ce qu'elles foutaient, QU'EST-CE QU'ELLES FOUTAIENT, Ned était appuyé sur le comptoir, il bâillait, Henri sentit ses jambes mollir, la fatigue nerveuse et son personnage qui lui pompait tout, quand un filet de sueur glacée se déroula dans ses mains, il grogna littéralement.

— ALORS MERDE, ON Y VA, OUI???!

Ils traversèrent le magasin en sens inverse, les bras chargés, Henri marchait à reculons. Quand l'autre se mit à courir derrière le comptoir, il lui balança sa grenade en poussant le même cri horrible et se précipita dehors. Ned verrouilla à la vitesse de la lumière.

Ils voyaient le type qui gesticulait derrière un carreau de vingt millimètres, il ouvrait la bouche et faisait de la buée là-dessus, mais ils entendaient rien, ce con devait certainement hurler mais pas un son ne coulait dans la rue, c'était aussi chouette que la télé couleur avec le volume du son au zéro. Impossible de s'arracher au spectacle, le type était rouge, il collait ses mains à plat sur la vitre comme une grenouille enfermée dans un bocal, impossible de décoller de ce foutu trottoir. Henri éclata de rire le premier, il s'approcha du type, l'autre s'immobilisa, il plaqua sa main sur la vitre, juste où l'autre avait la sienne. Le type retira sa main en vitesse, Henri se colla à la vitrine en remuant du cul, il s'y frotta un petit moment et écrasa ses lèvres dessus, un long baiser dur et tiède qui n'en finissait pas. Des gens s'arrêtaient pour regarder ça, les gens aiment bien rigoler, la rigolade et le sang.

Le type commença à cogner sur SON carreau, des coups de pied, il envoyait des sacrés coups de pied dans les couilles d'Henri, enfin à la bonne hauteur, parce qu'Henri était en train de lui rouler la plus belle pelle du monde, il serrait ses poings contre son corps et shootait dans cette saloperie qui bavait sur sa vitre. Un mec sortit du groupe qui s'était formé dehors, il avait un beau jean avec une ceinture argentée, des cheveux très courts, des yeux très bleus, il se mit à côté d'Henri et descendit son pantalon, en fait c'était plutôt une fille, et elle lui colla son cul sur la vitre. Quelques personnes applaudirent. Un autre s'avança et se mit à arroser la vitrine, il tenait son truc à la main et avançait en marchant comme un crabe, il y avait de la poudre jaune tout le long, à cause des chiens.

Une bonne femme lança un chou-fleur, c'était une rue toute droite, très large, tous les stores étaient descendus, en plein après-midi, rien que du soleil et quelques bagnoles chauffées à blanc qui scintillaient dans la chaleur, des créatures paresseuses vachement colorées, vachement silencieuses pour une fois, le légume explosa sur la devanture, les petits machins blancs volèrent dans tous les sens, la fleur monstrueuse, TCHOWFFFF !

Un mec s'est ramené avec un pinceau, il a écrit en blanc, au milieu :

VA TE CHIER

L'autre dedans, il se tordait la tête à l'envers pour essayer de lire. Les gens commencèrent à écrire des gros mots, une vieille femme écrivit SUCE-TOI dans un coin et elle lui tira la langue. Il y avait du monde, beaucoup de monde, les premières pierres arrivèrent de derrière.

Henri et Ned et Carol et Lili, ils arrivèrent à se faufiler, ils grimpèrent dans le bus au moment où le verre Securit coupait l'image. Il y avait des cris, les gens derrière qui poussaient, les gens devant avec les petits granules de Securit qui s'enfonçaient sous leur peau, le type à l'intérieur criait plus depuis longtemps, il avait plié ses lunettes, il les glissait dans sa poche.

Quand même, elles étaient contentes, elles avaient trouvé ce qu'elles voulaient, le bus se transforma en salon d'habillage, les deux mecs se retrouvèrent avec des machins HAWAÏ à paillettes, quand c'était les filles qui conduisaient ils devaient se cramponner, ils savaient pas qu'elles le faisaient exprès, ils s'étaient fait une raison, une fois arrivés, ils avaient pas encore fini de jurer. André regarda le bus qui arrivait en plein sur son mandala, il était vautré dans une chaise longue, un verre à la main, une fille lui caressait la poitrine, elle était riche, il lui avait fallu à peine deux jours pour envisager la vie sous un autre angle, il leva son verre dans leur direction et ferma les yeux. Il leva juste un œil quand les autres entrèrent dans la maison, il le referma aussitôt, cette fille en plus, elle lui faisait des trucs avec son ongle, elle dessinait des routes à l'intérieur de sa cuisse, merde, c'était parfait, dans son verre le glaçon était pur comme un sacré diamant.

4

Ils arrivèrent tous feux éteints et ils coupèrent le moteur juste en sortant de la forêt, la bagnole glissa doucement avec des reflets argentés, sans bruit, rien que les petits cailloux qui explosaient sous les pneus. Ils étaient trois, un gros, un Noir et un petit, c'était des mecs incroyables, de vraies salopes, quand le boulot était facile ils prenaient vraiment leur pied et ça promettait d'être une partie de rigolade.

Marjorie était couchée, bourrée de crème d'ipomée et Jimmy était écroulé dans des coussins, raide comme Aldous Huxley dans *Les Portes de la perception*, il écoutait *My life in the Bush of Ghosts*, la nana qui chantait en arabe, un peu plus tôt il avait Marjorie sur les genoux, c'était Amon Düll, *Vive la Transe*, il la regardait, elle avait l'air d'écouter, est-ce qu'elle ressentait la même chose que lui, peut-être qu'elle faisait pas attention, elle devait avoir un monde presque parfait, putain, qu'est-ce qu'il la trouvait belle.

Sonia se massait les mains avec de l'huile d'amandes, elle prenait ses doigts un par un, elle trouvait ça reposant, elle fermait les yeux, parfaitement détendue, elle s'était tressé une grosse natte qui tombait sur le côté, elle avait des cheveux tellement épais et des mains fines comme des ailes de libellule, elle pensait à ses pieds d'herbe qu'elle avait oublié d'arroser, c'était des journées tellement chaudes, il fallait faire gaffe. Dans l'après-midi, elle avait fait des courses dans les magasins, toutes ces femmes qui parlaient de leur corps qui déconnait, ça l'avait tuée, elle pensait pas souvent à ça.

Il y eut une grosse rafale de vent brûlant, la seconde d'après la fenêtre de la cuisine vola en éclats, toutes les lumières s'éteignirent et la musique s'arrêta dans un gros soupir ridicule. Il y avait eu deux chocs simultanés, la fenêtre qui descendait et la coupure de courant, allez-y, essayez, il faut au moins trente secondes pour pouvoir se remuer après un coup comme ça, il y a toute cette salive qu'il faut avaler d'un seul coup. Sonia ouvrit les yeux dans le noir, elle chercha Jimmy à tâtons, lui il s'était juste un peu redressé. La fenêtre au-dessus de sa tête, il avait reçu les morceaux sur le crâne, c'était une pierre, il l'avait entendue cogner sur le mur, des petits morceaux de verre couraient dans son dos, suivaient les plis du tee-shirt, il sortit le machin de son jean pour se secouer, il disait merde merde MERDE, à cause du shit il vivait ça multiplié par dix, il avait juste son corps engourdi pour répondre ça va. Avec Sonia, ils reculèrent dans le fond de la pièce, ils avaient rien compris mais dans ces moments-là le corps trouve toujours quelque chose à faire, il cherche surtout un moyen de s'en sortir.

Les trois mecs se glissèrent dans la pièce, on y voyait rien du tout, c'était grand mais ils se sentaient tous les uns et les autres, des présences silencieuses et brûlantes, le gros refroidissait dans la cuisine tandis que les deux autres commençaient à chauffer, ils faisaient pas plus de bruit qu'un serpent glissant sur un paquet d'Astra, le gros avait plus de mal que les autres pour retenir sa respiration et son estomac se mit à gargouiller, une plainte tellement ridicule que le Noir rigola brusquement, le petit avançait le long du mur, il buta dans un truc mou qui devait être un coussin, il s'arrêta en entendant le Noir qui couinait derrière lui, il ne put s'empêcher de sourire, ces deux-là c'était vraiment la paire, des vrais gosses, et l'autre qui s'envoyait un petit fou rire de barjo avec ses gros yeux mouillés dans la main, quand même ils étaient cons parce que les autres pouvaient être armés, il s'accroupit le temps qu'ils arrêtent leur bordel et ensuite il se remit à avancer.

Le Noir tomba sur eux le premier, enfin ils le frôlèrent en essayant de filer par le couloir, ils se tenaient par la main, il faisait trop sombre pour réfléchir alors il traça un arc de cercle avec son bras, nerveusement et à une vitesse inimaginable, ça aurait pu être n'importe qui, il en avait rien à foutre, personne aimait bosser avec lui parce qu'il était dangereux, il se paya Jimmy du bout de sa lame, d'une épaule à l'autre, Sonia poussa un cri mais ils passèrent quand même. Le Noir se remit à rire, ils venaient de prendre un premier contact et la partie commençait bien, un à zéro dans le camp de la douleur.

Ils arrivèrent au bout du couloir, c'était même pas possible de reprendre son souffle, Jimmy avait son maillot couvert de sang, ça lui collait, il respirait trop vite, le gros s'était engagé dans le couloir, c'était carrément impossible de réfléchir, Sonia était derrière lui, elle lui serrait la main tellement fort qu'il savait plus où il finissait et où elle commençait, ils passèrent le rideau de perles, dans la chambre il y avait une chaise en tubes chromés, dès que le gros passa sa tête, Jimmy cogna de toutes ses forces, il avait pris tout son élan, presque un tour complet sur lui-même, un coup comme ça aurait fait reculer une locomotive. Le rideau se déchira et les perles s'envolèrent dans tous les sens, sous le choc le gros refit la moitié du couloir en sens inverse, les bras écartés, et il s'effondra aux pieds du Noir, le crâne en compote, un tube lui avait fait éclater les yeux, toutes ses dents étaient arrachées. Le Noir s'arrêta de rigoler. A ça, il connaissait une réponse, il s'était déjà servi d'une chaise dans des bagarres, il y avait des avantages, la taille, le poids, il y avait aussi des inconvénients, oui, c'était pas quelque chose de très maniable, il fallait pas rater son coup, c'était comme une épée à deux mains et on a qu'un seul cœur, mon frère.

Il se baissa et enleva une Tong des pieds du gros, il s'avança. Il se plaqua contre le mur, le plus qu'il pouvait, il y a des mecs qui n'ont vraiment aucune idée de la peur, il respira un bon coup et balança la godasse dans ce qui restait du rideau. Le truc cracha comme un paquet de serpents à sonnettes et Jimmy réagit au quart de seconde, il frappa une nouvelle fois avec la chaise mais il ne rencontra que du vide et, emporté par son élan, il sortit à moitié dans l'encadrement, le Noir avait espéré quelque chose dans ce goût-là, il fit juste un pas sur le côté et lui planta sa lame au milieu du ventre, jusqu'au fond. Jimmy resta suspendu au bout du couteau, sur la pointe des pieds, il se figea réellement en l'air et le Noir eut le temps de retirer sa lame d'un coup sec et de la replanter une bonne fois, alors Jimmy s'effondra sur le sol, en chien de fusil, et l'autre recommença à rire, il lança à son copain :

— Va rallumer, maintenant.

L'autre grogna quelque chose dans son dos mais le Noir insista :

— Merde, fais ce que je te dis, vas-y tout de suite !

Sonia entendit la porte d'entrée claquer, elle avait glissé le long du mur, elle pouvait vraiment pas bouger, Jimmy avait cogné avec sa chaise et plus rien, quelque chose lui avait coupé les jambes, elle arrivait pas à revenir à elle, elle avait les yeux grands ouverts et Jimmy avait disparu, elle savait juste que quand il réapparaîtrait le monde allait se remettre en marche, quand quelqu'un lui attrapa un bras, dans l'obscurité, c'était pas Jimmy, elle ne réussit même pas à crier. Des mains lui faisaient mal, ça lui écrasait les seins, une main avait retroussé sa jupe, on essayait de lui enfoncer un doigt à travers le slip, quelque chose de très lourd se coucha sur elle, tout ce qu'elle arriva à faire c'est de ramener ses genoux sous son menton, très serrés mais la main glissa et la prit par-derrière, elle se cambra, on lui arracha brutalement son slip, les élastiques lui cisaillèrent les cuisses avant de craquer.

Le Noir se releva, il la souleva d'une main et lui envoya un formidable coup de poing dans le ventre, jamais rien ne lui avait fait aussi mal, elle se sentit tomber sur le sol avec un brouillard rouge dans les yeux, ça la brûlait. Le type se déboutonna au moment où la lumière inondait la pièce, il s'allongea sur elle et lui ramena ses jambes en arrière, elle avait la bouche ouverte, elle cherchait à reprendre son souffle.

Ça, il savait qu'il aurait assez de forces pour le faire, c'était rien du tout, il avait beau saigner comme un goret, ça ne changeait rien, même, c'était juste comme si avant de mourir le corps se gonflait à bloc, une dernière fois, la fureur des muscles et le sourire des nerfs, le Noir essayait d'enfiler Sonia, il les voyait et l'autre cherchait l'endroit précis avec ses doigts. Jimmy réussit à se redresser.

Il marcha dans des nuages et attrapa le Noir par son tee-shirt, il tira de toutes ses forces. L'autre roula sur le côté, emmêlé dans son froc, Jimmy se jeta sur lui, son cerveau commençait à dérailler mais son corps avait compris, il enroula ses jambes autour de la taille du Noir, il se colla à lui, l'autre se débattait mais les mains de Jimmy se refermèrent sur la tignasse du type, il poussa sur ses bras et l'autre fut obligé de renverser sa tête en arrière. Quand il vit la gorge du Noir, toute longue, presque bleue, avec les veines tendues et la pomme d'Adam qui bondissait à l'intérieur comme si elle était enfermée dans une saloperie de piège, il planta ses dents là-dedans, il mordit de toutes ses forces, il bloquait ses mâchoires et tirait en arrière, ça se déchirait plus facilement qu'il l'aurait cru mais il se rendait pas compte de la force avec laquelle il faisait ça et il replongeait dans cet enfer comme un damné et le sang lui barbouilla très vite la figure et lui colla les cheveux, l'autre avait dû lui casser un bras juste au début mais il sentait pas grand-chose et il avait plus besoin de ses bras, il entendait vaguement des bruits autour de lui, il s'y intéressait pas, il se sentit mollir mais l'autre ne bougeait plus sous lui, il avait le visage plongé dans quelque chose de chaud, il attendait de voir sa vie défiler devant lui comme il pensait, mais ça ressemblait pas du tout à ça.

Quand le petit entra dans la baraque, il tomba sur le cul. La fille était recroquevillée dans un coin, sans bouger, et les deux autres pataugeaient dans le sang. Ça lui faisait ni chaud ni froid pour le Noir, mais quand même, il essaya de le dégager, il attrapa Jimmy et le secoua de toutes ses forces, mais y avait rien à faire, ils étaient soudés l'un à l'autre, il le lâcha, il prit un oreiller sur le lit. Il s'accroupit près de Jimmy et lui colla l'oreiller sur la tête, en même temps il sortit son flingue, il visa à peu près l'oreille et tira.

Il se releva. Il regarda Sonia mais les filles l'intéressaient pas spécialement, il voyait pas ses yeux non plus, il trouva que c'était plus simple de faire comme ça. Il tira deux fois à travers l'oreiller et les plumes s'envolèrent, sûrement qu'il l'avait eue du premier coup, sûrement, il était content d'avoir pu trouver un oreiller, c'était pas à chaque fois, et il avait horreur du bruit des détonations, il avait une oreille fragile.

Il retourna tout seul à la voiture, c'était un truc de réglé, il faisait bon avec le vent, presque frais, il alluma la radio sur une station locale qui émettait toute la nuit, un type venait de téléphoner pour qu'on lui envoie une merdouille des Beach Boys, il démarra en douceur dans la purée oo wooooow ouuuu waaaaoooooo woo.

Ça lui arrivait pas trop souvent à Marjorie de se réveiller en pleine nuit, mais maintenant elle avait plus peur, Sonia lui avait installé une lampe juste à côté d'elle, pour le cas où elle aurait VRAIMENT TRÈS PEUR, mais cette fois-là elle se sentait bien, c'était même pas la peine d'allumer, peut-être qu'un bruit l'avait réveillée, elle savait pas bien, mais elle entendait plus rien du tout. Elle resta un moment les yeux ouverts dans le noir, très calmement, en attendant que le sommeil revienne, elle était pas spécialement pressée maintenant qu'elle avait enfoncé son pouce dans la bouche, la nuit pouvait continuer comme ça toute la nuit.

5

Bon, mais ça pouvait durer comme ça jusqu'à la saint-glinglin, il suffisait qu'ils changent encore une fois de bagnole et tout était à refaire, putain il savait que ça pourrait durer jusqu'à la fin des temps. C'était comme ça, tant qu'il se déciderait pas à mettre le paquet, de leur coller au cul tout un tas de flicaille, il les retrouverait sûrement jamais, il faisait le con avec ça mais il se décidait pas, il essayait de réfléchir. Avec un avis de recherche en priorité, il leur donnait pas quarante-huit heures, mais ça le faisait un peu chier, il aurait voulu régler ça tout seul, il s'y voyait, TOUT SEUL, il pourrait traiter chaque cas en particulier, quand il les aurait coincés, il pourrait en faire tout ce qui lui passerait par la tête, ça ressemblait à un petit coin de paradis. D'un autre côté, en s'y prenant discrètement, ça pouvait donner aussi quelque chose, ils avaient quand même retrouvé la Mercedes et, théoriquement, ces enfoirés se la coulaient douce dans un bus jaune citron, bon, mais c'était aussi fragile qu'un putain de fil de soie, d'une seconde à l'autre ce truc pouvait ne plus rien valoir du tout. La nuit tombait, Franck chercha une cigarette dans ses poches. Il entendit des pas dans l'escalier, il se planqua dans un coin sombre et attendit que le type passe devant lui.

C'était un jeune mec, dans les vingt-cinq trente ans, pas trop baraqué mais avec des bras puissants, Franck l'attrapa par les cheveux et l'envoya dinguer dans les boîtes aux lettres, sans le lâcher, il le tenait par-derrière, il lui tordit un bras, le type brailla parce que son muscle allait bientôt claquer, Franck tira la tête en arrière et l'écrabouilla une seconde fois sur le mur, le mec dégringola.

Franck le souleva, il y avait juste le trottoir à traverser, il l'allongea sur le capot pour la fouille, l'autre glissait sur la Ford, il essayait de se tourner sur le côté, de ramener ses mains vers sa figure, il gémissait, il saignait. Franck ouvrit la portière et l'envoya dans le fond de la bagnole. Le Gros lui passa les menottes dans la foulée.

— Bon, j'y vais. Elle doit être là-haut, dit Franck. Tu m'attends là.

Il traversa une nouvelle fois le trottoir. Le petit bouton pour la lumière, il faillit appuyer dessus mais il se ravisa, il se mit à grimper les marches doucement, c'était tout en haut, avec un peu de chance ils allaient garder le bus, oui, ou au moins un petit moment, juste assez pour qu'on arrive à le repérer et alors il pourrait s'occuper d'eux, il avait juste besoin d'un tout petit peu de chance, il se retrouva planté devant la porte sans savoir comment il avait fait son compte, il était un peu étonné.

La petite fuite de lumière sous la porte. Il s'appuya sur le mur du couloir et balança son pied plus bas que la serrure, un coup avec tout son poids, la porte se fendit en deux et toute une moitié tomba à la renverse, il avait son flingue dans la main mais il y pensait pas.

Il la trouva dans la cuisine, c'était bien la fille de la photo mais avec dix ans de plus, en peignoir, les cheveux gras et sales, le visage complètement bousillé par la fatigue et des grands yeux ouverts comme des soucoupes, immobiles, des tas de petits vaisseaux éclatés, la lumière infernale du néon qui dégringolait là-dessus, c'était parfait. Elle regardait droit devant elle, elle était assise sur une chaise en Formica, il était peut-être à un mètre, c'était comme si elle regardait son sexe à travers le pantalon, il dit :

– Habille-toi. Il est en bas.

Comme elle ne bougeait pas, il la prit par l'épaule, sans chercher à lui faire mal et elle se laissa conduire dans la chambre sans un mot, sans un regard, sans quoi que ce soit de vivant, il était même pas sûr qu'elle respirait. Il la laissa au pied du lit et, pendant qu'elle jetait un regard affolé autour d'elle, il ramassa les trucs par terre, il écrasa doucement le fond du slip entre ses doigts, il lui tendit ses fringues en tournant la tête, il cherchait un bon coin pour s'asseoir. Il se posa sur le bord du lit, le dos contre le mur, elle bougeait pas, il remarqua toutes les merdes sur la table de nuit, les boîtes, les aiguilles, toutes leurs chieries.

– Merde, tu te fous ça dans le cul ? T'es cinglée.

Ça, il avait déjà vu tout un tas de tarés dans cet état mais ça l'emmerdait quand c'était une fille, il trouvait ça épouvantable, comme elle bougeait toujours pas, il se leva et se planta devant elle, il lui parla doucement :

– Bon, habille-toi, maintenant.

Elle leva même pas un cil. Il l'empoigna par un bras et fit glisser une épaule du peignoir, elle avait une belle épaule, toute ronde et lisse comme du marbre, elle baissa la tête et ses cheveux tombèrent comme des lames noires, elle se mordit la lèvre, elle enfonça ses poings dans ses poches, tout au fond, le tissu lui écrasa la poitrine. Il baissa les yeux sur la ceinture, le truc était noué mollement, il pendouillait, c'était le genre de machin idiot qui le faisait bander.

Il se rendit compte qu'il retenait sa respiration, QU'IL RESPIRAIT PRATIQUEMENT PAS, c'était trop con, cette nénette devait être capable de se faire baiser cent fois pour un demi-gramme, il respira profondément et tira sur la grosse nouille. Le machin s'ouvrit en deux comme une noix, c'est toujours comme la première fois quand ça vous arrive, elle avait deux nichons blancs et une sacrée touffe de poils, merde ça lui descendait même un peu sur les jambes, il dégagea l'autre épaule, le peignoir dégringola à ses pieds comme une peau morte.

Rien, elle fit pas un geste, il plaqua sa main sur ses fesses, enfonça un doigt jusqu'à son trou du cul, c'était chaud, il la tira un peu vers lui, elle faillit perdre l'équilibre, bon Dieu elle était complètement sonnée. Une poupée, c'était juste une fille avec un corps à moitié vivant et un cerveau entièrement grillé. Il la laissa tomber sur le lit, elle ferma les yeux, une poupée jetée sur un lit fait toujours ça, il se sentait tout gonflé dans son froc, il pensait pas la baiser, il avait trop la trouille que quelqu'un arrive, le slip, il le chercha des yeux, quand il trouva ce foutu chiffon minuscule, juste un peu plus fin qu'un bas et enroulé sur la moquette, sa queue cogna dans son pantalon comme un marteau en caoutchouc.

En plus, c'était un vieux rêve, il avait jamais osé demander ça à Lili, ni aux autres, c'était un vieux truc de branleur, il lui enfila d'abord une jambe, sa poupée était toujours morte, le seul truc qui déconnait c'est que maintenant elle avait les yeux OUVERTS et qu'elle le regardait, et l'autre jambe, il attendit d'avoir passé les genoux pour poser les yeux dessus, on voyait pas grand-chose à travers les poils, il sentait des courants chauds et glacés le traverser, glacés parce qu'elle avait ses yeux sur lui, n'empêche, il fit grimper le truc le long des cuisses et sans mal, elle avait les jambes fermées mais à ce moment-là il sentait sa force pratiquement sans limites, ils font des slips maintenant avec 400 % d'élasticité.

Il s'arrêta, il était vraiment en sueur après ça, il se releva, il mit bien deux heures avant de pouvoir lui dire :

– Ne m'oblige pas à t'emmener comme ça.

Il la regarda s'habiller, elle enfila son jean en silence, connard, en fait ce qu'il avait imaginé il lui écartait les jambes et derrière le petit écran translucide c'était bon, il plaquait sa main bien à plat là-dessus, en la caressant elle finirait par lui mouiller la paume, ce truc de fou, ça lui arrivait parfois de faire tout de travers mais à ce moment-là c'était pas vraiment lui, l'autre était vraiment fortiche pour le court-circuiter, il comprenait pas, PEUT-ÊTRE QU'ELLE AURAIT AIMÉ ÇA, POURQUOI PAS, maintenant qu'elle venait d'enfiler un tee-shirt, c'était vraiment foutu, il pourrait même pas garder un bon souvenir de ça, quand ça lui prenait, il avait rien trouvé de mieux encore que Lili. Ce coup-là aurait pu être un bon coup, un coup facile. Bon mais elle était à moitié morte, ça aurait été quand même moins marrant, toutes ces nanas, toutes ces connes, on pouvait vraiment rien faire avec, il était comme ça, c'était vraiment ce qu'il croyait.

Il descendit avec elle, au passage il fit entrer un con dans sa boîte, toute la raideur du monde avec une mèche folle et des bretelles, la fille était devant lui, cramponnée à la rampe, c'était incroyable, ça lui venait par périodes, peut-être que la chaleur aussi, ça pouvait durer toute une semaine et ensuite il se calmait, pendant une semaine il était comme un serpent en cage, il fouinait partout, il regardait toutes les femmes, toutes, avec les couilles bien dures, dans une seule journée il pouvait collectionner des centaines et des centaines de corps de femmes, c'était comme si elles étaient au courant de son histoire et elles prenaient des poses, ce qu'elles avaient de mieux elles lui étalaient sous le nez et partout, dans les magasins, dans la rue, elles descendaient de bagnole juste devant lui, elles se payaient des cuisses fabuleuses ou elles balançaient leurs nichons sous des nuages transparents, il avançait au milieu de tout ça et elles le regardaient dans les yeux, des fois c'était insupportable tellement il en avait envie, il avait besoin d'aucune espèce de tendresse dans ces moments-là. C'était des périodes très fatigantes, il en sortait comme d'une crise de délirium, pas mal secoué, la fille descendait doucement les étages dans son jean moulé et Franck derrière qui portait sa croix, c'était un monde de douleur, il fallait souffrir dans presque tous les cas.

Il accompagna le Gros jusqu'au truc de police, il faisait nuit, à cette heure on pouvait faire passer un type couvert de sang par la grande porte et puis on lui avait dit ramenez-le, ramenez-le DE TOUTE FAÇON et la fille aussi, c'est ce qu'il avait fait. Le Gros descendit de voiture, lentement et il fit sortir la fille, Franck eut le temps de jeter un coup d'œil sur le type, dans le rétro, peut-être qu'il avait bousillé ces deux femmes comme ils pensaient, il y avait des chances et sa copine pareil, n'empêche qu'il chialait maintenant, le sang dilué dans les larmes, il y avait rien d'écrit sur son visage. Il pouvait dire adieu à son nez. Franck regrettait pas de l'avoir bousculé, heureusement qu'il y avait ça sinon il aurait déjà éclaté, depuis que Lili avait foutu le camp, c'était le troisième type qu'il ramenait dans cet état, il était conscient de ça, il pensait que ça finirait par lui passer. C'était marrant, il se sentait pas spécialement énervé mais en cognant ces trois mecs il avait senti dans ses muscles une force incroyable, le premier il l'avait carrément soulevé au bout de son poing, encore tout à l'heure, s'il l'avait voulu, il aurait pu le tuer en l'écrasant dans les boîtes aux lettres, c'était une sensation bizarre, il relâcha doucement le volant, merde cette bagnole était déjà assez esquintée comme ça, le volant en mille miettes, il aurait plus manqué que ça. Il les laissa tous les trois sur le trottoir, il cligna de l'œil au Gros, c'était une rue toute droite, pratiquement déserte, il poussa les vitesses comme un con et le feu était rouge au bout, TOUT À FAIT ROUGE, en général ça marchait, la Ford était au maximum, il se jeta là-dessus comme une comète, le feu passa au vert au dernier moment, comme toujours, c'était un truc parfaitement réglé, il avait fait ça des centaines de fois mais chaque fois il se disait qu'un de ces quatre un rigolo viendrait casser l'harmonie qu'il y avait dans tout ça, peut-être qu'il allongerait le feu d'une seconde ou il savait pas trop quoi mais il sèmerait la merde dans cette belle horloge et Franck essayait de pas trop penser à ça, il jouait à pas y penser, ce feu qui passait au vert juste devant lui il prenait ça pour un signe. Ce soir-là, il aurait aimé qu'un type se mette en travers de son chemin, il l'aurait envoyé par-dessus les toits, il l'aurait défoncé, Seigneur !

Il y avait de la lumière chez lui, il ralentit même pas. Helen devait l'attendre, cette conne, elle s'était pratiquement installée maintenant, ça commençait à le faire chier, le cul tient jamais très longtemps, peut-être un jour ou deux de plus quand c'est exceptionnel, n'importe quelle femme au monde aurait pu faire l'affaire mais pas elle, pas ce soir, elle le tuait avec ses besoins de femme, elle lui disait parle-moi mais il pouvait plus parler, il avait rien à lui dire, la baraque se mettait à résonner comme un tambour, il avait plus qu'à la baiser pour arrêter ça.

Il sortit de la ville, sur la route il alluma la radio, un truc triste et mou des Clash, *Shepherds Delight*, la nuit semblait venir par vagues et ondulait dans les phares, c'était un morceau superbe, tout à fait dans l'ambiance, il roulait pas vite, l'air tiède s'enroulait dans les carreaux ouverts comme un chat invisible, la bagnole était l'ultime refuge pour un homme de cette époque, ils étaient tout un tas à l'avoir compris, ils attendaient les fusées et la nuit qui n'en finissait plus, ils allaient tous mourir avant, de toute façon.

Il se laissa aspirer par les lumières d'un motel, il traversa le hall en respirant difficilement, le portier n'avait pas de visage, Franck grimpa jusqu'à la chambre avec la clé serrée dans son poing. Il s'assit sur le bord du lit, sans allumer, il tenait pas à faire apparaître des objets autour de lui, ce putain de lit était trop mou, peut-être qu'il lui aurait fallu une planche avec des sacrés clous, peut-être que la douleur aurait arrangé quelque chose, il se mordit un bras, c'était pas pour rigoler, au début la douleur était encore pire dans ses mâchoires, toute cette force contenue, il se laissa glisser sur le côté et sa tête s'enfonça dans les draps, il les chiffonna avec sa sueur, des machins lui coulaient des yeux mais il tenait bon, le sang se dispersa dans sa bouche et sur ses lèvres, c'était le seul moyen pour ne pas déraper.

Franck se prenait pas pour de la merde, mais en fait il connaissait pas tout. Il fut même un peu surpris quand ça lui arriva. Il se redressa au milieu du lit et oublia son bras, il avait les yeux grands ouverts dans le noir, quelque chose approchait de lui, ça tournait en rond autour de son ventre, ÇA CHERCHAIT À RENTRER À L'INTÉRIEUR mais il avait pas peur, il était curieux, il respirait par à-coups, des images éclataient dans son cerveau comme des pastilles de lumière pure, rouges, blanches, noires, de plus en plus rapprochées, il bougeait pas et ce fut comme une espèce de sacrement, c'était une haine sourde et monstrueuse, il frissonna quand elle se glissa en lui, c'était un cas de possession comme on en voit tant, il trouva ça tellement bon qu'il se mit à sourire, Lili et Carol et toute la bande, il essaya son nouveau pouvoir sur des images, c'était super, c'était chaud, ensuite il se rendit compte qu'il pouvait mettre la terre entière dans le même sac et il se sentit vraiment libre, pour la première fois de sa vie il sentit l'intensité de son existence, c'était terrible, rien aurait pu se mettre en travers de ça, c'était comme une nouvelle naissance, rien que des nerfs et du sang, c'était aussi la pire chose qui pouvait arriver à un homme : rejeter le monde en dehors de lui, se dresser contre la terre entière, c'était le moyen le plus sûr pour s'anéantir, pour que tout retourne à la nuit.

Mais il était dans cette chambre et il souriait, il passa toute la nuit à sourire, au petit matin, son corps s'était carrément changé en pierre et le ciel était tout bleu.

6

Il y a des trucs cons dans la vie. Ned ouvrit un œil sous la caresse de Carol. Se lever à l'aube quand on s'est couché tard, c'était le genre de chose qu'il pouvait pas avaler et merde en plus maintenant le lit était pour lui tout seul, il grogna et s'étala dans les draps, les jambes écartées, les bras en croix. Il aurait fallu une barre à mine pour le tirer de là.

– Allez, dépêche-toi. Allez, elle disait.

Avec son œil il la repéra devant la glace, elle essayait tout un tas de maillots de bain que lui avait prêtés Lucie, pour le moment elle avait le cul à l'air, le haut du maillot ressemblait à une grande banane violette, elle inspectait tous les angles, elle avait vraiment un corps sublime, des fois il trouvait ça presque chiant. Il commençait à être habitué à ce cirque qu'elle faisait devant la glace, tout ce qui pouvait lui renvoyer son image était un bon truc pour elle, c'était toujours ce qu'elle cherchait en premier et bon Dieu elle se trouvait toujours. Mais tout le monde faisait ça, presque tout le monde, cette putain d'image, cette angoisse.

Il regarda un moment cette sacrée machine, nerveuse et tiède, avec ses cuisses satinées et ces morceaux de femme collés un peu partout, elle faisait semblant de lui donner ça à chaque fois qu'il le voulait, il referma son œil, il lui demandait rien du tout, il savait qu'elle pouvait pas faire autrement, il y a des gens qui ne s'appartiennent plus, la beauté est à tout le monde, au fond il aurait pas voulu être à sa place, toujours collée à la vie, collée au monde, quelle chierie !

Quand elle s'approcha de lui, il murmura n'importe quelle connerie, il faisait le mort mais il resta tendu jusqu'au moment où il entendit claquer la porte, elle embarquait la mer et les trous du cul qui hantaient les plages, oh Seigneur, il avait échappé à l'insupportable, bon elle était gentille quand même, c'était plutôt lui, il était pas vivable, il le savait, il en avait rien à foutre. La baraque était silencieuse, il traversa les couloirs à poil et déboula dans la cuisine. Il y avait du bruit dans la grande pièce, il débarqua avec son petit déjeuner sur un plateau. Le poète était grimpé sur une échelle, il avait gribouillé tout un mur, il finissait d'encadrer son foutu machin en rouge :

Même quand elle se pointe
Avec son jean serré et tout
Avec ce sourire qu'elle a pour tout
Le monde
Même quand elle me plaque sa main
Là où c'est bon
Juste là où j'en ai envie
Même quand elle est tout
Près de moi
Même quand elle me dit
Maintenant on fait ça maintenant
J'en ai rien à branler que
Tu me prennes sur ta machine à écrire
Tes conneries ça
M'INTÉRESSE PAS
Même quand elle fout la merde sur mon lit
Elle épluche des cacahuètes et me
Fait signe en riant
Même quand elle vient m'arracher à la mort
Même à ce moment-là
Je n'arrive pas à lui dire

C'est comme ça
Toutes celles qui sont passées avant
Ont cherché le chemin jusqu'à mon cœur
La dernière me disait
Oh j'ai rencontré des salauds
Mais toi
Tu me scies vraiment en deux, oui.

Ned croqua dans un vieux croissant mou pendant que l'autre dégringolait les barreaux en rigolant :

– Aaahh aahhh, il dit. Elle l'a voulu. Elle va avoir ça sous le nez pendant dix ans. Aaaahh elle m'a fait assez chier avec ça, avec SON poème, bon je lui avais promis. C'est pas ce que j'ai écrit de meilleur, non, mais j'ai fait des trucs cent fois plus mauvais. Mon vieux, il faut comprendre que c'est aussi difficile d'être bon que d'être mauvais, oh bordel, et j'ai failli tomber vingt fois de là-haut. Ne me dis pas que tu aimes ça.

– J'aime bien la fille.

– Bon, tu as tout compris. La poésie, c'est ce qu'il y a de plus dur au monde, c'est pour ça que tu trouves tellement de merdes. Tu trouves un vrai poème mais pendant ce temps-là les mémés ont chié des seaux entiers d'alexandrins et les autres ont juré de te faire mourir d'ennui, les tarés, les précieux, les cultivés, les malades, les tièdes, ils se sont tous essayés à ça et les gens sont assez malins pour ne plus lire de poésie. Bon, mais à part ça tu peux tomber sur un truc tellement balèze que tu en croiras pas tes yeux ni tes oreilles et à ce moment-là tu es vraiment coincé.

– Si tu veux, il y a encore du café.

– Tiens, regarde, j'ai hésité, je voulais mettre celui-là.

Il tira un papier plié en douze de sa poche :

bon, c'est un moment difficile
j'avais imaginé quelque chose
d'assez épouvantable

mais je suis venu
et l'autre qui nous suit
dans sa bagnole jaune citron
il se marre tout seul
il est formidable tu dis et
moi je pense qu'il est tout à fait
capable
de se traîner
jusqu'à la fin du monde
dans son engin
parce qu'il est déjà à moitié mort
et je ne dis pas ça
pour la suite
pour les nuits silencieuses
– tu imagines des rêves jaune citron ? –
quand tu iras d'une pièce à l'autre
comme une folle
l'eau fraîche dans la cuisine
la lune
les fleurs
les miroirs
la passion
je ne dis pas ça pour t'emmerder
vois-tu je préfère que tu me laisses descendre
tu dis on s'embrasse
mais je suis plutôt occupé à me sortir du siège.
L'autre a donné un petit coup de klaxon
j'ai fermé les yeux
je suis resté sur le trottoir
les cornes de gazelle fumer dans le noir
marcher sans culotte lire des
magazines en commençant par la fin
je me demande
ce que je vais bien pouvoir faire de tout ça
en fait j'attends d'être touché par un éclair
en fait la tristesse ne vous apprend rien du tout
une envie de pisser
et vous ne pouvez rien y faire

malheureux
tu peux te mettre à cavaler, malheureux
il n'y a vraiment rien qui tienne debout
mon Dieu j'ai pensé
si je n'arrive pas à me retenir
faites qu'elle soit déjà loin
évidemment
je ne suis pas parfait.

Il replia le papier tranquillement dans sa poche et s'effondra dans un fauteuil.

– Merde, il dit. Celle-là elle m'en a vraiment fait voir de toutes les couleurs.

– Tu as réussi à te retenir?

– Ça ne s'est pas vraiment passé comme ça. Le type m'a sorti de la voiture, il avait des bras comme mes cuisses, pendant ce temps-là elle se repoudrait. Il a arraché tous les boutons de ma chemise et m'a conseillé de filer tout de suite. Il fallait que je sois encore là pour écrire ce truc, j'ai pensé.

– Tu as eu raison.

– C'était la plus belle fille que j'aie jamais eue. J'aurais dû m'accrocher. Je me demande.

– S'accrocher, c'est aller jusqu'au meurtre.

– Bien sûr et je ne veux pas mourir.

– Je comprends ça.

– En fait, elles n'en font jamais assez pour qu'on puisse les regretter.

– Parfois elles en font trop, ça revient au même.

– Ouais, la tienne, tu veux que je te dise, elle est vraiment trop belle.

– Ça va, je ne cherche rien. Ça fait pas longtemps, tout est encore bon et elle vit un truc qui l'amuse, je fais partie de l'histoire. Mais elle tiendra pas longtemps.

– Je te demande rien.

– Ouais, mais je te donne rien.

– Bon, on peut boire un coup, si tu veux.

– On dirait que c'est une journée comme ça.

– Non, tu y es pas, TOUS LES JOURS sont comme ça. C'est la grande lumière, tu te lèves et jusqu'à six heures du soir tu peux rien branler et l'après-midi devient de plus en plus mortel, tu te mets à tourner en rond pendant que le monde entier y va à fond la gomme et tes idées deviennent aussi molles que le ventre du taré planqué derrière son bureau, tout ce que tu peux faire c'est attendre et garder tes forces pour ce qui va suivre, boire c'est peut-être pas la meilleure solution, mon pote, mais c'est la seule, ne bouge surtout pas.

Il mit dix secondes pour se ramener avec une bouteille et des verres, une heure après ils étaient complètement gelés tous les deux et, quand il démarra, le poète fit sauter un angle de la baraque avec sa portière, putain, il dit, OH PUTAIN ! mais il s'arrêta pas et la Jaguar de Lucie déboucha en rugissant sur la rue.

Ils filèrent sous le soleil jusqu'à l'hyper-truc planté juste à la sortie de la ville, ils tapèrent dans les millions de bouteilles, le poète dégueula pas vraiment sur la caisse mais juste à côté et Ned se demanda si c'était pas une ruse pour lui laisser la note, la caissière s'était déjà levée en hurlant et les petits chefs rappliquaient comme des mouches, rien que la musique qu'il y avait là-dedans vous aurait fait dégueuler. Les petits merdeux avec leurs badges, ils essayèrent de prendre le poète par les bras mais l'autre se dégagea en poussant un grognement épouvantable et même il leur balança une bouteille de Four Roses qui explosa sur un stand de lessive. Avant que les types se relèvent, ils étaient déjà revenus en ville et ce qu'ils avaient sauvé c'était du fort, du sérieux, du bon et ça leur avait coûté que dalle.

Les autres étaient déjà rentrés. Ils posèrent tout le tas de bouteilles sur la table en rigolant, Ned était déjà bien barré, l'autre prétendait qu'il allait confectionner sur-le-champ un cocktail diabolique, Ned grimpa tout droit dans les étages, il y avait une odeur d'huile solaire et d'iode dans la baraque.

La porte était ouverte, il entra sans comprendre, sans réfléchir, elle lui tournait le dos mais il y avait une glace devant elle et elle le vit arriver là-dedans, elle le sentit se serrer contre elle, tout de suite il lui caressa les seins et elle ferma les yeux. Ils restèrent un petit moment comme ça, collés comme deux bâtons de réglisse.

N'empêche, les bonnes choses ne durent pas, il se détacha de Lili et fila dans la salle de bains. Au début il se dit merde, je suis complètement con, mais ça c'était pour faire le malin. Malgré le jet d'eau planté sur son crâne, il arriva très facilement à garder l'odeur de Lili dans la mémoire de ses narines. Tout se goupillait mal avec cette nana, mais quoi en particulier ? C'est à peine s'il se rendait compte qu'elle lui foutait la trouille, vieux quand tu vois la vie de quelqu'un planer au-dessus de la tienne comme une ombre et que le truc est assez grand pour t'étouffer, qu'est-ce que tu peux trouver de bandant à ÇA ? Il coupa le robinet d'eau chaude et l'eau glacée le ramena tout doucement à la vie, mais il se sentait quand même pas très bien. Il repensa à Franck, c'était juste une question de temps, peut-être qu'après il y verrait un peu plus clair. Alors comme ça, pour rigoler, il croisa ses mains derrière la tête, il dit tout haut :

– Alors merde, qu'est-ce qu'il fout ?

Dans sa chambre, Lili avait pas bougé, elle se disait exactement la même chose, sauf que c'était pas à Franck qu'elle pensait. En amour, les femmes sont plus balèzes, même avec un bras attaché dans le dos et la merde c'est que le plus souvent elles ont les deux mains de libres. Peut-être qu'il existait même pas un moyen de s'en sortir.

7

Tout de suite, ça a mal commencé. Ce con, d'abord, il les fit attendre une bonne demi-heure dans un coin du premier sous-sol, rien que du béton et des lampes et des bagnoles s'engouffraient là-dedans ronflaient et crachaient une bonne fumée bleue, mais il y a des trucs qu'on peut faire pour un ami, il y a même beaucoup de choses, oh merde. Ned cogna trois fois au carreau mais ce taré en chemise blanche était tout simplement en train de ramasser tout un paquet de billets et, sans lever les yeux, il leur faisait juste signe d'attendre, D'ATTENDRE et pendant ce temps-là les voitures continuaient à entrer et le fric pleuvait, c'était le plus grand parking du coin, le mieux placé aussi, tous les néons branchés sur les cinés, sur la bouffe, c'était juste au-dessus de leur tête, des trottoirs sans pitié. Mais ils avaient dit oui et, entre ses larmes, le poète leur avait dit oh les gars, vous me sauvez la vie, JE COMPTE SUR VOOOUUUSSSS !

Le type en chemise trouva quand même un moment et il se planta devant eux, peut-être qu'il avait même pas trente ans mais la vie l'avait déjà rendu fou furieux.

– Et alors, il dit. Ce con d'Eddie, qu'est-ce qui lui arrive encore ?

– Il est tombé d'une table, il s'est cassé un bras, expliqua Henri.

L'autre avait un air méchant mais il les regardait pas vraiment, il visait plutôt sous les yeux.

– Bon, il dit. De toute façon, je ne veux pas le savoir. Ça ne pourra pas être pire qu'avec lui. Il vous a expliqué ?

– Non. Ça a l'air compliqué, dit Ned.

– Le client laisse sa voiture. Vous lui donnez un ticket et ensuite vous la garez en bas. Vous remarquerez vite que le numéro du ticket doit correspondre au numéro de l'emplacement. On paye à la sortie, je serai là demain matin pour faire la caisse. Des questions ?

– Qu'est-ce que vous touchez là-dessus ? demanda Ned.

Le type se mit à sourire bêtement, il serra la petite boîte avec le fric contre lui et fila vers la sortie.

Le flot des bagnoles se calma presque aussitôt, les gens vont toujours dans les mêmes endroits à la même heure, c'est formidable. Henri distribua seulement quelques tickets et Ned descendit les bagnoles dans les sous-sols, il y avait six niveaux et les mecs avaient tiré au maximum sur la place, les rampes d'accès étaient tellement étroites qu'il fallait retenir sa respiration et conduire pratiquement debout en louchant sur les pare-chocs. Ensuite il devait remonter et l'ascenseur était une boîte dégueulasse et puante avec les conneries d'usage gravées dans l'épaisseur de la peinture, quelques trucs très forts et des dessins comme dans les cahiers d'enfant.

Ils eurent un petit moment de calme et ils grillèrent leur première cigarette appuyés sur la cabine, les murs étaient noirs de gaz d'échappement et les lampes collées là-dessus comme des sourires meurtriers, en fait ce truc était un tombeau puant et étouffant, deux bagnoles s'amenèrent en même temps, pleins phares, et Henri s'avança avec les tickets, c'était une bande de gueulards avec des bonnes femmes hystériques, plutôt des grosses avec des robes colorées bien collées au cul, bon Dieu la vulgarité est un art difficile qui ne souffre pas la connerie et les mecs étaient plutôt rouges de figure, baraqués par la graisse, toutes les secondes la lumière tombait sur des machins en or et cette poignée d'ahuris crachait des éclairs comme une foutue pépite, oui, et même après qu'ils eurent disparu au milieu des éclats de voix et des rires, le silence mit un temps fou à revenir, c'est la même chose quand on remue le fond d'un étang et les grenouilles qui se regardaient dans les yeux, qui glissaient dans l'eau transparente, pour elles c'est une journée foutue.

– Ecoute, dit Ned, je viens de comprendre un truc. Si à chaque fois qu'une bagnole s'amène je dois me payer cette descente et en plus l'ascenseur se traîne, merde je vais passer la nuit comme un ludion, je vais faire que ça. Y a de la place ici, on attend qu'il y ait tout un tas de bagnoles et ALORS SEULEMENT on s'y met tous les deux, on descend toute la série, tu crois pas ? Comme ça on va être un peu tranquilles.

– Ben oui, si tu veux, dit Henri. Tu as faim ? Elles nous ont préparé des trucs.

– Elles sont formidables. Qu'est-ce que tu penses de tout ça, toi ?

– J'y pense pas. Non, c'est vrai, j'y pense pas. Ça va bien, non ?

– Oui, ça va bien. On se marre, on laisse tout aller, ça va bien. Putain, peut-être qu'on est en train de déconner à fond. L'autre nous a pas lâchés, tu peux être sûr.

– Oui, mais on peut rien y faire. Ou alors il faut le trouver LUI et lui faire passer cette envie.

– Hé ?!

– Si tu réfléchis, ça paraît évident. Sinon on attend et on verra bien. Je m'en fous, on fait comme tu veux, je suis toujours avec toi. Merde, en voilà un autre.

Quand Henri vint se rasseoir près de lui avec son paquet de tickets dans la main, Ned avait pas encore fini de tourner ce truc dans sa tête, c'était une idée complètement folle mais agréable, ça fait toujours plaisir de savoir qu'il y a une solution, l'esprit se contente d'une toute petite chance sur mille, d'une toute petite goutte de lumière.

– Il va bientôt falloir les descendre, dit Henri. Encore une ou deux.

– Et toi, tu crois ça, tu crois qu'on peut le coincer

quelque part. J'ai un souvenir plutôt précis de ce mec, ça doit être difficile de le raisonner.

– Il s'agit pas de le raisonner.

– Regarde-moi. Je suis pas en train de rigoler.

– Merde, je dis pas qu'il faut le faire, mais ça me fait rien d'y penser. Tu imagines quand il va nous trouver ? J'en ai parlé à Lili, rien qu'à cette idée, elle tourne de l'œil. Ned, d'une manière ou d'une autre, je le laisserai pas m'approcher. Alors on peut attendre ou prendre les devants, je sais pas, mais s'il y a qu'un seul moyen pour l'arrêter, j'hésiterai pas une seconde. Avant j'avais cette vision du monde, je pensais que la vie était sacrée, toutes les vies, et c'est sûrement la vérité mais un jour tu t'aperçois que la vérité t'emmerde parce qu'elle t'empêche de vivre, c'est comme si tu laissais la lumière allumée toutes les nuits et ça ne veut plus rien dire, tu comprends ? La vie se fout de la vérité, elle marche aussi bien avec elle que sans elle, voilà où j'en suis. Regarde, mettons que tu veuilles arriver, je sais pas moi, l'Extase, la Sagesse, la Réalisation de ton Etre, enfin disons que tu veuilles arriver à quelque chose, ça revient au même, eh bien la Vérité va t'y amener, c'est un peu comme un panneau sur une route et...

– La Vérité, c'est peut-être le bout du voyage, papa.

– Non, attends, on parle pas du même truc. Je veux dire qu'il y a des questions essentielles et tu peux arriver à trouver de bonnes réponses à ça, mais ton esprit fait rien que les admettre, c'est aussi agréable que de faire rouler des diamants dans la lumière mais ça veut pas dire pour autant que tu sois riche. Donc tu arrives à trouver un sens à pas mal de choses et c'est comme si ton chemin était fléché. Il y a des gens qui vont foncer mais imagine il y a un autre chemin sur le côté et là il y a que dalle, tu sais pas où ça mène, il y a rien qui t'indique où ça mène mais c'est une possibilité et, sans bien savoir pourquoi, tu t'enfiles dedans, c'est ta vie qui t'a poussé à faire ça, tu ne peux pas tout comprendre mais le chemin est chouette, de temps en temps tu te demandes si tu es dans la bonne direction mais tu oublies parce que tout ton être est fixé sur la route, tu ne te rends même pas compte que tu es debout sur l'accélérateur et tout autour de toi c'est la beauté mélangée à l'horreur, tu vois ce que je veux dire, ce qu'on peut pas savoir c'est si tu vas arriver ou te casser la gueule en cours de route, moi je crois que tu arrives de toute façon. Sur ce chemin, tu peux foutre en l'air tous les flics du monde qui t'emmerdent et les autres, la vie est sacrée, ça n'empêche pas mais tu en as rien à branler. Bon, c'est pour dire que, s'il me laisse la plus petite chance, je le louperai pas.

– Amen. Jimmy serait furieux d'avoir loupé ça. Il adore ce genre d'histoire.

– N'empêche que ça fait passer un moment. Minuit moins vingt, oh bordel, ça va pas si vite que ça et qu'est-ce que ça pue !

Les bagnoles, ça ne s'arrêtait pas vraiment, ils se tapèrent deux ou trois descentes et il fallait pas traîner parce que toujours à ce moment-là il y avait un type pour se pointer et leur chauffer les oreilles, du calme mon vieux, on a que deux mains, l'autre avait eu raison de se casser un bras, nom de Dieu ce que ça pouvait être chiant et toutes ces bagnoles avaient des odeurs différentes mais c'était atroce de toute façon, la plupart des boulots vous montrent toujours votre prochain sous un jour écœurant, non ?

C'est juste quand ils se décidèrent à prendre un petit moment pour manger que cette Porsche déboula dans le parking. Bon ils soupirèrent mais ils se levèrent presque aussitôt et Ned était en train de reposer son sandwich quand le building entier leur tomba sur la tête, une langue de feu s'enroula autour de lui et le figea sur place. Ensuite toute la douleur remonta dans son crâne, il mit un petit moment avant de bouger un bras mais ça valait le coup, surtout quand il réussit à se glisser un doigt dans l'oreille, c'était un klaxon italien à deux tons et c'était venu de partout à la fois, à cause de l'écho.

Le type qui sortit de là-dedans, il était parfait, il avait tout, la beauté, le fric, les nanas, y avait deux filles avec lui, oh Seigneur, c'était sûrement le pire des enfoirés, il avait une fille dans une main et l'autre accrochée derrière, ça le faisait marrer, quand il vit Henri s'avancer en titubant avec les tickets et Ned, il lança :

– Hé, qu'est-ce que vous branlez, les artistes ?

Avant qu'ils aient pu dire un mot, il avait attrapé un ticket et se tirait avec les deux merveilles pleines de nichons et de jambes, c'est juste à mi-chemin qu'il s'arrêta et se tourna vers eux. Il fouilla dans ses poches, bien sûr qu'il trouva des pièces, il en choisit une, la posa sur son pouce et l'envoya en l'air dans leur direction. Le truc monta en l'air en tournoyant, cogna dans le plafond et retomba par terre. Il y eut un silence incroyable, seulement la place pour la pièce qui sonnait sur le béton cclinn cline cline cclinn cclliinncliclicliclineccliclicli comme ça pendant au moins dix minutes et personne ne bougeait, le type souriait même plus, heureusement que les filles le tirèrent en arrière, ses épaules s'affaissèrent et il se laissa emmener.

Henri eut une réaction saine, au bout d'un moment. Il se mit à brailler :

– ENCULÉ ! ENCULÉ ! ENCULÉ !

Il lança son poing en l'air et les tickets filèrent en rangs serrés à travers le parking, il l'avait pas fait exprès, il dit merde merde MERDE, il allait partir à quatre pattes pour les ramasser mais Ned le retint par un bras.

– Attends, il dit. Il faut s'occuper de sa bagnole. Elle est comme neuve.

Il fit monter Henri à l'avant, il se pencha par-dessus lui pour verrouiller sa ceinture, ensuite il fit le tour et s'installa derrière le volant, il boucla la sienne, la Porsche démarra au quart de poil, il donna quelques petits coups sur l'accélérateur, c'était un vrai bijou, ils avaient plutôt l'impression d'être accrochés à la crinière d'un fauve.

– Regarde, dit Ned. Je vais lui en donner pour son fric.

La Porsche fit une espèce de bond incroyable et s'engouffra en miaulant vers le sous-sol numéro un.

Tout de suite, Ned se paya le phare avant droit, TCHANK, juste pour s'échauffer, pour bien l'avoir en main et la carrosserie suivit exactement l'arrondi du couloir de béton, les pneus hurlaient, Ned donna un léger coup de volant pour tester la résistance du pare-chocs arrière mais le truc s'arracha complètement et rebondit d'un mur à l'autre comme une banane argentée. Au deuxième niveau, Ned joua la facilité, il se colla carrément au mur, du côté d'Henri, et se laissa glisser tranquillement, à soixante à l'heure, et c'était comme s'il neigeait à cause de la peinture blanche, les poignées de porte se replièrent doucement à l'intérieur de la carrosserie, légèrement déportées vers l'arrière et ça c'était bon, il se paya encore un tour comme ça, en changeant de côté, et la portière qui palpitait contre sa jambe et ils se retrouvèrent d'un seul coup dans une photo de D. Hamilton, ça c'est quand le pare-brise s'étoila, au quatrième tour, Henri aurait juré qu'ils se trouvaient dans un shaker géant et c'était vrai que tout semblait se mélanger, les bruits, les coups, l'avant, l'arrière, le bien, le mal, d'ailleurs quand ils sortirent de là-dedans, ils eurent une petite discussion idiote :

– Non, dit Ned. Je te garantis qu'on a pas fait de tonneau.

– Mais si, regarde les roues. Elles sont au-dessus, les roues.

– T'es con, ça veut rien dire.

– Ah ben merde, alors. MERDE !

Il devait être une heure du matin quand ils sortirent dans la rue. Accoudés au bar, devant une bière fraîche, Ned reprit un par un les moments forts de la descente. Au petit matin, ils arrivèrent à la conclusion qu'ils pouvaient attendre encore un peu, ça serait bien la merde si Franck pointait le bout de son nez avant un petit moment. Ça, c'est ce qu'ils croyaient parce que ce petit job les avait mis de bonne humeur.

8

– Franck ? Heu... c'est nous. C'est moi.

– Ouais, qui que tu sois, je vais raccrocher. Il est une heure du matin.

– Attends, je suis le mec de la Buick, il y a les filles à côté de moi. On veut te parler.

– ...

– Tu m'écoutes ?

– Qu'est-ce que tu veux ? Passe-moi Lili pour voir.

– Les autres sont pas d'accord avec moi mais moi je crois qu'on peut discuter.

– Aux autres, dis-leur qu'on va se revoir très bientôt, Lili me connaît, va lui demander. Toi, je t'oublierai pas.

– C'est justement ça, il vaudrait mieux que tu nous oublies.

– Bien sûr, pas de problème. Qu'est-ce que je peux faire d'autre ?

– Tu veux pas comprendre. Va te faire foutre.

– Continue, j'aime bien ta voix. Je m'en souviendrai.

– Ecoute, je sais pas si tu vas nous retrouver ou non, mais il y a un truc de sûr, c'est que de toute manière elle ne reviendra pas avec toi. Tu ferais mieux de te faire une raison avec ça.

– Elle est là ?

– Non, je suis seul. J'avais peur que tu raccroches, j'ai trouvé le numéro dans son sac.

– Ça fait rien. Si tu me l'avais passée je lui aurais

dit Lili si tu m'avais appelé seulement il y a trois jours, j'aurais accepté n'importe quoi, j'aurais fermé les yeux et tes petits copains auraient pu se tirer bien tranquillement mais maintenant c'est trop tard, je vais vous retrouver et il y aura pas de cadeaux. Eh, tu m'entends ? Voilà ce que je lui aurais dit, tu peux faire la commission.

– C'est marrant, j'étais certain que tu en étais arrivé là. T'es une espèce de dingue, hein ?

– Ça fait du bien de se laisser un peu aller, tiens et puis écoute. Ecoute-ça.

– Qu'est-ce que tu fais ?

– C'est une fille. C'est Helen. Je viens de la baiser, je crois qu'elle rêve, elle fait souvent des bruits comme ça. Bon, regarde, je tire sur le drap, qu'est-ce que je vois ?

– Ça dépend.

– Eh bien, elle me tourne le dos, je peux juste te parler de son cul, il est gras mais il est superbe. Tu vois ce que je veux dire ?

– Je me doute.

– Non, tu y es pas. Il y a cette fille avec son cul étalé dans mon lit. Ici elle fait le ménage, la vaisselle, elle me prépare à bouffer, elle est aux petits soins pour moi et je peux la baiser autant de fois que ça me plaît, tu me suis ?

– Je vois.

– Il y a une poignée de salopes dans le genre de Lili et ces filles-là cherchent tout simplement à vous ronger la cervelle et je vais te dire, à part se trimbaler à poil dans les couloirs et claquer un maximum de fric, elles ont rien de sensationnel, elles ont pas une manière spéciale de baiser ou de s'endormir, le reste c'est du gadget. Ecoute voir, je viens de lui glisser une main entre les jambes, c'est juste chaud comme il faut, alors tu vois, Lili, Helen, Machintruc, j'en ai plus grand-chose à branler, je peux garder mes pensées pour autre chose.

– Bon alors, on va pouvoir s'arranger.

– Tu as rien compris. Maintenant j'ai l'esprit libre. Je pense sans arrêt à vous. Hé, je sens même un drôle de truc, j'ai l'impression qu'il n'y a plus que nous au monde. On finira forcément par se retrouver.

– Je sais pas. Peut-être que tu as raison.

– Hé, c'est juste comme ça, je vais pas croire un mot de ce que tu dis, mais Lili, tu la baises ?

– Non.

– Tu mens, ou alors c'est l'autre, c'est ton copain, mais j'en ai rien à foutre, tu aurais pu me le dire, de toute façon ça ne changera rien ou alors vous êtes deux foutus pédés.

– Bon, maintenant c'est toi qui vas m'écouter. Tu as pas l'air de te rendre compte, ça sera pas si facile que tu crois. Tu as toujours été du côté du manche, veinard, mais tu vas avoir des surprises. Ça va être une bonne expérience pour toi.

– Merde, tu peux pas savoir comme tu me fais plaisir. Je sens qu'on va s'en payer.

– Franck, y a quand même un truc qui m'intrigue. Qu'est-ce que tu espères gagner dans tout ça ?

– Rien. Rien du tout. Je connaissais pas ça, c'est une sensation plutôt agréable. Je me suis jamais senti aussi fort. Tu vois, les chances sont pas égales, je suis désolé.

– Te fais pas de souci, si j'ai une seule chance sur un million, je la prendrai. Je suis habitué, je vis toujours comme ça. Regarde, il fait nuit et tous les types comme toi sont couchés, moi je suis encore debout, tu vois la différence ? C'est un jeu que tu crois bien connaître mais les cartes sont pas encore distribuées, gros malin, si je te disais qu'on ne sait pas encore qui court après qui, si je te disais que tu prends des risques à chaque fois que tu t'approches d'une fenêtre ou que tu grimpes dans ta voiture ou n'importe quoi.

– C'est normal que tu essayes. Je dormais pas.

— Je suis aussi seul que tu peux l'imaginer. J'ai rien à perdre. Je crois que je te laisserai pas l'emmerder.

— Tu viens de laisser filer ta seule chance, mon gars. Tu n'as rien senti ?

— Je me sens plus léger.

— Ça m'a fait plaisir de te parler. N'hésite pas.

— Où est le flic dans tout ça ?

— Tu rigoles, c'est une histoire de famille. Enfin ça va me servir quand même un peu.

— Tu crois que c'est réglé, hein ?

— C'est ce que je me tue à te dire.

— Je me demande comment t'avais pu te démerder pour trouver une fille comme ça.

— N'aie pas peur, je te raconterai.

— Parce qu'en fait tu es encore plus taré qu'un autre.

9

C'était une grande soirée. Rien de plus chiant, rien de plus formidable qu'une de ces soirées où la moitié de la ville se bouscule, enfin tous ceux qui se disaient branchés et ceux-là étaient les pires. Pour l'occasion, ce vieux Yan avait enfilé une djellaba quasi transparente et gardait farouchement l'accès des cuisines où se préparaient les bassines de punch. Le poète s'était enfermé là-dedans, trempé de sueur à cause de la complexité du mélange et de la concentration que ça demandait, toute sa réputation était en jeu. Henri avait proposé de s'occuper de la musique, il était tout excité parce qu'un troupeau de minettes restait collé dans ses jambes et le suppliait d'envoyer le dernier truc à la mode, et elles danseraient juste pour lui s'il faisait ça, bon Dieu elles avaient des tenues luisantes et COLLÉES et il cherchait ce bon Dieu de disque mais il pouvait pas regarder partout à la fois, non, non, elles avaient cette espèce de fermeture Eclair qui partait des nichons et se perdait entre leurs jambes, CES FILLES-LÀ SE BAISAIENT SÛREMENT AVEC LEUR COMBINAISON, oh dépêche-toi de trouver ça, dépêche-toi mon vieux, il entendit même pas un foutu accord du morceau, tout ce qu'il avait c'était deux yeux et tout ce qu'il voyait c'était des filles qui faisaient marcher leurs corps, qui donnaient le maximum et il essayait de tout prendre, bien sûr, il démarrait FORT.

Quand Ned descendit de là-haut, il était à cran, il venait d'avoir sa première merde avec Carol. D'abord il était monté pour se reposer et rien d'autre, bordel c'était pas difficile à comprendre, qu'un mec ait simplement envie de s'allonger TOUT SEUL, même sur un grand lit, juste croiser ses mains derrière la tête avec les dents serrées et les yeux branchés sur le plafond, c'était quand même quelque chose qui pouvait arriver à une fille, il pensait, merde elle s'était pointée et tout de suite elle s'était glissée contre lui. Il avait rien dit. Elle avait commencé à se remuer contre lui, à déconner avec ses jambes, il avait rien dit. Quand elle lui avait rentré le petit bout de sa langue dans l'oreille il aurait pu faire un bond terrible et gueuler MERDE ARRÊTE ÇA, LAISSE-MOI UN PEU TRANQUILLE mais au lieu de ça il la prit dans ses bras et se démerda pour lui coincer les bras, si elle avait pas bougé, peut-être que ça aurait pu aller, il était pas sûr, mais peut-être qu'il l'aurait gardée comme ça, le petit paquet de salive dans son oreille grésillait doucement.

Elle était nerveuse, elle lui échappa facilement avec un rire aigu. Sur le moment, il se demanda comment elle avait bien pu faire pour se retrouver à poil si vite, il reçut ses nichons en pleine figure et une main descendit dans son pantalon.

– Non, merde, il dit.

Elle avait rien compris. Il lui prit la main et la sortit de son froc.

– Qu'est-ce qu'il y a ? elle dit. Tu bandes.

– Ça veut rien dire. J'essaye de me reposer.

Elle était assise sur les talons, à côté de lui, elle écarta les cuisses de telle façon qu'il entrevit le petit trou noir de son vagin, cette salope en plus elle avait un con magnifique, mais il était à des kilomètres de là, il ferma les yeux et se massa le haut du nez entre le pouce et l'index.

– Je ne sais pas comment t'expliquer, il dit. Tu as pas choisi le bon moment.

– Tu crois ça ? elle dit.

Avant qu'il ait eu le temps d'ouvrir un œil, elle se retrouva à califourchon sur lui mais il la fit basculer sur le côté et lui attrapa les bras, cette fois il la regarda bien dans les yeux, il plaisantait pas.

– De quelle manière il faut que je te dise ça ? il demanda.

Elle respirait très fort, elle baissa la tête et ses cheveux glissèrent de ses épaules.

– Lâche-moi, elle dit.

Il lui serrait les poignets très fort, elle répéta :

– Lâche-moi tout de suite.

Il la libéra sèchement, il lui envoya les bras en l'air. Il n'y avait sûrement pas une fille aussi belle dans toute la baraque, il le savait, mais ça ne comptait pas. Elle lui envoya un regard glacé et dur mais pour ça elle se gourait, il aurait vraiment fallu quelque chose de plus balèze pour l'ébranler, Ned parfois c'était un truc comme un bloc de métal et elle le comprit pas tout de suite. Pour lui éviter de se fatiguer il dit :

– C'est comme ça. Je ne suis pas toujours disponible. Ne le prends pas mal.

– On ne m'a JAMAIS fait ça.

– Tu n'as rien à voir là-dedans. Ne complique pas tout.

– Je n'aime pas beaucoup ça, tu m'as fait mal.

– Bon, ça doit être difficile pour toi, je sais. En fait tu n'imagines pas qu'on puisse te refuser quelque chose mais dis-toi que ça arrive couramment aux autres, la vie est bourrée de ce genre de merdes. Tu as de la chance, ça ne t'arrivera pas trop souvent, je n'ai rien abîmé. J'ai jamais eu une fille aussi belle, si tu veux savoir, mais ça ne va pas jusqu'au suicide.

– Rien que ça.

– Oui. Il y a des mecs qui lâchent prise dès le début, qui sont prêts à tout accepter et ça reviendrait à peu près au même s'ils se tranchaient carrément la gorge, ne me demande pas ça. Merde, c'est quelque chose que je peux même pas imaginer, ne me demande pas ça.

Ce salaud, il avait presque pris du plaisir à lui dire ça, en général plus la fille était belle, meilleur c'était, il fallait juste un peu de courage, c'était seulement un peu plus facile quand on en avait une autre sous la main, c'était bon aussi pour les nerfs.

Elle se rhabilla lentement, juste comme elle passait la tête dans son tee-shirt, elle dit :

– Je ne te laisserai pas me plaquer comme ça.

Il soupira, c'était forcé, elles imaginaient toujours ce genre de truc. Une fille c'était déjà quelque chose, une belle fille c'était la catastrophe, c'était toujours des rapports de forces.

– Bon Dieu, il s'agit pas de ça. Je ne vais plus changer maintenant, je ne dis pas que tout est bon mais je suis comme ça. Prends-le comme tu veux, quand j'ai pas envie de baiser c'est juste que j'ai pas envie de baiser et rien d'autre. Le reste, c'est toi qui déconnes.

Elle ne dit plus un mot, elle se débrouilla pour ne plus le regarder. La musique commençait à monter d'en bas, elle passa devant la glace sans même jeter un coup d'œil sur elle, ça voulait dire que ça allait VACHEMENT MAL, il se dit j'en ai rien à foutre, au fond il aurait voulu prendre ça d'une manière encore plus détachée mais elle était vraiment trop belle, elle traversa la chambre, il en avait encore plein les yeux, elle lui donnait rien, pratiquement rien, s'il avait senti quelque chose il aurait trouvé une connerie à dire avant qu'elle claque la porte.

Il essaya de se rallonger mais pour ça c'était foutu, impossible de retrouver une bonne place sur le lit et son esprit au lieu de flotter ou de s'éteindre restait cramponné à la chambre, les objets ne bougeaient pas d'un poil, pas le moindre frisson, sûrement qu'ils pouvaient rester comme ça pendant des heures et des heures, il fallait pas insister, évidemment maintenant qu'elle avait foutu la merde elle s'était tirée et maintenant qu'il avait rien de mieux à faire il l'aurait bien baisée, il y avait rien d'étonnant à ça.

Quand il descendit, il la chercha des yeux une seconde mais il y avait déjà beaucoup de monde, il repéra simplement Henri près d'une enceinte, il était en train de mâchouiller une pochette de disque et ses yeux roulaient comme des billes, trois filles se trémoussaient juste sous son nez et il tenait le rythme avec sa jambe gauche, la droite faisait n'importe quoi. Ned se faufila jusqu'à la cuisine, Yan le laissa passer avec un sourire crispé. Il trouva le poète assis à côté d'une bassine, en tee-shirt blanc, il avait la tête penchée entre ses jambes, une louche dans une main, l'autre trempait dans la bassine, jusqu'au poignet, il gémissait tout doucement. Ned l'enjamba, il avait sa petite idée sur un certain compartiment du frigo, il mit la main sur cette espèce de saucisson juif, une pure merveille, il s'en découpa une tranche grosse comme le poing.

— Alors, c'est au point, ton truc ? il demanda.

L'autre répondit pas, il enleva sa main de la bassine de punch et se gratta derrière la tête.

— Hé, Ducon, qu'est-ce qui t'arrive ? Tu as mal ?

Ned jeta un coup d'œil par la fenêtre, c'était la fin du jour, plus de soleil mais il restait un peu de lumière jaune, c'était bon d'être en vie un moment comme celui-là, dans ce quartier ils avaient épargné quelques arbres, les gens riches aiment bien les arbres, deux gros eucalyptus grimpaient vers le ciel, il voyait juste deux baraques, une rouge et une bleue, c'était deux maisons en bois, immenses et très marrantes avec des serres et des plantes, des fleurs grosses comme des parasols, la rouge un con vivait là-dedans, tout seul dans ses huit cents mètres carrés, il cherchait des idées pour des spots publicitaires, il marchait à l'herbe et au pourcentage, il passait sa vie à essayer d'enculer le monde, cette baraque restait allumée toute la nuit, la bleue était inhabitée pour le moment, la bonne femme livrait un nouveau combat avec son corps, elle avait entendu parler de cette nouvelle méthode pour se tirer les rides au laser et elle avait filé avec son cerveau coincé et les yeux de ses amants, un bougainvillier délirait sur un côté de la façade, Ned plissa les yeux pour les couleurs pendant que le poète se réveillait :

– Ooooohhhh, ooohhhh, j'aurais voulu les tuer mais c'est foiré, goûte-moi ça.

Ned attrapa la louche, c'était sucré, Cointreau, curaçao, champagne, un mélange dans ce genre-là, mais il y avait autre chose, il y avait un arrière-goût amer, VRAIMENT amer, qu'est-ce qu'il avait foutu, ça devenait vraiment dégueulasse sous la langue et Ned cavala jusqu'à l'évier, cracha deux ou trois fois, très vite, ensuite il se découpa une nouvelle rondelle de contrepoison.

– Bon Dieu, David, qu'est-ce que t'as branlé ?

– Qu'est-ce que j'ai branlé ? Voilà ce que j'ai branlé, un connard a foutu je ne sais quelle merde dans cette bouteille de cognac et voilà, VOILA !!

– On va demander à Lucie...

– Mais non, NON, elle en saura rien du tout, tout le monde fait n'importe quoi dans cette baraque, elle serait pas foutue de te dire où se trouve la vaisselle, non, et maintenant j'ai vidé toutes les bouteilles, c'est foutu, QU'EST-CE QUE JE VAIS FAIRE, NOM DE DIEU ??!!

– Attends, il faut voir. Il faut trouver quelqu'un.

– Ça c'est pas difficile, qu'est-ce que tu vas faire ?

– On va lui faire goûter, tiens. Si ça marche pour un, ça marchera pour tous, ils sont formidables.

– Que le ciel t'entende, mon salaud.

Ils parlementèrent trente secondes avec Yan, par la porte entrouverte, tu vois mon vieux, ce qu'il nous faut c'est une fille, c'est plus facile avec une fille, de préférence tu en prends une avec une grande gueule, une artiste ou une fille qui fait du cinéma, enfin tu vois, on te fait confiance, fais ça tout de suite, mon vieux et tu nous sauves la vie, TU ES NOTRE COPAIN, MON VIEUX !

Une minute après, cette blonde entrait et ils se regardèrent tous les deux avant de lui dire d'approcher, ils savaient pas par quel bout la prendre, elle portait une espèce de fuseau en écailles bleu électrique, un fuseau de malheur, impossible de savoir comment elle avait pu se glisser là-dedans, son cœur devait battre à trente ou quarante, elle semblait flotter et lentement, très lentement, elle ouvrit ses lèvres, avec sa voix elle aurait réduit en poudre un bloc de granit rose, elle essaya de les achever d'un sourire, elle dit :

– Mes amis, est-ce que je peux faire quelque chose ?

– Oui, oh OUI, ils dirent.

Elle se déhancha légèrement, ah AAHH MERDE, c'est pas possible ils pensèrent, ils arrivaient pas à faire le point autour d'elle, le décor restait flou, les bassines de punch ressemblaient à des étoiles de mer, des cascades lumineuses ruisselaient le long des murs, si elle parvenait à garder ce sourire encore trente secondes, elle les aurait, c'était la plus belle machine à tuer qu'on puisse imaginer.

– Eh bien, allons-y, elle dit.

Le truc leur revint aussitôt à l'esprit, une espèce d'illumination, Ned plongea la louche dans une bassine et remplit un verre, la couleur était parfaite, il s'avança vers elle prudemment :

– Voilà madame. Mon ami, là, est connu dans le monde entier...

– Ooohhooohhhh... elle dit.

– Oui, c'est le plus fameux inventeur de cocktails au

monde et ce soir, c'est une première, il nous a gâtés et voilà, madame, vous êtes dans le secret maintenant.

– Oui ? Elle est vraiment très touchée, elle dit.

– Il y a juste un petit problème, dit Ned. Il faut trouver un nom à ce merveilleux mélange, quelque chose de fort, vous comprenez, une espèce de baptême, est-ce que je sais et le Maître a pensé qu'une femme aussi jolie et intelligente pourrait lui venir en aide.

– Oh, elle est sûre que ça va réussir, elle murmura.

– Goûtez-moi ça.

Elle porta le verre à ses lèvres et le siffla d'un coup sans sourciller, sans reprendre sa respiration et eux ils attendaient, ils faisaient RIEN D'AUTRE, attendre et transpirer. Elle s'étira, elle avança un serpent bleu sous leur nez, ils étaient déjà hypnotisés, elle laissa tomber le verre dans la bassine, bloouuup, le machin bascula et coula tout droit vers le fond.

– Vous n'avez qu'à lui donner mon nom, elle dit.

– Oh oui, bien sûr, oui, bredouilla David. Je suis vraiment très touché, madame...

– Appelez-moi Lémie Loom.

– Ah, je vous ai déjà entendue chanter, Lémie, dit David.

– Non, je ne chante pas vraiment. Dans ce film, pendant qu'ils me violaient, je devais juste faire ooohhh oooooooohh, mais les gens ont cru que je chantais, je vais bientôt faire ce disque, je peux vous signer un autographe si vous voulez, vous voulez ?

Le poète était tout près d'elle, elle fit un mouvement avec sa main et un tube de rouge à lèvres pointa entre ses doigts, elle le tira par son tee-shirt, il vrilla et se retrouva contre elle, sur la peau du ventre elle lui écrivit DE LÉMIE LOOM, SIMPLEMENT POUR TOI, et juste en dessous elle lui plaqua ses lèvres. Quand elle le lâcha, il tomba à genoux, les mains crispées sur le ventre.

Ned la raccompagna jusqu'à la porte. Avant de la lâcher au milieu des autres, il lui glissa à l'oreille :

— Hé, il compte sur toi. Ce cocktail doit faire un malheur.

— Ils en redemanderont, elle dit. Le Lémie Loom va faire le tour du monde.

Il la regarda traverser la pièce aussi facilement qu'un sous-marin atomique, les mecs rigolaient jaune en s'écartant devant elle, je veux bien croire ça, il pensa, oh nom de Dieu, oui.

Quand il referma la porte, l'autre se remplissait un deuxième verre.

— Oh c'est bon. Que c'est bon, il dit.

— Ouais, son directeur artistique doit être un type génial.

— Si l'on doit continuer à se revoir, je préfère que tu gardes ce genre de réflexion pour toi.

Ned attrapa une bassine et se dirigea vers la porte.

— On peut y aller, c'est gagné, il dit.

— Eh, attends, dis-moi, tu crois que ça part à l'eau ?

— Non, pas avec trois couches de vernis à bateau.

Une demi-heure après, les fans étaient allumés, les autres aussi et des groupes se formaient, toujours les mêmes, il y avait ceux qui voulaient parler, des emmerdeurs, ceux qui voulaient toucher, des malades, ceux qui voulaient décoller, des dingues, et ceux qui s'emmerdaient, des trous du cul, il y avait juste deux ou trois idiots pour écouter la musique, c'était un échantillon parfait de l'humanité tout entière, c'était rare qu'un jour ou l'autre vous vous retrouviez pas dans tel ou tel camp ou du côté des fous furieux et des tarés, la bonne majorité, la Voie Royale.

Ned avait retrouvé sa bonne humeur, et quand Henri le tira par la manche et insista pour lui présenter ses nouvelles copines, les filles de toutes les couleurs enroulées dans du latex, il se laissa tomber par terre au milieu de la bande, la fille à côté de lui, il comprenait pas un mot de ce qu'elle disait mais ils rigolèrent ensemble pendant un bon moment, le Lémie Loom lui arrachait des grimaces mais il y avait de l'alcool là-dedans et au-dessus de cinquante watts tout commence à vous sembler irréel, il avait les oreilles en plein sous les enceintes, ça lui coulait directement dans le crâne, il était à deux centimètres d'une paire de nichons vivants et il était pas mort.

L'idéal, c'est de pouvoir jouer plusieurs parties à la fois, il se leva, il était encore à la moitié de ses possibilités physiques, pour les autres on peut jamais savoir, il décida de faire un petit tour pour voir, Lémie continuait à les étendre un par un avec son bâton Nina Ricci, un type jurait de lui offrir un jerrycan de « First », le parfum le plus cher du monde, ça donnait un peu moins d'un litre pour un kilo d'or fin en barre, il y avait rien de trop beau pour elle, il grimpa dans les étages, en général c'était là qu'on trouvait ce qu'il y avait de plus intéressant, dans les escaliers il croisa sa copine, la fille aux ciseaux, elles étaient tout un groupe de nanas avec le regard féroce, pas une de jolie là-dedans, elles avaient dû les enfermer dans une chambre, il lui sourit sans arrière-pensée mais la fille avait rien oublié, elle lui jeta un regard méprisant, il serra juste un peu les fesses en passant devant elle. Des corps étaient allongés sur la moquette du couloir, des culs-nus à part une bande de barbus qui cramaient le tapis en toussant dans des shiloms plus brûlants que les poumons d'une locomotive, il fallait faire attention de pas écraser une personne, il dérangea trois types qui s'enculaient derrière une porte, d'autres avaient transformé une chambre entière en surface de méditation, il les fit pas tous redescendre en reniflant dans l'ombre, dans la salle de bains un type lui flanqua un couteau sous la gorge, un type assez vieux avec des lunettes rondes, les cheveux lui descendaient dans le cou, il y avait une fille de quinze ou seize ans assise sur le rebord de la baignoire, la jupe remontée autour de la taille et sans culotte, l'autre respirait fort :

– Hé, le malin, qu'est-ce que tu cherches ?

– Je venais me laver les mains.

– Ha ha, tu l'entends, ce connard. Je crois qu'il me cherche. Tu crois peut-être que j'étais en train de la violer, dis-le.

La fille se massait l'intérieur des cuisses, elle se penchait d'avant en arrière, les yeux fixés devant elle. Elle semblait s'être rendu compte de rien.

– Je crois jamais ce que je vois, dit Ned.

– Je me ferai pas balancer une nouvelle fois par un abruti quelconque. Je vais te refroidir. Et pourtant elle veut bien, elle me l'a dit.

Ned écarta doucement la lame de sa gorge, ensuite il replia le cran et le garda dans sa main, la fille avait les joues toutes rouges, ses cheveux remontés en chignon laissaient voir une toute petite oreille, le cou d'une fille de seize ans, une pure merveille.

Le vieux baissa les yeux, il se mit à danser d'un pied sur l'autre dans le scintillement du bidet et du lavabo, tranchants comme des glaçons.

– En plus, elle m'a entraîné, il dit.

– C'est bien, c'est ce qu'il y a de meilleur au monde, dit Ned. Je vais sortir, il suffira de fermer à clé.

Il tourna encore un peu et en fin de compte il les trouva dans le jardin, derrière la maison, Carol lui faisait toujours la gueule, quand elle le vit, elle se rapprocha un peu plus d'un géant bronzé et blond qui avait des dents parfaites, ils auraient fait une bonne pub pour un film de propagande sur La Race, Lili et Lucie étaient ensemble, elles prenaient un verre devant un type rasé qui les baratinait sur l'Art Total et toutes ces merdes, il fallait pas moisir ici, la nuit était chaude et douce mais il y a des gens qui vous rendraient le paradis insupportable uniquement par leur présence, oh la lune était belle et la nuit d'une dimension indescriptible, oh il y avait de bons moments malgré tout.

Il rentra. Les plus malins avaient déjà fait main basse sur les douceurs, ils avaient pas trop forcé sur le pain de mie et les tartines s'entassaient sur la table, des rondelles luisantes, des triangles mous, le poète portait des toasts à grand renfort de Lémie Loom, il avait le regard fiévreux et le jean tire-bouchonné. C'était l'heure où ceux qui s'emmerdaient vraiment commençaient à se tirer, où la soirée commençait à prendre sa vraie gueule, Ned dénicha André dans un coin, la fille était juste à côté de lui, il la cramponnait, tu comprends, il dit, je dois faire gaffe tant que nous ne sommes pas mariés, son père a une fortune colossale, après on verra, il regardait tous les mecs qui s'approchaient dans le blanc des yeux jusqu'au moment où il fut pris entre plusieurs lignes de coke et là il commença à se détendre un peu, à pleurnicher sur l'épaule de Ned parce qu'il savait plus où il en était et Ned le secouait il lui disait merde n'essaye pas de me rouler une pelle, C'EST MOI, elle est de l'autre côté et ne me fais pas bouger comme ça, il essayait de s'envoyer une ligne de trois kilomètres et c'était de la bonne et André qui l'embrassait dans le cou. A ce moment-là Lili s'approcha de lui mais il baissa les yeux, il y avait plutôt ces filles autour d'Henri et ça c'était pas quelque chose de très compliqué, elles étaient juste venues pour rigoler et déconner, elles avaient un grain. Il rejoignit le petit groupe à quatre pattes, il avait foutu le camp avant que Lili le mette en croix, il se glissa près de sa copine de tout à l'heure et la fille recommença à lui baragouiner dans l'oreille mais il comprenait toujours pas un traître mot à ce qu'elle lui racontait, il posa sa tête contre son épaule, au début il disait je comprends pas je comprends rien mon amour, maintenant il se contentait de dire oui oui oui en rigolant, par là ils tiraient plutôt sur les joints, Ned fumait d'une manière très élégante, en tenant l'extrémité du carton serrée entre l'index et le majeur, Henri avait deux filles pour le tenir en forme, de temps en temps il remontait à la surface pour les disques, jamais vous aviez vu un type retourner une galette aussi rapidement, il y en avait pour râler à la quatrième écoute de SANDINISTA.

La bagarre éclata du côté du poète, à cause de lui,

avec lui. Il avait essayé de brancher Lémie Loom sur le festival de Bayreuth, *Tristan et Isolde*, il pensait la scier avec ça, il tenait ça pour une des merveilles du monde, en plus c'était ce juif D. Barenboïm qui dirigeait et quelques années auparavant il aurait eu tout un parterre de généraux S.S. à portée de baguette, lui avec son petit machin coupé et les autres avec une larme en acier dans l'œil, David demandait à Lémie Loom si elle saisissait le côté marrant de la situation et un type à côté, un genre de loubard, lui lança :

– Eh, mon petit pote, tu vois pas que tu nous casses les couilles avec tes conneries ?

Le poète se tourna lentement vers lui et ça le faisait déjà chier parce qu'il était tout près de Lémie, trois ou quatre millimètres et qu'il était en train de s'en écarter. Il pesait pas très lourd tout habillé, son bras droit faisait moins balèze depuis qu'on lui avait enlevé son plâtre, les os de ses épaules saillaient sous son tee-shirt comme des branches, mais il avait bu autant qu'un trou, le mec faisait cent kilos avec ses tatouages, il avait pas l'air de s'en être tellement rendu compte :

– Toi, le débile, il dit. Le jour où on t'a coupé la tête, t'aurais pas dû les laisser remettre ce paquet de merde à la place.

L'autre fit grincer un peu ses cuirs en se dressant sur un coude, il avait un petit front mais très large, plat comme une enclume, et des yeux rapprochés.

– Redis voir ça, il murmura.

Le poète replongea dans les yeux de Lémie Loom, il dit tout haut :

– Chère amie, il y a ce porc derrière moi. Je trouve que ça pue. Il y a des degrés dans la connerie, le dernier est pratiquement irrespirable.

Il se sentit soulevé à bout de bras, ses pointes de pieds traînaient par terre, il vit le sourire de l'autre, il bloqua le coup de tête avec son menton et tourna deux fois au-dessus de la table avant de glisser le long du mur. Comme le coup l'avait pas assommé, il se releva, l'alcool lui donnait même pas une idée de la douleur, il saignait de la bouche mais il contourna la table, tout le monde le regardait, il s'arrêta juste devant l'autre. Le mec agrandit un peu plus son sourire, il avança une main vers lui, il avait les ongles longs et sales, il les trempait dans le pétrole pour les durcir. Le poète recula d'un pas :

– Non, il dit. Stop. Tu vas rien prouver comme ça, tu as au moins quarante kilos de plus que moi.

– Ouais, ça me rappelle le match Primo Carnera contre Lorighran.

– Tout juste. Si tu as pas peur je te propose un truc. J'ai vu John Wayne faire ça dans un film. Je suis le plus léger, je te frappe le premier, si tu te relèves, c'est ton tour. Regarde, ils sont tous témoins.

L'autre balaya la salle des yeux en hochant la tête, il avait un drôle de sourire.

– Je suis trop bon, il dit. Mais après je te démolis.

Donc il se mit en position, légèrement fléchi sur les jambes, en personne habituée à recevoir des coups sur la gueule, il présenta son visage de trois quarts, fit une grimace ridicule. Le poète régla sa respiration et commença à se masser le poing, il se dandinait, tout le monde retenait son souffle, des petites gouttes de sang venaient exploser sur son tee-shirt.

– Bon, tu es prêt ? il demanda.

Avant que l'autre ait eu le temps de lui répondre, son pied droit partit à toute volée et les couilles du loubard sonnèrent comme des cloches, le mec se crispa sur la pointe des pieds et il se les attrapa à pleines mains en faisant un tout petit rond avec sa bouche. Le poète profita qu'il se tenait un peu tranquille pour lui envoyer une sacrée gifle. Et puis une autre, du même côté, le type ressemblait à un cornet vanille-fraise, pour finir il lui écrasa sur la tête une reproduction de *La Négresse blonde* de Brancusi. L'autre se laissa aller sur la moquette, la tête la première, les gens respirèrent, Lémie Loom s'était levée, elle se frottait contre le vainqueur, David continuait à se masser le poing.

— De toute manière, j'aurais pu l'étendre d'un swing ou d'un chopping-blow. J'ai pas voulu m'ouvrir les mains sur les ferrailles de son cuir, c'est pour ça.

Ned lui donna un coup de main pour le traîner dehors, il faisait toujours aussi bon, en fait, la nuit, on pouvait en faire ce qu'on voulait, elle était toujours comme vous vouliez qu'elle soit. Le mec, ils le couchèrent dans l'herbe du jardin, tout au fond. David voulait le pousser encore plus loin, mais la colline redescendait juste un mètre après, ils pouvaient pas voir jusqu'en bas, il y avait une route, ils entendaient les bagnoles ronfler et rugir, la vie est sacrée, la vie est sacrée, bon Dieu ils respiraient comme des dingues, comme des phoques grimpés sur une île perdue avec la mer argentée, les poissons lumineux, merde, non, on va le laisser là dit Ned, David éclata de rire et après il me tuera, il dit.

— Ecoute, s'il te tue, je le tuerai aussi.

— Maintenant j'ai la trouille. On aurait dû le balancer.

A ce moment-là, on leur braqua une grosse lumière sous le nez, y avait une espèce de flic derrière la lampe.

— Eh les gars, dit le flic, je vous regarde depuis la rue, qu'est-ce que vous fabriquez, LES GARS ? C'est une propriété privée, ici.

— Bien sûr, dit David. On vient de faire votre boulot. Ce type voulait TENTER QUELQUE CHOSE dans cette maison, nous avons dû le sortir, vous comprenez, HEY ! mais vous êtes pas vraiment un flic, hein ?

— Non, c'est pareil. C'est une boîte de surveillance, on couvre tout le secteur, les gens ici, ils payent pour avoir la tranquillité.

— O.K., alors vous allez vous occuper de lui.

Le flic retourna Primo Carnera du pied, puis il se mit à sourire.

— Vous avez vu ça, vous avez vu cette gueule ? il

demanda. Une fois, je suis tombé sur une bande de mecs comme ça, ils m'ont battu pendant une heure, une heure ça a duré, ils m'ont éclaté les testicules, oui, ils m'ont cassé un bras, oui, et je n'ai plus une seule dent, oui, regardez.

Il enfonça deux doigts dans sa bouche, toutes ses dents tenaient sur un appareil qu'il agitait au bout de son bras, des dents éclatantes et, pendant que les deux autres étaient accrochés là-dessus, il poussa le loubard du pied, très fort, jusqu'à la descente, le corps se mit à rouler doucement.

– Pour chaque dent, dit le flic, j'essaye de m'en payer un. Je suis pas au bout du compte.

Le corps commençait à prendre de la vitesse, des petites pierres dégringolaient avec lui, par moments un aigle se détachait du cuir et fondait dans la nuit, tous les trois ils tendaient l'oreille, ils pouvaient rien faire d'autre, ils entendaient surtout les cailloux qui ricochaient et explosaient, des pierres à feu, Ned se tourna vers le flic, il dut faire un effort effroyable pour ne pas sauter sur ce mec et l'envoyer valdinguer avec l'autre, mais c'était vraiment impossible de toucher un mec qui tenait ses dents dans la main comme une mémé et puis les gens sont tellement merdeux des fois, tellement MERDEUX, ils vous scient les jambes, il faut des jours pour s'en remettre quand vous avez affaire à un MERDEUX et ils courent les rues.

Le flic retourna dans sa bagnole sans dire un mot, le petit gyrophare se mit à palpiter comme une salope, comme l'œil d'un fou, tout bleu, oh merde, un beau bleu. Tout en bas ils entendirent des bagnoles freiner et déraper, au fond ils ressentaient pas grand-chose, on est tous faits comme ça, c'est mieux de pas en parler et le Lémie Loom leur tapait sous le crâne, rien ne sera sauvé parce qu'il n'y a rien à sauver, ha ha, même bourré les idées foireuses ne vous quittent pas se disait Ned, il fonça vers la baraque plus raide qu'une barre de titane, sans s'occuper de savoir si le poète suivait, il traversa toute la pièce et les mecs vautrés le virent pratiquement voler au-dessus, la cuisine était éteinte, déserte, il ouvrit le frigidaire à la volée et les bouteilles de lait tremblèrent, de la bière, du saucisson cascher, il le dévora debout devant la fenêtre, dans le noir, en face, dans la maison rouge, la silhouette du type, les mains dans les poches, immobile et qui regardait la rue, la vie toujours la même, les eucalyptus, la folie, les miroirs, les trottoirs soudés.

10

En se réveillant un matin, Lili trouva Carol endormie près d'elle, sous le drap, la maison était silencieuse, il devait être tard, la chambre était déjà remplie de soleil. Elle avait juste ouvert un œil, sans bouger. Elle était sur le dos, Carol dormait sur le côté, collée à elle, ce poids qu'elle sentait sur son ventre, c'était une jambe de Carol en travers du lit, c'était doux. Bon, elle connaissait ça, quand Franck se tirait le matin et que Carol avait passé la nuit à la maison, elles avaient pris l'habitude de se retrouver dans le lit, surtout au début, quand Franck et Carol se supportaient encore un peu, elles se parlaient, elles rigolaient ensemble, parfois elles se caressaient mais ça n'allait jamais très loin, elles s'amusaient.

Elle souleva délicatement le drap, elles étaient à poil, elle resta un moment à regarder le spectacle, en se marrant elle pensa qu'aucun homme pouvait comprendre ça, elle remua un petit peu, Carol se serra plus fort contre elle, elle sentit même les poils lui chatouiller la hanche, elle lui caressa les cheveux et les fesses, elle sentit la petite pastille de l'anus glisser sous ses doigts, elle se demanda si ça lui plairait d'enfoncer un doigt, elle l'avait jamais fait, cette idée la fit sourire, ce matin n'importe quoi l'aurait fait sourire, ça faisait plus d'un mois maintenant qu'elle avait quitté Franck, elle savait que ça ne voulait rien dire mais elle avait moins peur, son corps ne sentait plus rien, elle avait simplement une conscience abstraite du danger, elle pouvait flemmarder au lit et s'étirer comme une chatte.

Elle se tourna et prit Carol dans ses bras, elle glissa une jambe entre ses cuisses et regarda ses bouts de seins s'écraser sur la poitrine de Carol. Comme ça, elle aurait pu rester cent sept ans sans bouger, ça leur était arrivé de rester dans cette position pendant des heures, simplement elles se serraient l'une contre l'autre sans essayer autre chose, elles avaient jamais fait le genre de truc qu'on peut imaginer, non ou seulement une fois, trois fois rien, non ça ne comptait pas, elles jouaient, elles avaient foutu un sacré bordel sur le lit, les draps avaient volé, ni l'une ni l'autre ne supportait les chatouilles, elles avaient roulé et roulé sur le lit en riant et à un moment la tête de Carol avait jailli entre ses jambes, la bagarre les avait énervées, par défi Lili avait ouvert les jambes en grand, Carol lui avait donné un petit coup de langue rapide, une seconde de silence puis elles avaient éclaté de rire et ce jour-là Franck les avait surprises en train de boire un coup dans la baignoire avec de l'eau jusque-là, il avait claqué la porte en grognant.

Pour un peu, elle se serait rendormie, elle venait de se rappeler, hier soir David avait réussi à convaincre Ned et Henri qu'il fallait absolument l'aider pour le déménagement d'un copain, ça serait parfait avec le bus et les deux autres s'étaient laissé avoir, peut-être qu'elle allait pouvoir dormir jusqu'à midi, peut-être qu'il était midi, de temps en temps elle oubliait le corps de Carol, elle était seulement bien, d'autres fois des idées sauvages lui traversaient la tête, elle aurait été incapable d'en faire la moitié, enfin sûrement, mais c'était marrant d'y penser, en fait elle savait pas si ça lui plairait, c'était chiant de pas savoir. Elle aimait bien

Henri, il la baisait bien mais il manquait quelque chose, c'était plutôt un bon copain, aucune fille ne trouve son compte avec un copain, elle pensait à ça en respirant les cheveux de Carol et Ned qui se décidait toujours pas, elle savait qu'il en avait envie, il se passait pas une journée sans qu'elle sente ce genre de chose, elle ça lui disait depuis le début, normalement elle pouvait s'envoyer n'importe quel mec, elle le savait, c'était plutôt facile même, ils ne savent pas dire non, mais elle sentait que c'était pas la bonne solution, quelque chose lui disait qu'il valait mieux attendre, c'était juste une question de temps, la merde c'est que dans l'ensemble elle était plutôt pressée, elle le voulait vraiment pour elle, c'était con à dire, elle avait encore jamais ressenti ça, ce besoin de possession, mais elle le voulait vraiment pour elle et Carol là-dedans, oui, elle l'embrassa, oui, oui, elle en savait rien du tout.

– Tu dors ? demanda Carol.

– Non. Il y a longtemps que tu es là ?

– Oh, je sais plus. Tu vas pas te lever tout de suite, on est bien.

Ça, c'était difficile de se sentir mieux, elle sentait rien du tout, c'était proche d'une sensation d'apesanteur, si elle le voulait, son cerveau pouvait se remplir d'eau et son corps suivrait, quand elle voulait elle pouvait vraiment se laisser vraiment aller et glisser à la surface du monde comme un oiseau porté par les courants d'air chaud, elle hésita un moment, la voix de Carol arriva de très loin :

– Ecoute, je crois que je commence à m'ennuyer ici.

A vingt-quatre ans, c'était normal, on finit toujours par s'emmerder au bout d'un moment, il faut que la vie donne le maximum, parfois il suffit d'un rien, c'est terrible, on a l'impression de vouloir tout alors que les miettes suffisent à créer l'illusion, ha ha, la vie est formidable.

– Ça ne va pas avec Ned ? demanda Lili.

– Si. Je sais pas. Si. Parfois je le sens plus du tout.

– N'en demande pas trop, ne rêve pas. Ça n'existe pas, on ne peut pas tout donner.

– Il pense qu'il est plus fort que moi.

– Tu crois qu'il a raison?

– Non, il se goure complètement. Je ne me suis pas donnée à fond.

– Il y a des hommes qu'on ne peut pas avoir tout à fait, il faut les fuir ou se faire une raison.

– Tu déconnes, je les connais. C'est juste un peu plus difficile mais ils baissent les bras un jour ou l'autre. Je trouverai comment faire avec Ned. Je veux qu'il m'aime.

Lili lui caressa les cheveux, il n'y avait rien à répondre à ça, c'était quelque chose de normal, s'il l'avait aimée elle aurait demandé plus, il n'y a pas de limites à l'adoration de sa propre personne et parfois la beauté rend fou, c'est pas très facile d'exister tout seul. Lili avait la gorge un peu sèche, ils avaient fumé comme des brutes, un café chaud aurait arrangé ça mais ça voulait dire lève-toi, descends à la cuisine, fais-le chauffer, oh merde c'était cher payer, en plus tout se compliquait, elle n'avait jamais vu Carol se poser des problèmes avec un type, ils avaient tous fondu, elle avait trouvé une bonne technique pour se débarrasser des mecs, elle n'avait jamais fait l'expérience inverse, il avait fallu qu'elles tombent sur ce mec, elle la regarda et l'embrassa, elle n'avait pas envie de rentrer en compétition avec elle, elle l'aimait un peu plus qu'une sœur, ce mec était vraiment trop cher et puis de toute façon elle avait la meilleure place, c'est plus difficile de garder un type que de le prendre, elle décida de ne rien faire, pendant une toute petite seconde elle se fit peur, elle se demanda si elle pouvait se faire confiance mais on est tous comme ça, elle envoya valser les draps et traversa la chambre, Carol se dressa sur un coude et dit où tu vas mais elle fut incapable de lui répondre.

Elle était debout devant une casserole de café, les mains accrochées dans les cheveux, elle essayait de ne plus y penser mais elle frissonnait de temps en temps, à cause de Carol, à cause du désir qui montait, cette situation de merde et sa vie impossible à retenir, ce con de café se mettait à bouillir, qu'est-ce qu'il fallait faire, qu'est-ce qu'il y avait à comprendre, il suffisait qu'il pose encore une fois la main sur elle, qu'est-ce qu'il cherchait, la mousse jaune débordait, elle regardait ça sans bouger d'un poil, il y avait forcément une chose qui valait la peine, qu'est-ce que c'était, elle vida tout ce bordel dans l'évier et l'horreur disparut dans le trou, son cerveau tournait comme une machine folle, il se donnait du mal pour rien, il était jamais là quand il le fallait, une goutte de désir là-dedans et le truc se figeait comme un petit malin frappé par la foudre.

Elle secoua un tout petit peu la tête et le truc s'arrêta. Elle remarqua le mec dans la maison d'en face, il pouvait sûrement pas la voir à cause des reflets sur le carreau, des mecs il y en a partout, elle se disait, ce genre de réflexion l'avançait pas beaucoup, elle secoua une nouvelle fois la tête, bon on verra bien elle dit, ça c'était déjà mieux.

Elle remonta dans la chambre avec deux petits déjeuners, Carol était assise sur le lit, en tailleur, elle avait pas besoin de bomber la poitrine pour faire un malheur, Lili s'installa en face d'elle, elle passa sa langue sur ses lèvres, sans la regarder, elle dit :

– Tu y tiens vraiment ?

– Oui.

– Tu sais, je parle de Ned.

– Oui. Bien sûr, je ne suis pas idiote, pourquoi tu demandes ça ?

– On a l'habitude de parler, toutes les deux.

– Oui, mais j'ai pas envie de discuter de ça. Il croit qu'être libre, c'est être seul.

– Il a raison.

– Ne dis pas de conneries, on est toujours seul de toute manière. S'il a peur pour sa liberté, c'est que je suis sur la bonne voie.

– Peut-être que tu as raison, je ne sais pas.

– Même si j'avais tort, je n'abandonnerais pas, en fait, je crois que j'aime ça, au moins, il m'aura obligée à me battre, c'est la première fois. Je ne veux pas de limites.

– Tu vas fort.

– Je vais aussi fort que je peux.

– Il faut toujours garder une réserve.

– Pour quoi faire ?

– Je ne sais pas. Je crois. C'est un coup à boire du café tiède.

– C'est ce qui peut nous arriver de pire, pour le moment.

Elles burent en se regardant dans les yeux, c'était quelque chose qu'elles savaient encore faire, c'était vachement bon, elles se croyaient balèzes, elles pensaient que ça pouvait vouloir dire quelque chose, entre elles, le silence était comme de la crème Chantilly, léger et doux avec un soupçon de vanille, on pouvait pas leur enlever ça, elles s'aimaient vraiment bien.

Pendant que Carol était sous la douche, Lili se confectionna un petit joint et fuma sous les draps. En prenant tout par le bon côté, on pouvait voir ça comme une grande balade avec des mecs qui lui plaisaient, Franck était le moteur de cette machine, tout ça fonctionnait grâce à lui, il y avait juste l'instant présent et rien d'autre, bien sûr qu'elle déconnait mais elle adorait déconner, elle savait que sa vie ne valait rien mais elle se cramponnait, là elle avait mis le doigt sur quelque chose d'intéressant, la plupart des gens sont persuadés que leur vie vaut quelque chose mais ils se cramponnent pas, tout est faussé dès le début, quand même, elle avait un peu forcé la dose, elle dégringola jusqu'à la cuisine et se tartina un mètre carré de biscottes, déboucha cinquante-trois pots de confitures différentes, bordel, tout devrait se manger dans la vie, imaginez un peu le goût d'un salaud ou de miss Univers. Le type était debout devant sa fenêtre, il était toujours là, dans la maison rouge, il devait se rincer l'œil, dans ce monde on échappait à rien, il fallait être dur, savoir encaisser, s'arranger avec tout ça, il fallait en connaître un bout sur les confitures. Elle prit un plaisir fou à manger, elle se regardait faire, il fallait être fou pour prendre un plaisir pareil, bon Dieu on pouvait souhaiter à son pire ami de prendre la vie comme ça, par le sacré bout.

11

Ils reprirent la route un matin, les adieux avaient duré un peu plus qu'ils avaient prévu, ils avaient juré de revenir, personne croyait à ça, Ned avait enfilé une casquette et conduisait les yeux quasiment fermés, ça ressemblait à une espèce de campagne, ce qu'on pouvait imaginer de plus pauvre, de plus angoissant, le soleil dégueulait là-dessus sa poussière, il bougeait pas du tout, en y regardant à deux fois c'était un jaune cruel, ils avaient trouvé une vieille cassette de Dylan et ce vieux Bob donnait des noms aux animaux, c'était un coin à se mordre les lèvres, cette bon Dieu de campagne les avait tout simplement AVALÉS.

Les flics leur faisaient tout bonnement serrer les fesses, ils devaient pourtant plus craindre grand-chose mais quand même, avec leurs déguisements de merde les flics vous font toujours cet effet-là, c'est un truc vieux comme le monde, l'éclat, sur leur casque, ils vous le collaient toujours droit dans l'œil, ils avaient ces trucs qui pouvaient vous rattraper à tous les coups, des 750, des 1000, des fauves enragés, ces types-là, votre vie, c'était toujours ce qu'ils décidaient d'en faire, ils pouvaient vous rendre MÉCHANT, oh Bobby, Bobby, Bobby.

Ils se cognèrent à la mer, titubèrent le long des côtes

pendant un petit moment, sans rien demander à personne Ned obliqua vers l'intérieur des terres, ils avaient aucune idée d'où ils se trouvaient, pas de cartes, même pas foutus d'avoir pensé à prendre une carte, les patelins prenaient des allures bizarres, la gueule des gens, c'était des coins plutôt tristes, ils avaient des gueules plutôt tristes, les chiens traversaient même pas les rues, les hommes étaient plutôt rougeauds, des gros bras, les femmes étaient des espèces de bonnes femmes avec des gros culs et des pantalons multicolores, les cheveux enroulés dans les bigoudis, toute leur vie enroulée.

Ça, les jours avaient raccourci, rien de plus normal, mais ils avaient l'impression que la chaleur avait encore grimpé, dans le bus l'air chaud tournoyait comme un ouragan frotté sur des braises, les filles étaient à l'arrière et crevaient des boîtes de bière, Lucie leur avait passé un bon paquet de fric, merde ils avaient pas dit non, plus tard Henri avait dit oh elle est comme une sœur, c'est incroyable, elle est comme une sœur et j'ai jamais eu de sœur avant elle, oh j'ai jamais connu une fille comme ça, eh mon salaud, je te remercie avait dit Lili en rigolant, ce départ, ça les excitait tous les quatre, Carol avait retrouvé sa bonne humeur, avec Ned elle essayait autre chose et il se laissait masser les épaules en conduisant, quand vous mêlez l'angoisse, le rire et l'énergie, un drôle de truc commence à vous chatouiller le coin du ventre.

Le type arrivait en face, dans une espèce de bétaillère rouge, Ned l'avait vu venir de loin, la route était droite et le relief plus plat qu'une lame, il occupait tout le milieu de la route, regarde ce con, il doit être bourré, il dort, Ned klaxonna et serra au maximum en grognant mais l'autre les effleura, Ned vit sa trogne d'abruti au moment où les tôles s'accrochèrent, le type fit un bond et donna un grand coup de volant, dans le rétro la bétaillère grimpa dans le ciel et retomba à l'envers sur le bord de la route.

Le bus était arrêté avant qu'ils aient bougé ou dit un seul mot, ils descendirent en cavalant, l'engin était à environ deux cents mètres, la poussière continuait à retomber autour, tous les deux pas Ned braillait merde merde MERDE, Henri serrait les dents, les filles cramponnaient leurs nichons, ils pensaient à rien, pas encore, le truc était retourné comme une pyramide de ferraille, avec les roues en l'air, et c'était pas comme dans les films, les roues continuaient pas à tourner et à grincer dans le silence, non, les roues étaient bloquées et le klaxon hurlait.

Ils contournèrent cette saloperie, le type avait un de ses bras dehors, cisaillé par la porte, il avait le crâne aplati sous le volant, la cervelle éclatée et du sang coulait par le robinet de ses narines, il y avait pas eu de miracle, dans ce genre d'accident on se demande toujours s'il faut commencer par s'occuper du blessé ou du klaxon, ou bien foutre le camp en vitesse.

Pour faire quelque chose, Ned passa la main par la portière, le carreau avait explosé, il attrapa la clé et coupa le contact mais ça ne suffisait pas, il dut plonger sous le tableau de bord et arracha tout un paquet de fils, il se redressa dans le silence tout neuf, les autres étaient autour de lui, ça faisait à peine deux ou trois minutes qu'ils étaient plantés sous le soleil, pas le moindre souffle d'air, ils devaient garder la bouche ouverte pour tenir le coup, ils étaient plus trempés que s'ils avaient traversé un putain d'orage.

– Bon, on ne peut rien faire, dit Lili. Ça sert à rien de rester là.

Il suffisait de regarder la gueule du mec pliée sous le volant, elle avait raison, il n'y a que dans les histoires qu'on enterre le type en bredouillant une petite prière ou bien les gens appellent les flics et courent au-devant des emmerdes, mais en général le mort en a plus rien à branler et ils allaient faire demi-tour et essayer de penser à autre chose quand ils entendirent le bruit.

C'était un Peterbilt DL 12 de 40 tonnes, 18 roues,

noir avec des pare-chocs un peu plus larges que la lame d'un bulldozer, ils avancèrent vers le bus mais le monstre freina au milieu de la route, même un vélo aurait eu du mal à passer. Les deux types qui sautèrent de là-dedans étaient du même style, gros et puissants, les cheveux courts, blonds, il devait pas exister de tee-shirts plus grands mais ceux qu'ils portaient étaient à un poil de craquer, ils avaient pas l'air très vieux, peut-être trente-cinq quarante, mais personne aurait été vraiment foutu de leur donner un âge parce que la graisse bouffe les rides et rien ne peut passer à travers dix centimètres de graisse, c'est du plomb.

N'empêche que ces mecs étaient souples, ils devaient être montés sur ressorts, tout de suite ils louchèrent sur les deux filles, sans se gêner, ils roulèrent des épaules, le plus marrant des deux demanda d'une voix aiguë :

– Hé, qu'est-ce qui se passe, qu'est-ce qu'il y a ?

– Ce type s'est foutu en l'air, dit Ned. Il était saoul ou il s'est endormi.

– Et vous vous tirez, vous laissez ça comme ça ?

– On allait prévenir, il est mort, il faut juste prévenir les flics.

L'autre s'était approché de la bétaillère, il se mit à danser et à gueuler :

– MINCE, C'EST CET ENCULÉ DE MAX ! IL EST EN PETITS MORCEAUX, DIS DONC ! TU TE RENDS COMPTE, J'AI BU UN COUP AVEC LUI Y A DEUX JOURS !!

Le deuxième plissa les yeux, regarda le bus avec le côté éraflé et grimaça vers Ned :

– Hé, on dirait que ça s'est pas fait tout seul...

– Non, mais il s'est carrément jeté sur moi.

– Ouais, ben on va vous éviter une balade. Je connais tous les flics du coin, ça sera pas long. Laisse-moi faire.

Il pivota sur une jambe. Il grimpa sur le marchepied du Peterbilt, ouvrit la porte et resta suspendu là-haut avec un micro dans la main. Bon, quand il disait qu'il connaissait tous les flics du coin, il baratinait pas, oh non, il demanda même à un fils de garce de lui passer son connard de chef, ensuite il dit mon salaud j'ai un boulot pour toi, Max vient de s'envoyer en l'air et les rigolos qui ont fait ça étaient sur le point de se tirer, on te les garde. Puis il expliqua l'endroit exact mais Ned n'écoutait plus, la connerie venait d'arriver et il pouvait rien y faire, Henri à côté de lui venait de glisser ses mains dans ses poches, il devait ressentir la même chose, les deux filles restaient collées contre le bus, comment elles faisaient, ça devait être brûlant, il y avait vraiment aucune chance de filer entre les pattes de ces deux abrutis et les flics qui allaient radiner, il respira longuement, plusieurs fois, l'autre arrivait tout doucement vers eux, il s'arrêta juste en face des deux filles, il se mit à sourire, c'était pas la peine qu'il ouvre sa gueule pour savoir ce qui lui faisait envie, il y avait des chances pour qu'il ait pas la manière de demander, il y avait de sacrées chances pour qu'il sache se servir.

Ned cherchait et il trouvait pas, le temps passait et l'autre connard tirait une langue de trois pieds devant les filles, elles faisaient comme si elles comprenaient pas mais c'était pas très facile, celui qui avait appelé les flics s'était installé sur le marchepied et s'envoyait une bière, à chaque gorgée il rotait, Ned avait des petites gouttes de sueur qui explosaient à ses pieds, tout se mettait à partir vraiment en couilles.

Le type avança une main vers le visage de Lili, une main effroyable avec des poils roux et des doigts courts, gonflés. Lili se mit à crier et, à ce moment-là, le type fit une espèce de bond ridicule, sur le côté, une pirouette très lente, un filet de sang grimpa en l'air, cingla les deux filles au passage et retomba sur le bus. Le type roula sur la route, la moitié du crâne arrachée, il lui manquait tout un coin de cheveux, il s'immobilisa le ventre en l'air et ses jambes se replièrent doucement.

Bon Dieu oh bon Dieu oh bordel de Dieu, l'autre se

laissa glisser du camion comme un tuyau de guimauve et il s'était à peine faufilé sous les quarante tonnes de ferraille lumineuse qu'un truc éclatait dans son pantalon, à la hauteur de la cuisse, il ramena sa guibolle sanguinolente dans l'ombre et se mit à brailler, c'était plutôt les cris d'un type paniqué et puis une roue éclata, ils entendaient rien du tout, il devait y avoir un silencieux ou une connerie dans ce genre, le type s'était aplati, on distinguait très nettement les battements de son cœur ou alors c'était ceux du Peterbilt, on pouvait pas savoir, et puis le mec colla son front contre le macadam, il pleurait, il couinait, il leva juste un tout petit peu le coin de son nez et sa cervelle lui coula par les oreilles comme de la pâte dentifrice, le camion explosa au même moment, la cabine fit un bond de deux mètres et retomba la tête la première, une belle fumée noire grimpa dans la campagne, des vagues de goudron fondu se mirent à glisser sur la route. Ned, ses jambes lui faisaient mal, mais il trouva le moyen d'attraper les deux filles par le bras et de les balancer dans le bus, elles roulèrent sur le plancher en douceur, la tête de Lili rencontra le tube d'un siège et elle envoya son pied entre les deux yeux de Carol, Henri sauta tellement vite sur la banquette qu'il se retrouva presque sur les genoux de Ned, personne trouva ça très drôle, juste avant de démarrer, Ned jeta un coup d'œil dans le rétro, IL Y AVAIT RIEN, à perte de vue la route était droite mais il y avait des champs avec des machins très hauts et jaunes comme des soleils, ils traversèrent le nuage de fumée en roulant au pas, ils y voyaient rien et ils devaient passer carrément dans le fossé, le bus tangua un bon coup, se pencha au maximum, c'était un truc à se foutre en l'air, des petites saloperies noires tournoyaient devant le pare-brise, c'était pas comme l'enfer, c'était pire que l'enfer sauf qu'à ce moment ils retrouvèrent la lumière du jour, Ned serrait tellement les dents que le bus regrimpa sur la route sans difficulté. Tout de suite, ils trouvèrent un chemin sur la droite, de la terre battue avec des pierres blanches qui cognaient sous les roues et ce bordel montait tout doucement au milieu des fleurs jaunes dans une chaleur indescriptible et blanche.

– Voilà, dit Ned. C'est arrivé.

Lili était cramponnée à son siège, la tête penchée en avant, ses cheveux lui tombaient sur la figure.

– Il est fou, elle dit.

Henri lâcha un rire nerveux :

– Eh, vous déconnez, tous les deux. Merde, ça peut pas être lui.

– Ah non, tiens, qui veux-tu que ce soit? dit Ned. Maintenant, ouais maintenant, on est vraiment dans la merde.

Malgré tout, le rétro restait toujours vide. Arrivés en haut d'une petite butte, Ned freina et sauta du bus. Il avait jamais vu un coin aussi tranquille, aussi vide. L'énorme carcasse continuait à cramer plus bas, le ronflement montait jusqu'à lui et venait cogner dans ses jambes, aussi loin qu'il pouvait voir, des fleurs jaunes et la route qui filait au milieu comme un coup de sabre mais pas l'ombre d'une bagnole, pas l'ombre d'un homme, pas la plus petite trace de cet enculé sous le ciel bleu.

Ça ne servait à rien mais Ned reprit le volant et se déchaîna. Il lança le bus comme un javelot dans les chemins de terre battue, le truc dérapait du cul sur des mètres et des mètres, la poussière se déroulait derrière, un paquet de coton hydrophile, bien épaisse, étouffante, Ned serrait le volant comme l'encolure d'un cheval fou, il y avait aucune chance pour qu'il se laisse envoyer en l'air, quand il déboucha sur une route goudronnée il mit toute la gomme, moins ils respiraient, plus le régime grimpait, Ned essayait vraiment de lui faire du mal, de toute la force de son pied il enfonçait l'éperon d'argent et ce putain de bus comprenait à quel genre de dingue il avait affaire.

Ils s'arrêtèrent à une station d'essence, un chef-d'œuvre de l'art moderne des années soixante, à dégueuler, du Formica avec des tabourets en triangle et des bouts pointus partout, des couleurs à chier, vingt ans après, ce truc était à hurler d'ennui, ça revenait à la mode. Ils s'affalèrent dans un coin, sur du skaï zébré noir et jaune, d'où ils se tenaient ils pouvaient voir la route, très loin, ils avaient beau loucher dessus, elle restait incroyablement vide, peut-être qu'ils auraient préféré voir la Ford arriver et toute la vitre descendre en morceaux, ils savaient pas, ils étaient même pas capables d'en parler, pas tout de suite, ils avaient l'impression que réfléchir ne servait plus à rien, ils commandèrent n'importe quoi, ça n'avait aucun goût, ils durent faire un drôle d'effort pour se tirer, ils commençaient à jouer avec leurs nerfs. Un fusil à lunette muni d'un silencieux est forcément un truc qui vous tape sur les nerfs.

– Bon, dit Ned, on va commencer par lui faire voir du paysage, on va se relayer. Bientôt ses yeux vont lui sortir des orbites. Il veut jouer. Il va falloir qu'il reprenne des cartes.

Plus tard, dans la nuit, les filles dormaient, elles étaient crevées, la route était large et ils fonçaient, Ned avait pas voulu lâcher le volant, il attendait d'être à bout de forces pour s'écrouler derrière et dormir comme une masse, ils avaient baissé la musique, il y avait rien derrière eux, dans l'entonnoir de la nuit ils balançaient des boîtes de bière vides, des merdes, la trouille se détachait d'eux comme des fils de barbe à papa en plein vent, la nuit était bonne pour ça, elle avalait tout, elle demandait rien, elle les protégeait, les rechargeait, la lune leur coulait sur les cuisses, merde ils se sentaient exister, leur vie était réduite à plus grand-chose, débarrassée du lest, c'était presque douloureux, pas marrant, mais c'était comme ça, ils auraient changé pour rien au monde, à un moment, Henri se racla la gorge, il dit :

– Jusqu'où on va aller, comme ça ? Ça mène à rien.

– Tu as quelque part où aller?

– Non.

Ils traversèrent une nappe de brouillard, giclèrent de l'autre côté, les yeux grands ouverts, un peu sonnés.

– Hé, reprit Henri, tu crois qu'on peut aimer ça, tu crois que ça peut se faire?

– Oui. De temps en temps. Il faut faire gaffe.

– J'ai pas compris tout de suite.

– Ça fait drôle, hein? Ça veut pas dire qu'on va se laisser faire. C'est le goût du vertige quand t'es bien cramponné, ça ressemble vraiment à ça. En fait, c'est quand ta vie est en jeu et que tu gardes le goût du jeu.

– Ça paraît dingue. Je suis pas courageux.

– Heureusement, tu foutrais tout par terre.

– J'ai pas envie de mourir non plus.

– C'est une des conditions. Moi non plus je ne veux pas mourir, ça veut pas dire que j'ai ENVIE de vivre. Je suis là. Regarde, je suis fatigué, je conduis, je commence à avoir sérieusement envie de chier, je te raconte ces conneries. Je suis là. C'est tout ce qui m'intéresse.

12

Ce soir-là, il était debout devant la télé, un verre à la main, il tenait pas bien sur ses jambes, entre deux sourires constipés le journaliste donnait des nouvelles du monde, il y avait pas un coin où les gens faisaient autre chose que de s'entre-tuer ou conclure des marchés, ça revenait au même, Franck en avait rien à foutre, vraiment rien, mais la gueule de l'enfoiré était tellement merdeuse, il se payait une telle dégaine de faux-jeton que Franck vida son verre en riant et lui balança le truc sur la gueule. Les éclats partirent dans tous les sens mais l'autre sourcilla même pas, il était payé pour ça, Helen rappliqua de la cuisine, en slip, le visage fermé, elle le regarda et lui tendit son verre, il était plein, elle fit demi-tour sans un mot, elle était déjà ivre depuis un petit moment. Franck la suivit en rigolant lourdement, il s'arrêta dans l'encadrement.

– Bon Dieu, si tu voyais ta gueule ! il dit.

C'était vrai. Les bouteilles vides s'entassaient dans le fond de la cuisine, ils s'y étaient vraiment mis, la première chose qu'il faisait en rentrant il buvait deux grands verres d'affilée, quand elle arrivait avant lui elle faisait la même chose sinon elle commençait au magasin et le chemin jusqu'à la baraque était toujours désert, elle marchait en regardant ses pieds. Sa gueule était comme ça, avec des poches un peu plus profondes sous les yeux et le reste sous le maquillage mais lui, il avait les yeux rouges et le teint gris, ils étaient parfaits, leurs mains tremblaient comme des feuilles, une ou deux fois, ils avaient rigolé avec ça, ils avaient comparé, ils étaient jamais tombés d'accord.

Pourtant, il se sentait plutôt de bonne humeur, le Gros s'était pointé dans l'après-midi, dans son dos, il lui avait posé une main sur l'épaule, il s'était penché, il lui avait dit Franck, ÇA Y EST, et Franck s'était pas retourné, il avait rien dit, il s'était juste laissé aller en arrière sur son fauteuil, il avait essuyé lentement ses mains sur son pantalon, plusieurs fois, il avait fermé les yeux et rien au monde aurait pu le déranger pendant ces longues minutes où son cœur battait. Il avait quitté son bureau au beau milieu de l'après-midi, la Ford l'avait ramené tout doucement à la maison, dans la cuisine il avait vidé une demi-bouteille à lui tout seul et la maison était silencieuse, il était tout seul, son premier sourire explosa dans la cuisine, il tomba le cul sur une chaise, il étendit les jambes, le soleil marquait des points en trois bandes, c'est marrant comme il se mit à bander, il décida d'attendre un peu avant de filer à la salle de bains, il avait le temps de s'envoyer encore un verre mais le temps se mit à déconner, il ouvrit les yeux des heures et des heures plus tard, au moment où elle rentrait.

Il la regarda sans un mot, se leva, il lui abandonna la pièce. Quand il passa devant elle, elle se colla à lui, elle avait pris l'habitude de faire ça quand ils se retrouvaient, il la laissa faire, il attendit que ça se passe, par jeu il lui fit glisser sa robe par-dessus la tête mais il ne fit rien d'autre, il se disait que tant qu'à faire il préférait la voir se trimbaler dans cette tenue, il pouvait la supporter avec son corps à moitié nu, avec sa chatte épilée dans des machins transparents, elle se taisait quand il faisait ça, elle comprenait, elle avait choisi.

Elle n'était pas au courant de la nouvelle mais elle sentit qu'il y avait quelque chose de nouveau, en plus il lui avait dit ça méchamment, elle s'approcha de lui, elle avait les yeux écarquillés, elle ne sentait plus ses jambes, à toute volée elle le frappa au visage. Il ne bougea pas, elle l'avait saisi en plein sourire, c'est ce sourire qu'elle voulait lui enlever, elle essaya de le gifler une nouvelle fois mais il lui attrapa le poignet au vol, le tordit légèrement, il lui faisait mal quand même, elle ne dit rien et baissa les yeux. Il la lâcha, l'attira contre lui et plongea une main dans le slip, il lui caressa les fesses. Elle s'écarta de lui tout doucement, il resta un moment sans bouger et retourna dans le salon, il pensait plus à ça.

Il récupéra son verre, tira les rideaux et alluma une petite lampe sur la table, tout ça paraissait facile mais il s'y reprit à plusieurs fois, surtout les rideaux, ce système à la con, il fallait réussir du premier coup ou passer la nuit, il tomba à quatre pattes et suivit le putain de fil électrique, il trouva plus pratique de rester sur le tapis. Il se mit sur le côté, à demi soulevé sur un coude, il tanguait un peu mais les risques étaient limités, la bonne nouvelle lui revint à l'esprit, il prit tout son temps pour fignoler les détails, il cherchait une vision parfaite. Il savait qu'il était bourré, il avait l'impression d'avoir attendu ça depuis mille ans, oh il avait peur de gâcher son plaisir, il mit toutes les chances de son côté, il dit tout haut je les ai retrouvés je les ai retrouvés RE-TROU-VÉS, ils passaient un interlude sur les animaux, la technique de chasse chez les loups, comment ils isolaient leurs proies, les fatiguaient, la course fantastique du loup dans la neige, le harcèlement et l'assaut final, il faillit appeler Helen pour qu'elle vienne voir ça mais il était à moitié hypnotisé, il n'y avait pas de son mais Franck entendait la respiration sifflante du loup, les battements de son cœur et le claquement furieux des crocs dans le vide. Jusqu'à la victoire. Il était trempé de sueur.

Il ne s'était même pas rendu compte qu'Helen avait dressé la table pendant ce temps-là, elle était debout contre le mur, les doigts croisés autour de son verre, on sonna à la porte mais elle ne bougeait pas, il la regardait, sans aucune expression. Au deuxième coup de sonnette, il se leva en soupirant, bon j'y vais, il dit, elle lui lança un de ces regards, il comprenait même pas pourquoi, elles ont le chic parfois pour vous lancer des messages incompréhensibles, en passant, il laissa glisser une main sur ses cuisses, ça voulait dire on fait la paix, ça au moins c'était pas compliqué.

C'était Will. Franck ouvrit la porte tout en grand, il se contrôlait plus bien, l'autre prit ça pour une invitation à entrer, il fila dans le bureau en souriant bêtement, en roulant des hanches comme une fille allumée. Helen s'attendait pas à voir quelqu'un arriver, elle mit une bonne seconde à croiser ses mains sur sa poitrine et trouva refuge sur le canapé en serrant les jambes. Mais ce sacré veinard de Will avait déjà tout vu, hé hé, il avait déjà vu ce genre de trucs dans des bouquins, ces femmes qui étaient comme des petites filles, sans un poil entre les jambes, en plus celle-là avait de gros nichons, elle les cachait mais ça sortait de tous les côtés, bien sûr c'était une de ces salopes, elle lui lançait un regard furieux mais il s'en était pas encore aperçu, son visage l'intéressait pas, ça non, il était habitué aux filles sans visage, il les préférait comme ça, quand il entendit la voix de Franck dans son dos, il sursauta, il savait même plus où il était, il se tourna vers Franck avec son sourire, le sourire de Will.

– Alors, qu'est-ce que tu veux? répéta Franck.

– Ben, il m'a dit que je devais t'en parler d'abord. Il a dit que c'était toi qui décidais.

– Vas-y, je t'écoute.

– Hé, j'étais là quand il a appris qu'on les avait retrouvés. Je suis pas idiot, je sais que tu veux faire ça discrètement.

Il se tourna vers Helen, planta ses yeux sur son ventre, il enfonça ses mains dans ses poches, rentra la tête dans les épaules puis revint à Franck, sans le regarder vraiment :

– Je peux parler si elle est là?

– Ouais. Mais je te vois venir. Pas question.

– Attends, attends, écoute. Il a dit qu'il fallait que tu réfléchisses avant. Vous pouvez avoir besoin de moi. Si tu veux avoir les mains libres...

– J'ai pas confiance en toi.

Il s'était pas adressé directement à Will, il se disait plutôt ça à lui-même, pour voir, pour aller plus profond, il y avait pas que du mauvais, c'est vrai qu'il pouvait avoir besoin de lui mais c'était chiant.

Il se gratta la tête. Il lança sa main gauche comme un fouet et l'atteignit à la lèvre. Will tomba à la renverse, il roula jusqu'aux pieds d'Helen comme une poupée de chiffon, Franck l'attrapa par les cheveux, lui bloqua un bras très haut, dans le dos, il le tira en arrière, le força à s'asseoir sur les talons. Il lui parla à l'oreille, doucement, il avait du mal à parler, les mots ne venaient pas comme ça.

– Ecoute-moi, il dit. Il faut que tu comprennes...

Will s'était figé, il essayait même pas de se défendre, il faisait juste une drôle de grimace et les veines de son cou s'enflaient comme des manches à air. Franck répéta :

– Il faut que tu comprennes ça, à la moindre connerie, je te démolirai. Il faudra que tu fasses exactement ce que je te dirai et rien d'autre, comme ça on s'entendra.

Franck lui tirait la tête tellement en arrière qu'il pouvait pas avaler sa salive, son bras lui faisait mal, il dit :

– Tu vas me casser le bras, merde.

– Tu m'as pas répondu.

– Oui, bien sûr. Tout ce que tu voudras.

Franck le poussa et se releva.

– Bon, ça marche, je vais t'offrir un verre. Mais n'oublie pas ce que je t'ai dit.

Franck disparut dans la cuisine. Will en profita pour passer une main sur sa lèvre, elle était enflée, un léger goût de sang dans la bouche, il regarda Helen avec ce sourire à la fois idiot et cruel, elle préféra se lever, quand elle passa près de lui il se mit à quatre pattes et renifla bruyamment, comme un chien, le nez tendu vers sa culotte, elle sursauta, il trouvait ça très drôle, Franck arriva juste à ce moment-là, il ne dit rien, il lui tendit son verre, s'il avait fait ça à Lili... non de toute façon il aurait jamais osé, ce dingue avait senti la différence, Franck essaya de le regarder dans les yeux mais l'autre se laissa pas faire, il plongea dans le fond de son verre et s'amusa avec son glaçon.

Helen se tenait dans le fond de la pièce, dans l'ombre, il lui fit signe de venir. Elle hésita un instant puis décolla son épaule du mur, elle ne cachait plus ses seins ni rien, elle paraissait fatiguée, en fait l'alcool l'avait plongée dans un état second, elle était décalquée. Franck l'attira vers le fauteuil, la prit sur ses genoux, elle était un peu raide mais il lui caressa le bout des seins, alors elle se laissa aller contre lui et ferma les yeux. Will se figea. Les bouts commençaient à durcir, elle ouvrit les yeux comme un animal affolé et elle vit ce jeune type qui la regardait en caressant son verre, la bouche entrouverte, elle comprit qu'il était fou mais elle parvenait pas à s'en détacher, il était peut-être à deux mètres, elle sentit les mains de Franck qui lui écartaient les cuisses, elle se laissa faire alors qu'elle aurait voulu souder ses jambes l'une contre l'autre, Will était blanc comme un mort, un doigt glissa dans son vagin, elle aurait voulu pleurer ou s'évanouir, elle comprenait pas ce qui se passait, pourtant elle faisait un effort incroyable mais l'autre lui faisait tellement peur, il avait l'air de souffrir lui aussi, Franck les regardait tous les deux, lui il se marrait, en plus il avait l'impression que ça le soulageait, sans trop savoir pourquoi, il sentait la tension monter, il n'avait jamais encore fait souffrir des gens pour le plaisir, c'était un drôle de truc, il savait pas non plus comment ça lui était venu, il se sentait juste prêt pour essayer des trucs.

Il arrêta le jeu juste avant que Will se fasse exploser le verre entre les mains et Helen qui lui enfonçait ses ongles dans un bras.

Il la fit glisser dans le fauteuil et se leva, il se planta devant Will :

– Ça va, on s'est amusés. Fous le camp, maintenant.

Comme l'autre réagissait pas assez vite, il lui enleva le verre des mains et l'attrapa par un bras. Avant de le jeter dehors, il lui dit :

– Réfléchis, peut-être que ça va pas t'amuser du tout. Je serai sur ton dos, il t'expliquera ce que ça veut dire.

Will sortit dans le jardin à reculons, avec ses bottes mexicaines dans le gravier il se tordit une cheville, sous la lune ses cheveux paraissaient presque blancs.

– Hey, c'est une sacrée bonne femme. Mon vieux.

– C'est parfait. Tu vas pouvoir te branler. Ne marche pas sur les fleurs.

Will écarta les bras de son corps, les mains tendues vers le sol, un rire aigu lui monta du ventre, il se claqua les cuisses, Franck ferma la porte, il entendit le rire de cet abruti décliner dans la nuit et ce rire lui monta le long des nerfs, il n'avait pas d'idée très précise mais il savait que Will pourrait lui servir parce que l'autre avait peur de lui, il y a des chiens comme ça, qui lèchent la main de leur maître et qui vous égorgeraient le monde entier et Will était capable de ça, il fallait juste l'empêcher de devancer le signal, il y veillerait.

Helen était en larmes, de vraies larmes, elle se mordait le poing, elle ne savait plus pourquoi elle pleurait mais c'était impossible de s'arrêter, les trucs lui montaient du ventre, se bousculaient dans sa gorge, elle se retrouvait dans une position obscène, les jambes ouvertes mais bon Dieu elle était à des kilomètres de là, elle avait complètement oublié ce truc entre ses jambes et Franck la regarda mais lui non plus ne pensait pas à ça, il était plutôt furieux de la trouver dans cet état-là, il se sentait incapable de la consoler, il n'avait jamais été très fort à ce jeu-là, des larmes de femme, quelle chierie, il siffla un verre qui traînait sur la table, il se laissa tomber sur le canapé, pendant qu'elle pleurait il se mit à réfléchir mais elle faisait du bruit, elle gémissait et ses pensées s'arrêtaient net, il essayait de regarder ailleurs, c'était pas la peine d'insister, il se leva, remplit un verre et s'approcha d'elle. Il lui prit la tête, glissa le verre de bourbon entre ses lèvres, elle tenta de le repousser mais il la serra très fort contre lui et versa le verre comme il pouvait, il réussit à lui en faire boire la moitié, le reste de l'alcool coula le long du menton, fila entre les seins. Elle se calma, simplement elle reniflait légèrement et les petits bruits s'espaçaient, il se sentit énervé, il la laissa, la télé ronflait, il se leva pour l'éteindre mais il imagina le silence et se ravisa, c'était moins dur comme ça, il remplit deux verres, il en posa un sur le bras du fauteuil, près d'Helen, il la regarda. Elle s'en rendit compte et ferma aussitôt les jambes. Il haussa les épaules, maintenant qu'elle avait caché sa fente il restait plus rien, une fraction de seconde il s'était senti attiré, il l'aurait enfilée mais en même temps il se serait occupé de ses larmes, il aurait essayé mais c'était fini, il tourna en rond avec son verre, quand il retourna au canapé, il l'avait complètement oubliée, elle était silencieuse, il s'étendit et replia un bras sur son front, les idées arrivèrent en foule, les images se pressèrent, sans relation, elles se chevauchaient, l'étourdissaient.

Il tenait Lili par un bras, elle criait, il sentait la respiration de Will dans son dos, il pouvait pas être tranquille et quand il se retournait ce n'était pas Will mais les deux autres qui cherchaient à l'avoir par-derrière, alors il devait lâcher Lili, bon Dieu et Lili n'était pas Lili, parfois il se retournait devant Carol ou alors c'était Will avec des cheveux très longs et des ongles de femme qu'il pointait vers sa figure, puis ils disparaissaient tous et il se retrouvait seul, attaché sur un lit, dans le noir, et il avait peur parce qu'il était sans défense et la porte restait entrebâillée, il transpirait et les murs s'écroulaient sur lui, sans bruit, ça ne finissait pas.

Il avait glissé dans une sorte de demi-sommeil cauchemardeux, l'alcool, la fatigue, et son cerveau fonctionnait comme une chaudière chargée au ras de la gueule, l'impression de peser des tonnes et les objets autour de lui étaient mous et sombres, il les reconnaissait pas bien, surtout il sentit qu'il avait envie de vomir et son corps réalisa tout de suite. Il essaya de se lever, il arriva juste à dégringoler du canapé, il mit un petit moment avant de trouver les forces nécessaires, il avança à quatre pattes vers la cuisine, ça puait tellement le gaz qu'il eut un formidable hoquet dans le couloir, il dégueula un peu mais il continua à avancer en traînant un filet de bave, la cuisine était dans le noir avec un peu de lune, Helen était assise à la table, la tête enfoncée dans un bras. Maintenant il entendait le petit sifflement aigu, il patina sur le carrelage en direction de la cuisinière, il venait juste de dépasser Helen, il y pensait même pas et, à ce moment précis, elle tomba sur lui, lourdement, elle essaya de s'accrocher à son dos, de le tirer en arrière mais elle était tellement plus faible, en grognant il l'envoya dinguer, il y mit toutes ses forces, il entendit la table et les chaises se renverser mais le bruit lui parut lointain. Il ferma tous les robinets, vomit de nouveau avant de s'accrocher à l'évier, il réussit à se redresser, attrapa une assiette et la lança dans la fenêtre, il ne vit rien mais il reçut des éclats de verre jusque sur la tête, l'air frais s'engouffra dans ses narines, il se mit à cracher des paquets de salive épaisse dans l'évier, il tenait pas bien sur ses jambes, il était plié en deux au-dessus, il fit couler l'eau et passa la tête au travers du jet, il avait le nez en feu. Quand il sortit de là-dessous, il se plaqua un torchon sur la figure, il s'accrocha aux murs et ouvrit toutes les fenêtres qu'il rencontrait, à chaque fois il s'arrêtait pour respirer un peu. Ensuite il retourna dans la cuisine, elle avait dû vomir elle aussi, elle était en train de s'asperger le visage, il n'était pas encore tout à fait dessaoulé, il s'appuya sur le frigo et regarda cette femme qui avait voulu le tuer, il s'attendait à ce que la colère le submerge mais rien, il ne ressentait rien du tout, il comprenait qu'elle avait voulu aller jusqu'au bout, il trouvait ça normal, il pouvait pas lui en vouloir pour ça, elle se battait, c'était une manière de se battre, qu'elle ait sauté sur lui, il trouvait presque ça formidable, c'était difficile à admettre mais elle lui ressemblait. Tout d'un coup, il eut envie d'elle, il s'approcha mais ses mains tremblaient, elles étaient toutes moites, il la prit par les hanches mais il fut incapable d'en faire plus, il était vraiment trop crevé et il bandait même pas. Il posa sa joue contre son dos. Elle lui prit les mains, elle se retourna, elle avait son visage tragique, déformé par les gouttes d'eau, elle semblait le fixer profondément mais par instants ses yeux dérapaient dans le vague, elle respira profondément, sa voix était tellement grave qu'il aurait pu la toucher :

– Je ne sais pas, elle dit. Mais peut-être que je recommencerai.

– Oui, il dit. Je sais.

– Je me défends comme je peux. Tu es ma dernière chance.

– On devrait aller s'allonger, ça nous ferait du bien.

– Je ne crois pas que j'aurai envie de baiser.

– Non, je ne pensais pas à ça.

Ils grimpèrent péniblement jusqu'à la chambre, deux fois ils faillirent dégringoler dans l'escalier, ils se faisaient mal. Ils basculèrent sur le lit, sans lumière, elle ne demandait rien mais il glissa un bras derrière sa tête et la fit rouler contre son épaule. Ils ne dirent pas un seul mot, ça ne pouvait pas aller plus mal mais ce silence et l'immobilité, c'était ce qu'ils avaient pu trouver de mieux, ils attendirent le sommeil pendant des heures et des heures et, même quand ils se furent endormis, ils continuèrent à attendre, simplement attendre et attendre et bien sûr la vie n'est rien d'autre que ça. Presque toujours, oh doux Jésus.

13

Ils roulèrent une partie de la journée, ils avaient mis le Gros au volant, Will s'était endormi à l'arrière, les mains enfoncées dans les poches, il avait basculé, Franck était dans une forme éblouissante, les nerfs rechargés à bloc. Il se sentait bien, il était silencieux, il était le seul à ne pas transpirer. Derrière ses lunettes à verres roses, c'était formidable, il était même pas pressé d'arriver, il était en route, c'était suffisant.

Il regarda le Gros du coin de l'œil, il avait eu raison de lui faire confiance, tout s'était passé discrètement, il n'y avait pas un seul flic sur le coup, tout simplement le Gros avait été merveilleux. Quand ils s'arrêtèrent pour faire de l'essence, il paya à boire, il avait pas mal de fric dans les poches et ce fric lui brûlait les doigts, la veille il était passé à sa banque, il avait tout raflé, chez lui il avait fait la même chose, il avait tourné en rond pendant des heures, cherchant ce qu'il allait bien pouvoir emporter, il se demandait pas pourquoi il faisait ça, il ressentait comme une impression de partir en voyage, sans savoir quand il allait revenir, il tourna et tourna dans cette foutue baraque mais au bout du compte il se retrouva les mains vides, il n'y avait rien à emporter, il balança juste du linge dans un sac, quand même il se disait merde, c'est incroyable, j'ai rien trouvé, et ce truc l'intriguait un peu, le mettait mal à l'aise, du fric, des chaussettes et des armes, c'était tout ce qui valait la peine, le reste tout le monde avait ça, il pouvait pas considérer ces choses comme vraiment à lui. Il avait rien dit à Helen, il avait pas su comment s'y prendre, depuis leur histoire elle n'allait pas très fort, ils avaient passé la soirée sans se dire un mot, il regardait n'importe quelle connerie à la télé, il faisait semblant de s'y intéresser, comment il aurait pu faire autrement, Tarzan embrassait Jane, Fort Apache tombait, les bons enculaient les méchants, ce genre de choses, il trouvait pas tout con.

En fermant la porte, il se demanda où il allait bien pouvoir mettre la clé, il tenait pas à l'emporter, il voulait l'OUBLIER, il poussa le gravier du pied, fit tomber la clé et ramena des cailloux par-dessus, ils l'attendaient plus bas, le moteur tournait, quand il posa son cul sur le siège, il trouva ça aussi bon que le jour de ses vingt ans. Ou quelque chose comme ça. Et ils filèrent.

– Voilà, dit le Gros. Ça doit être cette baraque au milieu de la rue.

– Vas-y. Fais doucement.

Franck se tourna vers Will et lui fit signe de se caler dans le fond de la banquette. La rue était complètement déserte, il devait être huit ou neuf heures, ils profitèrent de la pente pour se laisser glisser, le moteur tournait au ralenti, quand ils passèrent devant la maison toutes les fenêtres étaient allumées, il devait y avoir du monde, Franck se tordit le cou pour regarder sur le côté et alors IL LE VIT, il vit ce gros machin jaune, le bus tranquillement garé, et cette image lui envoya une colonie de fourmis dans tous les membres, il triturait le dossier de son siège comme un malade, c'était la première fois depuis des mois qu'il retrouvait le goût du plaisir, c'était presque douloureux, c'était pas du chiqué.

Ils s'arrêtèrent deux cents mètres plus loin, juste après un virage, le Gros resta les mains accrochées sur le volant, les yeux pointés droit devant lui, il y avait vraiment rien qui pouvait l'intéresser, ce monde n'était pas son monde et Will s'était penché en avant pour pas en perdre une miette, il sentait aigre, Franck ça le gênait cette odeur mais il se força à l'oublier, il réfléchit pendant un petit moment, le Gros en profita pour griller un petit cigare plus noir qu'un bâton de réglisse et la bagnole se mit vraiment à empester.

– Il faut trouver un coin pour les surveiller, dit Franck. Il y a trop de monde.

– Y a des baraques juste devant, dit le Gros. Faut voir.

– J'étais en train d'y penser.

Ils planquèrent la voiture deux rues plus loin, dans un renfoncement, ils revinrent en rasant les murs, Will shootait dans les cailloux, Franck se retourna à moitié vers lui, c'était suffisant pour que l'autre comprenne, quand même il arracha une branche d'eucalyptus au passage, ce mec il pouvait pas rester en place, il se claquait les cuisses avec.

La maison rouge était la mieux placée, Franck sonna, c'était les premières mesures de *Johnny goes...*, il attendit en regardant le Gros dans les yeux, à la fin il se mit à sourire. Le type qui ouvrit était une espèce de blond bouclé, avec des lunettes et une figure de bébé. Il portait une salopette avec des rayures rouges, comme le dentifrice, il avait l'air de mauvais poil. Quand il vit les trois autres au coude à coude sous sa véranda, il devint nerveux.

– Qu'est-ce que vous voulez ? Vous me dérangez.

Franck lui agita sa carte sous le nez. Le type respira, c'était rien que des flics, il connaissait tout un tas de mecs haut placés, il bouffait avec les chefs de leurs chefs, c'était réglé, sa bouille de bébé devint carrément méchante, presque féroce.

– Foutez-moi le camp ! il grogna.

Le Gros rigola bêtement. Franck regarda sa carte.

– Merde, il dit. Peut-être que ce connard sait même pas lire, hein ?

Le bébé s'accrocha à la porte, il était devenu tout blanc.

– Bon, vous allez pas faire long feu tous les trois, il dit. Je connais...

Franck lui balança son poing au-dessus de l'oreille et la tête de l'autre rebondit contre la porte avec un bruit de pastèque écrasée, tout un côté de son visage se mit à enfler rapidement, le temps que Franck mette un pied dans l'entrée et le retienne par ses bretelles, il était déjà blanc et mauve, il essayait de reprendre ses esprits. Franck le plaqua contre le mur et lui envoya son genou dans le ventre, il le lâcha et la salopette se plia comme un accordéon, ce type n'avait jamais vu sa moquette d'aussi près, les fibres ressemblaient à des troncs d'arbres. Ils entrèrent. Avant de refermer la porte, Franck jeta un coup d'œil dans la rue, il y avait pas un chat, dans ce coin les chats ronflaient plutôt sur des coussins en soie, ils ne prenaient plus de plaisir à traîner dans les rues depuis qu'on leur avait coupé les trucs, ils faisaient plus que grossir et dormir et pleurer, la rue était silencieuse, un silence douillet.

Ils traînèrent le type jusqu'à un coin qui ressemblait à une cuisine, en plus compliqué, des appareils avec des cadrans lumineux, des boutons, des robots, des trucs mystérieux, Franck le planta dans ce décor idiot et grimpa à l'étage.

Une pièce immense, dans les magazines ils osaient même pas montrer un dixième de ce luxe, pour éviter les émeutes, pour laisser croire que le paradis était accessible, pour adoucir la pilule de l'ennui et du mauvais goût, il s'approcha de la baie vitrée, six mètres de long sur trois de haut, un châssis en polyuréthane noir, légèrement satiné, il l'ouvrit, d'un doigt il fit glisser le mur de verre, sans aucun effort, à peine s'il entendit un frottement, l'air tiède s'engouffra paresseusement et s'enroula dans les rideaux, il resta là sans bouger, sans respirer, sans penser à rien, il regardait juste la baraque en face, les rectangles jaunes et les ombres chinoises, il y avait un gros fauteuil en cuir à côté de lui, il se retrouva dedans, son corps s'était envolé, il trouva un bar dans l'accoudoir, le truc se soulevait, il se servit un grand verre, pratiquement sans bouger, il aurait pu rester comme ça jusqu'à la fin, c'était le plus agréable des spectacles, il cherchait à la reconnaître au milieu des ombres qui défilaient, c'était impossible mais il essayait.

Le Gros remua dans son dos, il l'avait entendu monter, mais il attendit la dernière seconde pour s'arracher à la douceur du vide, il siffla son verre.

– Qu'est-ce qu'il y a ? il demanda.

– Rien, je l'ai attaché sur une chaise pour qu'il nous fasse pas chier.

Franck se leva, traversa un tapis d'Orient, c'était mou, ils étaient dans l'ombre, le Gros ressemblait à un rocher crevant la mer, les choses disparaissaient autour de lui, fondaient, son ceinturon brillait comme une barrière d'écume, sa respiration était rapide, il bougeait pas, Franck s'arrêta juste derrière lui :

– Ecoute, ne t'inquiète pas. Tu étais sous mes ordres, tu n'auras pas d'histoires.

– Je sais. Je ne m'inquiète pas. Et toi ?

– Non, j'en ai marre de toute façon. J'arrête après ça, j'ai jamais bandé avec ce truc, ça m'a toujours fait chier. J'ai fait ça pendant des années et des années, je sais pas comment, c'est pour ça que j'en suis là, au milieu de ma vie, et rien ne s'est passé, j'ai rien gardé, peut-être que je m'y prends trop tard mais j'arrête. Ne t'affole pas si je mets le paquet.

Le Gros rigola, il se tourna vers lui :

– Je crois pas que je vais m'affoler, j'ai passé l'âge.

– Bon, il faut qu'on se démerde pour que j'aie les mains libres. Pas d'emmerdeurs, tu as vu ça, ils sont au moins cent dans la baraque. Il faut attendre, s'ils se décident pas, on trouvera un moyen pour les faire filer d'ici. Fais attention à Will, il pourrait tout foutre par terre. Gros, même si tu ne comprends pas, laisse-moi faire, si tu trouves que c'est trop, emmène Will avec toi, tirez-vous, mais n'essaye pas de m'arrêter.

– N'aie pas peur, je suis pas ta mère. Si c'est ton dernier truc, je suis content d'être avec toi. Peut-être que je vais essayer de dormir.

– Tu as pas faim ?

– J'ai rien vu en bas.

– Gros, si je te trouve pas à manger dans cette foutue baraque, je casse tout.

Ils descendirent à la cuisine mais Will leur avait déjà mâché tout le travail, la table était pleine de trucs et il dévorait.

– Bon Dieu, où t'as trouvé tout ça ? demanda le Gros.

Will indiqua un coin dans son dos :

– Merde, y a tout un pan de mur qui coulisse. Y a assez pour tenir un an.

L'autre gigota sur sa chaise, il était attaché avec une trentaine de torchons, des propres, la moitié de son crâne était gonflée comme un poivron passé sur le gril, il ne put pas s'empêcher de la ramener :

– OH, SEIGNEUR, MAIS QU'EST-CE QUE VOUS VOULEZ ??!! QU'EST-CE QUE VOUS FOUTEZ CHEZ MOI ??!

Le Gros s'avança vers lui mais Franck proposa de trouver encore un torchon, qu'il nous foute la paix une bonne fois pour toutes, il peut se chier sur lui mais je veux plus l'entendre, merde il sera mieux comme ça, Franck attrapa la chaise et tourna le type face au mur pendant que Will rigolait et serrait le bâillon comme un tordu.

Franck se confectionna un gros sandwich et retourna dans la pièce du haut, dans un coin il y avait une grande table à dessin avec des feuilles blanches et une énorme boîte remplie de feutres de toutes les couleurs, il prit place sur un tabouret et, tout en cramponnant son pain d'une main, il commença à remplir une feuille, il la barbouillait de longs traits de feutre, il essayait toutes les couleurs, il savait pas dessiner mais il avait une tendresse particulière pour les feutres, parfois il en achetait, il s'en servait jamais mais il aimait bien en avoir, Lili lui avait déjà posé la question, il avait répondu je sais pas, on peut toujours en avoir besoin et pour lui prouver il avait écrit une longue lettre à sa mère, sur-le-champ, ma chère maman, et ensuite il avait écrit tout ce qui lui passait par la tête, n'importe quoi, simplement le plaisir de faire glisser la petite pointe sur la feuille, un trait bien régulier, bien sûr il l'avait pas envoyée, il avait pas vu sa mère depuis vingt ans, peut-être qu'elle était morte, peut-être pas, il s'en était jamais soucié et il était pas plus mauvais qu'un autre. Non.

Au petit matin, il se retrouva affalé dans le fauteuil, le soleil cognait et lui suçait les jambes, il les replia dans la lumière, bâilla, il remarqua les mégots de cigarettes collés dans la moquette et les auréoles brunes tout autour, il était incapable de savoir s'il l'avait fait exprès, sa barbe avait au moins deux jours, elle le démangeait, il se mit à penser au café. Il se leva, il y avait pas un bruit, dans le fond, sur le canapé, le Gros dormait tout habillé, il lui tournait le dos. Il descendit, il ouvrit des portes, passa un petit moment dans les toilettes à pisser et à bâiller, dans une chambre il trouva Will à poil sur un lit, il était maigre, le sexe gonflé, il avait jeté les couvertures à travers la chambre, ses fringues traînaient un peu partout; peut-être même que les draps étaient en soie, les plis étaient comme des paillettes lumineuses, des néons d'argent, des machins en toc, il savait pas si c'était bien qu'il soit là ou non, mais ça le travaillait pas tant que ça.

Dans la cuisine, le type dormait sur le carrelage, il avait dû faire le con et basculer avec sa chaise, Franck trouva du café soluble, l'eau du robinet était bouillante, c'était difficile de faire un café plus rapidement et aussi dégueulasse, quand l'autre se mit à grogner, Franck attrapa le montant de la chaise et le remit sur pied. Il prépara un deuxième café, il lui détacha son bâillon, sans vraiment le regarder, il lui approcha la tasse des lèvres, l'autre se mit à hurler et à secouer la tête :

— OH, JE NE PEUX PAS ! C'EST BRÛLANT !

Franck balança le verre dans l'évier.

— Tu étais bien par terre ? il demanda. Il fallait pas faire le malin.

— JE N'AI RIEN FAIT ! C'EST VOTRE COPAIN, LE JEUNE, IL M'A POUSSÉ AVEC SON PIED !!!

Franck s'avança avec le bâillon.

— Ça va, il dit. Tu me casses les oreilles. Reste tranquille, ça durera pas toute ta vie.

Il trouva aussi de la bière, les bras chargés il retourna à son poste. Le Gros se réveillait juste, il vida une canette, il avait les yeux encore tout petits, cernés par le sommeil.

— Je vais chier, il dit. J'ai eu froid, cette nuit.

— Ouais, ça commence. On va se payer un drôle d'hiver.

Il s'était approché de la fenêtre, il regardait le ciel, il pouvait même regarder le soleil en plein, c'était cette espèce de verre qui fonçait suivant l'intensité de la lumière, ça représentait une petite fortune, il allait poser sa main dessus pour voir si c'était chaud lorsqu'IL LA VIT ! Bon Dieu, il pouvait pas se tromper, il faillit faire un bond en arrière mais il se rendit compte qu'elle ne pouvait pas le voir, pas distinctement, pas avec les reflets et toutes ces merdes, tandis que lui il la voyait parfaitement bien, elle était nue, elle était NUE, elle était seule dans la cuisine, complètement à poil, merde, quand même ça lui faisait plaisir de la voir, il se mit à avoir très chaud, il ne bougeait pas, à un moment il fut même certain qu'elle regardait dans sa direction, elle le regardait, elle venait juste de jeter quelque chose dans l'évier, il avait plein de salive dans la bouche mais il pensait pas à l'avaler, c'était désagréable, presque en même temps il retrouva le goût de la haine, dans sa tête il appelait ça comme ça en fait c'était quelque chose qui lui faisait mal partout, qui l'oppressait, qui tordait ses muscles, il suffisait qu'il y pense pour que son corps devienne tout moite, parfois il pouvait chasser cette sensation en frissonnant, des fois il pouvait pas, quand c'était possible il s'allongeait, une ou deux fois Helen s'était inquiétée, elle pensait qu'il était malade, c'était comme de la fièvre. Il savait que quelque chose d'anormal se passait en lui mais il s'était habitué, comme s'il avait fait d'un cancer son meilleur copain, comme s'il avait avalé une bête horrible et furieuse, il suffirait d'ouvrir la bouche pour la lâcher, quand il pensait à ça il avait envie de vomir, il n'aimait pas vomir, le moment venu il la lâcherait, les grognements sortis du cratère de sa gorge, la fureur enroulée dans son ventre, la respiration bloquée, une couverture de sang.

Il recula en tremblant, cette fois, ça avait été très fort, il était étourdi, pas très sûr de son équilibre, Lili disparut de la cuisine.

Pendant toute la journée, il ne prononça pratiquement pas un seul mot, Will fouillait partout, il prenait du plaisir à foutre la merde, à un moment il trouva des revues porno et resta un peu tranquille, le Gros bouquinait sur son canapé en buvant de la bière, il regardait des bandes de Steve Bell, ça l'amusait. Ils passèrent la journée à la fois la plus courte et la plus interminable du monde, ils ne mangèrent pas vraiment mais n'arrêtèrent pas de croquer les petites saletés qui traînaient dans les placards du bas, Franck gardait les yeux fixés sur la maison d'en face, quand les lumières s'allumèrent il sursauta, il faisait déjà nuit, il s'y attendait pas, il les avait tous aperçus dans la journée, il avait reconnu Henri et Ned, ils étaient là, et Carol aussi et le gros bus ridicule garé dans un coin, des gens défilaient dans la baraque, le genre de tarés auquel il s'attendait, il avait vu quelques belles filles avec des fringues ahurissantes et des mecs, des espèces de cons.

Vers dix heures, il était en train de fumer tranquillement, le Gros dormait, Will commençait à tourner en rond dans son dos, il voulait quelque chose.

– Hé, il dit, tu vas peut-être me dire ce qu'on attend ici ?

– Je te dirai quand il faudra se remuer. Ne commence pas à m'emmerder. L'autre con en bas, essaye de voir s'il veut manger. Trouve-lui quelque chose.

– Faut peut-être que je l'emmène pisser, aussi ? Que je lui frotte le cul ?

Franck se retourna doucement vers lui, Franck était blanc comme un mort, il était pas aussi calme qu'il le croyait.

– Ecoute-moi, tu fais ce que je te demande et tu la fermes. Tu devrais pas trop me chercher.

Will recula d'un pas en souriant, il haussa les épaules, traversa la pièce et descendit en sifflotant. Au bout d'un moment, Franck entendit le type crier et Will qui rigolait, puis des éclats de verre brisé, il se pencha en avant, se prit le visage entre les mains, la fatigue commençait à venir, il s'appuya un peu sur les yeux, tira sur la peau de son visage avec les mains bien à plat, peut-être qu'il s'endormit, quand il rouvrit les yeux il n'entendait plus rien, les lumières en face étaient toujours allumées mais ça voulait rien dire, ils devaient être capables de laisser toutes les lumières allumées le jour et la nuit, pendant des mois, c'était le genre à faire ça, il avait pas beaucoup de renseignements sur la propriétaire, le Gros lui avait dit que c'est une fille qui a du fric, enfin son père a du fric, bien sûr, bien sûr, c'était toujours comme ça, Franck avait rien contre les jeunes sauf quand ils avaient du fric, alors là il pouvait plus les sentir, dans son boulot il avait déjà eu quelques emmerdes avec ça, cogner sur un môme de riches c'était la hantise de tous les flics, quand les parents s'amenaient, quand ils se garaient juste devant la porte principale et claquaient nerveusement les portières de la Silver Shadow, ça voulait dire que les ennuis arrivaient, et quand le petit trou du cul vous désignait en pleurnichant, vous pouviez être sûr d'avoir fait la grosse boulette, à perte de vue votre avenir ressemblait à un terrain vague rempli d'ordures, non, à la réflexion, les jeunes il les aimait pas beaucoup, en fait depuis qu'il s'était senti passer dans le camp des adultes, il pouvait plus les saquer, il se souvenait plus à quel moment il avait ressenti ça, ni pourquoi, il leur trouvait toujours un air de se foutre de sa gueule, un petit air supérieur, il supportait vraiment pas ça, maintenant il se donnait même plus la peine de les regarder, il trouvait toujours le moyen de leur balancer une gifle, ça allait toujours mieux après, enfin pour lui, de toute manière ils déconnaient parce qu'il se sentait pas vieux, vieux c'est quand on arrive plus à se bouger, il en était pas encore là. Si c'était quelque chose qu'ils arrivaient pas à comprendre, c'était tant pis pour eux.

Il descendit dans la cuisine pour boire un verre d'eau, il avait la bouche pâteuse, il trouva l'autre qui faisait des bonds dans son sommeil, il avait la lèvre inférieure enflée, des boucles blondes collées par la sueur sur son front, celui-là aussi, quel taré, il l'avait cherché mais c'était mieux comme ça, ils étaient plus tranquilles, il fallait que tous ces mecs comprennent et ne se mettent plus en travers de sa route, sinon il les enverrait gicler. Il laissa le robinet ouvert pour faire chier le monde entier, ça c'était signé Franck.

14

Le matin où il les vit partir, Franck dégringola dans la cuisine, il s'arrêta dans l'encadrement, tout essoufflé, le regard brillant et ça c'était pas une plaisanterie, ses yeux lançaient carrément des éclairs. Les deux autres se levèrent aussitôt, c'était pas la peine de leur faire un dessin.

Ils laissèrent la baraque dans un état épouvantable, pleine de merdes et les cendriers pleins, ils claquèrent même pas la porte, ils cavalèrent jusqu'à la voiture, tournèrent au coin de la rue et attendirent. Ça faisait quatre jours que Franck s'était ni lavé ni rasé, les poils noirs et gris lui creusaient les joues, il s'était pas changé encore une seule fois, il s'intéressait plus du tout à son corps, parfois ses mains tremblaient. Les deux autres avaient quand même fait un petit effort, Will avait enfilé un ensemble en jean blanc, impeccable, et le Gros avait pris une douche la veille, dans l'après-midi il s'était gratté la tête, il avait dit j'ai une idée, pourquoi on collerait pas un mouchard sous le bus, je peux faire ça facilement et comme ça on est sûrs de pas les perdre mais Franck avait rigolé, il avait tourné un œil fou vers le Gros, il avait secoué la tête :

– Oh non, n'aie pas peur de ça, te casse pas. On va pas les perdre, c'est tout à fait IMPOSSIBLE. Non, si tu y tiens, va acheter des cartes, ça peut encore nous servir.

Le Gros avait ramené tout ce qu'il avait trouvé, il avait fait sa petite balade, une mèche au vent, par un après-midi sucré et tendre comme un de ces bidules chimiques, il avait mis tout ça dans un carton, des trucs très précis avec les tout petits chemins, il avait gardé la note précieusement pliée dans son portefeuille, il déconnait jamais avec ça.

Du coin de l'œil, Franck vérifia le niveau d'essence de la Ford, il était aux trois quarts plein, heureusement, merde il avait complètement oublié de s'occuper de ça, pourtant c'était la moindre des choses, c'était comme la Ford, il était cinglé, il aurait dû prendre une autre voiture, celle-là ils la connaissaient, tout ce qu'il allait gagner ça serait de leur foutre la trouille, il ferma les yeux et essaya de se calmer, oui, oui, c'était rien, c'était l'attente qui lui faisait voir les choses sous cet angle, il y avait un jerrycan plein dans le coffre et les Ford noires, ça courait les rues. Quand le bus sortit du jardin et déboucha dans la rue, il ne pensait plus du tout à ça, son corps entier se mit à sourire, ça ne pouvait pas déconner, il le savait, parfois tout se passe exactement comme vous le désirez, vous avez cramponné le monde par les rênes et il ne peut rien faire d'autre que vous obéir, ça arrive, il y a une manière pour faire ça, mais c'est vraiment dur pour les nerfs.

Le Gros, il l'aurait embrassé, il était fabuleux, il faisait ça au millimètre, il les suivait de loin, c'était à la limite de la visibilité, même dans les lignes droites, dans le rétro du bus ils devaient pas être plus gros qu'une chiure de mouche glissant dans la lumière, digérée par les vagues de chaleur et le scintillement. Dès qu'ils étaient sortis de la ville, Franck avait récupéré son arme dans le coffre et ils étaient repartis en quatrième, il avait prévu un revolver pour Will mais il ne lui donnerait qu'en cas de nécessité, le Gros avait toujours le sien, il le glissait simplement dans la ceinture de son froc, à même la peau, sous des chemises hawaïennes, c'était un bon tireur, pas très rapide. Franck fixa le réducteur de son sur la Mauser ainsi que la lunette de visée, c'était une arme superbe, il la posa à ses pieds et s'enfonça dans son siège, les mains croisées derrière la tête, il avait mis ses lunettes, des vieilles montures d'écaille avec des verres roses comme il les aimait, les couleurs étaient plus chaudes, relativement déformées mais il y était habitué. La route était droite, le petit point jaune du bus ne bougeait pas, le Gros avait trouvé la vitesse exacte, il gardait un équilibre parfait pour la distance, c'était presque harmonieux, Franck se sentait bien, à la fois complètement détendu mais en alerte, c'était agréable, il pensait à des trucs, il se disait qu'il aurait pu les coincer sur cette route, il y avait personne, ou les tirer comme des lapins, il pensait à ça juste pour s'amuser, pour le vivre un petit peu et multiplier son plaisir, mais il voulait pas faire ça, il voulait sortir le grand jeu, il lui fallait un cadre particulier, quelque chose qui soit à la hauteur de ce qu'il éprouvait, bon Dieu il pouvait quand même pas faire ça comme un salaud, c'était une histoire d'amour, il voulait prendre son pied, il savait comme c'était bon avant et la tristesse qui venait après, il fallait pouvoir se retenir, ne pas se laisser avoir par ce désir fou. Surtout pas.

Il était là, légèrement secoué, ensuqué par la chaleur, glissant au milieu de ses rêves, il ne comprit pas ce qui se passait, le Gros plongea sur le bas-côté et s'arrêta en bordure d'un champ de fleurs jaunes plus hautes que la bagnole, ils étaient presque à l'ombre.

– Bon Dieu, qu'est-ce que tu fous ? grogna Franck.

Le Gros avait toujours les mains sur le volant, il regardait droit devant lui mais ils étaient plus bas que la route, il voyait rien, il coupa le contact, il dit :

– Je crois qu'ils se sont foutus en l'air.

– HEIN ???

Franck ouvrit sa portière mais l'herbe gênait, il s'aida avec son pied, arracha tout ce qui l'emmerdait, il jeta un coup d'œil sur la route mais ils étaient trop loin, il fonça vers le coffre, il savait pas où exactement mais il savait qu'il en avait, il commença à fouiller dedans mais son cerveau carburait, merde, c'était sous le siège avant, il s'en rappelait, il replongea dans la voiture, écarta les jambes du Gros, il les trouva tout de suite, des 20 × 80, il avait fait une connerie ce jour-là, elles étaient trop puissantes, il avait beau les cramponner, ça bougeait toujours, il aurait fallu les fixer sur un pied, il en avait pas. Il se coucha dans l'herbe, planta ses coudes dans la végétation grillée, ça sentait très fort, le temps qu'il ajuste ses yeux, le soleil l'avait déjà mordu dans la nuque.

Il bloqua sa respiration. Il vit l'engin retourné sur la route, ça ressemblait à un truc pour transporter les animaux, une antiquité, et le bus garé un peu plus loin, les autres qui en sortaient, merde qu'est-ce que ça venait foutre dans leur histoire, il aimait pas ça, il réalisa seulement à ce moment-là qu'il entendait une saloperie de klaxon, un truc à rameuter tout le pays, OH BON DIEU il les voyait penchés sur la bétaillère et rien qu'à voir leurs gueules il comprit que c'était le gros pépin et tout haut il dit alors merde, tirez-vous maintenant, qu'est-ce qu'ils branlent, une araignée grimpa le long de son bras, il fit un bond et le klaxon s'arrêta, il replongea dans ses jumelles, ah quand même, ils se tiraient, il allait se relever quand il vit le monstre arriver et stopper au milieu des éclairs, il manquait plus que ça.

Il se laissa doucement glisser jusqu'à la Ford, les deux autres avaient pas bougé, simplement le Gros leva un sourcil quand il vit Franck empoigner la carabine. Franck lui cligna de l'œil et posa un doigt sur la bouche, puis il remonta, plié en deux, jusqu'au bord de la route. Il colla la lunette à son œil, découvrit les deux types du Peterbilt au milieu de la petite croix. C'était marrant, il était entouré d'un silence profond et il voyait les types discuter, c'était comme dans un film muet, il y avait des courants d'air chaud au-dessus de lui et qui pesaient des tonnes, c'était à la limite du supportable quand ils se couchaient sur lui mais il respirait tout doucement, il n'avalait plus sa salive, le seul truc vraiment emmerdant c'était cette couronne de sueur autour de son œil, pleine de sel, c'était pas le moment, il savait exactement ce qui se passait là-bas, comme s'il y était, le type avec son micro dans la main devait pas appeler sa mère et l'autre qui s'était planté devant Lili avec sa gueule de taré. Bon, ça ne lui posa vraiment aucun problème, quand l'autre avança une main vers Lili, Franck avait l'oreille du type en plein dans la mire et il tira. Il y avait longtemps qu'il s'était pas servi de la Mauser mais il se démerdait encore pas mal, le type fut soulevé en l'air, il vrilla, il aurait fait un malheur dans un cirque avec un saut pareil. Franck chercha le deuxième, l'autre se carapatait sous son engin, Franck aperçut juste une jambe qui traînait encore à découvert, c'était mieux que rien, il tira dans le haut de la cuisse et marqua encore un point mais il voyait pas le type, il devait se planquer derrière une roue, juste comme il pensait ça il tira et envoya le pneu en l'air. Il le repéra, allongé sur la route, juste sous le moteur, il le voyait pas bien mais il avait une idée assez précise de l'endroit où se trouvait sa tête, c'est ce moment-là que l'autre choisit pour lever le nez en l'air et Franck pensa il faut être con pour faire ça et son doigt était déjà appuyé sur la détente, il toucha le type en plein front, le coup de blaze c'est qu'il se paya le Peterbilt en même temps, le truc se souleva en crachant le feu et piqua du nez sur la route, d'où il était Franck entendit distinctement le claquement des ferrailles déchirées. Il s'essuya le front, c'était parti maintenant, il commençait juste à s'échauffer, des petits pétales de fumée noire swinguaient dans les bras du ciel caramélisé.

LIVRE III

1

Ils roulèrent pendant trois jours et trois nuits, la deuxième nuit, ils passèrent la frontière, un petit poste de rien du tout, le type était tellement endormi, il faisait tellement noir, juste après Lili commença à vomir, Ned et Henri se regardèrent à l'avant pendant que Carol s'occupait d'elle, la nuit il y avait ce petit point lumineux qui dansait dans le rétroviseur, ils savaient ce que c'était, dans la journée ils ne voyaient rien, c'était encore plus terrible. Pourtant, ils allaient aussi vite qu'ils pouvaient, le bus était en bon état et la Ford était plus toute jeune mais elle se cramponnait, maintenant ils étaient sûrs que Franck n'était pas tout seul et cet enculé n'essayait même pas de les rattraper.

– Il est comme ça. Il veut attendre le bon moment, avait dit Carol.

Ned avait hoché la tête, il le savait, ils le savaient tous.

Quand le jour se leva, ils découvrirent un paysage étrange, de la terre rouge avec quelques arbustes hérissés d'épines, tout autour d'eux il y avait des petites montagnes au bout rond, comme des doigts, comme des saucisses plantées dans une assiette de ketchup, il y avait quelques nuages dans le ciel, déchirés par le vent, aussitôt recollés, et qui filaient à toute allure, ils traversèrent un petit village tout blanc et désert, la route n'était pas aussi bonne, Lili ne se sentait pas bien du tout, elle recommença à vomir, elle faisait des bruits horribles et toussait en même temps, ils pouvaient rien faire, Carol lui tenait la main, ils avaient juste une serviette et elle était dégueulasse.

– Je crois qu'elle a de la fièvre, dit Carol. Ça va pas du tout.

Le dernier poste à essence avant de passer la frontière, quel truc incroyable, ils avaient trouvé de tout, de la bouffe, des magazines, là-bas ils vendaient aussi des fringues, des souvenirs et des armes et Ned louchait sur le rayon des gros calibres, bon Dieu, il y avait le Century 45,70 en vitrine, cet engin monstrueux, on pouvait rien trouver de plus gros et ça, merde, il leur fallait au moins une arme ou deux, c'était le minimum, il s'y connaissait pas très bien et le vendeur s'approcha de lui en souriant, il lui mit quelques trucs entre les mains, ce salaud connaissait la magie des armes et Ned se laissa carrément aller. Henri paya la note en silence, trois boîtes de cartouches 357 Magnum et deux revolvers belges, des Barracudas, les mecs avaient dû chercher un nom particulièrement méchant, ils s'étaient bien défoncés.

Ned se gara sur le bord de la route, glissa une arme dans sa poche et descendit. La Ford avait dû s'arrêter elle aussi, c'était ça qu'ils faisaient, il en était sûr, comme si les deux bagnoles étaient reliées par une barre de fer, mais pour le moment il voulait les fatiguer, les faire chier pour qu'ils s'énervent, lui ça l'embêtait pas de rouler, pas encore. Il ouvrit les portes arrière et se pencha sur Lili, merde c'était peut-être juste un mal au cœur, ça peut être terrible des fois, il espérait que c'était ça mais elle avait vraiment une drôle de gueule, elle transpirait, elle sentait pas très bon, oh Jésus il pouvait vraiment pas s'approcher d'elle, l'odeur du vomi c'était quelque chose d'épouvantable pour lui, elle le regardait, il faisait une espèce de grimace douloureuse, il dut se retourner, respirer à fond avant de revenir à elle, il lui caressa la joue maladroitement, Carol le dévisageait, des tourbillons de poussière rouge s'engouffraient dans le bus, Lili lui prit la main et posa ses lèvres dessus, il baissa les yeux et donna un coup sec sur la carrosserie, ensuite il vit Carol, le rouge lui était monté aux joues, cette conne, ses yeux brillaient, elle essayait de lui faire mal avec, il en avait rien à foutre, il la regarda durement sans enlever sa main, jusqu'à ce qu'elle arrête ses conneries et alors il dit :

– Ouais, elle a de la fièvre. Je sais pas mais on peut rien faire ici, peut-être que c'est rien.

En fait, il les avait à zéro, elle était brûlante, il ressentait un drôle de truc, il avait encore jamais entendu parler d'un mal au cœur qui vous donne quarante de fièvre.

Le vent se leva vraiment, il eut du mal à refermer les portes, les petits grains de poussière lui cinglaient le dos, ils reprirent la route et restèrent silencieux pendant un bon moment, il regarda Henri en haussant les sourcils, il connaissait la mort, pas la maladie, il y comprenait rien du tout et Henri lui dit non, je sais vraiment pas, c'est bizarre, il parlait plutôt doucement, il disait ou alors quelque chose qu'elle a avalé, dans le fond du bus, Lili se remettait à tousser, à cracher, à vomir, elle se déglinguait à vue d'œil et le prochain village pouvait surgir derrière la colline ou se trouver à des centaines de kilomètres, ils en savaient rien, et qu'est-ce qui arriverait s'ils devaient s'arrêter pour de bon et qu'est-ce que ça pouvait bien foutre aussi ?

Il avala deux bières tièdes d'un trait, à s'en faire éclater les yeux, et en fin d'après-midi ils traversèrent un village un peu plus important que le premier, Ned s'arrêta sur une petite place avec une fontaine au milieu, des enfants jouaient autour avec un petit chien jaune et noir, le chien s'avança vers le bus en aboyant et un des enfants s'approcha, le prit dans ses bras. Henri se pencha par la fenêtre et fit signe au gamin :

– Eh, tu peux me dire où on peut trouver un docteur ici ?

Le garçon ne répondit pas, le chien grognait dans ses

bras, l'eau coulait de la fontaine avec un bruit de papier froissé, les autres enfants s'étaient arrêtés de jouer et les regardaient.

— Eh petit, tu sais pas ? redemanda Henri.

Le môme répondit quelque chose mais ils ne comprirent pas un traître mot, ils étaient pas doués pour les langues, Henri lui fit signe de la main, d'accord ça fait rien, il dit et il se tourna vers Ned :

— Putain... comment on va faire ?

Ned descendit, tout au bout de la rue il crut voir la Ford tourner à un angle, mais il ne dit rien, il en était pas très sûr, il ouvrit les portes à l'arrière et fit signe au garçon de s'approcher. Il s'avança avec son chien dans les bras, il portait un tee-shirt noir de crasse mais son corps paraissait propre, il avait de grands yeux, il avait pas peur, il avait l'air intrigué. Ned lui montra Lili allongée sur les couvertures, il fit les gestes comme s'il l'auscultait, comme s'il lui faisait une piqûre dans le bras, le garçon fit oui de la tête et l'attrapa par une manche, il l'entraîna sur la gauche, dans une rue étroite, il montra à Ned le trou noir et frais d'une entrée, il compta deux sur ses doigts et désigna une fenêtre, d'un seul coup le ciel était devenu violet, il faisait moins chaud. Ned le remercia et retourna vers le bus, il grimpa à sa place.

— Bon, il dit, je crois qu'il y a un docteur dans le coin. Je sais pas si on lui dit de venir ou si on aide Lili à monter là-haut.

A côté de lui, Henri se rongeait un ongle, Carol était accoudée entre eux, elle était fatiguée, Ned recommença à sentir cette odeur de vomi, il attrapa le volant en regardant droit devant lui. Il alluma une cigarette, la jeta au bout de deux bouffées, un des gamins se précipita et la porta à sa bouche, les autres l'entourèrent.

— Je vais emmener Lili, il dit. Essayez de nettoyer un peu le bus, je déconne pas, je peux vraiment pas supporter cette odeur, ça me rend malade. Il y a de l'eau juste à côté. Peut-être qu'on sera pas trop longs.

Il traversa la petite place en soutenant Lili, en la portant presque, elle était comme une grande poupée de chiffon, il la serrait contre lui, quand ils s'engagèrent dans la rue une cloche sonna six coups, tout près, à part les enfants, ils avaient encore vu personne, les maisons étaient blanches, lumineuses, à côté de ça le visage de Lili paraissait aussi gris qu'un tas de cendre, cette fille-là, il aurait pu la porter comme ça jusqu'au bout du monde. Ou au moins pendant un sacré moment.

Ils grimpèrent l'escalier, ça puait le rance mais il faisait frais, c'était presque merveilleux, Lili avait la tête repliée sur la poitrine, plusieurs fois il lui avait demandé si ça allait mais elle avait pas répondu, en quelques heures elle avait vraiment plongé, Ned était cramponné à la rampe, du bois pourri qui craquait et grinçait sous sa main, ils tombèrent devant une porte badigeonnée de mauve, c'était la seule porte, il cogna dessus comme un fou.

La porte s'ouvrit et tout ce que vit Ned, ce fut cette espèce de petit lit au milieu, recouvert d'un tissu bariolé, il entra et allongea Lili dessus, alors seulement il se retourna. C'était un type assez petit, au regard sombre, un gros, il se tenait près de la porte et souriait, Ned lui montra Lili sans dire un mot et le petit homme s'avança, avec un mouchoir, il s'épongeait la nuque, BON DIEU SI CE TYPE-LÀ EST DOCTEUR, JE ME LES COUPE pensa Ned mais c'était juste une impression et le type se pencha sur Lili et la regarda soigneusement, il marmonnait quelques mots que Ned comprenait pas mais il s'adressait pas à lui, il se parlait tout seul et, au moment où il se mit à sortir sa panoplie, Ned se sentit basculer, pas à la vue de ces saloperies chromées ou parce que Lili se remettait à vomir, non, mais il se sentait tellement fatigué, il en avait tellement marre de tout ça, ça dura une seconde mais il sentit ses jambes glisser sous lui et il dut se rattraper aux montants du lit, tout envoyer balader, se tirer, quelle merde, il ferma les yeux pendant des heures, quand il les rouvrit le type filait à travers la pièce et fouillait dans un placard.

Dans le bras de Lili, dans la grosse veine il plongea son aiguille et Ned se dit c'est pas vrai, il lui fait rien, il lui fait aucune analyse, bon Dieu il avait horreur de ces docteurs de merde, ils lui foutaient la trouille, qu'est-ce qu'il avait bien pu lui coller dans les veines, il voulait pas y penser, l'autre lui tendit deux boîtes de médicaments et s'embarqua dans une explication mais Ned lui fit signe que c'était pas la peine, qu'il y comprenait rien, alors le type l'attira dans le fond de la pièce et lui montra un calendrier accroché au mur, un truc vieux de trois ans, il fit tout un cirque pour faire piger à Ned que Lili devait prendre ce truc trois fois par jour, Ned faisait oui de la tête et l'autre le tenait par la manche et souriait. Ned posa un billet sur le lit, à la tête de Lili, et il entendit plus rien du tout, il la prit carrément dans ses bras et sortit de la pièce.

Quand il se retrouva dehors, il faisait presque nuit, il y avait des gens dans la rue, la fraîcheur les avait attirés, ils le regardaient passer avec cette femme dans les bras, Henri et Carol étaient assis au bord de la fontaine, Henri se leva d'un seul coup en les voyant arriver et il fonça pour lui ouvrir les portes du bus. Ned déposa Lili sur les couvertures et souffla un moment, les deux autres le regardaient, il referma les portes et dit :

– On est pas avancés. Il lui a fait une piqûre, j'ai des médicaments. Je ne sais pas ce qu'elle a.

– On a trouvé à manger, dit Henri. Des trucs avec de la viande. Et des fruits. On a rempli les jerrycans de flotte.

– Bon, on va sortir d'ici, dit Ned. On s'arrêtera un peu plus loin.

Il savait ce que ça voulait dire, s'arrêter. Les deux

autres aussi mais personne ne dit rien. Ned sentit le Barracuda dans sa poche, il l'avait oublié, bien sûr qu'ils allaient s'arrêter, oh oui, elle était tellement malade, et Franck était rien qu'un tas de merde, ils trouveraient un coin tranquille et, si l'autre se pointait, il espérait qu'il se pointerait, il s'arrangerait pour en finir une bonne fois pour toutes.

2

Parfois, il avait des sueurs glacées, ça venait avec la fatigue, il fermait pas les yeux mais quand son esprit chavirait ces sacrés trucs lui envoyaient des poignards dans les reins, il gémissait et dans ces moments-là il se disait JE VAIS LES TUER, je vais les tuer, je les coince sur cette route et je les envoie tous en l'air, oh Seigneur il était tellement fatigué qu'il ne connaissait plus la douleur mais il restait figé, les mâchoires serrées, il regardait le Gros, il voulait lui dire maintenant rattrape-les, on va en finir, il regardait son bras inerte alors qu'il voulait SECOUER le Gros, tout ça durait peut-être une minute, des fois plus, juste après il se sentait sans force, des fois il changeait avec le Gros, parfois c'était Will qui conduisait, moins souvent, ils le reléguaient plutôt dans la solitude écœurante de la banquette arrière.

A la frontière c'était lui qui était au volant, les deux autres dormaient, il entendait même Will qui grinçait des dents, merde ils avaient roulé au moins une cinquantaine d'heures d'affilée, il était tellement habitué au bruit du moteur qu'il aurait entendu une mouche atterrir sur une patte, il montra sa carte au flic de la douane en s'accrochant un sourire de flic sous le nez mais l'autre avait l'air tellement réveillé, tellement heureux de faire ce boulot, il leur fit signe de dégager d'un geste mou, autour de sa main le vent vaporisait des grains de poussière rouge.

Ensuite il roula sans rien d'autre que le sifflement à travers les vitres, la petite lueur jaunasse du tableau de bord, la route était moins bonne, les trous claquaient comme des mâchoires de requin chaque fois qu'une roue passait dessus, il avait pris dix ans, il le sentait dans son dos et ses muscles douloureux, DIX ANS Franck et qu'est-ce que tu fous là, à travers tout le pays comme un con, tout ce bordel que tu fais, qu'est-ce qui te prend, où tu veux en venir et lui il grognait, il disait j'en ai rien à foutre, j'attends le bon moment, eux aussi ils sont fatigués, je ne suis pas près de les lâcher et la Voix répondait mais Franck, qu'est-ce que tu racontes, tu déconnes, tout ça c'est DU CINÉMA, la vérité c'est que tu sais pas quoi faire, tu es un gros malin mais tu as LA TROUILLE de les rattraper, Franck ricanait, il disait va te faire enculer, tu y es pas du tout, j'attends de SENTIR le truc, tu vois ça, je veux en faire un truc superbe, il voyait pas la lune, c'était juste une lumière qui tombait du dernier plafond, ce genre de discussion lui faisait du bien, il se détendait, il s'était bien défendu dans l'après-midi, le Gros s'était tortillé sur son fauteuil et avait dit en soupirant :

— Ça va jamais finir, comme ça.

Franck avait pas répondu, parfois l'autre pouvait être plus con qu'un chien, il s'enfonça dans son siège en croisant les bras sur une forêt de cocotiers rouges, un ciel mauve zigzaguait sur sa poitrine, trempé de sueur :

— Bientôt on passera la frontière, il ajouta.

— Je passerai toutes les frontières qu'il faudra. Mais toi tu peux t'arrêter où tu veux. Alors on ne parle plus de ça.

Le Gros relâcha tous les muscles de son visage, ça donnait pas vraiment un sourire mais on pouvait traduire ça par une sensation de bien-être, comme si une blonde de vingt ans lui caressait les cuisses, ça lui donnait une expression écœurante, n'empêche que Franck venait de couper court à ce genre de réflexion, il espérait que Will avait entendu, il lui jeta un coup d'œil dans le rétroviseur, l'autre derrière, il s'écrasait le nez contre la vitre, jouait avec son doigt sur des placards de buée.

Sous le ciel rouge, il bombait, il avait pas le même doigté que le Gros, il devait rouler plus près du bus, il ralentissait, il accélérait, la nuit il avait les petits feux arrière qui lui dansaient sous le nez mais dans la journée il se fatiguait à regarder toujours au loin, nerveusement c'était quelque chose de DUR.

Will lui tendit une tasse de café chaud qu'il sortait d'un thermos, il s'était accoudé sur le siège avant en bâillant :

– Merde, ça roule toujours. Où on est ?

– On a passé la frontière cette nuit. Depuis on a ce putain de vent.

Au loin, il vit le bus qui s'arrêtait, juste après un virage, il leva le pied et se laissa mourir sur le bas-côté, il freina juste au milieu d'un massif épineux qui siffla sur la peinture. Ils en profitèrent pour aller pisser, le vent sentait la terre chaude, c'était pas facile de pisser proprement. Will rigola en s'arrosant une jambe de pantalon ensuite il dit :

– On se paye une sacrée balade, hein ?

Franck secouait son engin, il lâchait pas des yeux l'endroit où se trouvait le bus, le soleil commençait à cogner fort et l'air était brûlant.

– Bientôt ils vont en avoir marre, ils vont trouver un coin, c'est forcé, répondit Franck. A ce moment-là on va les coincer.

– En plus on arrive dans des coins tranquilles.

– C'est tout ce que je veux.

Le Gros passa à côté d'eux sans un mot, un rouleau de papier-cul à la main, bleu ciel, les trois dernières feuilles claquaient au vent comme un nid de serpents à sonnettes.

– Ne mets pas trois heures, dit Franck.

Le Gros fit deux mètres et baissa son froc. Franck retourna à la voiture, les tranches de pain de mie étaient tellement sèches, racornies, Will avait foutu une telle merde à l'arrière qu'il préféra allumer une cigarette, il avait la gorge enrouée, de toute façon il avait pas faim, il avait juste l'estomac un peu vide. Sa blonde lui tomba des doigts, il fit un bond sur le siège et plongea sous le tableau de bord, cherchant le petit œil lumineux, le truc avait réussi à se planquer sous la banquette, il mit la main dessus, quand il se releva le vent fit un drôle de truc, il prit son élan en dégringolant de la montagne, zigzagua pendant au moins un kilomètre dans la vallée, glissa le long de la voiture et s'engouffra en tournoyant par la portière arrière. Toute la poussière du monde s'envola dans la voiture, le cendrier fut soufflé d'un seul coup et Franck avait ses grands yeux fragiles bien ouverts, comme Michel Strogoff. Il enfonça ses poings dans les brûlures et tout en pleurant il disait ah puTAIN de MERde puTAIN de MERde, il faisait siffler l'air entre ses dents.

Il mit une bonne minute avant de pouvoir sortir de ses larmes, quand il chercha le bus des yeux, il mit le contact en grognant :

– Ils se sont tirés. On y va.

Will était déjà installé mais le Gros n'était pas encore revenu.

– MERDE, ON S'EN VA ! gueula Franck. GROUILLE-TOI !!!

Il attendait de voir le Gros apparaître de derrière le buisson, il donna quelques coups d'accélérateur, ses yeux lui faisaient encore mal, on aurait dit qu'il pleurait de rage, le tour de ses paupières était comme des spaghetti à la sauce tomate, ils pouvaient avoir deux ou trois minutes de retard, peut-être plus, ça faisait que quelques kilomètres, et l'autre continuait à chier, qu'est-ce qu'il foutait, il enfonça le klaxon et le Gros se pointa tranquillement, ses cheveux roux dressés en l'air, il faisait une grimace incroyable, il tenait le rouleau coincé sous un bras, il rebouclait son ceinturon tout en marchant.

Plutôt que de manœuvrer, Franck passa tout droit à travers le buisson et la Ford regrimpa sur la route en couinant. A fond, toute la carcasse tremblait, il avait pas peur de les perdre mais il avait besoin de les voir, les rafales de vent semblaient s'atténuer, le soleil monta très haut et dégoulina sur le capot, ils commencèrent à ouvrir les carreaux, il valait mieux respirer du feu que rien du tout.

Ils ne rattrapèrent pas le bus. Parfois vous croyez tenir le monde entre vos mains et ça se met à vous péter au nez comme un élastique trop tendu, ça vient du mystère profond des choses, la vie a ce genre d'humour agressif, elle attend de vous un sourire ou vous plante ses ongles dans le crâne, c'était juste avant d'attaquer une légère côte, le moteur se mit à ralentir, Franck rétrograda mais ça ne fit qu'empirer, il y avait quelque chose qui semblait freiner la Ford, son estomac se rétracta comme une éponge au soleil, vira au trou noir, le moteur était en train de se serrer, ça faisait pas un pli, et enfin il cala, il s'entoura d'un beau silence. Franck essaya en vain de le remettre en route.

– Là, tu peux être sûr qu'il est mort, dit le Gros.

Franck avait une envie folle de cogner sur quelque chose, il attendit que ça se passe, les mains posées sur le volant, il regardait droit devant lui mais son œil n'enregistrait rien. Il sortit en plein soleil, enfonça ses mains dans ses poches et se cambra en arrière, il inspira un bon coup, le bus continuait à s'éloigner, il sentait ça dans son ventre.

Will descendit à son tour en gémissant :

– C'est pas possible, oh la vache c'est pas possible. Qu'est-ce qu'on va foutre ?

Franck se balançait d'avant en arrière, sans le regarder, il lui dit :

– On va marcher.

– Marcher ? Mais t'es pas dingue ! Tu te rends pas

compte, marcher, on va crever, oui, c'est pire qu'un vrai désert, ici. Ah quelle merde, il a fallu que ça arrive.

Franck se pencha à l'intérieur de la voiture et attrapa le paquet de cartes, il en choisit une et lança le reste sur la banquette. Il la déplia, il la colla sur le capot brûlant, pendant tout ce temps-là le vent resta tranquille. Il y avait une route, une seule route sur une centaine de kilomètres, c'était pas une carte très détaillée, il y avait juste les trucs un peu importants, il se repéra tant bien que mal, fit un rapide calcul pendant que Will tournait en rond et jurait après la bagnole.

– Le prochain bled, il faut compter une quarantaine de bornes. On peut arriver avant la nuit. C'est pas la mort. Peut-être qu'on pourra arrêter une bagnole.

– Tu crois ça. J'en ai pas vu une seule de la journée, grogna Will.

– Tu peux rester à pourrir ici, fais comme tu veux. J'en ai rien à foutre.

Ensuite il commença à rassembler les affaires, le Gros leva le capot trente secondes et le rebaissa doucement, il regarda Franck, il lui montra son poing avec le pouce dressé en l'air, puis il le fit basculer vers le bas.

3

Bon Dieu, la mort dans l'âme il reprit le volant et il fonça tout droit, les gens marchaient au milieu de la rue, il devait faire gaffe, normalement il aurait jamais fait ça mais il enfonça le klaxon et les gens se mirent à s'écarter doucement, à lui faire des signes, ils cognaient sur la carrosserie et ils avaient raison, il les faisait chier, n'empêche qu'il aurait pu en écraser un ou deux, il était dans un tel état qu'il pouvait rien ressentir de plus, bon Dieu les rues étaient vraiment belles et c'était encore plus horrible, cette beauté il la ressentait d'une façon plutôt bizarre. IL SE SENTAIT ENCORE PLUS MAL !!! La beauté est une vraie saloperie quand vous souffrez, il y avait tout un tas de chiens et des gens, des filles et des hommes, le long des murs, des trottoirs, sur les murs blancs, de la musique, de la mauvaise musique et ces cons-là marchant au milieu de la rue, avec les chiens, les chiens se retournaient sur les filles et les murs blancs, les murs étaient d'un blanc intense, des guirlandes de fruits accrochées comme pour une fête et la rue montait tout doucement et au bout il y avait plus rien du tout, que la nuit, que la musique, les chiens passaient juste sous les roues du bus, il y avait des ampoules nues qui tombaient des murs et toutes ces saloperies de papillons qui tournaient autour dans cette musique de dingue, même les chiens étaient dingues, même les gens, les filles et les hommes sur les trottoirs, ils faisaient valser les ampoules et les ombres sur les murs, d'un bout à l'autre et rien de plus.

Le Barracuda dans sa poche, il y pensait.

Et Lili, ça l'embrouillait, c'était aussi bon de la prendre que de tout envoyer chier, aussi atroce, maintenant ils étaient sortis, ils retrouvaient cette route merdique, il essaya de penser un peu à sa mort, il y arrivait pas, chaque fois qu'il se sentait coincé ou qu'il étouffait, chaque fois qu'il se trouvait con il essayait de penser à sa mort et parfois ça marchait.

– Tu sais, dit Henri, qu'est-ce qui peut nous arriver ?

Ned avait pas envie de sourire mais il se détendit, il aimait bien ce mec, ça commençait à faire un petit moment qu'ils se trouvaient ensemble, il y avait eu de bons trucs entre eux, ils se comprenaient facilement, c'était un peu le genre de rapports qu'il avait avec Jimmy, dix ans après c'était toujours aussi bon avec Jimmy. Ils traversèrent un coin désolé et nu, ils devaient rouler depuis une demi-heure, les poteaux téléphoniques dérapaient jusqu'au fond, la lune cassait des œufs dans le ciel, Ned sortit de la route et avança dans la poussière.

– Ici ou ailleurs, il dit.

Henri descendit en même temps que lui, ils firent le tour et ouvrirent les portes arrière, elle dormait, enfin elle avait les yeux fermés, Ned alluma la petite lumière du plafond, la couverture était trempée, elle était couchée en chien de fusil et grelottait. Il prit la boîte de médicaments à côté d'elle, il essaya de lui mettre une de ces saloperies noires dans la bouche mais elle avait les dents serrées, il se demanda s'il fallait la réveiller, ce qu'il fallait faire, il enfila un pull que Carol lui tendait, c'est vrai qu'il faisait froid, c'était pour ça qu'elle avait froid, qu'elle tremblait, c'était normal, il descendit du bus, il regarda Carol, il lui dit :

– Couvre-la. Il doit y avoir des trucs, elle a froid.

Il alluma une cigarette et s'éloigna un peu, au petit trot, il entendait juste le bruit de ses semelles, à la fin c'était la terre qui lui sautait dans la poitrine, la petite pastille noire qui fondait dans son poing serré, la magie qui dégoulinait.

Le bus devait se voir à des kilomètres à la ronde avec l'intérieur allumé et même il avait oublié d'éteindre les phares, c'était une image étrange et un lézard glissa à ses pieds, il y avait cette putain de route qui les attendait et qui arrivait quelque part mais il avait envie de s'arrêter aussi, il entendit un boucan épouvantable, c'était comme dans les bouquins de Castaneda, quand don Genaro se met à chier derrière les montagnes et qu'il fait trembler le monde, il repartit en courant vers le bus mais les premières gouttes explosèrent sur son crâne avant qu'il puisse grimper à l'intérieur, elles creusaient des petits cratères autour de ses pieds, bon Dieu il manquait plus que ça. Quand il posa sa main sur la poignée de la portière, ça tombait de partout, un orage incroyable avec des océans qui dégringolaient du ciel, en une seconde il se retrouva complètement trempé, il leva juste un peu ses épaules, il savait qu'il faisait froid mais il sentait plus rien, il pensait que la pluie était tiède, il pensait qu'elle était peut-être en train de mourir et qu'il pouvait rien y faire, il vit Henri à travers le carreau qui le regardait et il lui cligna de l'œil au bout d'un moment, ensuite il se dit je peux la laisser là avec une couverture sur le dos et un fusil coincé entre les jambes, elle se défendra jusqu'au bout, elle a une chance de l'avoir, ça le fit sourire, maintenant il avait le cul mouillé et toutes ses fringues qui pesaient, c'était comme si quelque chose de vivant s'était collé à lui, il ferma les yeux, il sentit une mèche glisser doucement sur le coin de sa paupière, il fut pris d'un fou rire mais se calma presque aussitôt, plus tard, quand Carol lui tendit une chemise en levant les yeux au ciel, ça lui monta du ventre avec un hoquet et ça le reprit, les larmes et tout le bordel, le ventre dans les mâchoires d'un étau.

Lili passa une nuit épouvantable, ça n'avait pas servi à grand-chose de s'arrêter, elle ne vomissait pratiquement plus rien mais elle avait des convulsions, elle essayait de pas trop se plaindre mais des fois elle criait et les autres cramponnaient leurs couvertures, c'était pas drôle, au petit matin elle chavira dans un sommeil tordu, Ned et Carol étaient couchés l'un près de l'autre, ils se regardaient, elle essayait de lui faire le coup des yeux, il se laissa faire parce qu'elle avait un beau visage, il lui manquait juste quelques rides, il aimait bien ça, ils se branlèrent à tour de rôle, en faisant le moins de bruit possible, elle fut tellement longue à venir qu'il avait des crampes dans la main, elle était nerveuse, elle se mordait les lèvres depuis déjà un bon moment.

Ils roulèrent pendant une heure, puis le paysage changea complètement, ils tombèrent sur un fleuve énorme, un fleuve de boue, il y avait quelques eucalyptus sur le bord de la route, les montagnes s'étaient reculées tout au fond, l'air chaud était plus humide, il vous prenait à la gorge.

— Merde, je peux même pas respirer par le nez, dit Henri.

Carol prenait la banquette arrière pour elle toute seule, les deux bras enroulés derrière le dossier, en slip et la chemise ouverte, on voyait surtout un nichon, c'était super parce qu'elle était belle et qu'elle faisait semblant de dormir, s'il y avait pas eu Lili ils auraient commencé à déconner, ils osaient à peine mettre de la musique.

– Tu crois qu'on peut ? avait demandé Henri.

– Ouais. Le mets pas trop fort.

Ça fait qu'ils écoutaient la musique comme des petits vieux, un concert des Who avec le volume du son coincé entre un et deux, oh Seigneur Jésus !

Ils étaient dans une ligne droite, Ned ralentit et grimpa sur le bas-côté, il jeta un coup d'œil dans le rétro. Il traversa la route tranquillement et repartit en sens inverse. Carol plongea dans son dos, elle dormait plus, elle cria dans son oreille, très fort :

– HEY, QU'EST-CE QUE TU FOUS ? ? ! !

Il décrocha les ongles plantés dans son épaule.

– On rentre. On a assez rigolé.

– Qu'est-ce que tu fous ? elle répéta. Qu'est-ce que tu racontes ? ? ! !

– Regarde ça, il dit. Regarde ce coin, qu'est-ce qu'on fout là-dedans ? T'en as pas marre ? Je me sens en balade, on a pas choisi le bon moment, ça te fait rien, tu sens pas ça ?

Elle ne dit rien mais elle continua à respirer très fort dans son dos, Henri avait pas bougé d'un seul pouce, il avait l'air plutôt bien, il était parfait, elle se rendit compte qu'il était d'accord avec Ned, qu'elle était toute seule, quand même elle dit à voix basse :

– Tu sais qu'on va tomber sur eux ?

– Ouais, c'est plus lui qui décide, maintenant. On prend la main.

D'une seconde à l'autre, il s'attendait à voir surgir la Ford au bout de la route, ils ne parlaient plus et les secondes passèrent, Ned appuyait à fond sur l'accélérateur, au bout d'un moment il grogna :

– Alors merde, où ils sont ?

– Peut-être qu'ils se sont paumés, dit Henri. On aurait dû les voir déjà hier soir ou alors il est pas pressé, qu'est-ce qu'on pouvait lui offrir de mieux que ce coin où on a dormi ?

– On peut pas savoir, il est compliqué, il a pu trouver n'importe quelle merde, faut faire attention. On va aller dans une ville, on va s'occuper de Lili. Je vais pas m'amuser à le chercher mais je vais pas l'oublier.

– On pouvait continuer dans l'autre sens, murmura Carol. On aurait bien fini par trouver.

– Non, on aurait pas trouvé. Je veux une ville, une vraie ville, des choses que je connaisse, je peux pas me démerder ici, c'est un coin plus fort que moi, c'est comme si j'étais plus dans mon corps et c'est pas le moment.

– On a vachement roulé, dit Henri. C'est pour ça aussi.

– Ouais, ça devient trop irréel. Il faut arrêter.

– Il faut jamais s'arrêter, dit Carol.

– Carol, je connais tout un tas de conneries dans ce genre-là. Quand on voit ça écrit, ça fait bien, en réalité c'est une merde creuse et inutile, il y a rien derrière ça, il y a jamais rien derrière les mots. Ne m'emmerde pas avec ça.

Elle devint toute blanche, elle essaya de le descendre dans le rétro mais il avait pas envie, il fonçait comme s'il sortait de l'enfer, sans se retourner, comme s'il regrimpait à la surface, la respiration bloquée, ils traversaient les mêmes coins fabuleux, il regardait tout ce qu'il pouvait mais il se sentait libéré, ouais lui aussi il sortait les grands mots, il y allait un peu fort, il s'était libéré de rien du tout, il avait juste agi selon son humeur mais il essayait de se persuader qu'il avait obéi à quelque chose de profond, ça lui faisait passer le temps.

4

– D'abord, écoute-moi, écoute bien une chose. Tu peux rester là et marcher à côté de moi, j'en ai rien à foutre MAIS ARRÊTE DE GUEULER, ARRÊTE DE GÉMIR SANS ARRÊT ! Merde, de toute façon, ne me colle pas trop.

Will s'arrêta au milieu de la route, Franck le regarda et passa une main sur son front, le Gros traînait cinquante mètres plus loin, c'était son calvaire mais il la fermait, lui. Franck posa son sac par terre et s'assit dessus, la carabine entre les jambes.

– Tu es de mauvais poil, dit Will. C'est à cause de ces putains de bottes, j'ai les pieds en feu.

Franck jeta un œil dessus, elles étaient rouges, il soupira, c'était ces conneries avec les talons obliques, il fallait être cinglé pour essayer de marcher avec ça, c'était bien fait pour sa gueule. Il leur restait juste une bouteille de Coca tiède, Will avait dû baver là-dedans tant qu'il pouvait mais Franck s'en envoya une bonne gorgée, il suffisait de regarder le paysage désertique pendant une seconde pour se sentir très mal, tout à fait déshydraté, et ce machin qui poissait, c'était écœurant.

– Je parie que tu finis pieds nus, dit Franck.

– Non, je déconne pas, c'est horrible.

Le Gros arriva en soufflant, il était rose avec des plaques blanches, il portait le sac avec la bouffe et les jumelles, à travers ses sandales on voyait ses doigts de pieds couverts de poussière et un gros orteil qui saignait.

– Tu as shooté dans une pierre ? demanda Franck.

– Je me suis cassé l'ongle. J'ai tiré dessus.

Franck alluma une cigarette pendant que le Gros s'écroulait à côté de lui dans un nuage de poussière, sur le cul. Il attrapa une cigarette dans le paquet de Franck, au bout d'un moment il dit :

– J'ai envie de l'essayer une fois avec la lunette. Sur ce truc ?

Il parlait de la Mauser de Franck, il désignait une espèce de bidon rouillé à moitié enterré dans le sable, entre deux buissons. Franck lui tendit l'arme, le Gros la prit délicatement et l'examina en souriant, ensuite il épaula très rapidement trois ou quatre fois et regarda de nouveau la Mauser en souriant. Il tira, le bidon vola en l'air. Will voulut en faire autant, le Gros regarda Franck et comme Franck haussait les épaules il lui tendit l'arme. Will attrapa la Mauser et fit un tour complet sur lui-même, l'œil coincé dans la lunette, le canon passa bien au-dessus de la tête de Franck mais à ce moment-là il se sentit quand même nerveux, Will s'en aperçut et rigola. Il visa un petit animal qui cavalait au loin mais il le loupa et Franck était debout et lui enlevait l'arme des mains. Will grogna :

– Oh ! merde, pourquoi ? Je l'aurais eu. Qu'est-ce que ça peut te faire ?

– Je paye mes balles. Et puis on y va, maintenant.

Will enfila son sac à dos à moitié vide, sans forme, mais un truc à paillettes vraiment délirant, Franck, des conneries comme ça, il savait pas que ça existait, et ils se remirent en route et Will marcha un peu en avant et ensuite Franck et le Gros, ils marchaient la tête un peu baissée, ils se disaient plus rien, ils se payaient une drôle d'allure, à la queue leu leu, puants et crasseux et armés, à moitié dingues de soleil, de fatigue et les mâchoires serrées, une fois Franck se planta au milieu de la route et pissa RAGEUSEMENT. Ils en avaient tous marre. MARRE.

Ils virent ce type de loin. Il était installé sur le bord de la route, un de ces rares endroits où il y avait des arbres, il avait beaucoup d'ombre pour lui tout seul, au fur et à mesure qu'ils approchaient ils se persuadaient que l'ombre était fraîche et ils se pressaient.

C'était un grand type maigre, plutôt marron clair avec un froc blanc et un blouson délavé trop petit pour lui, il avait des bracelets aussi et toutes ses dents étaient en argent, ça lui faisait un drôle de sourire.

Les trois autres arrivèrent en même temps sous l'arbre, pas essoufflés mais complètement asphyxiés et des petits points blancs dans les yeux, l'autre avait pas l'air de s'inquiéter, il continuait à les regarder en riant. Franck lâcha son sac et posa la carabine dessus.

– Hé, l'ami, il dit. Notre voiture est en panne. Il y a un garage dans le coin ?

C'était histoire de dire quelque chose, Franck avait compris qu'il trouverait rien dans ce pays de merde, il aimait pas la campagne et là c'était pire que la campagne, il y avait que ça.

Le type était assis au pied d'un arbre, avec ses grandes jambes repliées sous le menton, il se chatouillait le visage avec une herbe sèche, il avait la tête inclinée sur le côté. Franck s'accroupit près de lui, il se demandait par quel bout le prendre :

– Hé, tu comprends ? Il faut qu'on trouve une voiture et on est fatigués, on a soif aussi. Soif, tu comprends ?

Franck se tourna vers le Gros qui soufflait à côté de lui.

– Bon, il comprend rien, il est con. Mais sûrement qu'il y a au moins un village dans le coin. Il habite bien quelque part, merde, il vit pas sous un arbre.

– Hey, mon vieux, si tu continues cette route tout droit sans t'arrêter, tu arriveras avant la nuit. Mais tu trouveras pas de voiture, oh non.

Franck se tourna lentement vers le type.

– Je trouverai pas de voiture, hein ?

– Oh non, ça non, mon vieux. Tu verras, c'est une bande d'arriérés, des paysans. Qu'est-ce qu'ils en ont à foutre des voitures, les paysans ? Tout ce qu'ils veulent c'est avoir le nez dans la merde, le reste ça les intéresse pas. Fais encore cinquante bornes et tu trouveras plus une seule personne pour comprendre un mot de ce que tu racontes.

– Ouais. Je vois, dit Franck.

Il se releva, plissa des yeux, croisa ses bras derrière la tête :

– Et pour boire un coup, par ici, comment il faut faire avec cette chaleur ?

– Ma sœur a un frigo de l'armée, énorme. Peut-être qu'elle vous vendrait une bouteille. Elle est formidable, elle a jamais refusé de vendre une bouteille à qui que ce soit.

– Hé, mon gars, et elle habite, loin, ta sœur ? demanda le Gros.

– Non, elle est contente quand je lui amène du monde, elle s'emmerde. Elle aime bien parler avec les gens. On marche un tout petit peu et on y est.

Franck ramassa ses affaires et s'avança vers l'autre en hochant la tête :

– On peut dire que tu nous sauves. Sans vouloir te presser, on aimerait bien y aller tout de suite, tu comprends ?

L'autre bondit en l'air en riant aux éclats, il gesticulait, il envoyait ses bras dans tous les sens :

– Oh bon Dieu, les gars, bien sûr que je comprends. Oh suivez-moi, les gars !!

Ils avaient du mal à le suivre, il avait des jambes comme une sauterelle du désert, son corps devait rien peser du tout, il les entraîna dans un petit chemin qui s'enfilait au milieu des buissons rabougris, Franck remarqua les traces de pneus sur la terre, la chaleur lui sifflait dans les oreilles, la seule chose qui comptait maintenant il voulait s'asseoir à l'ombre et boire un bon coup, ensuite il pourrait réfléchir. Le chemin se mit à descendre, à s'enfoncer dans une ravine, ça ressemblait au lit d'une rivière à sec, ils tournèrent et atterrirent dans un bouquet d'arbres.

A l'ombre, il y avait deux baraques en bois, collées, des espèces de cabanes en bois rafistolées avec des trucs de récupération et, sur le côté, des carcasses de bagnoles à moitié défoncées, des bouts de moteurs abandonnés dans les coins, ça faisait comme une cour devant, quelque chose d'assez grand. Au fond, il y avait une sorte de petite cabane et trois gros projecteurs étaient suspendus au-dessus de la cour, des engins d'avant-guerre qui cuisaient au soleil. Franck avait le nez pointé dessus.

— A quoi ça sert ? il demanda.

— A rien, mon vieux. A rien du tout, je trouve ça terrible, des fois je les allume, pour me marrer, on me les a donnés. Mon vieux, c'est comme en plein jour !

Devant la plus grande baraque, il y avait une estrade en planches noires, il fallait grimper deux marches pour y arriver et là vous tombiez sur une fille d'une vingtaine d'années, brune avec une petite robe à fleurs d'un dixième de millimètre d'épaisseur et forcément pas grand-chose dessous, une fille presque noire avec un regard fou et des cuisses satinées, oh bon Dieu c'était presque trop, ils s'étaient arrêtés au milieu de la cour et ils la regardaient tous, elle était assise sur la première marche avec ses coudes enfoncés dans les jambes, elle tenait un petit transistor plaqué contre son oreille, elle était pieds nus, les cuisses un peu écartées et, malgré qu'ils louchaient là-dessus, elle bougea pas d'un poil.

— Hey, petite sœur, j'amène du monde, brailla l'autre. Sers-nous à boire.

La fille attendit un petit peu, fit la grimace et se leva doucement, c'était une danse de serpent, oh de dos elle était formidable aussi, il y a des filles qui ont un cul incroyable, vraiment beau, et celle-là avait un truc qui vous donnait mal au ventre, c'était trop fort et elle s'en servait, cette fille vous auriez pu tomber à genoux devant elle et la supplier et rien que son odeur aurait suffi à vous rendre complètement malade et votre esprit aurait continué à vous injecter du poison, il y a rien à dire contre ça, c'est quelque chose de naturel, il y a des filles qui ont quelque chose de SACRÉ, qui vous PARLENT avec leur corps.

– Merde, dit Will. Il y a des fleurs qui poussent en plein désert.

– Ça, c'est trouvé, remarqua Franck.

Le grand frère se mit à s'agiter derrière eux :

– Hé hé hé, alors les gars, c'est ma sœur, cette putain est ma sœur, elle s'appelle Roxie, je l'ai appelée comme ça et Roxie est en train de nous servir quelque chose de frais, même le soleil ose pas l'approcher, hou houuuuu... allez vous asseoir là-bas, mes amis...

Il les entraîna jusqu'à l'estrade, il les laissa un moment tout seuls, ils se dirent pas un seul mot pendant tout ce temps-là, ils regardaient autour d'eux avec le transistor qui dégueulait à leurs pieds, l'autre se pointa avec un banc et deux chaises, il souriait tout le temps. Roxie arriva avec un plateau et des verres, elle apporta encore des chaises et reprit sa place sur les marches mais sans leur tourner le dos. L'autre se plaça derrière elle, il lui massa doucement les épaules.

– Sers-nous, je vais en faire un pendant ce temps-là, il dit.

Il s'assit sur le banc, juste à côté de Franck, il se coinça une petite boîte entre les jambes, d'un coup de langue il ouvrit une Camel filtre en deux et la posa sur ses genoux, dans le creux de sa main il fit son mélange, regarda ses feuilles de papier en contre-jour avant de les assembler. Franck fit le mec tout à fait au parfum, il sourit au Gros d'un air détendu pendant que Roxie remplissait leurs verres de limonade au citron vert. Il sentit ses genoux s'électriser quand elle passa devant lui, des couvertures de nuages roses glissaient dans le ciel, il commençait à respirer.

– Bob, ce qu'il a dit, c'est que vous êtes en panne, hein ? elle dit.

– Oui, répondit Franck. On a marché pendant des heures et puis on est tombés sur Bob, on crevait de soif. Hé, c'est un drôle de coin pour vivre, ici.

– Ouais, c'est pire que tout, mais on finit par s'y faire. Un jour, avec Bob, on s'en ira d'ici.

Bob tirait une grosse bouffée sur le joint, il la regardait en riant et hochait la tête, il aspira encore une fois dans son poing serré et juste à ce moment-là une vieille femme apparut dans l'encadrement de la porte, les cheveux tirés en arrière, elle était grosse et couverte de sueur, elle s'éventa avec le coin de son tablier, Bob fit de grands signes vers elle :

– Hé, maman, viens, approche m'man, qu'est-ce que tu fabriquais là-dedans, viens avec nous !

La grosse femme se planta derrière son fils, sans les regarder, sans sourire, Franck avait senti son odeur, un parfum de cuisine et de terre mouillée, Bob lui prit les mains par-derrière et s'en fit un collier, il lui passa un joint. Elle se planta le truc entre les lèvres et se laissa aller contre lui, il avait la peau plus claire que sa mère, elle plissait les yeux et l'autre déconnait sous ses nichons, il disait :

– Hhoouuuu et c'est ça ma mère et cette grosse sait bien que je l'adore, quand elle était jeune tous les hommes du pays venaient miauler derrière sa porte, hein ma belle, et maintenant ils t'ont oubliée mais moi je suis là, houuuu hoouuuuuu...

Elle rendit le joint à son fils et Bob le passa à Franck.

Roxie le regardait, il tira plusieurs petits coups et toussa quand même un peu, le Gros téta tranquillement là-dessus et Franck roula des yeux ronds, Will aussi avait l'air de savoir comment s'y prendre, ça d'accord, mais le Gros c'était quand même quelque chose, Franck c'était l'époque la plus merdeuse qu'il pouvait imaginer, il vida son verre d'un trait en rigolant tout seul. La vieille retourna dans la maison en arrangeant un peigne dans ses cheveux, le jour commençait à décliner, Bob craqua une allumette et alluma une lampe au-dessus de leur tête, il y avait un fil qui pendait du plafond mais la douille était vide, ils étaient installés sous cette véranda et ils glissaient tout doucement.

– Merde, dit Franck. Il va faire nuit.

— Oh ça oui, il va faire nuit, mon vieux, dit Bob. Et il va faire froid. Mais vous pourrez dormir à côté, si vous voulez. Y a de la place.

Sans réfléchir, Franck allait refuser, il voulait se remettre en route, il voulait pas rester là à rien faire mais, à ce moment-là, Roxie le regarda d'une drôle de manière et il entendit Bob qui disait à côté de lui :

— Je peux vous emmener demain matin, j'ai un copain qui passe avec une bagnole, on pourra vous dépanner, peut-être qu'on pourra, ou vous déposer quelque part. On voit pas beaucoup de monde, nous, et peut-être que vous achèterez quelques bouteilles à ma sœur, hein Roxie, deux ou trois bouteilles.

Franck jeta un coup d'œil aux deux autres, ils avaient pas l'air d'avoir tellement envie de bouger et il y avait cette fille et demain ils partiraient en voiture, il leur ferait cadeau de quelques billets, ouais c'était le mieux, il resta silencieux et, quand le joint retomba sur lui, il tira dessus en regardant la lueur de la lampe à pétrole, ce truc lui faisait rien du tout, il commençait à faire bon et pendant un petit moment tout le monde resta silencieux, il décida de ne plus penser à rien jusqu'au lendemain matin, c'était vraiment bon de se donner quelques heures de repos, il tira quelques billets de sa poche et les posa à côté de lui, sur le banc :

— C'est d'accord, il dit. J'espère que tu as de la bière, je veux dire de la bière fraîche.

Bob rafla les billets et les glissa dans la poche de son blouson, il posa une main sur l'épaule de Franck, il se pencha vers lui en souriant :

— Mon vieux, tu dois savoir ça, tu peux avoir tout ce que tu veux avec du fric, tu peux acheter ce foutu pays tout entier, TU COMPRENDS ??

Le Gros se leva de sa chaise et s'installa par terre, le dos appuyé contre la baraque, les jambes allongées, il s'était enfoncé une clope au milieu de la figure, les mains bien à plat sur les cuisses, la tête légèrement penchée en arrière, par moments il crachait deux tuyaux de fumée bleue par le nez, un petit paquet de cendre dégringola sur son tee-shirt poussiéreux, disparut entre ses jambes, il respirait lentement. D'un seul coup, des milliards et des milliards d'insectes se réveillèrent avec l'effondrement du soleil, le ciel avait viré dans les violets clairs, Will se redressa sur sa chaise :

– Hé, tu parles d'un truc. Comment tu fais pour vivre dans ce trou ?

Bob croisa ses bras derrière la tête et regarda Will fixement, mais peut-être qu'il le voyait pas :

– Ça c'est une bonne question, il dit. Ce coin est encore plus infect que tu crois, mon vieux. Mais c'est comme ça, c'est tout ce qu'il y a pour la belle Roxie et le pauvre Bob et notre vieille maman qui est là à pleurer toutes les larmes de son corps en voyant ses deux enfants pourrir dans ce trou, mais tu sais, le mieux, c'est qu'elle croit qu'on va s'en sortir et toi tu crois ça ? Tu crois qu'on peut se tirer d'un trou pareil ? Roxie elle le croit, ça, hein ma belle, mais moi tout ce que je peux lui promettre c'est qu'on va essayer, tu vois ça, quand on aura assez de fric on grimpera dans une grosse bagnole et on s'arrêtera plus jamais, on ira dans les villes et y aura rien de trop beau pour nous, hé les gars, vous entendez ce vieux Bob délirer, il s'y voit déjà, avec sa petite sœur au bras, dans les rues, hi hiiiii, c'est un foutu monde de merde mais nous on trouve ça terrible, il y aura toutes ces femmes qui tourneront autour de ma queue, hou hoouuuu, et Roxie s'enverra en l'air avec des profs d'université, ils se boufferont la bite pour elle, ho hoooo...

Il était plié de rire. Affalé dans son coin, le Gros se mit à rigoler tout seul, il se redressa, il dit :

– Et ta mère tiendra le plus grand boxon du monde...

Il s'arrêta parce qu'il commençait à être pris par un fou rire et pendant ce temps-là Bob se claquait les cuisses, le Gros pissait des larmes incroyables, il tenait son menton appuyé sur sa poitrine.

Il réussit à dire :

– OH... PETIT... CON !

– Houuu et toi tu paieras plus cher que les autres, hein mon vieux...

Le Gros essaya de se relever, mais il était tellement secoué qu'il se laissa rouler sur le côté et Will, de le voir comme ça, commença à ricaner sur sa chaise, il était tendu comme un arc, un bras passé autour du dossier et ses cheveux blonds traversés par la lumière, des petits insectes tournaient autour de la lampe à pétrole et se suicidaient.

Roxie se pointa avec de la bière, les autres rigolaient toujours, ils étaient que tous les deux, elle posa le plateau juste à côté, elle lui fit glisser la pointe de son nichon sur le bras. Elle s'accroupit pour ouvrir les bières, elle avait un slip blanc qui lui filait entre les jambes et Franck regardait juste là où ça faisait une bosse, ça lui tordait le ventre mais il pouvait rien y faire, quand elle se releva il avait la nuque raide et la bouche sèche, il se versa une bière machinalement. Il la chercha des yeux, elle s'était un peu écartée, elle était debout près de la porte, elle tenait ses mains coincées derrière ses fesses, légèrement voûtée.

Il se leva, enfonça ses mains dans ses poches et s'avança vers elle, il avait l'impression de pas bien tenir debout ou alors ce putain de plancher qui devenait mou, sans le savoir il avait un sourire aux lèvres et ses yeux étaient durs.

– Donne-moi de l'argent, tu peux m'avoir, elle dit.

– Je t'aurais eue de toute façon, il dit.

– Non, ne crois pas ça. Je ne l'ai jamais fait pour rien. J'aime bien le faire avec des Blancs.

Maintenant, Franck la regardait en sachant qu'il allait la baiser et il la trouva encore plus belle, ça le faisait bander, ça lui donnait soif, elle le regardait pas, il avait oublié toute sa fatigue, il se tenait juste debout à côté d'elle, un petit vent tiède tournait dans le coin, il s'écarta pour laisser passer la vieille femme qui sortait, une grosse casserole fumante dans les mains. Elle dévala les marches et posa cette espèce de marmite au milieu de la cour. Elle avait pas fait demi-tour qu'un énorme cochon arrivait en grognant de derrière la maison.

Franck regarda le monstre qui s'empiffrait en faisant un bruit épouvantable, de temps en temps il s'arrêtait pour relever la tête et il braquait ses yeux noirs dans leur direction.

— Décide-toi, lui dit Roxie.

Franck détacha difficilement son regard de la bête, il dit :

— Je te donnerai de l'argent.

— Bon. Suis-moi.

— Et les autres... demanda Franck.

— Qu'est-ce que j'en ai à foutre des autres ? elle dit. Tu dis ça pour ma mère ? On se parle plus depuis des années, je sais même pas si elle existe. C'est de sa faute si je suis ici.

Elle rentra dans la baraque et Franck la suivit sans regarder personne, ils traversèrent une grande pièce qui servait un peu à tout, dans le fond elle écarta un rideau et lui fit signe d'entrer. Il y avait un lit au milieu, une fenêtre sans carreau, juste une moustiquaire tendue au travers, les murs étaient de toutes les couleurs, peints n'importe comment.

— Tu trouves ça moche, elle dit. Moi j'adore ça. Je suis la seule. Je veux que tu me donnes ton argent avant.

Franck fouilla dans sa poche et lui tendit deux ou trois billets, il savait plus trop ce qu'il faisait, il lui aurait tout donné si elle avait gardé la main tendue, il y avait pas beaucoup de lumière, elle garda l'argent dans sa main serrée et s'approcha de lui. Tout de suite, elle commença à le caresser, brutalement.

5

Une fois la frontière passée, Ned chercha les plus belles routes, les plus grandes et sur les panneaux il vit une ville qu'il connaissait, il avait des copains là-bas, au moins deux plus quelques types qui pourraient peut-être le dépanner, merde, est-ce que ça ressemblait pas à un rêve, est-ce que le vent se mettait pas enfin à tourner? Lili, ça devait être un truc assez grave mais il pouvait rien faire d'autre que foncer, il se retournait plus mais il l'entendait gémir de temps en temps, ça lui suffisait, Henri faisait l'aller et retour entre l'avant et l'arrière, à chaque fois il revenait en faisant la grimace et Ned lui disait bon Dieu je suis à fond, on va trouver un hôpital, Carol lui avait donné une nouvelle rasade de médicaments mais ça lui faisait aucun effet.

– On arrivera dans trois heures, il dit.

– Ça a été une balade super, dit Carol.

Il l'aurait bien étranglée mais elle avait raison, il connaissait cette ville, il essayait de se rappeler où il avait vu l'hôpital.

– BON DIEU, MAIS JE SUIS CON ! ON VA ALLER CHEZ JOËL !! gueula Ned. Joël est toubib, il va nous sortir de là en vitesse et en plus il fait les meilleurs spaghetti du monde, ON EST SAUVÉS !!

Les deux autres le regardaient avec des yeux ronds, il rigola, il dit :

– Ça va aller, on pouvait pas trouver mieux.

Henri et Carol, de le voir comme ça, ils reprirent confiance, ils retrouvèrent un peu de leur bonne humeur, tout ce chemin derrière, ils y pensaient presque plus, tout allait sûrement marcher super, Henri retourna vers Lili et lui remonta une mèche de cheveux :

– Hé, je crois même qu'elle va un peu mieux, il dit.

Ned voyait rien qu'un tas de couvertures chiffonnées

dans le rétro mais il le croyait, il venait de lancer un radeau d'espoir sur cette mer de catastrophes et tous les trois ils s'étaient cramponnés dessus en croyant que ça arrêterait la tempête, ils étaient adorables. N'empêche qu'ils carburaient maintenant, le bus était chauffé au rouge, il y avait que des voitures rapides pour les doubler, Ned les regardait s'approcher, c'était jamais celle qu'il attendait, ils en parlaient plus depuis un bon moment mais lui il savait qu'elle était là, ce petit point noir à l'horizon, ce petit pincement au creux du ventre, il l'avait pas oublié, la seule différence à présent, c'est qu'ils étaient gonflés à bloc et Franck se retrouvait dans la position du type qui cherche à arrêter une locomotive avec sa jambe.

Ils tombèrent tous les trois d'accord pour dire qu'elle était plutôt endormie qu'ils allaient faire vite, ils refermèrent doucement la porte et partirent en courant vers le bar. Le bus était juste derrière la vitre, ils pouvaient voir la route sur un long morceau, ils prenaient pas un trop grand risque et ce fut une bonne bière, même Carol se laissa avoir par la bière, sans rire, ce fut QUELQUE CHOSE, un moment vraiment plein, parfaitement équilibré, qui pouvait tenir dans le creux de la main comme un œuf, c'était vraiment la première chose parfaite qu'ils faisaient depuis le début, juste ce qu'il faut de sourire et de détente et le truc leur giclait à l'intérieur et leur plantait les jambes dans le carrelage couvert de sciure, oh Seigneur, et ils vivaient ça ensemble, ils en perdaient pas une miette, toutes ces conneries qui les entouraient, les mecs chiasseux qui braillaient à l'autre bout, l'odeur folle de la route quand les portes s'ouvraient, les feuilles de salade crevées dans les vieux sandwichs pourris, la vieille musique pourrie qui coulait sur les murs, l'incroyable transparence qu'il y a dans ces endroits-là, bon Dieu ils avaient eu envie de ce verre et ils s'en donnaient.

Il était pas plus de dix heures, Carol grimpa sur un tabouret, tous les mecs s'étranglèrent, la manière dont elle s'était GLISSÉE là-dessus, elle attrapa Ned par un revers et lui roula la plus douce pelle qu'on puisse imaginer, ensuite elle dit :

– Pourquoi on est ensemble ? Comment ça se fait ?

– Pourquoi je le saurais, moi ? il dit.

– Parce qu'il y en a au moins un de nous deux qui doit savoir.

Elle disait ça à moitié en déconnant, d'un seul coup elle se sentait très excitée, très agressive aussi, mais elle riait et Henri rigolait aussi en dégringolant une nouvelle bière, puis une troisième, et Ned en faisait autant, il faisait le ventre mou devant Carol, il lui en voulait pas, il lui répondait à moitié.

– Et toi, Henri, elle dit. Peut-être que tu as ton idée là-dessus, peut-être que tu peux nous aider ?

– Bien sûr, bien sûr, laisse-moi réfléchir.

– Merde, dit Ned, elle essaye de nous faire chier, bientôt elle va nous demander pourquoi il fait jour, pourquoi on est vivants.

Elle leur attrapa un bras chacun et plaqua leurs mains sur ses nichons, les trois types du bar entamèrent une minute de silence, elle avait envie de rire mais elle fronçait les sourcils, Ned prit son pouce dans la bouche et pencha la tête sur le côté. Henri les aspergea tous de bière, il avait essayé de se retenir mais il avait bu un peu, le rire coulait dans sa bouche et lui gonflait les joues, il était rouge, sa bouche se creva comme une chambre à air, il était parti. Et Ned éclata de rire à son tour. Ça, la vie peut vous rouer de coups mais elle peut rien contre le rire parce que ce truc vous débranche, c'est le moment où la vague s'effondre sur elle-même et retourne les coquillages comme des crêpes. Carol leur écarta les mains de sa poitrine, sans les regarder, elle dit :

– Salauds...

Ils rigolèrent de plus belle, trois malheureuses bières, ils avaient rien dans les veines mais n'importe quoi les aurait fait pisser de rire, Carol prit Ned par le cou et elle appuya son front contre le sien, elle fut pas longue à se retrouver dans le même état que les deux autres, et Ned essayait de passer une main entre eux pour s'essuyer les yeux, il se laissa embrasser encore une fois mais Henri se trouvait dans la phase aiguë de son fou rire, il se tenait les côtes et hurlait au plafond, ah IL EN CHIAIT et Ned s'étranglait à moitié avec sa morve, rien que de l'entendre, il serra la tête de Carol sur sa poitrine et put s'y mettre un bon coup, les trois types au bout cramponnaient leurs verres, ils avaient des gueules d'agents d'assurances, ils comprenaient rien du tout.

Ils payèrent comme ils purent, des bruits leur sortaient à tous moments du fond du ventre, il leur fallait pas une seconde pour recommencer à pleurer, en plus des bières ils en payèrent trois autres et les emportèrent, sur le parking la mousse zigzaguait comme un génie qui n'a pas retrouvé sa forme, ils vidèrent les bouteilles à l'ombre du bus et c'est seulement quand ils se collèrent le dos à la carrosserie qu'ils se calmèrent un peu, ils riaient plus qu'à moitié, elle était tout près d'eux maintenant, juste derrière la peinture, et puis le vent se leva et les dispersa, ils grimpèrent chacun par une porte différente.

Ils se tournèrent vers Carol.

– Elle a pas bougé, elle dit. Je sais pas, ça a l'air d'aller. Elle dit rien.

– Bon, elle dit rien, dit Ned. Comment il faut prendre ça ?

Il se retourna et mit le contact. Il se pencha pour voir si une voiture arrivait pas comme une torpille et il s'emmancha sur la route, Carol était juste dans leur dos et Lili était tout là-bas, TOUT AU FOND, comme si le bus avait des kilomètres de long et que les petites lumières du plafond avaient grillé.

Ned retrouva l'adresse de Joël assez rapidement, il y avait au moins un an qu'il l'avait pas vu, il devait être une heure et le ciel était orageux, c'était une rue en pente avec une vieille épicerie juste en bas.

– Ecoute, Carol, tu nous attends là, il vaut peut-être mieux pas la laisser seule, hein... on revient tout de suite.

Il fit semblant de ne pas voir qu'elle appréciait pas trop cette idée de se retrouver seule et poireauter dans cette carcasse puante, il poussa Henri du coude et sauta par la porte. La rue était déserte, Ned dansa un moment sur le trottoir, devant l'entrée de l'immeuble.

– Alors, c'est là? On y va? demanda Henri. Qu'est-ce qu'il y a?

– Hein, non non, y a rien, mais c'est un mec que j'ai pas vu depuis un bon moment, tu comprends...

Il se payait un sourire idiot, il rentra son tee-shirt dans son froc en gesticulant, puis ils entrèrent. Ils traversèrent une petite cour et grimpèrent dans les étages silencieux, jusqu'au quatrième, le dernier, et Ned sonna à la porte, la seule porte, ils entendaient de la musique à l'intérieur.

Joël était un rouquin avec un bracelet de cuivre autour du poignet, il était couvert de taches de rousseur des pieds à la tête, il cachait son engin dans une main.

– Merde, il dit. C'est toi, c'est bien toi!

– Hé, mon salaud, est-ce qu'on s'embrasse? demanda Ned.

Joël secoua la tête et s'écarta pour les laisser entrer. C'était une grande pièce claire, beaucoup de bois blanc et des tonnes de coussins. Une fille émergea de là-dedans, elle était à poil elle aussi, elle leur fit un petit signe de la main et fila dans une autre pièce.

– Ha, c'est ta nouvelle copine? dit Ned.

Joël se tenait les mains sur les hanches et hochait la tête.

– C'est pas tant pour le fric, il dit, mais je t'ai attendu pendant trois plombes dans ce bar, c'est comme si c'était HIER!

– Oh écoute, je t'expliquerai, mais pas pour le moment, je suis dans une merde noire, je savais pas que tu allais attendre si longtemps...

– BON DIEU, TU M'AS PLANTÉ LÀ EN DISANT PAS DE PROBLÈME, MON VIEUX, J'EN AI POUR CINQ MINUTES... !

– Ah, ne commence pas à t'énerver. Il y a plus urgent.

– C'EST TOI QUI LE DIS !

– Ecoute, je sais pas moi, va t'habiller. Je sais plus, y avait sûrement une raison, on va reparler de tout ça.

– TU SAIS, J'AI PRIÉ POUR CE MOMENT-LÀ. JE VAIS POUVOIR ME CALMER LES NERFS !!

– Il y a une fille en bas avec moi. Elle est très malade.

– TU IRAS PAS MIEUX DANS QUELQUES MINUTES !!

– Ecoute, je t'en prie.

– NE CHANGE PAS DE CONVERSATION !

– OH BORDEL DE DIEU, JE TE DIS QUE J'AI UNE COPINE VRAIMENT MALADE, ENFOIRÉ, JUSTE EN BAS DE CHEZ TOI, J'AI BESOIN DE TOI, C'EST LE DOCTEUR QUE JE SUIS VENU VOIR, ALORS ARRÊTE DE ME CASSER LES COUILLES AVEC CETTE HISTOIRE INCROYABLE, AMÈNE-TOI EN VITESSE, OH SAINTE VIERGE, ARRÊTE DE FAIRE LE CON !!!

Joël se passa une main sur la figure, il se mordit un doigt, ensuite il dansa dans une jambe de son pantalon et dit :

– Qu'est-ce qu'elle a foutu de mon tee-shirt, cette conne, elle s'est tirée avec, merde ?

– Non, non, dit Henri. Elle avait pas de tee-shirt.

L'autre le regarda d'un œil soupçonneux :

– Tu es sûr de ça ? il demanda.

– J'en jurerais presque.

– Pourtant, elle me fait le coup à chaque fois. C'est une MANIE chez elle.

Il ramassa un truc par terre, largement garni de paillettes :

– Merde, c'est le sien, il dit. Ça gratte. Bon alors où elle est ? Qu'est-ce qu'elle a ?

– On sait pas. Elle a de la fièvre, elle vomit depuis trois jours.

– Bon, si tu me disais ce qu'elle a avalé, on irait plus vite.

– Non, c'est pas ça, c'est une saloperie qu'elle a attrapée.

– Et tu me l'amènes trois jours après... ça c'est balèze.

Il enfila le tee-shirt fluorescent, trois tailles au-dessous, il attrapa une paire de petites lunettes rondes avec des verres fumés, mit ses sandales et il se levait pour sortir quand la fille pointa son nez par une porte :

– Eh, tu as MON tee-shirt ! elle dit.

– Jamais de la vie ! Dis, tu CHARRIES !!!

Carol était dehors, appuyée contre le bus, elle se redressa quand elle les vit arriver, Ned dit à Joël elle est là-dedans, qu'est-ce qu'on fait, on la monte, mais l'autre se tourna vers lui, attends, attendez une minute, je vais la voir d'abord et il ouvrit la porte et disparut à l'intérieur. Les trois autres soufflèrent, c'est toujours super quand le bon Dieu prend les affaires en main. Et IL était superrapide, il s'écoula pas cinq secondes avant qu'IL passe sa tête par l'ouverture, IL regarda Ned d'une drôle de façon.

– Hé, tu te fous de mois. Je peux pas faire de miracle.

Ned se retrouva cloué sur le mur de l'immeuble, il regarda en l'air, c'était tout à fait supportable comme lumière, c'était peut-être des nuages chargés de pluie, ils étaient gros et noirs mais ils filaient assez vite, il savait pas trop, il y connaissait pas grand-chose, ça voulait dire qu'il la verrait plus jamais, quelque chose comme ça, c'était difficile à imaginer, il sentait pas un truc très précis mais il se mit à respirer comme dans les techniques de relaxation, celui-là ressemblait à un chien, une tête de chien, il le suivit un moment, le soleil rentra juste dans sa gueule, en se penchant légèrement Ned pouvait le faire ressortir mais ça l'amusa une seconde, il avait l'impression d'avoir avalé un paquet d'amphétamines et d'être cloué dans une armure, pourtant il savait tout ça, ce truc de la mort, la paralysie et cinquante tonnes derrière la nuque, s'il avait eu une cigarette il aurait pu faire quelques ronds, il aurait envoyé des signaux impeccables à Lili, oh Seigneur, c'est si difficile de pas être con, des fois C'EST TROP DUR !!

La fille s'appelait Tina, c'était tout à fait ce dont Carol avait besoin, une épaule pour pleurer, Tina lui caressait les cheveux en la tenant contre elle, les cris étaient passés, c'était le stade des reniflements, le poing enfoncé dans la bouche, ils avaient mis une couverture sur Lili et fermé le bus à clé, ils étaient remontés, ils seraient restés plantés là pendant cent sept ans si Joël leur avait pas dit :

– Bon, elle va pas s'envoler. Qu'est-ce que vous croyez ?

6

Franck lui enfonça sa bite jusqu'au bout. Un môme de douze ans s'y serait pris mieux que lui, il entendait le cochon grogner dans la cour et son sexe qui couinait dans la fille, il transpirait déjà, le ronflement des insectes dehors, tout ce qu'il y avait de lumière tombait de la fenêtre, elle le tenait serré contre lui et regardait le plafond, sur le lit il agrippa la robe de Roxie et la fit rouler entre ses doigts. Il déchargea tellement fort, le truc coula comme une traînée de feu, il l'écrasa de tout son poids, jamais ça lui était venu aussi vite, son cœur cognait mais c'était fini. Il sortit son truc en le prenant dans sa main, il se souleva et retomba sur le côté, ensuite il remonta son froc. Il resta assis un moment au bord du lit, elle avait même pas bougé, à peine refermé les jambes et elle regardait toujours en l'air. Juste comme il se levait, elle se dressa sur un coude.

– Pourquoi tu as un fusil ? elle demanda.

– Comme ça.

– J'ai envie que tu viennes encore.

– Ecoute, je suis pas tellement en forme. On s'est tapé des kilomètres à travers cette merde. Pas tout de suite.

Elle se rhabilla, elle enfila sa robe à genoux sur le lit, de temps en temps elle le regardait une fraction de seconde, il voyait juste l'éclat de ses yeux, il la voyait pas bien, pour la première fois depuis qu'ils étaient partis il se sentait vraiment vidé, rien à voir avec la fatigue, il croisa ses mains derrière la tête et soupira, tout son corps lui faisait mal, sa vieille blessure à la jambe était toute chaude.

– C'est la première fois que tu baises une Noire ? elle demanda.

– Tu sais, peut-être que tout à l'heure j'aurai encore envie.

– Tout à l'heure ?

– Je te paierai.

– Je sais pas, peut-être que j'ai gagné assez de fric pour ce soir. Je fais ce que je veux, quand ça me fait chier tu pourrais pas m'avoir en vidant tes poches.

– Merde, alors, qu'est-ce que vous croyez toutes. Ne crois pas ça, je pourrais t'ouvrir les mains en te cassant tous les doigts. J'en ai rien à foutre.

– Comme ça, tu n'aurais pas grand-chose.

– Ça ne fait rien, je demande pas grand-chose. Qu'est-ce que tu pourrais me donner que je puisse pas prendre, hein ? Qu'est-ce que tu crois ?

– Bon Dieu, elle dit. T'es complètement dingue !

Il était raide comme un bout de bois mais il dégoulinait de sueur, il sentit son odeur quand elle passa devant lui, il resta seul, immobile dans la chambre avec les mâchoires douloureuses, il se gratta la joue, ses poils s'enfonçaient sous ses ongles.

– Merde, qu'est-ce que j'y peux si elles ont un cul, il grogna. Elles embrouillent tout. Je les emmerde.

Quand il retourna dehors, sous la véranda, ils avaient installé une espèce de table devant eux, il y avait une casserole avec des haricots rouges qui flottaient à la surface et les deux autres avaient sorti ce qu'il leur restait de provisions dans un sac, des conneries, des merdes achetées aux quatre coins des routes avec le goût du plastique et pas grand-chose d'autre.

Ils se retournèrent tous vers lui, sauf la vieille femme qui avait le nez plongé dans son assiette, les trois autres avaient de tout petits yeux, ils rigolaient à moitié, pour n'importe quoi, ils avaient une bouteille de whisky et Roxie s'en remplissait un grand verre, ça lui paraissait incroyable qu'il vienne tout juste de la baiser, de la voir comme ça avec le regard farouche qu'elle lui lançait, elle paraissait intouchable et belle, peut-être qu'elle avait raison, elle lui avait pas donné grand-chose, enfin ça se voyait pas.

– Viens, viens t'asseoir avec nous, viens manger, lui dit Bob.

Il faisait des grands gestes dans sa direction, Franck se décida enfin à bouger, il avait pas faim mais il voulait bien boire un coup, il s'avança en regardant Roxie d'une façon tellement brutale qu'elle lutta une seconde et baissa les yeux, si elle avait pas fait ça il l'aurait sûrement cognée, il fallait pas qu'elle insiste trop quand même, c'était pas le bon moment, il se sentait pas très bien, il faisait pas très chaud mais ça lui dégoulinait entre les épaules, presque tous ses muscles étaient tendus, tous les insectes qui grinçaient dans la nuit, l'odeur de la terre triturée par la chaleur, ses fringues lui collaient partout, oh merde, il essaya de sourire quand Will sauta de sa chaise et sortit un lézard de son pantalon, le Gros pleurait au-dessus de son assiette et Bob était penché par-dessus la table, il disait attrape-le vas-y merde, attrape-le, c'est bon à bouffer, je te jure, et Will écrasa la tête du lézard avec son talon mais il osait pas l'attraper avec sa main, il était cramponné au dossier de sa chaise, Bob fit le tour de la table, il posa la bestiole dessus et parla à sa mère et la grosse femme hocha la tête, elle poussa le lézard devant elle et le sang coulait entre les planches, Franck avala son whisky, c'était comme s'il était écorché avec les nerfs à vif, toute cette fureur accumulée pendant le voyage, il la sentait monter à travers son corps, elle était là, juste dans sa gorge, et il savait pas quoi en faire, il voulait pas la gaspiller, ce machin pur comme un diamant dans ce trou à rats, quand il retrouverait Lili il faudrait qu'il lui raconte tout ça, il trouvait qu'on pouvait se sentir fier de ça, de retenir quelque chose d'aussi grand dans la petite poche de son ventre, c'était une sorte d'amour, une passion négative, beaucoup plus forte que l'autre, bon Dieu il aurait pu prendre la table et l'écrabouiller dans ses mains, démolir cette baraque à coups de poing, il avait des mains formidables, il aurait pu casser des arbres, son cri aurait foncé à travers la nuit comme un sous-marin atomique, il aurait pris Roxie et lui aurait enfilé n'importe quoi dans le cul, ses mains, la bouteille, son pied, des serpents, et elle n'aurait pas dit un seul mot, c'était tout juste ce qu'elle voulait, qu'on vienne s'occuper de son sacré cul, elles avaient toutes cette idée-là en commun. Franck s'était rendu compte très vite de ça.

Sans faire gaffe, il tira sur le joint que Bob lui avait glissé sous le nez, il trouvait ça toujours aussi dégueulasse mais il avait envie de fumer et il devait bien y avoir un peu de tabac là-dedans, la vieille empocha le lézard et rentra dans la maison, Bob se leva pour augmenter la flamme, il dit à Roxie :

– Hé, tu vois, ce soir on a des amis, demain ils seront peut-être partis, peut-être que tu pourrais te défoncer un peu et leur montrer ce que tu sais faire...

– Ho, je t'en prie, va te faire foutre, elle dit.

– Merde, il dit, pourquoi tu le ferais pas ?

– Laisse-moi, je suis fatiguée.

Franck sortit un paquet de billets de sa poche et le posa sur la table, sans dire un mot, Bob ouvrit des grands yeux, il tanguait d'avant en arrière puis il trouva un rythme très rapide en cognant avec le plat de ses mains sur ses cuisses, merde il dit, c'est comme si une trompette me soufflait dans les oreilles, oh mon vieux, tu as mis un bon paquet, j'espère qu'elle va le faire, oh Roxie, ne nous fais pas CHIER, je t'aime, tu sais que je t'aime, je vais te sortir de là mais il faut M'AIDER, et à ce moment-là un harmonica sortit de la nuit, Bob s'arrêta une fraction de seconde puis il reprit la mesure de plus belle, Franck se marrait, c'était tout à fait comme dans *Délivrance*, Lili avait pas arrêté d'en parler, le passage quand le mec joue de la guitare avec le taré, elle avait vraiment bandé avec ça, pas trop lui, et là c'était exactement la même ambiance sauf que Franck voyait plutôt deux tarés et il faisait nuit, il commençait à avoir froid maintenant, c'était deux jeunes types à la peau sombre, la même dégaine que Bob, ils s'avancèrent jusqu'au milieu de la cour, Bob rafla le fric en vitesse sur la table et le fourra dans sa poche, ensuite il se leva et leur fit signe de la main :

— Ouais, on va y arriver comme ça, il dit. Il lui faut de la musique.

Les deux types s'approchèrent, ils prirent place sur les marches, tournés vers le désert, Will était à moitié raide mort sur sa chaise, la tête tordue en arrière, et le Gros enfonçait la pointe de son couteau dans les planches, ensuite il tirait dessus, il faisait ça dans le sens des veines, Franck commençait à se sentir un peu mieux, il commençait à se foutre complètement de ce qui était arrivé, de temps en temps il suivait l'harmonica et alors il se tirait en arrière, il pouvait pas être partout à la fois, le type qui jouait pas s'était levé, il était passé derrière Roxie et lui caressait les nichons à pleines mains, Franck regardait ça, cette fille qui lui souriait, qui souriait plutôt dans le vide, la plupart pouvaient avoir ce genre de sourire, il en connaissait un morceau là-dessus. Franck remarqua le type qui le regardait aussi, il aimait pas cette gueule, et le type craqua un ou deux boutons de la robe et sortit les deux nichons.

– Elle est formidable, dit Bob. Elle sait mettre de l'ambiance.

Roxie se leva, peut-être qu'elle dansait un peu, peut-être qu'elle faisait juste que se balancer doucement, elle remonta sa robe au-dessus de ses hanches, avec ce genre de lumière sa peau paraissait lumineuse, en fait elle avait un sexe d'enfant avec très peu de poils, juste une petite touffe étroite sur le bord des lèvres, mais elle avait des cuisses incroyables, rondes et excitantes, et des hanches larges, le jeune mec s'avança vers la table et poussa tout ce qu'il y avait dessus dans un coin, des verres dégringolèrent et une langue de sauce gicla de la casserole, Roxie posa ses fesses sur le bord et ses pieds décollèrent du sol, elle rejeta la tête en arrière en ouvrant les cuisses, elle se les massait en même temps. Le mec déboutonna son froc en rigolant d'une manière aiguë, un bruit vraiment insupportable, il s'était déjà mis en position entre les jambes de Roxie, juste sous la lampe, Franck jeta rapidement un coup d'œil derrière le banc, la Mauser était juste là, sur son sac, le cul du mec apparut dans la lumière. Franck se leva tranquillement, il attrapa le type par les cheveux et à toute vitesse il lui envoya son genou dans le ventre. Il le lâcha aussitôt et l'autre plia des genoux et disparut sous la table, Franck leur laissa même pas le temps d'arrêter la musique, en moins de deux il avait empoigné la Mauser et il attrapa Roxie par un bras.

Le Gros leva un œil mais il resta là sans broncher, simplement la musique avait ralenti et ils le regardaient, Roxie essayait de se dégager mais il serrait de toutes ses forces, il se décida pour la cabane du fond et ils traversèrent la cour pratiquement en courant, le cochon poussa un grognement épouvantable quand ils passèrent près de lui. Il la poussa à l'intérieur et referma la porte. Il la plaqua contre la cloison. Il voyait la baraque entre les planches, il les voyait sous l'espèce de véranda et pas un n'avait bougé de place, l'autre enculé se remettait à peine debout, ils étaient à environ une centaine de mètres, il y avait quelque chose de bizarre mais c'était simplement qu'ils avaient arrêté la musique, Franck s'en était pas rendu compte, il continuait d'écraser Roxie contre les planches, il s'appuyait de tout son poids sur elle en lui bloquant les jambes, elle lui dit à l'oreille :

– C'était pas la peine de faire ça.

Elle glissa une main vers son pantalon et appuya sur son sexe, Franck arracha la main et la cogna violemment sur le mur, elle cria et il recommença. Juste à ce moment-là, tout plongea dans l'obscurité, un petit malin avait dû s'occuper de la lampe, il y avait juste une petite lueur jaune dans la baraque, là où se trouvait la vieille, il voyait plus les autres, qu'est-ce que ça voulait dire cette connerie, il laissa passer une ou deux secondes et cria :

– Hé, Gros, qu'est-ce que tu fous, qu'est-ce qu'il y a ?

Il entendait du bruit mais le Gros répondait pas, bon Dieu il avait pas du tout prévu ça, tout au plus une bonne bagarre avec l'autre abruti, il se mordit doucement les lèvres et puis il y avait cette fille collée à lui, il lui remonta son genou entre les jambes.

– Tu me fais mal, elle murmura. Je préfère que tu t'y prennes autrement.

– HEY GROS ! BON DIEU WILL ! QU'EST-CE QUE VOUS FOUTEZ, MERDE ! !

Maintenant, il y avait vraiment un silence de mort, il aurait pu entendre le craquement d'une brindille, son œil s'était complètement accoutumé à l'obscurité, il était raide mais il pensait qu'il était juste en pleine forme, des fils d'argent descendaient le long de son bras et le soudaient à la Mauser, le prolongeaient, il se sentait calme alors que Roxie commençait à se laisser vraiment aller, Franck la tenait mais il sentait comme elle pesait sur son bras et elle le regardait fixement, les nichons à l'air, ce genou entre ses jambes, elle se cacha les yeux derrière sa main, elle lui dit :

– Laisse-moi sortir, je t'en supplie, laisse-moi sortir...

Il rigola, la dernière fois, Lili lui avait demandé la même chose.

– Je crois que tu as plus de chances en restant de mon côté, il dit.

– Après, on le fera autant que tu voudras. Je vais leur parler.

– En fait, j'ai pas spécialement envie de te baiser.

– Tu dis ça.

– Non. Ce type m'a énervé. Toi aussi. Et on a fini de m'emmerder, c'est simplement pour ça. Je sens plus rien du tout.

– Ecoute, ils sont fous, dehors, je les connais, ils sont cinglés ces deux mecs, ils ont rien à perdre.

– Ouais, et tu crois pas que ton frangin fait partie du lot ?

– Je veux pas mourir ici, elle dit.

– Peut-être qu'on va pas mourir. En arrivant, j'ai su que ça irait mal.

– Ils auraient attendu la nuit pour te dévaliser, ils l'ont déjà fait, c'est à cause de cet enfer.

– Je te demande rien, il dit. J'en ai rien à foutre de toi.

Elle frissonnait, c'était pas parce qu'elle avait froid, et elle parlait en pleurnichant à moitié, il y avait un petit filet de panique sur sa langue, c'était plutôt écœurant, elle se retrouvait avec des paquets de salive collante dans la bouche, le genou lui faisait mal, elle se tortilla :

– Ça me fait mal, elle dit.

– Quand le jour va se lever, ils auront plus aucune chance, ça va aller vite. Je me demande si tu vas aimer ça ?

Il s'écarta d'elle et elle se laissa glisser sur le sol.

– C'est con, il dit. C'est quelque chose comme ça que j'aurais voulu trouver, ils auraient pu s'arrêter dans un coin comme ça, j'en suis sûr, j'avais imaginé un truc dans ce genre-là.

– Après, tu m'emmèneras, elle dit.

– Oui, c'est comme dans les films.

– Fais-moi passer la frontière, tu peux faire ça.

– C'est la même chose de l'autre côté.

– Comment tu peux SAVOIR ça ? Je te demande juste de le faire, seulement ça.

– D'accord. Donne-moi quelque chose.

– Qu'est-ce que tu veux ?

– N'importe quoi. Donne-moi quelque chose.

Elle se redressa doucement, à genoux elle enroula ses bras autour des jambes de Franck et appuya ses lèvres sur la bosse de son pantalon. Il la repoussa aussitôt, il recula même d'un pas.

– Non, il dit. DONNE-MOI quelque chose. Si tu trouves un truc que j'ai vraiment envie d'avoir, je suis d'accord.

Juste à ce moment-là, Bob se mit à gueuler :

– HÉ, TU VEUX QUE JE TE DISE OÙ TU ES, MON VIEUX ? IL Y A PAS UNE BARAQUE DANS CE COIN, PAS UNE SEULE, DEMANDE À ROXIE... HÉ DUCON, TU ATTENDS QUELQUE CHOSE ?

C'était marrant, Franck avait l'impression d'entendre ça comme dans un haut-parleur, il y avait une espèce de ronflement aussi.

– Avec quoi il fait ça ? il demanda.

– Ils ont mis le groupe en marche. Ils ont une sono mais c'est merdique, des fois ils font de la musique, ils jouent de la merde.

– C'est vraiment des cons, dit Franck.

– HO, ÉCOUTE-MOI... QUAND ON VA T'ATTRAPER, TU VAS BOUFFER TA BITE, MON VIEUX. TU IMAGINES UN PEU ÇA, CONNARD, TU VAS Y PASSER COMME TES COPAINS, C'EST COMME ÇA, MON VIEUX, OH TIENS-TOI PRÊT, HHOOOUUUUUUUU HHOOUUUUUUUUU TIENS-TOI PRÊT, MON GARS... !

Roxie se leva, elle se frotta les bras et avança vers le

fond de la cabane, il l'entendait trifouiller dans le noir, il se déplaça légèrement sur le côté :

– Qu'est-ce que tu fous ? il demanda.

– Je cherche quelque chose pour toi. Tu vas m'emmener.

– Quelle heure il est, tu crois ?

– Je sais pas. Trois heures, quatre heures, j'en sais rien.

– Je dirais plutôt quatre heures. Je voudrais qu'il s'arrête de faire nuit.

– Regarde, elle dit. J'ai toutes mes affaires ici. Elles sont toujours prêtes. C'est ce que j'aimerais emmener, je ne fouille jamais là-dedans, je ne veux pas y penser.

Il s'approcha et Bob qui gueulait pendant ce temps-là :

– HÉ ! DONNE TON FRIC À ROXIE ET ELLE NOUS L'APPORTE... PEUT-ÊTRE QU'ON TE LAISSERA FILER COMME UN LAPIN, MON VIEUX !!!

Elle avait ouvert une petite malle en fer, un truc de l'armée, Franck voyait quelques fringues et tout un tas de bordel.

– Tu vois, elle dit, chaque fois que je trouve quelque chose que j'aime, je le mets avec les autres. Je vais te donner ce que j'aime le plus, je pourrai pas faire mieux.

Elle resta un instant sans bouger puis elle plongea sa main dans ses trésors.

– Il croit que tout est facile, dit Franck. Il s'y voit déjà.

– Voilà, elle dit.

Elle lui tendait une petite bouteille, c'était du N° 5 de Chanel, elle était aux trois quarts pleine.

– C'est bon, il dit. C'est d'accord.

Il dévissa le bouchon et commença à s'en verser sur la tête, il secouait le truc pour que ça aille plus vite et le parfum lui brûla les joues, dégoulina sous son menton, tous ses cheveux étaient collés maintenant et il continuait, il aspergeait sa chemise et son froc, elle le regardait sans bouger, sans respirer, dans un silence absolu sauf le git git git git git git de la bouteille et le N° 5 soulevait pratiquement la baraque.

– Merde, c'est dégueulasse, il dit.

Juste à ce moment-là, une balle traversa la porte en bois et le coup de feu sonna pendant plusieurs secondes à leurs oreilles, Roxie recula vers la cloison et se laissa glisser par terre, elle remonta ses genoux sous son menton et elle se boucha les oreilles, elle se payait une sacrée grimace, sûrement douloureuse.

– TU NOUS PRENDS POUR DES CONS, C'EST TOI LE CON. ON PEUT T'AVOIR DE TRENTE-SIX MANIÈRES, JE VAIS TE DIRE, ON EN A RIEN À FOUTRE DE T'ENVOYER EN L'AIR, SORS-LE TON FRIC, ATTENDS PAS QU'ON S'ÉNERVE, GROS MALIN, HÉ, TU M'ENTENDS, T'ES EN TRAIN DE LA BAISER OU QUOI ?

Franck cligna de l'œil à Roxie puis il s'avança vers la porte et l'ouvrit doucement. Avant de se glisser dehors, il se tourna vers elle :

– Tu vois, il dit. Ça t'a pas coûté grand-chose...

– Tu as rien compris. Je plaisantais pas.

– Qu'est-ce qu'il y a de difficile à comprendre ? Y a rien à comprendre.

– Va te faire foutre, elle dit.

– Les trucs, comment ça marche ? il demanda.

– Quoi ?

– Tout ce bordel, là-haut, les projecteurs. Il me faut de la lumière.

– A droite, sur le côté de la baraque, il y a un panneau. C'est le bouton du haut.

Il sortit accroupi sur les jambes, il se dirigea vers les carcasses de bagnoles, d'où il était il pouvait voir la masse sombre de la baraque, il y avait toujours une fenêtre allumée, ça faisait un sacré bout à découvert à moins de s'enfoncer du côté des arbres, l'horizon commençait à s'éclaircir doucement, une bande bleu pâle, mais on y voyait pas grand-chose, il fallait qu'il arrive jusqu'à ces foutus projecteurs et juste à ce moment-là un des trois abrutis passa tout près de lui, sans le voir, il avançait plié en deux, doucement, il se redressa juste près de la porte de la petite cabane.

C'était vraiment des cons, Franck se retrouva juste derrière le mec, il aurait pu le descendre depuis un petit moment mais il tenait pas sa Mauser comme il fallait, il avait le canon dans les mains et ce poids au bout de ses bras c'était toute sa force multipliée par cent, ce mec il allait pas le tuer, il allait le démolir complètement, il avait pas fait le moindre bruit mais il puait tellement, c'était tellement fort que l'autre se retourna, c'est la vie qui veut ça, quand c'est trop tard elle adore vous envoyer le Dernier Signal, elle vous fait ce cadeau, mais on peut prendre ça pour une saloperie de sa part. La tête du type explosa littéralement contre les planches, Franck aurait été incapable de faire la différence entre le craquement du bois et des os, une giclée de sang sortit d'une oreille du mec et frappa Franck en pleine poitrine, il regardait ça d'un air dégoûté pendant que l'autre glissait comme une nouille cuite, à mi-course le type appuya sur la gâchette de son revolver et se transperça le pied. Franck ramassa l'arme, c'était un P. 38 avec des plaquettes de poignée en bois sombre, incrusté de jade, le Gros était fou du jade, il avait passé des soirées entières à faire ça, dans la foulée, juste après son ceinturon, il y a des trucs qui accrochent vraiment les gens sans raison, ça peut être n'importe quoi mais personne doit rigoler avec ça à moins d'être vraiment con et la magie peut rien du tout contre ça, il glissa l'arme dans son froc et, la tête complètement vide, il fila vers les arbres, la crosse de sa carabine était toute poisseuse et tiède, il essuya ses mains sur ses cuisses.

— HÉ, MACHIN, gueula Bob, ON VA TE SORTIR DE LÀ, TU AS PAS L'AIR TRÈS FUTÉ DIS DONC, MAIS JE COMPRENDS ÇA, CE FRIC NOUS REND TOUS MALADES, JE COMPRENDS QUE TU VEUILLES PAS LE LÂCHER COMME ÇA, TU AS RAISON. ON A RIEN CONTRE TOI MAIS C'EST CE FRIC, TU VOIS ÇA, ET TOI TU NOUS SERS À RIEN, TU NOUS FAIS PLUTÔT CHIER, JE DIRAIS, HÉ ON

EST TOUS VACHEMENT EXCITÉS, VA FALLOIR QU'ON BOUGE NOTRE CUL MAINTENANT, ALORS ON ARRIVE, OUVRE BIEN TES YEUX, MON POTE !

Franck bougeait pas, il avait le doigt posé sur le bouton du haut, il essayait d'imaginer les deux connards dans la baraque, le temps de respirer un bon coup, de poser le micro, le temps de sortir, ils devaient quand même pas être trop pressés, il essayait même pas de regarder, il faisait encore trop sombre, il fixait ses pieds, il s'imaginait la cour avec les deux mecs qui commençaient juste à traverser, il attendait qu'ils se trouvent en plein milieu, il se demandait s'il déconnait pas. Quand il appuya sur le petit truc, trois mille mètres cubes de lumière artificielle dégringolèrent dans la cour, Franck les repéra en une fraction de seconde, Bob était encore sur les marches, l'autre était presque arrivé au milieu, il était à une quinzaine de mètres de Franck, il ouvrit des yeux ronds, Franck était couvert de sang et ça on peut dire qu'il aurait cassé les nerfs des plus cinglés, c'était une ambiance plutôt étrange, le type poussa un cri et Franck le quitta pas des yeux, quand il tira, son corps tout entier partit légèrement en avant pour accompagner le coup, c'est une connerie de penser qu'il n'y a qu'à l'arme blanche qu'on peut avoir un bon contact avec l'autre, Franck, chacune de ses balles était comme le bout de ses doigts, comme son poing, il atteignit le mec en plein ventre, sans viser, et l'autre décolla du sol, il fit deux tours sur lui-même avant de retomber sur le sol, on aurait dit qu'il venait de faire un arrêt de volée avec un météorite.

Le temps que Franck fasse les conneries d'usage, se jeter dans les broussailles et rouler dans un coin plus tranquille, et ça dans un minimum de temps, cramponné autour de sa Mauser, Bob avait foutu le camp, il était retourné à l'intérieur, et ça c'était plutôt très emmerdant, Franck connaissait rien du tout à cette baraque, les sorties, les planques, toutes les merdes, ça lui collait un sacré handicap, en plus il avait trouvé le moyen de s'érafler la joue, ces foutus machins étaient pires que la couronne du Christ, oh Seigneur, il se mit à penser à une femme, sans aucune raison, une femme sans visage, rien qu'une présence et TOUT, autour de lui, passait du mauvais côté, il se retrouvait dans un monde et ça pouvait être n'importe quoi, ça pouvait être comme l'intérieur d'un ventre de femme, il pouvait même imaginer une connerie pareille et bon Dieu pour lui ça voulait vraiment dire quelque chose, il trouvait que tout devenait mou et glissant et cruel, il envoyait des signaux dans le vide et rien ne lui répondait, il y avait rien de son monde à lui ici, il avait pas peur, c'était un peu la même chose avec les méduses, il connaissait ça, il en avait attrapé une fois dans un filet, il avait laissé tomber le truc à ses pieds, sur le sable, et tout ce bordel fondait au soleil, cette saloperie, ça lui faisait pas peur mais il aurait pas voulu la toucher avec ses doigts pour tout l'or du monde et là il se trouvait dans un coin et il faisait NUIT, il faisait HUMIDE, ça sentait LA TERRE qui se réveille et l'autre s'était CACHÉ, LA LUMIÈRE, LA DOULEUR, LA MORT, LA VIE, LA MERDE C'EST QUAND UNE FILLE VOUS OUVRE SES JAMBES, PARCE QUE VOUS NE SAVEZ PAS OÙ ELLE VEUT EN VENIR !!

En pensant à tout ça, Franck s'était attrapé une suée et il fallut un petit moment avant que son esprit se remette à fonctionner proprement, bon le jour commençait à venir tout doucement et ça c'était important car, en dehors de la cour, tout le reste était plongé dans l'ombre, il s'éloigna un peu de la maison. Juste derrière les arbres, la ravine se rétrécissait à toute vitesse, il grimpa sur le petit versant qui passait derrière, des tas de cailloux jaunes dégringolaient sous ses pieds, c'était pratiquement impossible de pas faire de bruit, mais c'était, bon Dieu, c'était quand même le seul truc qu'il pouvait faire, faire le tour de cette maudite baraque, il tenait la Mauser à bout de bras, de l'autre il s'aidait pour éviter de s'envoyer en l'air, il repéra la fenêtre de la chambre où il avait baisé Roxie, il y en avait une autre, plus loin, et c'était tout ce qu'on pouvait voir de plus, il y avait pas de porte, des grandes plaques de tôle clouées par endroits, embouties par le coquillage de la Shell, pétées par la rouille.

La lumière de la pièce principale arrivait jusqu'à la fenêtre de Roxie, il y avait personne derrière, mais en passant devant la deuxième il mouilla un peu, il se carapata en tenant son arme braquée sur le trou noir, en moins de deux il était arrivé de l'autre côté de la baraque et il y avait une chance pour que cet enculé soit planqué à l'intérieur. En courant, il retourna jusqu'à la cabane, en évitant la lumière, des fois il mettait un pied dedans. Il poussa le type étendu devant la porte, Roxie avait pas bougé d'un cheveu, il rentra à l'intérieur.

– On va attendre un peu, il dit. Il va bientôt faire jour. Mais peut-être qu'il va se pointer avant, s'il croit que je suis autour de la baraque peut-être qu'il va se dire que je viendrai pas le chercher ici, il va venir voir ce que tu fous, ça va se passer comme ça alors ne bouge surtout pas, ne lui dis pas un mot, ensuite on fera comme on a dit, on partira tout de suite.

Il s'installa en face de Roxie, du côté opposé, il savait que Bob allait venir, il était calme mais il était quand même pressé d'en finir, son crâne était vide sauf de temps en temps le bus jaune qui éclatait comme un flash, ça lui faisait ni chaud ni froid, c'était une question de temps et du temps, il en avait plus rien à foutre, ce truc-là pouvait même plus l'effleurer, il était déjà au ciel ou en enfer, il avait l'éternité et on peut penser n'importe quoi là-dessus.

D'abord, il entendit la putain de voix qui miaulait derrière la porte :

– Roxie... hé Roxie, merde...

Franck jeta un coup d'œil sur la fille, c'était encore la pénombre dans la cabane mais il voyait la forme générale, elle tenait toujours sa tête penchée entre ses jambes, les mains à plat sur les oreilles et l'autre con avait enfin ramené ses fesses jusque-là, oh Jésus, il prenait une petite voix ridicule pour appeler sa sœur et Roxie en avait rien à foutre, elle pouvait rien voir, rien entendre, son cul était aussi dur que le sol de terre battue, elle était glacée, elle avait mal partout, en fait plus rien l'intéressait, elle s'était larguée exprès.

La porte s'ouvrit tout doucement et du bon côté pour Franck, il vit Bob entrer au bout d'une minute, à quatre pattes et la lumière du jour coincée entre les jambes, un beau rouge. Bob se dirigea tout de suite vers elle, il avait un revolver dans la main, il cogna un petit coup avec sur la tête de Roxie :

– Hé alors, MERDE, il dit... tu peux pas répondre?

Il s'assit à côté d'elle, sur les talons, il le savait pas mais il aurait pas pu trouver une plus mauvaise place pour lui, don Juan disait à Carlos, hé man, jette un coup d'œil en vitesse par-dessus ton épaule et tu verras ta mort et c'est vrai, c'est exactement ce qu'aurait vu Bob à cet instant précis, sa mort toute parfumée, toute souriante, avec ce fusil à éléphant et cette flaque de sang au milieu de la poitrine, sa mort qui s'approchait en silence, mais il avait encore deux ou trois choses à dire :

– Merde, il nous fait chier, il grogna. Hé, tu m'entends, sans toi je foutais le feu, je te le jure, je le faisais cramer ce mec et ce qu'il branle, tu veux me dire ce qu'il est en train de branler maintenant? Merde, merde, MERDE!

Roxie leva les yeux. Elle regarda Bob et puis Franck qui se tenait debout derrière lui. Avant que Bob comprenne qu'il y avait QUELQU'UN dans son dos, Franck lui appuya doucement le canon de la Mauser sur la joue, juste contre les dents, ses dents en argent.

– T'es vraiment le roi, hein? lui dit Franck. Bon, lâche ce truc et pose tes mains par terre.

Bob remua pas tout de suite, Roxie le regardait mais elle avait plutôt les yeux dans le vide, il était pourtant tout près et son corps irradiait comme une pile surchargée, comme un mec mort de trouille et qui transpire de chiasse et qui laisse une flaque d'eau autour de lui et qui meurt des milliers et des milliers de fois en une seconde et qui se met à puer, oh Seigneur, elle arrivait à passer par-dessus ça, elle glissait au travers des yeux épouvantés de Bob, elle lui dit :

– Il m'emmène.

Franck s'écarta un peu à cause de Roxie, il devait changer d'angle, il tira dans l'oreille de Bob et l'autre s'écrasa contre la cloison, c'était comme s'il avait éclaté, du sang et des trucs partout, peut-être dix secondes après, Roxie se passa un doigt sur les lèvres, quelque chose de collant lui avait atterri sur un coin de la bouche, elle regardait tout droit devant elle et ce truc l'avait dérangée.

Il était pas loin de la porte, peut-être à deux mètres, et il était très tôt, il avait pas beaucoup l'habitude du petit matin, de cette lumière et la brume posée sur le sol, il y avait plus un bruit, c'était comme une coupe au ciseau dans le temps et il regardait ça, les paquets de brume qui avançaient dans la cabane et roulaient jusqu'à ses pieds, il regardait les petites gouttes en suspension qui se bousculaient, il avait pas envie de faire le moindre geste. Il s'avança quand même vers la porte et s'arrêta sur le seuil, le jour arrivait droit devant lui, il ferma légèrement les yeux, il sentait la fatigue qui l'enveloppait, qui lui tombait dessus, il y avait encore tellement à faire, rattraper les autres, le bus qui fonçait, et d'abord sortir de ce trou, trouver une bagnole, il regarda Roxie, la frontière était pas spécialement sur son chemin, il devait plutôt s'enfoncer vers l'intérieur du pays mais il en avait rien à foutre de cette fille, on l'avait blindé contre ça.

– Il parlait d'un copain qui devait venir avec une bagnole, il dit.

– Oui. Tout à l'heure.

– Bon, j'aurai peut-être besoin de toi.

– Tu me laisseras pas ici, elle dit. T'es vraiment un salaud mais tu m'abandonneras pas ici.

Il rigola :

– Qu'est-ce qui te fait croire ça ?

– Merde, c'est comme si tu pensais tout haut, elle dit. Je te demandais pas grand-chose. Qu'est-ce que ça peut te faire ?

Il resta silencieux un instant, il regardait dehors, toute la cour et une partie de la baraque, le cochon écroulé au pied des marches, le silence qui portait à des kilomètres comme des flèches invisibles.

– Ecoute, il dit. Je peux te faire une proposition...

Il sortit dehors. Juste un pas. En la voyant, il ouvrit la bouche et avala une grosse boule d'air épais et parfumé à l'eucalyptus, elle s'était planquée juste derrière la porte, elle tenait ce hachoir dressé au-dessus de sa tête et une mèche de cheveux gris lui tombait sur l'œil, le bras s'abattit à toute vitesse, l'effort tordait la vieille bouche, elle avait même pas dit un mot, oh bon Dieu, il avait plus du tout pensé à elle, il s'écarta en levant un bras devant ses yeux et c'est vrai, sur le moment on sent rien du tout, tout juste si c'était un peu chaud mais il avait fait un tel bond qu'il tomba à la renverse avec son moignon qui pissait comme un tuyau d'arrosage.

La vieille allait le frapper une nouvelle fois, il se trouvait sur le dos et il avait pas lâché la Mauser, il tira et un des deux gros nichons de la bonne femme explosa sous ses yeux, il ramena ses genoux sur son ventre avant qu'elle s'écroule sur lui, le front de la vieille femme s'écrasa sur sa bouche et lui éclata la lèvre. Il sortit de là-dessous à une vitesse incroyable, en poussant un couinement aigu, il avait jamais poussé un cri aussi merdeux, il se leva et retomba à genoux, à moitié plié en deux, il avait toujours pas lâché son arme et alors seulement il commença à hurler pour de bon et son corps s'ouvrit complètement à la douleur, il pouvait rien faire contre ça, le truc se gonflait comme un champignon atomique, il serrait tellement les jambes qu'il se mit à pisser dans son pantalon, une ou deux fois il regarda sa blessure sans rien comprendre, il sentait juste qu'il allait s'évanouir ou dégueuler ou chier ou mourir, mais n'importe quoi serait venu à son secours, il pleurait comme un con.

7

Joël avait quand même trouvé le moyen de placer ses fameux spaghetti, Ned regardait ces saloperies qui fumaient dans son assiette et les trois kilos de sauce tomate lui envoyaient de furieux coups dans le ventre, il faisait nuit, Carol avait avalé les somnifères sans broncher et ils l'avaient installée dans une chambre, Tina était restée près d'elle et Henri se bouffait les ongles. Entre chaque bouchée, Joël les regardait du coin de l'œil.

– Il faut pas attendre, il dit. C'est pas bon, froid.

C'était plus facile de faire le con que d'aligner une toute petite phrase, Ned planta sa fourchette au milieu et commença à tourner tout doucement, en trente secondes toute la plâtrée était enroulée autour de la fourchette, il fut le dernier à en rire, le premier à en pleurer.

– Qu'est-ce que tu vas faire ? demanda Joël.

– Tiens, je vais me le carrer dans le cul, ouais...

– Ça bien sûr, non, mais la fille... ?

Ils laissèrent un peu de silence flotter là-dessus, c'était pas quelque chose de gênant, c'était un truc doux comme de la plume et transparent, ils se regardaient et la mort avait plus du tout ce goût écœurant, pour un peu Ned aurait pu manger pratiquement quelques pâtes, il but son verre de vin et l'envie de se saouler la gueule lui arracha un sourire, ah ça Seigneur, c'était vraiment la chose la plus intelligente à faire, bon, il se leva et se dirigea vers la porte.

– Où tu vas ? demanda Joël. Elle doit commencer à puer.

Ned leur tournait le dos, il s'arrêta net, enfonça ses mains dans les poches arrière de son jean et renversa la tête, il rigola, un petit rire sec :

– Oh mon Dieu, il dit, ce type est pourri de délicatesse, pourquoi est-ce qu'il est si con ?

Joël lança un regard vide à Henri :

– Hé, qu'est-ce que j'ai dit encore ?

Ned sortit en claquant la porte. En descendant les escaliers il essayait de se demander si ce truc-là était possible, si elle pouvait pourrir aussi vite, il arrivait pas à se rendre compte, des fois ça lui était arrivé d'acheter de la viande et de l'oublier, il se souvenait même plus au bout de combien de temps le truc se mettait à sentir, il l'enfonçait tout au fond de la poubelle avec son pied, parfois, rien qu'à l'idée de ce qui l'attendait, il pouvait ne pas rentrer pendant plusieurs jours et il se retrouva en bas sans avoir pu tirer cette histoire au clair, si elle puait ou si elle puait pas.

Il s'appuya contre le bus et alluma une cigarette, il faisait juste chaud mais il trouvait ça bon, peut-être même qu'il aurait aimé une bonne pluie, comme il faisait nuit il pouvait respirer un peu, deux filles s'amenaient vers lui, elles chahutaient sur le trottoir, il y faisait pas attention. Ces deux filles, elles devaient être bourrées de quelque chose mais il y avait tellement de trucs qui circulaient, des machins inimaginables, on pouvait plus savoir, n'empêche qu'elles étaient excitées, une brune et une blonde, la bonne mesure, elles essayaient de faire parler tout leur corps, elles s'arrêtèrent devant lui.

– Hé, dit la blonde, bon Dieu chérie, regarde ça, on en a trouvé un !

– Ça cache quelque chose, dit l'autre. Peut-être qu'il cherche un trou du cul ?

– Eh ben, qu'est-ce que ça fait ? On en a un, nous, un trou du cul, NON ?

Ned leva un œil sur les deux filles, la blonde avait les poings sur les hanches et la brune tenait son petit sac à deux mains, il pendait entre ses jambes, elle faisait sale, sa copine faisait plutôt disco, la connerie mélangée au mauvais goût, ça faisait rien, Ned en avait rien à foutre de ces deux nénettes, il comprenait pas ce qu'elles voulaient, il attendait qu'elles se tirent pour se remettre à réfléchir, il trouvait ça normal que les gens aient envie de déconner à mort, et elles pouvaient pas savoir.

– Hé, mais t'as vu, il est planté comme un piquet, il attend peut-être que ça lui tombe du ciel, hé machin, tu nous paierais pas un verre, tu veux pas aller dans un coin avec de la musique, on va pas se faire chier ici...

– Peut-être qu'il nous trouve pas assez bien pour lui, peut-être que c'est un drôle de numéro, ce mec...

– Hé, pourquoi tu dis ça ? demanda Ned. Pourquoi tu viens me faire chier ? Vous devriez continuer un peu, faire deux ou trois cents mètres, y a plus de monde par là-bas. Je suis sûr que vous valez le coup.

– Merde, dit la brune, ça tu peux croire qu'on vaut le coup. On le savait avant que tu nous le dises. Et toi t'es sûrement un radin ou que dalle, les mecs faut qu'ils soient au moins deux pour faire les malins.

La blonde était pas très loin de lui, en riant elle avança une main vers les couilles de Ned, il la repoussa brutalement. La fille grimaça de colère, ce coup sur sa main, ça lui avait pas plu du tout, merde, la nuit ces filles-là étaient les reines, des ambulances sonnaient dans tous les coins de cette putain de ville, des mecs dégringolaient sur les trottoirs, oh SEIGNEUR ! les yeux de cette fille c'était un avant-goût de la folie et elle lui souriait, maintenant.

– Pourquoi ? elle dit. Elles sont en or ?

Ned leur tourna le dos et croisa ses bras sur le bus, il posa son front dessus, il se mordit les lèvres, il entendait les filles qui se marraient dans son dos, qui continuaient à débiter leurs conneries, il comprenait pas ce qu'elles disaient, il commençait à être soulevé par ses nerfs, c'était un peu facile, il se sentait pas très fier de ça, ces deux connes allaient payer pour Lili, mais il y a des moments où il faut valoir moins que rien pour s'en tirer, quand il se tourna avec un sourire dégueulasse, les deux filles avaient foutu le camp, elles faisaient tourner leurs corps au coin de la rue.

Oh bon Dieu, la portière du bus, il l'arracha littéralement et il sauta sur le siège avant, quand il déboîta, sans lumière et les avant-bras bloqués sur le volant, un mec évita la catastrophe en grimpant sur son frein, c'était une voiture de l'année mais le type passa quand même à travers le pare-brise à cause d'une camionnette qui venait de se glisser dans sa malle arrière. Ned remonta toute la rue avant d'envoyer un coup de poing sur le bouton des phares et maintenant il LA sentait vraiment derrière lui, le rétro était plus glacé qu'un trou noir mais elle était là et alors il recommença à penser à l'odeur, ses narines paniquaient, il sentait rien mais ça pouvait arriver d'une seconde à l'autre, comme une déchirure dans la combinaison d'un scaphandrier et il y avait qu'une seule solution à ça, en fait c'était pas très cher payer pour ce que ça vous apportait, lui il se connaissait, il savait qu'une seule bouteille pouvait faire l'affaire. Il se trouva un coin pour arrêter le bus, il aplatit un billet sur la caisse et sortit du magasin au pas de course, il s'arrêta au milieu du trottoir et siffla la moitié de la bouteille de gin, il pouvait faire ça avec le gin, c'était un alcool facile. Une vieille s'était arrêtée à côté de lui pour le regarder, elle secouait la tête comme une cloche vide.

– Comment ça fait d'arriver jusque-là ? il demanda.

La vieille continuait à le regarder sous les trous de nez sans répondre, ensuite elle agita une main en rigolant :

– J'ENTENDS RIEN !! J'ENTENDS RIEN DU TOUT !! elle

gueula. APPROCHE-TOI, QU'EST-CE QUE TU RACONTES, MON GARS???

Ned retourna vers le bus, il tenait la bouteille à bout de bras et il y voyait plus rien. Rien du tout.

Il s'installa derrière le volant et s'envoya doucement le reste de la bouteille, hhoouuuu il se sentait tout chaud d'un seul coup et il commença à voir du monde sur les trottoirs et les magasins allumés, il y avait du bruit, ça paraissait plutôt vivant, il s'essuya le front, il LUI dit tout haut, sans se retourner :

– Bon, qu'est-ce que je vais faire de toi? Essaye un peu de m'aider...

Il alluma la radio, il y avait une toute petite musique là-dedans, il en profita pour passer une jambe par-dessus le siège, il s'arracha la moitié du crâne sur le plafond et il s'avança vers elle.

Il la voyait pas bien, elle était perdue sous des tonnes de couvertures, il trouva d'abord son bras et il dégagea le reste en vitesse, c'était un beau corps de femme, un tee-shirt blanc et un jean serré, il la trouvait magnifique comme ça, il la souleva dans ses bras et regagna l'avant du bus.

Toutes ces filles, elles avaient ces trucs incroyables, des nichons, et pendant qu'il l'attachait sur le siège avant, juste à côté de lui, ces deux machins fabuleux glissaient contre ses mains, il les tripota franchement une seconde mais il manquait la respiration de la fille tout près de son oreille et cette sensation qu'on a qu'elle va se casser en mille miettes si on déconne, c'était des nichons irréels et sans vie, il bandait même pas. Il lui attacha les cheveux en arrière aussi, comme ça il pouvait voir son visage, ça le faisait chier de tomber dans cette sensiblerie écœurante mais c'était pas défendu de se faire du bien de temps en temps, s'il avait pas été bourré, peut-être qu'il se serait senti l'œil un peu humide mais là il se mit carrément à chialer, houuhhoouuuu il faisait, c'est bon d'être bourré ou alors bien raide, bien secoué, qu'est-ce que peut faire la tristesse contre ça, elle peut seulement s'en sortir avec le grand jeu et tenter de vous démolir une bonne fois mais la seconde d'après vous vous mettez à pisser dans son dos, ça peut pratiquement durer comme ça une partie de la nuit, ça s'appelle la scène du Grand Déchirement, elle avait le menton appuyé sur la poitrine, il resta un moment hypnotisé par une toute petite oreille, blanche comme de la porcelaine et plus parfaite qu'un mantra, il couina avant de démarrer, la rue c'était un truc qu'il aurait pu briser entre deux doigts.

Oh bon Dieu, oh non, non, à un carrefour il tomba nez à nez avec Félix, oui, le genre de type que vous pouvez imaginer et il faillit bien l'écraser, oui il y avait ces bordels en travers de la rue et ces cons-là pensaient traverser entre DES MURS DE TROIS MÈTRES D'ÉPAISSEUR, il freina juste au dernier moment et Félix sembla devenir fou de rage, il balança un coup de pied au-dessus du pare-chocs, KKAAANNGG, dans les grilles du radiateur, ensuite il leva des yeux féroces et reconnut Ned. Sa grimace se transforma en sourire, il cavala jusqu'à la portière du bus en gueulant HO HO HOOOO et il donna des grandes claques sur le carreau, Ned pensa merci mon petit carreau chéri.

— HÉ DUCON, brailla Félix. TE VOILÀ!! OUVRE-MOI CE BORDEL!!

Il faisait des grands signes, il avait l'air content de voir Ned, il essayait de défoncer ce putain de carreau. Ned lui fit des gestes découragés, il remua les lèvres comme on parle à un sourdingue, il murmura :

— Je peux pas, j' te jure, je peux pas, c'est bloqué.

— HÉ MAN, VAS-TU OUVRIR CETTE CONNERIE, HEY, NE CHIE PAS!!

— Ouais, laisse-moi tranquille, mon vieux, fous-moi un peu la paix...

Mais sur la gueule de Ned, on pouvait plutôt lire oh mon vieux Félix, c'est une catastrophe, j'aimerais tant te serrer dans mes bras mais cette bagnole est CONTRE NOUS.

— HÉ, continuait Félix, MAIS QU'EST-CE QUE TU FOUS??? C'EST UNE NOUVELLE CONNERIE, QU'EST-CE QUE T'INVENTES ENCORE???!!

Il cognait sur ce foutu carreau, il faisait bouger tous les reflets, toutes les petites taches de lumière, il faisait des grimaces épouvantables et ce putain de feu endormi sur le ROUGE, Ned s'accrocha au volant et regarda droit devant lui, il entendait presque plus rien, ça allait mieux maintenant, il aurait pu attendre comme ça pendant des heures et des heures dans sa bulle de Securit et siffler *Don't cry, sister cry* ou quelque chose du genre. Quand le feu passa au vert, il n'y avait plus que ces coups sourds et même il jeta un coup d'œil sur elle avant de démarrer, de ce côté-là c'était plutôt le silence, un silence dur et glacé, imaginez quelque chose sous la neige, encore plus chiadé que *la Petite Marchande d'allumettes* avec des lames de rasoir dans les arbres et un torrent bleu-vert complètement gelé, très compliqué, vous pouvez voir un filet de flotte qui circule et qui suce le grand esquimau translucide, voilà le genre d'image qui traversait son cerveau, chaque fois qu'il passait une vitesse elle basculait un peu en avant et ses cheveux dégringolaient comme des pièces quand vous avez aligné les bons numéros, il déraillait complètement.

Il conduisait comme un con aussi, ces sacrées lignes blanches zigzaguaient devant lui et des fois il se payait l'aile d'un mec ou un morceau de pare-chocs et les types pouvaient bien piquer une crise de nerfs, ou chialer le poing enfoncé sur le klaxon, il y faisait pas attention, il disait tu peux crever, enculé, il en avait vraiment rien à foutre de ça, la ville entière aurait pu cramer, il était ni heureux ni malheureux, il était empoigné par l'alcool et tout son esprit carburait, il était comme un cheval fou abandonné au milieu de l'orage et pris dans les clôtures électriques.

C'était juste une petite cabine dans un renfoncement, il jeta un coup d'œil dessus sans réfléchir, il regardait tout comme ça, il se demandait ce qu'il allait faire de lui, et d'elle aussi évidemment, il fouillait dans son cœur mais il pouvait pas aller très loin, il fallait qu'il remonte pour respirer, il savait que ça servait à rien, il avait choisi la voie la plus dure, celle qui vous remet le nez dedans à chaque fois et qui vous assouplit la nuque, c'était la Voie De La Main Avec Le Majeur Dressé, il roula pendant au moins deux cents mètres au milieu des merdes existentielles et le truc explosa dans son crâne comme un chocolat fourré à la liqueur d'orange, ouais c'était tout juste une de ces caisses en contre-plaqué qui vous pondaient LES PLUS BELLES PHOTOS DU MONDE. Il tourna au premier carrefour, dégringola une rue noire et encore une autre, un tour complet, il fallait qu'il se dépêche, l'envie pouvait lui passer d'un seul coup, il trouva une place juste devant, oui, et ses poches étaient pleines de monnaie.

– Oh, il dit, tu m'auras rien épargné.

Il la détacha, il la serra tellement fort contre lui qu'ils descendirent comme un type et une nana rendus fous par le désir, les gens ne trouvaient plus ce genre de truc bizarre, ils passaient sans les regarder, c'était une époque avancée, les scènes de pelotage n'intéressaient plus personne, les bonnes femmes dans leurs cuisines, elles pouvaient feuilleter une revue porno en vous préparant un potage déshydraté, les mecs couinaient dans le noir depuis qu'ils savaient ce qui pouvait se passer dans la tête d'une femme, c'était une époque où l'angoisse les rendait timbrés, ils avaient jamais autant parlé de leurs corps, ils en avaient jamais eu aussi peur, bon il avait passé le bras de Lili autour de son cou, il y avait juste le trottoir à traverser, ils étaient comme deux saucisses emballées sous vide marchant vers un pot de moutarde et le trottoir salivait.

Ça, on peut dire qu'il s'effondra là-dedans mais il réussit à installer Lili sur le siège et il se serra contre elle pour la retenir, il attrapa toute une poignée de pièces dans sa main, il avait chaud, la petite fente de la tirelire était au bout du monde et cette saloperie serrait les cuisses, il rigola quand la pièce disparut là-dedans.

Au premier coup de flash, il se raidit dans le fond de la cabine, il se rappelait plus qu'il y avait ces merdes, en fait il resta pratiquement une demi-heure dans ce machin, douché par les éclairs et les ronronnements de la machine et il était plutôt bien là-dedans, il avait chaud contre elle, c'était comme si elle était pas complètement morte, il cherchait des poses, il embrassait ses lèvres en lui tenant la tête penchée en arrière, il l'attrapait par les cheveux, un machin hollywoodien, il espérait qu'on verrait pas son bras, ou celle-là, Ned et Lili en train de se regarder, en train de se dévorer l'oreille, en train de discuter, bon Dieu cette fille devait être photogénique, il était content qu'elle soit aussi belle, ça lui paraissait naturel qu'elle ait encore les yeux ouverts et ça lui paraissait normal aussi qu'elle soit morte, elle avait même un regard profond et doux, c'était pas une fille qui battait des cils et elle ne disait rien, mais bon, il l'écoutait pas, il s'occupait de faire marcher la machine, clac clac clac et mon vieux d'une seule main et bourré et déchiré en mille miettes, il se marrait pour des riens, il avait trouvé deux ou trois bonnes grimaces dans les moments trop forts et il l'aurait pas juré mais elle souriait, clac clac clac, cette connerie lui coûtait une petite fortune.

Ces cons ils disaient quatre minutes et même cinq ou six il s'en serait pas rendu compte, il aurait rien dit, il avait déjà enfilé quelques bandes encore humides dans sa poche, c'était les dernières surtout et ça il pouvait pas l'avaler, ça faisait au moins dix minutes et elle était de plus en plus lourde, il la tenait écrasée contre la cabine, cette putain de machine il voulait la démolir avec un seul poing, il braillait et là, les gens, il commençait à les intéresser, ils sentaient le bon truc, ce dingue avec cette fille déglinguée dans les bras, ils étaient quelques-uns déjà qui s'étaient arrêtés, c'était pour la plupart des vieux, ou des jeunes avec des cervelles de vieux, ils faisaient la même tronche qu'au cinéma quand ils avaient vu *M le Maudit*, il les vit pas tout de suite arriver parce qu'il tournait le dos à la rue mais il s'arrêta de cogner d'un seul coup, il sentait comme le petit pincement d'un précipice derrière lui, le truc à vous envoyer des sueurs froides et un paquet de cheveux blancs, il s'arrêta de gueuler aussi, il allait dire GROUILLE-TOI ESPÈCE DE SALOPERIE, tous ces mots qu'on pense et qu'on ne dit pas, il pouvait pas croire ça qu'ils se transforment en papillons, c'était des conneries à Jimmy, tout le monde savait que ça se changeait plutôt en pierres, ouais, en vulgaires cailloux.

Oouuaap, il faillit s'étaler en la prenant sous un bras, oh mon petit Jésus, un point de côté lui traversa la hanche comme une sagaie, il se plia en deux avec elle, tout le corps de cette femme pendu au bout d'un bras, une cinglée cria oh attention, il se met en position de combat et son mec commença à rouler des épaules avec ses copains derrière lui, quand même Ned se redressa, il y avait cette lance qui le traversait de part en part mais il avait compris que c'était pas le moment de déconner, il sentait que de la merde avec ces gens, les bonnes femmes étaient cons et les mecs des moins-que-rien, les gens ça les fait toujours chier quand ils comprennent pas, alors ils vous prennent et ils essayent de vous caser dans leur tête, ce qui sort de là est un truc vraiment dégueulasse, comme une photo de Marilyn couverte de cambouis, comme un jouet de celluloïd passé au lance-flammes, vous sortez de là-dedans comme une bête forcément hideuse et qui traîne tous les péchés du monde, à ce moment-là il faut savoir courir ou au moins fermer les yeux.

Il y avait du monde, beaucoup de monde maintenant, et ceux de derrière voyaient rien du tout mais ils s'excitaient quand même, merde des fois la connerie c'est un truc pas méchant, c'est le clin d'œil de la folie ou le bâillement du désespoir mais il faut pas délirer là-dessus, c'est souvent vraiment pire que ça, c'est ce truc-là qui mettra tout en l'air un de ces jours, qui vous ronge de l'intérieur si bien qu'on ne peut plus se voir soi-même, c'est une histoire de loup-garou, un homme ne doit pas se laisser mordre par un con, il faudrait être un foutu pinailleur pour avoir à redire là-dessus et, sur le moment, Ned voyait rien qu'un tas d'enculés sur le trottoir, rien d'autre, tout ce paquet de mecs défigurés par la lumière, un lampadaire qui bavait au-dessus d'eux, rond comme un jaune d'œuf. Ned s'avança avec ses jambes molles et un tic lui avait empoigné la paupière gauche, c'était chiant, ceux du premier rang s'écartèrent en grognant, merde, quand il se trouva au milieu d'eux, il eut le cœur soulevé par cette odeur de transpiration et de sexe mélangée, il avait déjà senti ça une fois, dans une salle de boxe, il avait juste regardé trois litres de sang couler de la narine du mec et il s'était tiré, cette odeur il l'avait gardée pendant des jours, il avait jamais su s'il trouvait ça agréable ou non, maintenant il savait. Il avançait et le truc s'écartait et se refermait dans son dos, des types commençaient à hurler des conneries, il sentait qu'on le bousculait, hé, le trottoir faisait peut-être cinq ou six mètres de large mais Ned avait l'impression qu'il fendait des kilomètres de foule, il regarda en l'air pour voir s'il y avait des étoiles, à ce moment-là un mec sauta par-dessus les autres, sa grosse tête carrée en avant. Ned le vit arriver dans un coin et tourna la tête, les deux crânes se rencontrèrent mais l'oreille écrabouillée entre les deux était celle de Ned, c'était comme si on lui avait collé une plaque de feu sur un côté de la figure, le coup le fit danser sur ses jambes et une main s'accrocha dans ses cheveux et lui tira la tête en arrière, très fort, alors il poussa une espèce de grognement incroyable qui se disloqua dans la nuit mais il se retrouva avec le Barracuda dans le creux de la main, il l'agita au-dessus de sa tête et tira en l'air en hurlant OH BORDEL OH BORDEL OH BORDEL et il appuya une deuxième fois sur la gâchette, il faisait des moulinets avec son arme OH PUTAIN, PEUT-ÊTRE Y EN A UN QUI VEUT LA RAMENER, ÇA ME PLAIRAIT, JE VAIS ME PAYER UN DE CES ENCULÉS, OH MON DIEU FAITES QU'IL Y EN AIT UN QUI S'APPROCHE, UN SEUL DE CES FOIREUX!!

Au premier coup de feu, il y avait presque plus personne et au deuxième les derniers s'étaient aplatis par terre, dans les feuilles mortes et les papiers gras, Ned titubait un peu sur ses jambes, les nerfs et puis cette bouteille de gin qu'il avait avalée, il reconnut le mec du début, celui qui roulait des mécaniques, sa nénette à moitié cinglée et ses copains. L'idée lui venait pas de foncer dans le bus et de se tirer, d'ailleurs il sentait presque plus Lili à son bras, il s'avança vers le mec qui s'était ratatiné sur le trottoir, les deux mains sur la tête, il lui appuya le Barracuda sur le crâne, il lui gueula dans les oreilles :

— AH, TE VOILÀ, TOI, NE BOUGE SURTOUT PAS OU JE TE FAIS SAUTER LE CRÂNE EN PLEINE RUE, CONNARD, NE BOUGE PAS D'UN POIL!!

Personne ne bougeait, sauf la fille qui leva un œil pendant que Ned s'énervait sur sa braguette et elle répéta oh non oh non oh non jusqu'à la fin, pendant que Ned pissait sur la tête de son mec et même après, pendant que Ned rangeait son engin et l'autre ne bougeait toujours pas, il y avait des gens qui regardaient ça de loin, planqués derrière les bagnoles, planqués derrière les arbres et qui prenaient leur pied, qui trouvaient ça vraiment super, OH SEIGNEUR JÉSUS!!!

8

Peut-être qu'il perdit connaissance une ou deux minutes, mais pas plus, non, quand il ouvrit les yeux, l'horizon était encore barbouillé de pastels et la brume dégageait, Roxie était penchée au-dessus de lui, dans un beau silence, la tête de Franck roula sur le côté et alors il vit sa main tranchée tout près de lui, le poing fermé et il LA RECONNUT, la douleur cogna au bout de son bras comme une masse d'armes et remonta vers son cœur, il respira un bon coup, ensuite il attrapa Roxie par sa robe en poussant un grognement. Elle se recula en criant, il lui avait vraiment foutu la trouille mais il s'acharna sur le fin tissu et réussit à lui en arracher un morceau, c'était un truc à fleurs, vraiment moche.

Il se redressa, roula le truc en boule et l'appuya sur son moignon. Il protégea le truc en le serrant contre son ventre, légèrement replié dessus, la douleur lui envoyait de grandes fusées blanches dans le crâne, il se balançait d'avant en arrière sur ses genoux. Roxie tenait encore sa robe dans les mains, arrachez une bande de quarante centimètres à une minijupe et vous verrez le paradis, mais Franck avait la tête ailleurs.

— Viens là... Viens là, il lui dit.

Le soleil se levait, c'était la débandade chez les grillons, la brume se repliait dans le désordre, elle faisait des sauts périlleux au ralenti, Roxie s'approcha de lui doucement. Lui il était encore dans les bleus tandis qu'elle, tout son visage était trempé dans l'or, il devait lever la tête vers ça et les veines de son cou étaient gonflées comme des chambres à air, la douleur, il pensait à la douleur, il arrivait presque à en faire le tour, c'était déjà mieux. Il pouvait pas encore arrêter le tremblement dans sa voix, c'était nerveux :

— Bon... il faut que tu m'aides. Mais... bon Dieu, approche-...toi... qu'est-ce que tu fous ?

Elle avait les yeux fermés, il l'attrapa par une cuisse, la força à descendre vers lui. Ensuite il s'accrocha à son cou.

— Je vais me mettre. Je vais me mettre debout, il dit.

Elle se redressa en le tirant de toutes ses forces, en se mordant les lèvres, et lui, il twista un moment dans la poussière, le bras replié, il tenait son coude. Il regarda autour de lui, les yeux légèrement plissés à cause de la sueur qui dégoulinait, il traversa la cour avec les jambes raides comme des baguettes chinoises, il grimpa sur l'estrade et se retourna vers elle.

– FAIS TES VALISES ! il gueula.

Il s'occupa pas de savoir si elle sautait de joie ou si elle ramassait la Mauser pour l'étendre, il lui tourna le dos et se dirigea vers la partie de la baraque qu'il connaissait pas, là où les autres avaient fait les malins avec la sono.

Il resta appuyé dans l'encadrement, c'était une grande pièce et le matériel était posé près de la fenêtre, sur une grande table, et le Gros était sous la table, proprement égorgé, il y avait une drôle d'odeur dans la pièce, comme du goudron, Will était recroquevillé à l'autre bout, au début Franck avait pris ça pour une couverture mais c'était juste des litres de sang qui s'étaient étalés, c'était un truc complètement dingo, il pouvait pas éprouver quelque chose pour ça mais c'était pas facile de s'en décoller, il se rendit seulement compte à ce moment-là qu'il avait le cul mouillé, c'était juste le genre de chose qu'il trouvait épouvantable, ça le mettait fou de rage de s'être laissé aller comme ça, sa douleur il la transformait en colère et sa colère lui séchait son froc, bien sûr.

Quand il se retourna, le soleil était passé par-dessus et giclait sur le sol de la cour, Roxie était chouette, c'est incroyable ça comme une fille pouvait mettre à genoux tout ce qu'il y avait autour d'elle, elle était plantée au milieu avec sa petite malle posée à ses pieds, elle avait même pas changé son truc tout déchiré, Franck était pas dans son assiette mais il pouvait sentir ça quand même, il arracha son épaule du chambranle et se dirigea vers elle.

Elle le regardait pas, elle jetait des coups d'œil affolés autour d'elle mais son corps était formidable, il y a des femmes qui vous font ça, des fois vous êtes sur le point de mourir, des fois vous aimeriez prendre ce truc et le bousiller.

– Mon idée, dit Franck, c'était de t'emmener avec moi et, plus tard, je t'aurais fait passer cette frontière. Bon, maintenant, il faut la passer tout de suite. Pour me soigner. Je vais avoir besoin de toi.

Elle le regarda ramasser la Mauser, elle faisait pas parler son visage mais elle dit :

– Tu n'iras pas loin, comme ça.

– Ouais, t'en fais pas. Je vais tenir le coup, je suis PLEIN de sang.

– Qu'est-ce que tu veux que je fasse ?

– Le mec avec la bagnole, il arrive quand ?

– Il va arriver maintenant.

– Bon alors viens, ne reste pas là.

Il marcha jusqu'à la cabane, il se planqua derrière les caisses de bagnoles, il se laissa glisser contre l'une d'elles, tout le machin commençait à s'engourdir et il avait les jambes sciées, il respirait comme un fou. Elle s'assit à côté de lui, de là il pouvait voir une partie du chemin, c'était suffisant, c'est marrant il arrivait pas à croire qu'il avait plus de main et pourtant il tenait son moignon enfoncé dans sa paume droite, ça lui faisait plutôt MAL, mais il pouvait pas se fourrer ce truc-là dans la tête. Il cligna deux ou trois fois des yeux pour se débarrasser des gouttes de sueur suspendues à son front, il les poussa avec sa langue avant qu'elles s'enfoncent dans son cou.

– Tu le savais ? il demanda.

– Quoi, qu'elle était derrière la porte ? Non, mais elle était forcément quelque part.

Sa blessure le lança tellement fort qu'il fit la grimace, quand il leva la tête, une bagnole se pointait lentement dans un nuage de poussière, une bleue avec des bandes rouges, il secoua Roxie :

– Bon Dieu, vas-y, fous-toi au milieu de la cour, fais-le descendre, vite !

Elle fit comme il lui avait dit, avec de grands gestes, elle disait amène-toi avec ses bras et un jeune Noir descendit de là-dedans, il était monté sur des ressorts.

Pendant qu'il parlait à la fille, Franck se pointa derrière lui en titubant et le jeune mec se retourna. Tout en arrivant sur lui Franck gueula tourne-toi, tourne-toi, il tenait sa Mauser pointée en avant, le type obéit juste au moment où Franck s'arrêtait dans son dos.

Franck pivota sur ses pieds et lui balança la crosse derrière la tête, à la volée, le jeune mec eut même pas le temps de dire un mot, il fit juste ce bruit avec sa tête et il postillonna dans la lumière, il devint tout mou.

Franck contourna la bagnole en s'appuyant dessus, il grimpa derrière le volant, c'était une automatique, il pouvait rien rêver de mieux, derrière le pare-brise il la regarda, il se dit elle est là, qu'est-ce qu'elle fout, qu'est-ce qu'elle attend? Le moteur continuait à tourner. Elles ont toujours l'air d'attendre quelque chose.

9

Il regrimpa dans le bus et bloqua les fermetures. Il l'installa contre lui, c'était la merde parce qu'il était obligé de la tenir et conduire avec juste une seule main et les pieds emmêlés et la tête plus farcie que la hotte du Père Noël, mais en fait il s'en tirait pas trop mal, il avait pas fait cent mètres qu'une barre à mine lui traversa le cerveau, il venait de repérer la Ford noire dans le rétro, peut-être quatre ou cinq bagnoles derrière lui mais il l'aurait reconnue entre mille, il la SENTAIT, il lâcha un petit rire idiot et de l'acier coula dans ses veines, il aurait aplati une boulette au carbure de tungstène entre ses dents. Il serrait le Barracuda entre ses cuisses, des trucs lui montaient du ventre et il rotait bruyamment, il essayait de réfléchir, pendant ce temps-là le bus avançait tout seul, il tourna à droite et puis à gauche et encore à gauche, y avait une foutue circulation et les mecs se payaient des voitures plutôt neuves, toutes ces horreurs attrapaient des lumières au vol et les pliaient, les mecs croyaient piloter des diamants, ils avaient mis le prix pour ça.

Plusieurs fois, il crut qu'il l'avait perdue mais à chaque fois elle réapparaissait, elle sortait d'une rue sur le côté ou il la retrouvait devant lui ou juste derrière, bordel de bordel, il se sentait excité, les cheveux de Lili le chatouillaient dans le cou, il lui dit :

– Qu'est-ce qu'il veut ? Qu'est-ce qu'il CHERCHE ? ?!!! Pourquoi il s'approche pas, tu parles d'un connard, ce mec, je peux pas croire que tu t'étais tiré un numéro pareil ! Tiens, ne bouge pas, regarde un peu ça !

La Ford était sur la même file que lui, cinq voitures plus loin, il freina brusquement au milieu de l'avenue, laissa Lili s'effondrer sur la banquette, il s'accrocha à la portière pour descendre, bon l'alcool lui avait dévoré les jambes, il devait en convenir, et il lui restait un seul genou qu'il écrabouilla contre un pare-chocs qui dépassait de la rangée, la douleur lui grimpa jusque dans l'épaule et disparut aussitôt, il trébucha au moment où les plus malins empoignèrent leur klaxon, ceux qui voulaient déboîter, ceux qui voulaient foncer, les sourires mauvais qui s'allumaient dans les bagnoles, la fureur qui s'installait comme le phosphore au bout d'une allumette.

Il s'avança en boitant jusqu'à la Ford et il se planta juste devant, il voyait ça à travers un grand angle, le capot noir plus grand qu'une piscine olympique, il vit ses deux poings s'abattre là-dessus comme des séquoias et il poussa un hurlement effroyable, assez beau, il tira à travers le pare-brise, pas sur Franck mais plutôt en haut à gauche, l'autre avait planqué sa tête, POOOOFF il se mit à pleuvoir des petits cachous de verre transparents qui cavalèrent sur le capot. Il contourna la bagnole, ça commençait à devenir bon, Franck avait croisé ses bras sur le volant et il essayait de faire disparaître sa figure dedans. Ned enfonça le capot encore une fois d'un coup de poing avant d'attraper l'autre par les cheveux, merde il aurait pu l'arracher tout entier de la Ford, le ramener à travers l'ouverture du pare-brise, il lui colla le Barracuda contre l'oreille et maintenant Franck essayait d'enfoncer sa putain de tête entre ses épaules, c'était un peu facile, à cet instant précis Ned se sentit pris d'une envie incroyable, complètement irraisonnée, c'était tout ce qu'il voyait comme peau, peut-être que c'était pour ça, peut-être qu'il avait besoin de le toucher ou n'importe quoi, n'empêche qu'il aurait bel et bien bouffé cette drôle d'oreille, il lui aurait mâchonnée comme un vieux bout de chewing-gum vivant, ça pouvait lui faire vraiment très mal, il se disait, mais il pouvait pas se pencher assez, c'était impossible, il y avait cette poignée de cheveux dans sa main, il tira dessus comme un sourd et l'autre se mit à brailler, Ned jeta un coup d'œil rapide autour de lui, tous les cons cramponnaient leur portière, c'était l'épidémie des portières coincées et du verre Securit.

Il tira un bon coup sur la tête de Franck, il grogna :

– AH ESPÈCE DE FOUTU ENCULÉ, JE SUIS CONTENT QUE TU SOIS LÀ, JE SUIS CONTENT, TU VOIS ON EST PAS ENCORE ARRIVÉS MAIS TOI TU DESCENDS LÀ, BON DIEU, TU VAS ME MANQUER. MON SALAUD !!!

Franck releva la tête en couinant mais c'était pas Franck, c'était une tête de cinquante ans avec la bouche ouverte au milieu d'une grimace et d'un regard ahuri, c'était un type qui avait mis un pied malheureux dans cette histoire, comme ça arrive tous les jours, Ned le regarda un petit moment sans comprendre, il se demandait même s'il lui avait pas déjà mis une balle dans la tête, il en était pas sûr, pour voir il lui dit doucement :

– Hé, toi, qu'est-ce que tu fous là ? Qu'est-ce que tu veux, mon pote ?

– Je veux pas ! Je veux pas ! pleurnicha l'autre.

– Qu'est-ce que tu as ? QU'EEEEEST-CE que tu as... ?

– Ooohhh... ooohhh... oooohhhh...

Ned essuya ses lèvres sur son épaule, c'était comme

une envie de pisser, il se retenait, il s'entortillait les jambes, il fallait qu'il se tire aussi et puis il sentit cette bouffée de chaleur qui le submergeait, il regarda la tête du mec pendue au bout de son bras et il lui braqua le Barracuda sous le nez. Avant que l'autre s'évanouisse, il déplaça l'arme sur le côté et tira par-dessus l'épaule du mec en le fixant dans les yeux. Juste après la détonation, l'œil du type commença à cligner très vite, Ned s'arracha du tableau en reculant, puis il regarda les gens en souriant comme un enfant mais c'est bien connu que les gens aiment pas les enfants, ça leur fait peur.

Bon Dieu, il pouvait même pas entendre ces gens qui gueulaient sur les trottoirs, les klaxons, les moteurs lancés à vide, tous ces bruits incroyables, il retourna jusqu'au bus en leur faisant des petits signes de la main, en saluant de la tête, lui il trouvait ça plutôt drôle, mais il était le seul à croire ça, les gens étaient des grands fauves enfermés dans leurs cages et ils rugissaient sur les trottoirs, merde, à lui tout seul et en une nuit, il avait foutu un sacré bordel dans cette ville, il suffisait d'une bonne bouteille et d'un bon vieux revolver pour faire du bruit et alors il se cogna dans une bonne femme dressée sur ses talons, elle regardait à l'intérieur du bus.

– Hé, madame, il dit. Tirez-vous.

C'était une femme avec une jupe plissée et un sac à main, une femme dans ce genre-là, avec les cheveux laqués, sans poitrine, sans fesses, une espèce de dingue. Il lui cogna sur l'épaule, il la poussa du plat de la main.

– Merde, allez, foutez-moi le camp, il dit.

Elle se tourna vers lui, l'œil allumé, en plus elle puait, enfin il aimait pas ce parfum qu'elle avait sur elle, ça pouvait pas être du parfum.

– Elle est morte ? elle demanda. Elle est morte ?

– Eh, je te répéterai pas, tire-toi, tire-toi en vitesse !

La bonne femme bougeait pas, elle tenait son sac serré sur son ventre.

– C'est vous, elle dit. Vous l'avez tuée, c'est vous...

Ned essaya de lui envoyer un coup de pied mais elle sauta comme une chèvre et il faillit s'étaler à cause de l'élan, il s'avança vers elle mais elle recula en braillant :

– IL L'A TUÉE !! IL A TUÉ CETTE FEMME !!!...

Il fit mine de la courser mais elle se laissait pas faire, c'était une VRAIE dingue, elle gardait juste la bonne distance et Ned commençait à être en sueur. Il la laissa tomber en lui faisant un geste obscène et grimpa dans le bus. La bonne femme se pointa et se mit à tambouriner sur la porte. Il braqua le Barracuda vers elle, à travers le carreau, elle fit juste un pas en arrière, sans s'arrêter de gueuler, elle leva son sac devant sa figure pour se protéger, avec tout ce qu'on fait maintenant, toutes ces armes, toutes ces colères rentrées, toutes ces informations bidons et la folie en suspension dans l'air, il se demandait comment il avait pas encore pris une balle dans le dos, chaque seconde qui passait devenait fatigante, maintenant.

Il y avait des bagnoles arrêtées plus loin devant lui, avec des gens vautrés sur les sièges arrière, ils en perdaient pas une miette mais il y avait une rue sur le côté et le chemin paraissait libre, il y avait juste un paquet de gens, des piétons agglutinés, il lança le moteur et les mecs s'écartèrent à la vitesse de la lumière avec des pulsations à cent soixante, Ned enfila la petite rue en serrant les dents pendant que Lili glissait sur le plancher.

10

– J'ai envie de dormir. Raconte-moi quelque chose, dit Franck.

– Hé, ne va pas nous foutre en l'air.

– Bon Dieu, j'aimerais t'y voir !

Elle décroisa ses jambes et se pencha sur la banquette arrière.

– Hé, y a à boire. Tu veux pas boire? C'est du whisky.

Elle ramena la bouteille entre ses jambes, il jeta un coup d'œil dessus. Malgré sa lèvre fendue, il trouva le moyen de se payer un sourire.

– Rien qu'à voir l'étiquette, ça doit être une vraie merde. Fais voir, tiens-moi la bouteille.

Elle lui glissa le goulot entre les lèvres et il but une gorgée, il toussa.

– Tu as toujours aussi mal? elle demanda.

– Tu rigoles, ça va super, il dit.

Le plus drôle c'est que c'était vrai, c'était quelque chose de supportable, comme s'il s'était cogné, c'était une douleur diffuse, le pire c'était son cœur qui battait au bout mais son esprit était tellement fatigué que même sa douleur s'était engourdie, avant de démarrer elle l'avait aidé, ils avaient fait un gros tampon qu'ils avaient plaqué sur la blessure, pour retenir le sang, et ils avaient ficelé ce truc autour de son bras, légèrement serré et il conduisait avec le ventre replié sur cette catastrophe, dans cette bagnole de zazou. Mais son corps aussi avait sommeil et même plus que ça et cette envie de dormir l'affaiblissait, quand un pneu s'enfonçait dans un trou la voiture faisait une belle embardée, il avait du mal à la retenir d'un seul bras et son cerveau tenait mollement les rênes, parfois il fermait les yeux très fort, il trouvait que la lumière n'arrangeait rien.

Elle lui glissa une cigarette allumée entre les lèvres, elle était marrante, elle était comme une petite fille, elle pouvait rester pendant des kilomètres le visage fermé, sans dire un mot, avec les yeux incroyablement ouverts et, l'instant d'après, elle tenait plus en place sur son siège, elle fumait ou elle lui disait :

– Hé, là, LÀ, t'as pas vu?

Elle vrillait son doigt contre le pare-brise et il devait

faire un effort pour relever la tête, prendre le soleil en pleine figure.

– Quoi, qu'est-ce qu'y a ?

– Tu as pas vu le petit lapin ?

– Hein ?... non.

– Mais comment ça, il est passé juste devant...

– Non, je l'ai pas vu, je te dis.

– HEY, TU TE MOQUES DE MOI ???

Juste après, elle retombait sur son siège et prenait ses genoux entre ses bras, elle envoyait des petits coups mauvais dans la boîte à gants.

– Merde, que c'est long, elle grognait. Je pensais que c'était tout près, oh merde, tu peux pas aller plus vite, Bob il m'aurait aidée là-bas, oui et maintenant je vais me retrouver toute seule, je connais personne, je vais me retrouver toute seule sans personne, comment je vais faire... ?

– Ça va, tu as un bon jeu dans les mains, tu verras, ça va aller tout seul, tu verras, là-bas une belle fille s'en tire toujours, c'est réglé.

– C'est vrai, tu es sûr ? elle demandait.

– Merde, mais d'où tu sors, ma vieille. Tu vas refuser du monde, qu'est-ce que tu crois ?

Quand il lui avait dit ça, elle était restée un moment silencieuse, elle avait croisé ses mains entre ses jambes et elle lui avait dit :

– Tu sais, en fait, j'aime pas tellement ça, enfin je veux dire, j'en ai pas souvent envie, mais ça fait rien, si c'est le seul moyen, ça fait rien, je peux jouer la comédie.

– Ouais, c'est tout à fait ce qu'il faut faire, ouais, il y a un vieux proverbe : « Si tu sais jouer la comédie, tu t'ouvr' les portes du Paradis. »

– Hé, fais pas le malin, regarde où tu vas...

Il lui redemanda un coup de whisky mais elle était en train de tripoter les boutons de la radio, des fois elle avait l'air d'être vraiment une femme, elle paraissait dure et lointaine, comme si elle se foutait pas mal de lui, comme s'il existait pas, il se mit à gueuler :

— NOM DE DIEU ! TIENS-MOI CETTE BOUTEILLE !

Elle lâcha la radio entre deux stations, dans un grésillement épouvantable, elle le regarda d'une drôle de façon en lui donnant à boire, il aurait fallu qu'il soit complètement crétin pour ne pas le remarquer.

— Ecoute, il dit, ne me regarde pas comme ça, pas avec moi, ou je te vire de la bagnole, oh putain je suis encore capable de faire ça, est-ce que tu veux parier ?

Elle baissa les yeux, mais pas comme un signe de soumission, plutôt comme si elle s'en fichait de ce qu'il venait de lui dire, ensuite, quand il eut fini, elle se remit à tourner les boutons. Quand elle tomba sur de la musique, elle se renversa en arrière et commença à fredonner cette vieille rengaine de Bonnie.

11

Il gara le Ford juste en bas de chez Joël, il grimpa les étages quatre à quatre, dans le salon il trouva Henri tout seul, assis en tailleur, en pleine lumière et les yeux fermés. Il le secoua par l'épaule.

— Hé, Henri... Henri, qu'est-ce qu'on va faire ?

— Hein ?

— C'est incroyable, je sais pas quoi en faire. Viens avec moi, Henri, il faut qu'on trouve quelque chose.

— Ecoute, c'est pas très compliqué. C'est plus rien du tout maintenant. On pourrait la mettre dans une poubelle, ça changerait rien du tout.

— Hé, ce genre de trucs, tu peux les garder pour toi. Si tu la voyais, tu croirais pas qu'elle est morte, eh, tiens, regarde un peu ces machins-là.

Il sortit les photos de sa poche, elles étaient collées les unes sur les autres, il tenait ça entre deux doigts.

Attends, tu vas voir, il disait mais, malgré toutes les précautions qu'il prenait, les photos se déchiraient, il avait l'impression d'avoir les doigts gelés, il était maladroit et nerveux, il réussit à peine à en sauver trois ou quatre et on voyait que lui là-dessus, le dos tourné, et juste une mèche de Lili qui avait glissé sur son épaule, à ce moment-là il avait pas pu s'arrêter de l'embrasser, il les regarda un moment sans dire un mot et les refourra dans sa poche.

– Bon Dieu, il dit, tu comprends pas ? Et il faut se magner, on a pas cent sept ans. Eh, c'est con, mais j'avais l'impression de l'abandonner...

– Bon, je viens avec toi. Est-ce qu'on réveille Carol ?

– Oh, écoute, oh, je crois pas... non, je sais pas, j'aime mieux pas, non.

Ils sautèrent dans le bus, ils coincèrent Lili entre eux, Ned transpirait, il s'essuya le visage d'une main et regarda droit devant lui, c'était comme un puits avec des lumières dans le fond, et l'eau pouvait être fraîche ou empoisonnée, elle avait toujours un drôle de goût, de quelque manière qu'on s'y prenne.

– Il y a un truc romantique, dit Henri, c'est de la porter et de s'enfoncer dans les vagues et il y a le feu aussi, ouais le feu ou l'enrouler dans les fils électriques et se planquer près du compteur et on laisserait approcher aucun mec, on la laisserait suspendue dans les éclairs bleus et les mecs faudrait qu'ils nous tuent pour arrêter ça ou lancer le bus dans une pente qui ferait des kilomètres, si on réfléchit, on peut trouver un sacré truc.

Ned se tourna lentement vers lui et le visage d'Henri était tout illuminé, il savait pas comment il devait prendre ça, il savait plus grand-chose, il renversa la tête de Lili en arrière pour le voir mieux que ça.

– Pourquoi tu déconnes avec ça ? il demanda. Pourquoi tu rigoles ? J'ai pas envie que tu me fasses chier, je pensais que tu voulais bien M'AIDER !

– Je déconne pas. Je pensais à ça mais je rigolais

pas, je sais pas, tu as qu'à démarrer, on va voir. Hé, j'ai de l'herbe, si tu veux, il en avait plein, c'est pas emmerdant si je lui en ai pris un peu...

– Merde, j'ai bu comme un trou.

– Ça fait rien, c'est bon aussi.

– Ouais, mais alors toi tu vas conduire, Henri, alors prends ma place.

Ils changèrent et se croisèrent juste devant Lili, ils restèrent coincés pendant un petit moment à gémir et à couiner puis ils se dégagèrent et Henri démarra en trombe.

– On y voit pas grand-chose, il dit.

– Ouais, c'est de la buée.

Ned fabriqua le joint en silence, il pouvait faire ça en roulant, à moitié saoul et dans le noir, il y a tellement de choses qu'on peut arriver à faire comme ça, c'est vraiment dommage que ça compte pas.

12

A trois kilomètres de la frontière, ils s'arrêtèrent. Un coin complètement désert, ils sortirent de la bagnole et c'était comme s'ils avaient ouvert les portes d'un four, Franck zigzagua dans les cailloux et s'écroula au pied d'un arbre, c'était sûrement un truc qu'on avait planté là exprès pour lui, il pouvait pas en voir un seul autre à des kilomètres à la ronde et les feuilles se mirent à frémir doucement et l'arbre lui envoya une bouffée d'air presque frais, Franck croyait qu'il pourrait fermer les yeux au moins une seconde.

Elle se précipita sur lui et le secoua :

– Hé, pourquoi on s'arrête ? elle dit.

– Ah merde, il dit.

Elle secoua un peu plus fort, elle le tira même, et lui

attrapa une main, il pensait lui tordre le poignet mais il arriva pas à tordre ce foutu machin.

– Bon Dieu, tu peux pas réfléchir une seconde ? il dit. Tu crois que le mec va simplement te regarder les nichons et nous laisser passer, tu crois ça ?

Elle se laissa tomber à genoux à côté de lui et commença à se manger les lèvres, merde il l'aurait plantée là, il aurait pu se lever sans qu'elle fasse un geste, elle avait glissé sur le toboggan de l'indifférence, elle essayait même pas de faire le point avec ses yeux. Franck avait pris la bouteille, il s'en envoya une bonne rasade, son cerveau faisait des tresses avec la douleur, l'ivresse et la fatigue, une espèce de scoubidou pathétique, plus compliqué que la toile d'une araignée bourrée d'acide. Il s'essuya la bouche, son talon racla la poussière, il poussa Roxie du pied, la bagnole était juste derrière elle, posée au fond d'un cratère lunaire, il y avait des jouets comme ça pour les mômes, tout à fait la voiture de Superman avec ses bandes rouges, et lui il était là, il pouvait même pas casser une fille en deux ou tenir sur ses jambes, ça n'allait pas très fort et un harmonica aurait pu venir vous souffler une petite valse minable là-dessus, quelques notes mélancoliques sur un thème un peu mou, Franck aurait disparu dans un nuage de poussière jaune, les petits grains de sable lumineux qui ricochaient sur les cuisses de Roxie, le ciel qui bascule et tombe comme une lame et éclate en mille morceaux dans le sourire des nuages, il grognait au milieu de tout ça, il grognait vers elle.

– Hé. Hé, je vais te foutre dans la malle, tu entends. Bon et après tu conduiras, je suis crevé.

Elle le regarda, elle secoua la tête :

– Mais je sais pas conduire, elle dit.

– N'importe qui peut conduire ça, il dit. Je resterai à côté de toi. Il faut que je trouve quelque chose pour planquer mon bras, je sais pas, une couverture, n'importe quoi, peut-être qu'il y a quelque chose dans la voiture... hein.

Elle faillit se laisser vraiment aller, rouler par terre ou s'accrocher à lui en pleurnichant on est tout près, on est si près qu'il faut que ça marche, j'ai toutes mes affaires avec moi, tu as vu, et je ne pourrai pas revenir, tu sais tu me ferais mourir si j'y arrivais pas, mais cette pastille de désespoir fondit dans son cerveau et elle se poignarda avec une herbe sèche en disant seulement :

– Bon, on y va ?

Franck rêvassait parce que c'était vraiment une belle fille, il avait un poster de *Playboy* déplié sous les yeux, elle pouvait prendre n'importe quelle position, c'était toujours chouette et pendant ce temps-là il pensait pas à son bras, il pensait à son ventre, il croyait qu'une image c'est comme la réalité, il se trompait d'une certaine manière mais il en avait rien à foutre, au pays du Sexe les images c'est ce qu'il y a de meilleur. Il délira trois secondes sur cette peau luisante et tendue comme celle d'un requin, il la regarda se lever et même les filles les plus dingues font jamais ça sur les photos, bon Dieu il y avait tous ces petits muscles qui se mettaient en mouvement et qui vous clignaient de l'œil et l'air sifflait et crachait comme un animal furieux et les petits grains de sable dégringolaient de ses cuisses et dévalaient pendant des kilomètres avec le grondement d'une avalanche. Franck faillit tourner de l'œil, il se rattrapa au dernier moment, d'une manière ou d'une autre.

– Attends, je vais pas pouvoir me lever. Pas tout seul. Il faut que tu m'aides, arrive ici.

Elle avait avalé une espèce de poison paralysant, elle savait même pas combien de temps ça pouvait durer, elle avait pas besoin de respirer, Franck rigola :

– Hé, tu crois que tu vas t'en sortir sans moi ? Tu te fous du monde...

Il resta avec un bras levé en l'air et, quand elle se baissa à côté de lui, il referma simplement ce bras autour du cou de Roxie, il se retrouva sur ses jambes et la bagnole était à l'autre bout du monde mais il y arriva quand même, trempé de sueur et un tremblement nerveux dans la mâchoire. Elle l'installa derrière le volant et il renversa la tête en arrière pendant qu'elle fouillait la voiture, le plafond il le trouvait pas moche, un acrylique lumineux, il lui disait ne me laisse pas m'endormir, je reste avec toi mais ne me laisse pas dormir, mon petit plafond, et à ce moment-là elle se pointa, elle avait l'air content :

– Regarde, j'ai trouvé ça. Hé, c'est super, c'est un poncho.

– Un poncho, il dit. Tu vois la touche que je vais avoir ?

C'était un truc formidable avec des bandes de couleur en diagonale, il passa sa tête au milieu et se retrouva avec un arc-en-ciel posé sur les jambes, il avait le visage tout blanc avec de grands cernes mauves sous les yeux et des poils de barbe presque roux, il avait la lèvre éclatée et les cheveux en bataille mais heureusement il avait ses papiers de flic et ça, dans le monde, on pouvait pas rêver mieux que de se balader avec une carte de flic dans la poche, ajoutez à ça deux ou trois cartes de crédit et vous voilà le maître du monde, bien sûr c'est un monde de pas-grand-chose mais ne venez pas raconter ça, il y a des gens qui souffrent.

Ensuite elle se glissa dans la malle et il démarra. Trois kilomètres, trois malheureux petits kilomètres, un faucon pèlerin en piqué aurait parcouru la distance en un peu moins de trente-trois secondes mais Franck était plus qu'un vieux rhinocéros fatigué avec une cuirasse qui faisait des tonnes et qui se déglinguait de partout, il se demandait si la route lui ferait pas le vieux tour de l'élastique détendu.

13

Ils traversèrent toute la ville en essayant de trouver une idée mais un peu d'herbe vous aide pas forcément à trouver ce que vous cherchez, elle peut vous faire pleurer quand vous avez envie de rire ou n'importe quoi d'autre, l'herbe est juste un truc qui vous empoigne et vous pousse en avant, vous avez enfourché un cheval sauvage et il faut trouver un moyen pour attraper les rênes, c'est ce genre de rodéo où vous pouvez vous retrouver sur le cul et eux, ce qu'ils voulaient, c'était s'en tirer le mieux possible.

Ils avaient pas fait un kilomètre que Ned commença à se tortiller sur son siège, il se sentait comme une chambre à air gonflée d'eau avec une hernie entre les jambes, il y a peu de choses qui soient vraiment insupportables dans la vie, mais cette chose-là peut tourner au tragique, nous ne sommes pas grand-chose, en fait.

– Oh Seigneur Jésus, arrête-toi tout de suite... aaahh je t'en supplie, ESSAYE DE COMPRENDRE !!!

Henri trouva un chemin un peu plus loin et tout au bout ils tombèrent sur une usine à plâtre, tout était BLANC dans le coin, les baraques, le sol, les camions et les feuilles des arbres et les fils électriques, c'était comme une grosse bombe de savon à raser qui aurait explosé, et les bâtiments étaient ceinturés par des colliers lumineux, une perle bleue, une perle jaune, une perle bleue, il y avait personne là-dedans, mais les lumières brillaient.

– Mon pote, on est au pays de Blanche-Neige, siffla Ned.

Henri hocha la tête en tirant sur le joint :

– Ouais, merde, c'est tout blanc, il dit.

Ned descendit et pissa tout droit dans l'obscurité, il regardait pas le cratère qui s'ouvrait à ses pieds, il fermait les yeux et titubait dans le silence, maintenant il fallait changer d'air, il le sentait, des fois on peut sentir ça quand on se balade sur un port ou qu'un Boeing passe en vous décoiffant les cheveux ou un soir que vous êtes fin fait, allongé au milieu des bouteilles, la lanière de guimauve qui pendouille et qu'il faut couper.

Ensuite, ils s'avancèrent vers les baraques, il y avait une cour grande comme un stade au milieu, ils s'écartèrent doucement l'un de l'autre, du ciel vous pouviez voir deux lilliputiens grimpés sur un morceau de sucre. Ils se trouvaient à une vingtaine de mètres l'un de l'autre, ils s'étaient arrêtés, Ned en profita pour enfoncer ses mains dans ses poches, il savait pas quoi faire de ses mains sur le moment et, juste après, il eut envie de faire ça :

– HÉ DUCON, EST-CE QUE TU POURRAS EN FAIRE AUTANT ? il brailla. OUVRE TES YEUX !

Peut-être qu'il essaya de faire un saut périlleux ou quelque chose comme ça, sans les bras et les jambes, enfin il prit son élan et grimpa en l'air comme une fusée bricolée par un grand-père, une seconde après, il s'étalait dans une fine pellicule de plâtre, avec de la terre battue en dessous. Henri se précipita vers lui en criant bon Dieu, mais qu'est-ce que tu as essayé de faire??? et Ned s'était déjà redressé sur ses genoux et se frottait l'épaule.

– Normalement, j'aurais dû y arriver, il grogna. Mais j'ai glissé, tu comprends, sur cette merde c'est normal. Regarde-moi ça !

Il ramassa du plâtre dans le creux de sa main et envoya toute la poignée en l'air, on peut faire la même chose en retournant les machins de la Sainte Vierge, il y en a de toutes les couleurs, pour tous les goûts, c'est Notre Mère À Tous, les gars, il y a pas de quoi s'affoler. Henri en récolta plein les cheveux, il se secoua avec de grands gestes.

– Tous ces trucs magiques qu'on sait faire, dit Ned. Il suffit qu'on veuille les montrer pour que ça foire.

– Mais où t'avais appris à faire ça ? demanda Henri.

– J'ai rien appris, je te dis que c'est un truc magique, mon pote. Bon Dieu, je le sentais bien pourtant !

Il ramassa du plâtre et le jeta une nouvelle fois en l'air. Henri essaya même pas de s'écarter. Ils restèrent silencieux un moment, Ned faisait de grands dessins sur le sol, Henri se tortilla, il glissa ses mains dans ses poches arrière et regarda en l'air.

– Hé, il dit, ça serait pas une connerie si on restait ensemble. On pourrait s'en payer...

Ned répondit pas, il se sentait un peu sonné, il était tout blanc.

– Je sais pas si ça te fait chier, reprit Henri. Hé, ce coin me ramollit complètement.

– Y a des mecs qui savent voler, tu sais ça ?

– Ouais, j'imagine.

– Y a des mecs qui foncent tout droit dans le ciel, c'est comme des oiseaux, et moi je suis même pas foutu de faire un tout petit saut en l'air et tourner dans le vide, pourquoi est-ce que ça m'arrive à moi ?

– Peut-être que ça marchera la prochaine fois.

– Ouais, bien sûr que ça marchera. J'aurais bien aimé que ce soit ce coup-là.

Ils se regardaient pas, il y avait le ciel et ce coin qui fermait jamais les yeux, qui saccageait la nuit, Ned se releva et ils avancèrent tous les deux côte à côte, ils dépassèrent les bâtiments vides et arrivèrent sur un terre-plein de petits cailloux blancs qui dévalaient sur une bonne centaine de mètres, Ned regarda tout en bas pendant quelques minutes, il secoua la tête, il dit :

– Tu vois, on est peut-être pas assez malins pour lui trouver une fin sensationnelle mais ça va lui faire une belle tombe. Avec tous les camions qu'on viendra lui vider sur le ventre, ça sera difficile de revenir là-dessus.

Henri s'approcha du bord en hochant la tête :

– Avec ce qui nous reste, on peut tenir encore un bon moment.

Ned s'accroupit, il fit rouler quelques cailloux dans l'ombre.

– Un coin qu'on connaît pas, il dit. On irait se faire bronzer, on prendrait l'avion.

Henri lâcha une espèce de petit couinement aigu :

– Hhiiiiii, tu croirais pas ça, il dit. Putain, mon vieux, tu sais quoi ?

– Ah ça non, merde j'en sais rien du tout, non.

– J'ai jamais foutu les pieds dans un putain d'avion, jamais tu te rends compte ? Mais ça marche, je suis vraiment d'accord, oh merde tu peux compter sur moi, ça fait longtemps que j'en ai envie, oh merde n'essaye pas de changer d'avis... !

– Hé, écoute-moi, regarde-moi bien, je te prendrai par le bras et je te mènerai jusqu'à ta place, je bouclerai ta ceinture et ensuite je demanderai à l'hôtesse de s'occuper TOUT SPÉCIALEMENT de toi. Tu as ma parole, mon salaud.

Il se mit à danser autour d'Henri, à lui envoyer des petites claques pour déconner mais Henri rentrait la tête et lui travaillait les côtes, Ned esquivait en faisant des grands bonds sur le côté, il était presque aussi agile qu'un chat, jusqu'au moment où il perdit l'équilibre et tomba sur le cul.

Il se releva assez lentement et se dressa plus raide qu'un bambou planté au fond d'un siège, il regarda du côté de ses pieds et se prit une épaule dans la main.

– Bon, il dit, je vais aller la chercher.

– Et après, on fonce, ajouta Henri.

Ned hocha la tête, sa tête de trois cents kilos.

14

Cent mètres avant le petit poste de frontière, ce dingue, il passa la tête à travers l'ouverture du carreau, à moitié évanoui, à moitié saoul et l'air tiède lui fit du bien, il avait le teint presque gris, sa main glissait sur le volant.

Il arriva comme ça devant l'autre ahuri, sans le vouloir il souriait tristement et l'autre se pencha vers lui en bâillant :

– Et alors, m'sieur, elle est déjà finie, cette balade ?

– J'ai rien à déclarer, murmura Franck.

Il avait tout prévu, ses papiers à plat sur ses genoux, sous le poncho, il passa sa main là-dessous et ramena sa carte, il lui tendit.

– Ouais, ça va, y a pas de problèmes, dit l'autre. Pourquoi j'irais vous faire chier, on est un peu de la même famille, hein ?

– Non, ça me fait pas chier, dit Franck. C'est votre boulot.

– Oui, je sais bien, mais moi, ce que je disais, c'est que je VOULAIS pas vous faire chier, vous voyez, c'est différent...

Ce type, il avait juste le soleil derrière la tête, Franck le voyait à contre-jour, comme une éclipse, il comprenait pas bien ce que l'autre racontait, il clignait des yeux, il avait la tête qui sortait dehors, il tirait sur son cou comme un myope à la recherche de ses lunettes, il disait :

– Hein... hein...

– Eh, vous vous sentez pas bien, ça va pas ? demanda l'autre.

– Si si, ça va, c'est la chaleur...

– Je vois pas beaucoup de monde par ici, vous savez ?

– Bien sûr... je peux y aller ?

– Je reste des heures et des heures sans voir personne. Je vous souhaite une bonne route, monsieur.

Franck démarra mollement, il essaya de faire un clin d'œil au gars mais c'était trop dur, le goudron était peut-être à cent degrés et la bagnole dégoulina là-dessus en miaulant.

Il roula une minute ou deux et puis il s'arrêta. Il resta un long moment sans bouger, la tête en arrière, le paysage avait pas beaucoup changé, il y avait rien qu'une campagne déserte et sèche, le soleil avait tellement cogné dans ce coin que la terre était rouge, avec des lanières violacées ou jaunes par endroits, il y avait un reflet dans le pare-brise qui le gênait, il ouvrit la porte et descendit tant bien que mal, il glissa le long de la voiture, c'était un vrai putain de coffre qui pesait une ou deux tonnes, le truc lui arracha une grimace de douleur. Elle sortit de là-dedans comme une panthère amnésique :

– Où on est ? elle dit.

Il répondit pas, il avait l'air d'un Indien des hauts plateaux tordu par les coliques, mouché par l'aguardiente, il regagna l'avant de la voiture et s'installa sur le siège du passager, une microseconde de plus et tous ses muscles l'auraient lâché, il découpait le silence en rondelles avec sa respiration.

Elle se glissa à côté de lui, derrière le volant, mais tout ce qu'elle trouva à faire, c'est d'enfoncer ses mains entre ses cuisses et de passer sa langue entre ses lèvres.

– On s'arrête plus avant la première ville, il dit. Vas-y.

– Je sais pas si je vais y arriver.

– Ecoute, cette horreur est un jouet, c'est rien du tout, y a même pas de vitesses. Y a juste le volant, tu vas prendre ton pied, t'es de l'autre côté maintenant, dans ce pays toutes les bonnes femmes savent conduire...

Ce qui l'étonnait surtout, c'était de pouvoir continuer à parler, d'aligner toutes ces conneries alors qu'il était à moitié mort, pratiquement à bout de forces, mais il était à moitié vivant aussi alors il lui montra comment démarrer la bagnole et elle resta un petit moment avec une roue sur le bas-côté avant de se décider à regrimper sur la route.

– Voilà, il dit, c'est bien comme ça. Tu te démerdes, je suis à côté de toi.

Au bout de dix minutes, elle commença à se détendre, Franck perdait connaissance de temps en temps, à peine quelques secondes, en tout cas pas assez pour qu'elle s'en rende compte, tout ce qu'elle voyait, c'est qu'elle était en train de CONDUIRE ce truc-là et c'était tout simplement merveilleux, c'était tellement facile, tellement bon. Elle secoua ses cheveux en riant, elle dit :

– Hey, je touche, hein ?

Il se réveillait juste à ce moment-là, il la regardait :

– Tu es merveilleuse, il dit.

Elle lui envoya un drôle de sourire, ils traversaient un coin plein de forêts avec des arbres énormes et des petites montagnes, la route s'enfonçait là-dedans comme une manchette de Bruce Lee, c'était un coin tourmenté et le soleil se détraquait là-dessus, le soleil est un ange de l'enfer.

– Houu hoouuuu, elle dit. Si on écoutait de la musique ?

C'était pas une question, elle tendit la main et tripota les boutons, s'il avait pu la voir à ce moment-là, s'il n'avait pas tourné de l'œil durant ces sacrées secondes, il aurait vu quel genre de fille elle était et ce qu'elle allait lui faire, elle était encore plus belle qu'il croyait et beaucoup plus intelligente aussi, de toute façon quelqu'un qui tombe du premier coup sur une bonne musique ne peut pas être complètement idiot et là elle avait trouvé *Woke up laughin,* cette pure merveille de R. Palmer.

Franck fit un effort pour essayer de se redresser un peu mais c'était quelque chose d'impossible, ses yeux étaient juste au ras du pare-brise.

– Tu tiendras pas le coup, elle dit.

Il arrivait pas à comprendre ce qu'elle venait de lui dire, son cerveau se refermait comme un coquillage fatigué par les vagues, il décrochait tout doucement, il écarquillait les yeux de façon ridicule, les cils collés par la transpiration. N'empêche, il avait le sentiment qu'elle lui avait rien dit de gentil, il sentait la différence d'ambiance dans la voiture, comme si elle avait ouvert le gaz et lui avait planté les tuyaux dans les narines, mais il pouvait rien y faire, il pouvait même pas bouger, il pouvait juste voir le monstre glisser vers ses pieds et onduler de fureur.

– Hey, tu imagines une fille comme moi, j'ai même pas de papiers en règle et je vais me pointer dans une ville avec un type qui n'a plus une goutte de sang dans les veines, tu vois un peu le démarrage ?

Elle roulait même assez vite, elle prenait le temps de lui jeter des coups d'œil, elle était pas du tout comme ces gens qui apprennent à conduire et qui mouillent pendant des années, elle était vraiment à l'aise, elle avait vraiment fait ça toute sa vie.

Là il comprit, il trouva la force de tourner la tête vers elle et malgré tout, malgré sa main coupée, malgré toute cette souffrance qu'il avait accumulée, malgré Lili et Helen, malgré tout ce bordel, ce truc incompréhensible qui avait tout foutu par terre, malgré la lumière et la chaleur mais peut-être aussi que c'était grâce à tout ça, il avait pas le temps d'y réfléchir, il se paya un sourire de bien-être, un putain de sourire taillé dans un bloc de marbre blanc et, en voyant ça, Roxie freina brusquement, elle s'arrêta sur le bord de la route, Franck trouvait que ça sentait le caoutchouc brûlé.

– Il faudrait regarder l'huile, il dit.

Roxie continuait à cramponner le volant, elle posa sa tête dessus.

– J'ai une seule chance, elle dit. Rien qu'une.

Elle parlait pas à Franck ni à personne mais lui il était là, il écoutait, ça l'avait fatigué de conduire, tué mais il commençait à se sentir un peu mieux maintenant, il pouvait toujours pas se remuer mais au moins il partait plus dans le cirage toutes les cinq minutes, il pouvait se servir de petites phrases courtes, sans problème.

– C'est déjà pas mal, il dit.

– Ecoute, espèce d'enfoiré, ça me plaît pas tellement de faire ça et toi tu ferais la même chose.

– Bien sûr, il dit.

– Toi, je crois pas que tu comprennes que j'ai une seule vie.

Il regarda devant lui, à travers le pare-brise, c'était pas marrant dehors, c'était le dernier coin où il avait envie d'aller, il fit la grimace mais il lui dit :

– Bon, je crois que tu commences à me faire chier avec tes histoires...

Elle le dévisagea et elle attendit le moment où ce fameux sourire réapparaissait sur le visage de Franck pour se coucher en travers de ses genoux, avec les seins en avant et les bras tendus. Ça, il s'attendait pas à ce truc-là, qu'elle vienne se jeter dans ses bras, il pensait plutôt à un poignard ou à la manivelle du cric, il allait lui passer sa seule main dans les cheveux, il allait lui dire hé Roxie, ça va mais on ferait mieux de se remettre en route, ou quelque chose comme ça mais il entendit le déclic de la portière, celle de son côté et Roxie la poussa pour qu'elle se tienne GRANDE OUVERTE, ET MAINTENANT CETTE SALOPE S'ÉTAIT REDRESSÉE ET ELLE ESSAYAIT DE LE VIRER !!

Elle s'était accrochée au volant et sur le dossier du siège, elle le poussait rageusement avec ses pieds, elle lui envoyait des bons coups de talon et Franck commença à basculer, à glisser sur le skaï, il avait juste son esprit pour le défendre, il pouvait compter sur rien d'autre et elle cognait fort, en tout cas, elle me fait pas mal si c'est ça qu'elle cherche, c'est ce qu'il se disait en dégringolant de la voiture, il regarda les arbres par en dessous et ils tournaient. Il s'étala dans la poussière et sa joue se bloqua dans l'encadrement de la portière, ça lui tordait le cou d'une manière bizarre. Il vit Roxie au-dessus de lui, il plongea une dernière fois entre ses cuisses parce qu'il était pas complètement idiot, il préférait tenir que courir, et Roxie le regarda encore une bonne fois avant de lui envoyer un coup de pied sur le crâne, il eut cette impression d'être coupé de tout, comme dans un saut en parachute.

Il roula sur le côté et s'érafla la joue, c'était pas grand-chose mais quand même, c'était toujours le même côté qui prenait, il entendit la portière claquer et la voiture démarrer en trombe, la poussière retomba tout autour de lui pendant au moins trente secondes, il toussa à la fin puis il se retrouva dans un silence inquiétant, comme si la terre allait s'ouvrir sous lui. Mais la terre restait contre sa joue, bien chaude, bien piquante et une herbe sèche lui chatouillait les narines, il grimaçait mais il lui était pas encore venu à l'idée de se bouger un peu et même peut-être que de toute façon il aurait pas pu, il était étendu de tout son long, presque sur le côté, mais il savait plus du tout ce que c'était un corps et des bras et des jambes, et l'herbe il réussit à la couper avec ses dents.

Il perdit connaissance pendant un moment assez long et, quand il ouvrit les yeux, il y avait ce gros lézard à quelques centimètres de son nez et ce truc-là avait un regard peu commun, il s'était tranquillement installé sous le soleil, à faire jouer ses écailles dans la lumière, il regardait Franck d'un air amusé, il battait l'air de sa petite langue fourchue, il la rentra et dit :

– Hey mon pote, est-ce que tu apprécies cette journée, mon pote, cette chaleur divine ?

– La première bagnole qui va passer pour me prendre, elle te roulera sur le bide, répondit Franck. Tu fais le malin.

– Ouais, ton coup a foiré, tu es de mauvais poil, je comprends ça.

– Qu'est-ce que tu déconnes ?

– Tous les mecs que j'ai vus étalés dans la poussière, c'était pour cette raison.

– Tu y es pas du tout, toutes ces filles c'est la même chose, je me suis bien détraqué avec Roxie, j'ai un sacré poids en moins.

– Bon, alors c'est la seule chose qui compte.

– Hé, ne cherche pas à m'embrouiller, je vais te dire moi, ce qui compte, c'est qu'une bagnole s'amène en vitesse.

– T'es con, tu veux pas finir en beauté?

– Non, j'en ai rien à foutre de ça, je veux une bagnole.

– Quoi qu'il arrive, c'est fini pour toi. Tu ferais mieux de te détendre un peu, étire-toi, regarde, étire-toi. Tu sais pour moi l'hiver c'est la merde, je peux pas sortir ni rien, à chaque fois j'ai l'impression que ça va jamais finir, alors détends-toi, goûte un peu ce dernier round parce que l'hiver va bientôt se ramener, mon vieux, et ça je peux t'en parler, c'est quelque chose d'effrayant, tu sais jamais si tu vas revoir la lumière, mon vieux.

Franck resta un moment silencieux, des petits coups de vent lui envoyaient des paquets de sable dans les yeux mais ça le gênait pas trop et le soleil non plus le gênait pas trop, c'était deux phares plantés au fond de ses orbites mais c'était rien du tout, ça lui rappelait le quatre cents mètres haies quand il était jeune, l'espèce de trou noir tout au bout, les petites étoiles lumineuses dans le crâne, il se mit à sourire légèrement, il arrivait même à faire les choses légèrement maintenant, il en avait chié mais il avait fait une bonne course, il avait vraiment bien remonté sur la fin, c'était normal qu'il se sente fatigué, il sentait plus son corps mais en image il se détendit, du bout de ses pieds il traça un arc de cercle dans la poussière, c'était superbon.

– Je ne les ai pas lâchées une seule minute, il dit. Je les ai tenues soulevées au bout de mon poing, je pourrais refaire la même chose.

– Oui, je vois ce que tu veux dire, fit l'autre.

Franck s'aperçut qu'il pouvait bouger la tête, il tendit son cou en arrière et regarda un peu de ciel.

– J'en ai rien à foutre de savoir si ça a servi à quelque chose, dit Franck. Ce bout de ciel, je peux en faire ce que je veux.

– Il y a pas de morale, là-dedans.

– Je suis pas ta mère.

– N'empêche, vous avez des vies, c'est à se plier, fit l'autre.

Franck se tordit la tête encore un peu plus pour effacer ce maudit lézard et le truc a marché, il entendait l'autre ricaner, ce connard, mais c'était vraiment pas grave, Franck mit même pas deux secondes pour transformer ce petit bruit et le jeter au milieu des craquements de brindilles sèches, dans le sifflement de la chaleur sssssssssssss des lames de rasoir qui glissaient sous la gorge du silence, rien que ça. La terre lui faisait comme un oreiller sous la joue, c'était la position idéale pour attendre avec un coucher de soleil à vous arracher les yeux, et l'air sentait bon, il y faisait attention, c'était une journée qui allait finir et comme ça il pourrait voir la bagnole arriver de loin et le lézard se ferait écrabouiller et ensuite il pourrait dormir un peu, enfoncé dans la nuit comme un suppositoire bienheureux, chaque jour est comme le cerceau de feu que les lions apprennent à passer, c'est ce qu'il se disait, ça n'avait pas tellement de rapport mais il prenait plaisir à répéter ça, chaque jour est comme le cerceau de feu... une espèce de mantra comique pour faire le malin et même il se sentait tellement bien, son corps était comme une plume amoureuse, tellement tranquille que le paysage se déchaîna autour de lui et il resta les yeux grands ouverts pendant un bon moment, baigné par cette pureté incroyable, et même après, au milieu de la nuit, il avait même pas froid, ni chaud ni rien, il attendait simplement une bagnole, mais pas vraiment, il s'amusait avec ses yeux, un truc pour multiplier les étoiles, ensuite il pourrait jouer avec son nez, avec ses oreilles, il risquait pas de s'ennuyer, il essaya de se rappeler cet air qu'il avait entendu à la radio *Woke up laughin* et il se mit à le siffler doucement, perdu dans la nuit et le silence, comme tout le monde.

15

Il se pointa avec Lili dans les bras, il faisait un pas et il se disait qu'il était capable de mourir pour elle mais la seconde d'après il pensait complètement à autre chose, ça faisait un petit morceau pour aller jusqu'à Henri, il s'essoufflait, une belle fille pèse toujours plus lourd qu'on pense, les derniers mètres étaient comme les pavés de l'enfer, il s'arrêta juste au bord du précipice, le cœur dans la bouche. Henri le regarda par en dessous :

— Hé, il dit. Tu as pas peur?

— Ouais, je vais descendre sur le cul.

— Hé, les trucs vont dégringoler tout autour.

— Merde, je peux quand même faire ça. Tu crois que je suis foutu, que je suis pas capable de descendre cette merde, tu crois que je sais plus me servir de mes bras et de mes jambes, merde il en faut plus que ça pour me rétamer, je vais y aller et tu peux me préparer un autre joint parce que je vais remonter en vitesse.

Il s'installa sur le bord du terre-plein avec Lili couchée en travers, il la cramponnait et il tenait ses jambes bien tendues en avant, comme une luge.

— Allez, pousse-moi, grogna Ned.

Henri s'arc-bouta dans son dos en couinant, c'était le démarrage le plus difficile, l'inertie et Ned qui faisait pas un geste pour s'aider, qui rigolait bêtement, enfin le truc partit d'un seul coup, comme une flèche, c'était comme si le pantalon de Ned s'était mis à cramer, il y avait des petites flammes et un nuage de poussière et il trouvait même pas une larme pour éteindre ce bordel, c'était une sacrée descente, des trucs essayaient de le renverser, il y avait des pièges partout mais il tenait bon, il fallait une volonté implacable pour tenir dans ce rodéo de la mort, le secret c'était de fixer un point, pas de se laisser aller dans les mirages de la tristesse.

Lorsqu'il toucha le sol, il fit un roulé-boulé impeccable, sauf qu'il avait perdu Lili. Mais elle était pas loin, elle était tout près, juste dans son dos. Il chercha une cigarette et l'alluma, de temps en temps il y avait un petit caillou qui se détachait et il le suivait des yeux, il pensait à tous ces milliards et ces millions de cailloux qui s'empileraient sur le corps de Lili, c'était quelque chose de difficile à imaginer, c'était comme l'infini ou la mort ou Dieu ou la possibilité d'être Dieu soi-même, c'était une réalité inimaginable, un truc à vous cisailler les bras et les jambes, il renifla une ou deux fois à cause de la poussière, il se demandait s'il devait l'installer ou une connerie comme ça, nord-sud, sud-nord, mais qu'est-ce que vous voulez faire d'une fille qui porte un tee-shirt SUZUKI, moulée dans son jean, et qui fait tout juste semblant d'être morte, comment voulez-vous que votre cerveau soit à la hauteur, comment voulez-vous comprendre quelque chose à quoi que ce soit ?

Il se releva, il la laissa comme elle était, il remonta toute cette satanée pente des yeux, maman c'était pas une rigolade vu d'en bas, il aurait voulu être assez balèze pour grimper calmement et sans un regard pour elle mais c'était comme si elle l'avait tiré par la jambe de son pantalon, comme si les griffes d'un ours brun s'étaient plantées dans son dos alors il se laissa aller, il lui envoya un petit sourire, c'était pas beaucoup, c'était tout ce qu'elle demandait, mais pour lui c'était la chose la plus difficile de toute sa vie, il sentit ses jambes se plier mais il était pas encore fini, il poussa une sorte de grognement lugubre, il se mit bien en position dans son corps et démarra à cent cinquante à l'heure et jusqu'à la moitié il grimpa pas mais il vola, les machins dégringolaient sous lui mais il faisait comme des ricochets sur le ventre, il les touchait pas vraiment, il entendait même pas le bruit épouvantable de la montagne qui s'effondrait sous lui, non, il se sentait plutôt excité, c'était presque trop facile, peut-être que la vie est trop facile aussi mais ça ne change pas le problème, il leva les yeux et il vit Henri tout là-haut, assis au bord avec les jambes qui pendaient et, sans doute à cause de ça, Ned eut envie de regarder en bas et il s'arrêta.

Bon, maintenant on pouvait plus la voir, il avait fait rouler tellement de cailloux en bas qu'il aurait fait disparaître un Zeppelin ou une fusée Titan. Il en profita pour respirer un peu, en fait il s'était crevé beaucoup plus qu'il pensait, il était complètement trempé et il tremblait comme une feuille, il se mit à tousser, on fait toujours ça quand on crache du feu, tousser, il chercha un petit peu de salive pour ses lèvres et juste à ce moment-là il se rendit compte qu'il s'était fourré dans un drôle de truc, ça c'était une belle connerie, une vraie, parce que maintenant, dès qu'il se bougeait d'un millimètre, les trucs s'effondraient sous lui et il glissait vers le bas et c'est une sensation désagréable, il y a des gens qui se tranchent la gorge pour ça, qui se rendent vraiment malades.

Au début, il s'y prit calmement, il se concentrait, ça lui faisait comme une lampe électrique allumée sur le front, il s'en servait comme d'une troisième main mais avec un peu de chance il arrivait tout juste à faire du sur-place, son esprit dérapait aussi, alors il se mit à grimper frénétiquement, il attrapait des poignées de cailloux et les balançait en l'air en braillant, il y avait un boucan tellement infernal qu'il entendait pas sa voix. Il s'arrêta, il écarta les bras et les jambes et resta plaqué sur son lit de douleur avec les poumons entortillés, il leva les yeux vers Henri, tout doucement, il essaya de prendre ça à la rigolade :

– Hé, t'as vu cette connerie, t'as vu ça ? il dit.

Henri était accroupi sur le bord, assis sur ses talons, les bras tendus devant lui, du bout de la main, il faisait signe à Ned d'arriver.

– Ouais, non, mais c'est parce que tu t'énerves, il dit.

Ned envoya un coup de tête dans les cailloux en ricanant :

– Oh bon Dieu, il dit que je m'énerve. MAIS TU VOIS PAS QUE JE SUIS COINCÉ, TU CROIS PEUT-ÊTRE QUE JE DÉCONNE ??!!! Merde, je vais pas arriver à remonter ce bordel.

– Mais si tu vas y arriver, bien sûr que si.

– JE SUIS COMME CE FOUTU CHRIST !!

– Je suis là, j'irai chercher une corde. Essaye de recommencer, pour voir.

– Je suis fatigué, maintenant, J'AVAIS BU ET TU M'AS FAIT FUMER !

– Bon, écoute, je vais trouver une corde.

– NON, NE ME LAISSE PAS SEUL !

– Hé, t'excite pas, je vais juste chercher cette corde et je reviens, tu crois pas que je vais te laisser.

– JE VAIS DÉGRINGOLER !

– Merde alors, c'est pas grave, t'es pas haut, tu peux même pas te tordre un doigt dans cette histoire.

– TU DIS ÇA !

– Bon, t'es bourré, t'es trop raide, tu te fais une montagne de ce truc-là, laisse-moi faire. Tu pourrais y arriver tout seul.

– Jamais de la vie, je voudrais t'y voir. Il y a un moment où on est coincé, c'est juste quand on se retourne. Je le savais.

– Ne dis pas de conneries, il y a plus rien à voir. Remonte.

– Je crois que tu ferais mieux d'aller chercher une corde. Ça ou autre chose.

Henri disparut et Ned écouta le silence se dérouler derrière ses pas, c'était presque bon, c'était comme de croquer un esquimau sur les trottoirs de l'enfer, il roula doucement sur le côté et ferma les yeux, je vais encore mourir il se dit, je vais mourir encore une fois, je plaisante pas et je vais retrouver toutes ces chambres, je vais mettre dix ans pour redémarrer après un truc comme ça, je vais me retrouver sur des lits avec la tête farcie et les couchers de soleil et les gens et les sous-marins et les frontières, je connais toutes les vies qui pourraient m'arriver, et ensuite il respira un peu, il frissonna, c'était une nuit étrange, lourde et molle comme un tapis en caoutchouc, il n'y avait rien à espérer de ça, ni la vie, ni la mort, ni la lumière, il était comme une étoile de mer épinglée dans un Prisunic, avec les jambes raides et les bras dépliés et le jour qui n'arrivait pas et les lèvres inondées et glacées et il était fatigué, aucune connerie pouvait lui arriver jusqu'aux oreilles, il se fourra deux ou trois poignées de gravier dans la bouche et regarda le ciel, rien, il y avait rien aujourd'hui, aucun signe particulier, sauf peut-être qu'il s'était jamais senti aussi seul, c'était quelque chose d'invraisemblable, comme s'il se retrouvait empalé sur un pieu ou qu'un buffle lui défonce le ventre, il laissa cette sensation grimper dans sa poitrine comme une banane magique, sans essayer de se défendre, ça lui faisait pas mal, ça lui faisait ni chaud ni froid, il pensa il est foutu de m'oublier ce con, il est foutu de m'oublier, c'était sûrement la dernière chose possible au monde mais quand même il cracha tous les cailloux de sa bouche et il commença à appeler Henri, jusqu'à ce que son nom reste accroché dans le ciel avec des étoiles et des guirlandes lumineuses, des paillettes, OH HENRI ! et au bout d'un moment il en pouvait plus, OH HENRI, vraiment plus, OH HENRI, DANS LA PETITE CUILLÈRE DU MONDE, MON SANG NE FERA MÊME PAS UN TOUR OH HENRI et c'était une nuit sans marques, sans blessures ni rien, il pouvait juste attendre et faire le malin, OH HENRI il se remit à brailler CHAQUE JOUR QUI PASSE EST COMME LE CERCEAU DE FEU QUE LES LIONS ESSAYENT DE SAUTER.

Grands romans

La littérature conjuguée au pluriel, pour votre plaisir. Des œuvres de grands romanciers français et étrangers, des histoires passionnantes, dramatiques, drôles ou émouvantes, pour tous les goûts...

ADLER PHILIPPE
Bonjour la galère !
1868/1
Les amies de ma femme
2439/3

ANDREWS™ VIRGINIA C.
Fleurs captives
Dans un immense et ténébreux grenier, quatre enfants vivent séquestrés. Pour oublier leur détresse, ils font de leur prison le royaume de leurs jeux, le refuge de leur tendresse, à l'abri du monde. Mais le temps passe et le grenier devient un enfer. Et le seul désir de ces enfants devenus adolescents est désormais de s'évader... à n'importe quel prix.
- Fleurs captives
1165/4
- Pétales au vent
1237/4
- Bouquet d'épines
1350/4
- Les racines du passé
1818/5
- Le jardin des ombres
2526/4

La saga de Heaven
- Les enfants des collines
2727/5
Les enfants des collines, c'est l'envers de l'Amérique : la misère à deux pas de l'opulence. Dans la cabane sordide où elle vit avec ses quatre frères et sœurs, Heaven se demande comment ses parents ont eu l'idée de lui donner ce prénom : «Paradis». Un jour, elle apprendra le secret de sa naissance, si lourd que la vie de son père en a été brisée, mais si beau qu'elle croit naître une seconde fois.
- L'ange de la nuit
2870/5
- Cœurs maudits
2971/5
- Un visage du paradis
3119/5
- Le labyrinthe des songes
3234/6

Ma douce Audrina
1578/4
Etrange existence que celle d'Audrina ! Sur cette petite fille de sept ans, pèse l'ombre d'une autre : sa sœur aînée, morte il y a bien longtemps dans des circonstances tragiques et qu'elle est chargée de faire revivre.

Aurore
Un terrible secret pèse sur la naissance d'Aurore. Brutalement séparée des siens, humiliée, trompée, elle devra payer pour les péchés que d'autres ont commis. Car sur elle et sur sa fille Christie, plane la malédiction des Cutler...
- Aurore
3464/5
- Les secrets de l'aube
3580/6
- L'enfant du crépuscule
3723/6
- Les démons de la nuit
3772/6
- Avant l'aurore
3899/5 (Avril 95)

ATTANÉ CHANTAL
Le propre du bouc
3337/2

AVRIL NICOLE
Monsieur de Lyon
1049/2
La disgrâce
1344/3
Isabelle est heureuse, jusqu'au jour où elle découvre qu'elle est laide. A cette disgrâce qui la frappe, elle survivra, lucide, dure, hostile, adulte soudain.
Jeanne
1879/3
Don Juan aujourd'hui pourrait-il être une femme ? La belle Jeanne a appris, d'homme en homme, à jouir d'une existence qu'elle sait toujours menacée.
L'été de la Saint-Valentin
2038/1
La première alliance
2168/3
Sur la peau du Diable
2707/4
Dans les jardins de mon père
3000/2
Il y a longtemps que je t'aime
3506/3
L'amour impossible entre Antoine, 14 ans, et Pauline, sa belle-mère.

BACH RICHARD
Jonathan Livingston le goéland
1562/1 Illustré
Illusions/Le Messie récalcitrant
2111/1
Un pont sur l'infini
2270/4

Grands romans

BELLETTO René
Le revenant
2841/5
Sur la terre comme au ciel
2943/5
La machine
3080/6 (Mars 95)
L'Enfer
3150/5
Dans une ville déserte et terrassée par l'été, Michel erre. C'est alors qu'une femme s'offre à lui, belle et mystérieuse...

BERBEROVA Nina
Le laquais et la putain
2850/1
Astachev à Paris
2941/2
La résurrection de Mozart
3064/1
C'est moi qui souligne
3190/8
L'accompagnatrice
3362/4
De cape et de larmes
3426/1
Roquenval
3679/1
A la mémoire de Schliemann
3898/1 (Avril 95)

BERGER Thomas
Little Big Man
3281/8

BEYALA Calixthe
C'est le soleil qui m'a brûlée
2512/2

BLAKE Michael
Danse avec les loups
2958/4

BORY Jean-Louis
Mon village à l'heure allemande
81/4

BRAVO Christine
Avenida B.
3044/3

BROUILLET Chrystine
Marie LaFlamme
- Marie LaFlamme
3838/6
En 1662, à Nantes, la mère de Marie est condamnée au bûcher. Pour sauver sa fille, elle lui fait épouser un riche et cruel armateur, Geoffroy de St Arnaud. Mais Marie aime Simon et pour conquérir sa liberté, elle est prête à tout. Même à s'embarquer pour la Nouvelle-France, qui va devenir le Canada...
- Nouvelle-France
3839/6 (Mai 95)

BULLEN Fiona
Les amants de l'équateur
3636/6

TERROIR

Romans et histoires vraies d'une France paysanne qui nous redonne le goût de nos racines.

BRIAND Charles
De mère inconnue
3591/5
Le destin d'Olga, placée comme domestique chez des paysans angevins et enceinte à 14 ans.

CLANCIER G.-E.
Le pain noir
651/3

GEORGY Guy
Voir aussi page 26
La folle avoine
3391/4
Orphelin, Guy-Noël vit chez sa grand-mère, une vieille dame qui connaît tout le folklore et les légendes du pays sarladais.

JEURY Michel
Le vrai goût de la vie
2946/4
Une odeur d'herbe folle
3103/5
Le soir du vent fou
3394/5
Un soir de 1934, alors que souffle le vent fou, un feu de broussailles se propage rapidement et détruit la maison du maire...

LAUSSAC Colette
Le sorcier des truffes
3606/1

MASSE Ludovic
Les Grégoire
Histoire nostalgique et tendre d'une famille, entre Conflent et Vallespir, en Catalogne française, au début du siècle.
- Le livret de famille
3653/5
- Fumées de village
3787/5
- La fleur de la jeunesse
3879/5 (Mars 95)

PONÇON Jean-Claude
Revenir à Malassise
3806/3

SOUMY Jean-Guy
Les moissons délaissées
3720/6
Mars 1860. Un jeune Limousin quitte son village natal pour aller travailler à Paris, dans les immenses chantiers ouverts par Haussmann. Chaque année, la pauvreté contraint les gens de la Creuse à délaisser les moissons... Histoire d'une famille et d'une région au siècle dernier.

VIGNER Alain
L'arcandier
3625/4

VIOLLIER Yves
Par un si long détour
3739/4

Grands romans

BYRNE Beverly
Gitana
3938/8 (Juin 95)

CAILHOL Alain
Immaculada
3766/4 Inédit
Histoire d'un écrivain paumé, en proie au mal de vivre. Un humour désespéré teinte ce premier roman d'un auteur bordelais de vingt ans, qui s'inscrit dans la lignée de Djian.

CAMPBELL Naomi
Swan
3827/5

CATO Nancy
Lady F.
2603/4
Tous nos jours sont des adieux
3154/8
Sucre brun
3749/6
Marigold
3837/2

CHAMSON André
La Superbe
3269/7
La tour de Constance
3342/7

CHEDID Andrée
La maison sans racines
2065/2
Le sixième jour
2529/3
Le choléra frappe Le Caire. Ignorante et superstitieuse, la population préfère cacher les malades car, lorsqu'une ambulance vient les chercher, ils ne reviennent plus. L'instituteur l'a dit : «Le sixième jour, si le choléra ne t'a pas tué, tu es guéri.»
Le sommeil délivré
2636/3
L'autre
2730/3
Les marches de sable
2886/3
L'enfant multiple
2970/3
Le survivant
3171/2
La cité fertile
3319/1
La femme en rouge
3769/1

CLANCIER Georges-Emmanuel
Le pain noir
651/3
Le pain noir, c'est celui des pauvres, si dur, que même les chiens n'en veulent pas. Placée à huit ans comme domestique chez des patrons avares, Cathie n'en connaîtra pas d'autre. Récit d'une enfance en pays Limousin, au siècle dernier.

CLERC Christine
Jacques, Edouard, Charles, Philippe et les autres
3828/5

CLÉMENT Catherine
Pour l'amour de l'Inde
3896/8 (Avril 95)
Le roman vrai des amours de Nehru et de Lady Edwina Mountbatten, l'une des plus grandes dames de l'aristocratie anglaise,femme du dernier des vice-rois des Indes britanniques.

COCTEAU Jean
Orphée
2172/1

COLETTE
Le blé en herbe
2/1

COLOMBANI Marie-Françoise
Donne-moi la main, on traverse
2881/3
Derniers désirs
3460/2

COLLARD Cyril
Cinéaste, musicien, il a adapté à l'écran et interprété lui-même son second roman Les nuits fauves.
Le film 4 fois primé, a été élu meilleur film de l'année aux Césars 1993. Quelques jours plus tôt Cyril Collard mourait du sida.
Les nuits fauves
2993/3
Condamné amour
3501/4
Cyril Collard : la passion
3590/4 (par J.-P. Guerand & M. Moriconi)
L'ange sauvage (Carnets)
3791/3

CONROY Pat
Le Prince des marées
2641/5 & 2642/5
Le Grand Santini
3155/8

CORMAN Avery
Kramer contre Kramer
1044/3

DAUDET
Voir page 23

DeMILLE Nelson
Le voisin
3722/9

DENUZIERE Maurice
Helvétie
3534/9
A l'aube du XIXe siècle, le pays de Vaud apparaît comme une oasis de paix au milieu d'une Europe secouée par de furieux soubresauts. C'est cette joie de vivre oubliée que découvre Blaise de Fonsalte, soldat de l'Empire, déjà las de l'épopée napoléonienne. De ses amours clandestines avec Charlotte, la femme de son hôte, va naître une petite fille aux yeux vairons.
La Trahison des apparences
3674/1

1971

Achevé d'imprimer en Europe (France)
par Brodard et Taupin à La Flèche (Sarthe)
le 1er mars 1995. 1656L-5
Dépôt légal mars 1995. ISBN 2-277-21971-1
1er dépôt légal dans la collection : mars 1986
Éditions J'ai lu
27, rue Cassette, 75006 Paris
Diffusion France et étranger : Flammarion